全国高等中医药院校规划教材

国际市场营销

（供市场营销专业用）

主　编
夏新斌（湖南中医药大学）

副主编（以姓氏笔画为序）
司建平（河南中医药大学）　　刘永忠（江西中医药大学）
李　玲（湖南中医药大学）　　张　健（天津中医药大学）
张　娟（湖北中医药大学）　　徐　文（山东中医药大学）

编　委（以姓氏笔画为序）
王　辉（湖南中医药大学）　　苏先兵（成都中医药大学）
杨明秀（湖南中医药大学）　　何　畅（黑龙江中医药大学）
沈婷婷（湖南医药学院）　　　袁　苏（山西中医药大学）

中国中医药出版社
·北京·

图书在版编目（CIP）数据

国际市场营销/夏新斌主编．—北京：中国中医药出版社，2020.9

全国高等中医药院校规划教材

ISBN 978-7-5132-5186-0

Ⅰ.①国…　Ⅱ.①夏…　Ⅲ.①国际营销-中医学院-教材　Ⅳ.①F740.2

中国版本图书馆 CIP 数据核字（2018）第 205221 号

中国中医药出版社出版

北京经济技术开发区科创十三街31号院二区8号楼

邮政编码　100176

传真　010-64405750

保定市西城胶印有限公司印刷

各地新华书店经销

开本 850×1168　1/16　印张 16.5　字数 404 千字

2020 年 9 月第 1 版　2020 年 9 月第 2 次印刷

书号　ISBN 978-7-5132-5186-0

定价　66.00 元

网址　www.cptcm.com

社 长 热 线　010-64405720

购 书 热 线　010-89535836

维 权 打 假　010-64405753

微信服务号　zgzyycbs

微商城网址　https：//kdt.im/LIdUGr

官 方 微 博　http：//e.weibo.com/cptcm

天猫旗舰店网址　https：//zgzyycbs.tmall.com

如有印装质量问题请与本社出版部联系（010-64405510）

全国高等中医药院校规划教材

（市场营销专业）

编写委员会

总主编

何清湖（湖南中医药大学）

编　委（以姓氏笔画为序）

曲智勇（山东中医药大学）

汤少梁（南京中医药大学）

李　胜（成都中医药大学）

何　强（天津中医药大学）

张丽青（河南中医药大学）

周良荣（湖南中医药大学）

官翠玲（湖北中医药大学）

姚东明（江西中医药大学）

夏新斌（湖南中医药大学）

徐爱军（南京中医药大学）

彭清华（湖南中医药大学）

编写说明

随着经济全球化进程的加快和我国市场经济的不断完善与发展，国内市场和国外市场的联系越来越紧密。国内企业开始参与经济全球化，向竞争对手挑战，寻找新的经济增长点。如何运用国际市场营销理论指导国际企业、国际营销人员把握国际市场的特点，制定科学高效的国际市场营销战略已经成为许多国际企业面临的难题。本教材主要内容包括国际市场营销的基本知识，国际市场营销环境，国际市场分析，国际市场消费者行为分析，国际市场调研，国际市场竞争战略、产品策略、品牌策略、定价策略、分销渠道策略、促销策略，国际市场营销人员管理，国际市场营销新趋势，"一带一路"战略下的中医药国际市场营销。本教材结构体系完整，行业特色鲜明，每章有章前案例导入和章后思考与讨论，便于教师授课和启发学生思考。本教材既可以作为高等院校市场营销及相关专业的教材，也可以作为从事国际市场营销实务工作的企业经营管理人员的参考指南。

本教材编写分工如下：第一章由李玲编写，第二章由张健编写，第三章由刘永忠编写，第四章由沈婷婷编写，第五章由徐文编写，第六章由司建平编写，第七章由何畅编写，第八章由夏新斌编写，第九章由杨明秀编写，第十章由苏先兵编写，第十一章由袁苏编写，第十二章由王辉编写，第十三章由夏新斌编写，第十四章由张娟编写。

由于编者水平有限，不足之处在所难免，敬请广大读者提出宝贵意见，以便再版时修订提高。

《国际市场营销》编委会

2020 年 4 月

目 录

第一章　国际市场营销导论

学习要点

1. 国际市场营销的定义。
2. 国际市场营销的特点。

案例导入

希莱雅——"一带一路"倡议下中医药"走出去"的践行者

中医药学是中华民族的宝贵财富，也是打开中华文明宝库的钥匙；在数千年的历史中，为中华民族的繁衍昌盛做出了巨大贡献。今天，中医药的治疗理念正逐渐被世界所接受，中医药受到国际社会越来越多的关注，世界范围内对中医药的需求日益增长，这为中医药的发展提供了广阔的空间。而我国"一带一路"倡议的提出和实施，也为中医药"走出去"提供了难得的契机。

2017 年阿斯塔纳世博会于哈萨克斯坦首都阿斯塔纳正式拉开帷幕。受阿斯塔纳世博会荣誉邀请，希莱雅企业董事长董素臻作为中国健康产业商务代表出席了世博会、世博中国馆与中国美食文化馆三个开幕式，同时出席说明会、项目对接会等系列世博活动，受到印度、哈萨克斯坦、英国等国家领导人和商务代表的盛情邀请。她希望把中国的中医养生文化带到世界各地，惠及全世界人民。使命感是推动企业发展的强大动力。希莱雅之所以获得迅速发展，与其创始人董素臻女士作为传统中医传人的使命感密不可分。她时刻清醒地记得自己肩负的责任和义务，如何让中医这个耀眼的中国文化瑰宝在更大的舞台展示，让世界各地的人都可以感受到中医文化的魅力，这是她毕生追求的目标。

1972 年，董素臻出生在山东省高密市的一个中医世家。董素臻从小热爱中医文化，深受祖辈济世救人的影响，"济世为怀"的思想根深蒂固。从 1993 年起，董素臻下海经商，她尝试着做过外贸、海产品、摩托车、汽车配件、服装批发及零售业等，尽管挣了些钱，可心始终无法安分。1998 年，董素臻注册成立了"创美商贸有限公司"，已经在商海辗转沉浮了几年的她，决定扎根在美容行业，这是经过深思熟虑的决定。20 世纪 90 年代的中国，美容护肤才刚刚兴起，而由于改革开放，人们生活水平大大提高，对美的追求越加迫切，她相信美丽事业一定会成为大势所趋。她马不停蹄地开始建团队、找品牌，为了开拓市场亲自到客户家拜访，亲身体验产品的效果和服务，严格要求产品的质量和服务效果。她始终记得父亲的叮嘱"济世为怀，达则兼善天下"，对每个希莱雅人强调一定要"先做人再做事"。随着团队越来越大，企业涉及的领域也越来越多，她渐渐意识到，做企业不仅仅是赚钱这么简单，还有一种深深的社

NOTE

会责任感和民族自豪感。创美商贸有限公司率先在行业内采用会议营销的全新模式，这种模式对合作商出售产品、消费者了解产品都有很大帮助。创美商贸有限公司的这一重大举措在美容业内赢得了好评，奠定了其在业内举足轻重的地位，董素臻也因其独特的经营管理之道在业内享有盛名。

2000年，创美商贸有限公司免除所有合作商的加盟费用，免费为合作商提供技术培训和售后支持，定点帮扶百位女性成功创业。2007年，该公司与法国企业合作，在中国香港注册成立法国希莱雅集团，创美商贸有限公司正式更名为希莱雅创美美容用品有限公司，大陆总部设在青岛，推行和发展美容连锁行业。秀妃、欧仙妮、希莱雅、瑞芙康等品牌先后上世，中医养生系列产品全面上线，并且创造性地将治未病、经络透析疗法、经穴疗等概念引入美容养生行业，还成立专家和讲师团，在全国各地开展"治未病公益科普知识讲座""治未病健康工程义诊"等活动，平均每年千场次。2009年，希莱雅创美美容用品有限公司开发推行养生美容会所托管经营模式。2010年9月，在卫生部（现国家卫生健康委员会）、国家中医药管理局的支持下，"中医养生保健治未病健康工程学术大会"在北京人民大会堂隆重召开；同年，响应国家号召，希莱雅创美美容用品有限公司养生系列产品问世。2010年年底，该公司完成分公司股份制的改制，先后在江苏、安徽、河北、北京、黑龙江等地设立分公司。

在国家提倡健康产业要不断规范化的同时，该公司积极贯彻国家政策。并在2010年该公司创办了希莱雅中医职业技能培训学校，与全国各大中医药高等专科院校建立校企联合关系，共建健康养生管理专业，培养健康管理人才，进行学术交流等，并将健康养生实践技能与专业知识编成教材，开始在各大高校推崇理论与实践相结合、传播"未病先防、未病先治"的健康养生理念。2011年，该公司成立教育培训管理咨询有限公司，加强对合作商企业的管理和美容行业从业人员的专业培训。为了更好地普及中医养生预防保健知识，扩大宣传力度，吸引中医方面的专业人才，从2011年起，该公司先后与山东中医药高等专科学校、山东协和学院、青岛恒星科技学院、山东省潍坊卫生学校、曲阜中医药学校等近十家医学类院校合作，在校内开展公益讲座、校企联合共建专业、创业工作室等多种形式的活动，为健康养生行业积累培养了大批优秀专业人才；同年，该公司成立希莱雅商学院，教育培训制度更加系统化，开始免费对所有合作商分级分类地进行精细化、系统化培训，平均每年从商学院结业的专业养生人才有千人。

2012年，该公司推出超级运营商全新运营模式。2013年7月，该公司获国家中医药管理局、人力资源和社会保障部联合授权成立职业资格技能培训基地（暨希莱雅中医美容职业技能培训学校）与鉴定中心，鉴定及颁发十余种中医特有工种职业资格证书。2015年，在国家相关政策的支持下，该公司致力于推广中医治未病理念，打造健康标准化，树立健康养生行业标杆，率先开办了治未病健康管理中心，为国家中医治未病工程的宣传与推进做出了贡献。目前，该公司在全国的加盟连锁店有上千家，公司网络遍布全国各地，并有独立完善的售后服务团队进行市场管理和运营。在董素臻的带领下，该公司已经由成立之初的代理经销店发展为现在集生产、销售、教育培训、管理咨询为一体的综合性大型股份制公司。

第一节　国际市场营销概述

国内市场和国际市场是两个相互补充的统一整体，在当今经济全球化的发展浪潮中，国内企业要想获得长久的发展和丰厚的利润，就必须要立足国内和国际两个市场，生产出来的产品不仅要满足国内市场，还要关注国际市场的需求。只有这样，企业才能获得更多的市场机会和利润。

一、国际市场营销的定义

关于国际市场营销的定义，各学者有不同的看法，菲利普·卡特纳（Philip R. Catereors）与约翰·海斯（John M. Hess）合著的《国际市场营销学》一书中定义为"国际市场营销是指一个以上的国家进行的，把企业的商品或劳务引导到消费者或用户去的商业活动"。换言之，国际市场营销是一种跨国界的社会和管理过程，是企业通过计划、定价促销和引导，创造产品和价值并在国际市场上进行交换，以满足多国消费者的需要和获取利润的活动。

国际市场营销是国内市场营销范围的延伸和扩大。从事国际市场营销可以分为三个阶段：第一个阶段是产品外销，即在比较利益的基础上，以较低的成本，将产品打入国际市场。第二个阶段是在国外加工制造，随着产品成本的提高，以及各国对进口的种种限制，单纯的商品输出会遇到越来越大的障碍，这时要考虑通过合作或合资，在国外直接加工制造产品。第三个阶段是将企业发展成国际性公司，直接对外投资。由于市场环境的不同，国际市场营销远比国内市场营销要复杂，竞争也更为激烈，企业必须仔细调查研究，重视市场营销策略，才有可能在国际市场上站住脚并得到发展。

二、国际市场营销的特点

（一）营销环境的国际性

国际市场营销是企业从事的一项全球性活动，它需要立足于国内和国际两个市场。企业对国内市场的把握一般较容易，而每个国家的政治、经济、文化和社会环境具有较大的差异，企业则很难把握国外的目标国市场行情。这就要求企业深入了解目标国的市场环境因素：政治与法律环境，包括国家政治体制、政治稳定性、政府对外来经营者的态度、法律环境等；经济技术环境，包括经济体制和经济政策、经济发展水平及其潜力、市场规模及其准入程度、科技发展水平和社会基础设施等；文化环境，包括权力距离、不确定性的规避、个人主义等。只有深入了解这些环境，企业才能做出精准的判断。我国企业应积极适应经济全球化下国际市场营销环境的变化。在营销理念上，要树立全球化营销理念和网络营销观念；在产品策略上，要在产品标准、产品样式、外在包装、产品服务上进行创新；在渠道创新上，要加快数字化分销渠道建设，实现企业分销渠道扁平化；在市场营销策略上，要强化创新理念、品牌意识，实现企业营销系统的内外整合。通过创新，帮助企业在激烈的国际市场竞争中占得先机，推动企业可持续发展。

NOTE

（二） 营销系统的复杂性

构成国际市场营销系统的参与者既有来自本国的，又有来自东道主国家的，甚至还有第三方国家的，因此，该系统需要协调的结构就比较复杂。各个子系统之间的变量也会加大整个系统优化的困难程度，从而使整个营销系统变得复杂起来。这就要求企业了解的信息覆盖各个方面，同时对企业的应变能力也提出很高的要求。企业要把握住供应商、销售商、顾客和竞争对手、劳动力市场和工会等几个方面的变化，才能做到整个系统的优化重组。

（三） 营销过程的不确定性

由于国际营销环境的复杂性和多变性，企业掌握信息的能力始终有限，很难把握住多变的局势，因此，整个营销的过程也具有高度的不确定性。企业面对国际多变的环境，必须切实掌握最新、最全的信息，从而制定应对之策。

（四） 营销管理的困难性

国际营销活动中，需要对各国的营销活动进行统一规划、控制与协调，使母公司与分散在世界各国的子公司形成统一的整体，实现整体利益的最大化。企业对国外环境很难把握到位，面对多变的环境很难及时做出调整，因此对国外子公司的管理就比较困难。

第二节　国际市场营销的理论基础

国际市场营销已经成为企业走出去的一种常见活动，并且已经发展成为一门独立的学科——国际市场营销学。国际市场营销的理论基础有国际贸易理论、国际直接投资理论和市场营销理论。

一、国际贸易理论

国际贸易理论的发展大致经历了古典、新古典、新贸易理论及新兴古典国际贸易理论四大阶段。古典和新古典国际贸易理论以完全竞争市场等假设为前提，强调贸易的互利性，主要解释了产业间贸易。第二次世界大战后，以全球贸易的新态势为契机，新贸易理论应运而生，从不完全竞争、规模经济、技术进步等角度解释了新的贸易现象。新兴古典国际贸易理论则以专业化分工来解释贸易，力图将传统贸易理论和新贸易理论统一在其框架之内。它主要包括比较优势理论和 H-O 理论。

（一） 比较优势理论

在比较优势理论提出之前，亚当·斯密提出绝对优势理论，他认为国际贸易是社会分工的必然结果，分工的最大好处就是降低成本，提高生产率。他在《国富论》中这样写道：如果一件东西在购买时所需要的代价比在家生产时小，就永远不会想要在家生产，这是每一个精明的家长都知道的格言。在每一个私人家庭中的行为都是精明的事情，在一个大国的行为中就很少是荒唐的了，如果外国能以比我们自己生产还便宜的商品来供应我们，我们最好利用我们的优势，使用自己的产业生产出来的产品的一部分来向他们购买，总是比自己制造有利。亚当·斯密的绝对优势理论能够解释很大一部分国际贸易，但却有一个弱点，即如果一国在一切产业上均无优势，国际贸易无从产生。

很明显亚当·斯密的绝对优势理论存在局限性，基于此，大卫·李嘉图（David Ricardo）在《政治经济学及赋税原理》中继承和发展了亚当·斯密的理论。大卫·李嘉图认为国际贸易分工的基础不限于绝对成本差异，即使一国在所有产品的生产中劳动生产率都处于全面优势或全面劣势的地位，只要有利或不利的程度有所不同，该国就可以通过生产劳动生产率差异较小的产品参加国际贸易，从而获得比较利益。比较优势理论遵循"两优取其重，两劣取其轻"的原则，认为国家间技术水平的相对差异产生了比较成本的差异，构成国际贸易的原因，并决定着国际贸易的模式，它较绝对优势理论有很大的进步性。

大卫·李嘉图的理论明确了三点：第一，即使一个国家所有产业的劳动生产率都比它的贸易伙伴低，它也能从中牟利；第二，即使外来竞争者的优势是建立在低工资的基础上，一国也能从中牟利；第三，即使一个国家的出口产品所包含的劳动投入大于它的进口产品的劳动投入，贸易对他还是有益的。

当然，大卫·李嘉图的理论也不是绝对完美的，存在以下几个问题：第一，李嘉图模型描述了极端的专业化分工，这在现实中根本不存在；第二，李嘉图模型忽视了国际贸易对国内收入分配的影响，并据此认为国家作为一个整体是始终能够从国际贸易中牟利的；第三，李嘉图模型忽略了各国资源不同这个国际贸易产生的重要原因，而是将劳动作为唯一的生产要素；第四，李嘉图模型忽视了规模经济也可能是国际贸易的起因，这使他的理论无法解释明显相似的国家之间大量的国际贸易往来。

（二）H-O 理论

H-O 理论是赫克歇尔-俄林理论的简称，又称生产要素禀赋理论、要素比例理论、H-O 定理、H-O 模型、赫克歇尔-俄林模型，是由瑞典著名经济学家赫克歇尔（Hecksher. Eli Filip，1879—1952）和俄林（Ohlin. Bertil Gotthard，1899—1979）共同从资源禀赋的角度对国际贸易中生产成本和价格的差异提出的一种新解释。

1919 年，赫克歇尔提出，两个国家产品生产成本存在差别是因为两个国家资源禀赋不同。1933 年，俄林进一步发展了赫克歇尔的理论，系统地论述了生产要素禀赋理论，并因此获得了 1977 年诺贝尔经济学奖。其主要内容是：国际贸易源于不同国家之间商品的价格存在差异，而价格差异的原因在于不同国家生产成本有高有低，生产成本的高低又是因为各国生产要素价格有差别，生产要素价格的差别又与各国生产要素丰裕程度密切相关。生产要素丰裕，其商品价格必然就相对低一些；生产要素稀缺，其商品价格自然相对要高一些。因此，生产要素丰裕程度的差异是国际贸易产生的根本原因。不同的国家拥有的生产要素的丰裕程度是不一样的，各国在生产那些能较密集地使用其较丰裕的生产要素的商品时，必然会有比较利益产生。建议各国生产并出口那些能够充分利用其丰裕的生产要素的商品，同时进口那些需要较密集地使用其稀缺的生产要素的商品。

由于该理论强调了不同生产要素在各国资源中所占比例和它们在不同产品的投入中所占比例二者之间的相互作用，故又称为"要素比例理论"。从该理论出发，还可以得到以下几个重要推论：①在自由贸易的条件下，生产的专业化不可能充分实现。一国如果密集地使用其丰裕的生产要素，将逐渐导致其商品成本提高，使商品价格超过国际市场价格，从而不能继续扩大这类商品的生产，使生产专业化程度受到限制。②自由贸易将导致各国的生产要素价格趋于均等。③国际贸易可以改善国内的收入分配状况。国际贸易使各国的生产要素价格趋于均等，这

NOTE

意味着一国稀缺资源的报酬将下降，丰裕资源的报酬将上升，所以国内收入分配不均的状况会逐步得到改变。赫克歇尔-俄林理论是对古典贸易理论的新发展，是现代国际贸易理论的开端。

二、国际直接投资理论

国际直接投资又称对外直接投资，是指投资者投资于国外的工商企业，直接参与或控制企业的经营管理而获取利润的一种投资方式。相对于间接投资，它具有两个特征：①以谋取企业的经营管理权为核心。投资者通过投资拥有股份，不单纯是为了获取股息，而是为了通过经营获得利润报酬。②不仅仅是资本的投入，还包括专门技术、生产设备、管理方法及销售经验等的国际转移，是经营资源的综合投入。

国际直接投资的方式主要有四种：①投资者直接到国外开办独资企业，设立分支机构、附属机构等，掌握 100% 的股份。它可以通过建立新企业或全资收购国外现有企业来进行。②购买国外企业的股票并达到一定比例。按 IMF 定义，拥有 25% 投票权的股东可视为直接控制。③同国外企业共同投资，开设合资企业或合营企业。这类企业由双方按一定比例共同投资建立，共同管理，共负盈亏，一般实行有限责任制或契约式经营。④投资者利润的再投资。投资者将在国外获得的利润再投资于该企业，也属于国际直接投资行为。

按照投资者的经营动机，国际直接投资可分为以下几类：①自然资源导向型。这类投资一般都投向能源、矿产、森林等自然资源比较丰富的国家和地区，在那里建立原材料生产及供应基地，以弥补投资者母国自然资源的匮乏。②生产要素导向型。这主要指为了降低生产成本而在土地和劳动力供应比较丰富的国家进行直接投资，从事生产和加工，以利用当地丰廉的土地和劳动等生产要素，提高成品的国际竞争力。③市场导向型。这是以扩大市场销售为目的的对外投资。它通过在当地生产、当地销售，使设计和生产更接近市场，便于随时了解、掌握市场动态，并可降低生产费用，从而维持和扩大市场占有率。在存在贸易壁垒的情况下，这种投资还可绕过壁垒、扩大出口。④替代市场型。这是为了克服市场的不完全性而对外投资，将由市场不完全性产生的成本内部化，变市场上的买卖关系为企业内部的行政关系，以企业内的长期契约取代市场上的短期契约，从而达到降低交易成本、保证资源供应的目的。此外，还有一些国家通过向技术先进国家直接投资，将其作为科研开发、新产品设计的前沿阵地，以打破竞争对手的技术垄断。这种投资可称为研究开发型投资。

有关国际直接投资的理论主要有垄断优势论、产品生命周期理论、内部化理论、比较优势论及国际生产折中理论。

（一）垄断优势论

由美国麻省理工学院斯泰芬·海默于 1960 年在其博士论文《国内企业的国际经营：对外直接投资研究》中率先提出，后又为查尔斯·P·金德尔伯格等人所扩充，其基本命题是：进行对外直接投资是因为该企业拥有垄断优势，海外子企业凭借这些优势可以抵消在异域他国经营所遭遇的种种不利因素，并胜过当地同类企业。投资企业垄断优势有两类：①知识资产优势。知识资产包括技术、组织管理技能、营销技能等一切无形资产在内。由于知识资产在一国使用后并不排斥在他国使用，且开发知识资产的边际成本几乎为零，拥有知识资产优势的企业就可以在海外设立子企业，利用这种优势生产和向市场提供差别产品。当地企业若要参与竞争，要么花费昂贵的代价向外国投资者购买知识资产，要么花费较长的时间去自行研究和培养，与外国投资者相比，显然处于不利地位。②规模经济优势。实行横向一体化，企业就可以利用国际专业化生产来避免本国和东道国对规模经济的限制，有选择地利用各国的优势生产要素，控制价格，获得内部规模经济。实行纵向一体化，企业就可以获得外部规模经济优势，使外部利润转化为内部利润。垄断优势论是从垄断竞争着眼，在考察美国战后海外直接投资比例急剧上升、间接投资比例下降的基础上形成的，它突破了传统的国际资本流动理论，为西方将国际直接投资作为独立的研究领域而开了先河。

（二）产品生命周期理论

产品生命周期理论，由美国哈佛大学教授弗农（R. Vernon）于 1966 年提出。弗农认为，每一种产品的生命周期都包括三个阶段，在不同阶段上的产品各有特点，企业应根据不同阶段技术优势的变化适时开展对外直接投资，以保持竞争优势。产品生命周期的第一阶段为新产品阶段。在这一阶段起作用的主要是技术垄断优势，企业可以在本国生产，占领国内市场并适当出口，获取高额利润。第二阶段为产品成熟阶段。随着产品出口的增加、国外市场的扩大，国外厂商开始仿制，市场竞争趋于激烈。为此，创新企业在扩大出口的同时，也应在进口国开始投资设厂，就近生产和供应，以维持市场份额。到了第三阶段即产品标准化阶段。这时不仅产品本身，就连生产技术及技术设备也都标准化了，国内外企业纷纷加入，此时起作用的在于规模经济所带来的成本优势。因此，企业应加快对外投资速度，到生产成本低的国家投资设厂，在占领国外市场的同时将产品返销国内。这一理论可看作垄断优势论的动态发展。

（三）内部化理论

内部化理论由英国学者巴克利和卡森提出，由加拿大学者拉格曼进一步发展。内部化理论形成于 20 世纪 70 年代中期，该理论认为，中间产品（指知识、信息、技术、商誉、零部件、原材料等）市场是不完全的，这种不完全是由某些市场失效及中间产品的特殊性质所致，如信息具有公共物品性质，在外部市场上转让容易扩散，这是市场失效的典型。中间产品的这种特性导致买方或交易的不确定性及价格的不确定性，因此，企业正常经营活动所需要的中间产品市场是不完全的。这种缺乏某些市场以供企业之间交换产品，或某些市场经营效率低下的最终结果都是导致企业市场交易成本增加。为追求最大限度利润，企业必须建立内部市场，使外部市场内部化，利用企业管理手段协调企业内部资源流动与配置，避免市场不完全对企业经营效率的影响。当企业内部化超越国界就是企业对外直接投资的过程，因此，决定企业内部化的因素就成为决定企业对外直接投资的因素，也就是说，企业对外直接投资是为了避免外部市场不完全性对企业经营效率的不利影响。

巴克利和卡森认为，有四种因素影响中间产品市场交易成本，从而影响企业实现中间产品市场的内部化。①行业特定因素。主要包括中间产品的特性、外部市场结构等。②国别特定因素。指东道国政府的政治、法律、经济状况。③地区特定因素。指地理位置、社会心理、文化差异等。④企业特定因素。指企业的组织结构、管理经验、控制和协调能力等。

他们还认为，中间产品市场不完全有两种基本形式：一是技术等知识产品市场不完全；二是零部件、原材料等中间产品市场不完全。前者产生水平一体化的跨国公司；后者产生垂直一体化的跨国公司。知识产品内部化是战后跨国公司发展的基本动因。

内部化的实现也是有条件的，即：一方面内部化避免外部市场交易成本，提高企业经营效率；另一方面内部化过程也会带来一些追加成本，如内部化分割外部市场后引起企业经营规模

NOTE

收益下降、公司内部通讯成本增加、东道国的干预也会增加成本。因而，企业是否实现内部化，内部化是否跨越国界，需由外部市场交易成本和企业内部交易成本的均衡决定。

（四）比较优势论

比较优势论是日本经济学家小岛清（Kiyoshi Kojima）提出的。他主要从宏观经济角度出发，阐明比较优势应是对外直接投资的决定因素。他认为，投资国应从其比较优势正趋于丧失（即趋于比较劣势）的边际产业开始依次进行对外投资，投资的先锋应是比较优势丧失较快的中小企业（即边际企业）。这样可以使对方国家因缺少资本、技术等而没有显现出来的潜在比较优势显现或增强起来，投资国还可以由此带动技术设备等的出口，这样的投资为进行具有更大贸易利益的贸易创造了条件。由中小企业最先对外投资，是因为其技术水平与东道国的差距较小，更易为东道国接受。

（五）国际生产折中理论

国际生产折中理论是由英国邓宁（John H. Dunning，1927—2009）在 1977 年出版的《贸易、经济活动的区位与跨国企业：折中理论的探索》一文中提出，并在 1981 年出版的《国际生产与跨国企业》一书中系统阐述。他认为以往的理论只能对国际直接投资做出部分解释，并且它们无法将投资理论与贸易理论结合起来，客观上需要一种折中理论。邓宁建立的所谓折中理论是对西方经济理论中的厂商理论、区位理论、工业组织理论等进行兼容并包，并吸收了国际经济学中的各派思潮，包括海默以来诸人的思想，创立了一个关于国际贸易、对外直接投资和非股权转让三者一体的理论——通论。

通论认为，企业欲对外直接投资需满足三个条件，即所有权优势、内部化优势和区位优势。①所有权优势。它包括来自于对有形资产和无形资产的占有产生的优势、生产管理上的优势、由于多国经营形成的优势。②内部化优势。企业使其优势内部化的动机是避免资源配置的外部市场的不完全性对企业经营的不利影响，保持和利用企业技术创新的垄断地位。市场不完全可分为结构性的与知识性的，前者指竞争壁垒、高交易战等，后者指获得生产与销售信息很困难或成本很高，因而在技术等无形产品的生产与销售领域，以及在利用某些自然资源生产加工产品的生产与销售领域，企业对其优势实行内部化。避开外部市场机制不完全，可以获得最大收益，因而企业将其优势内部化的能力成为企业进行竞争的关键影响因素。③区位优势。区位优势取决于：要素投入和市场的地理分布状况、各国生产要素的成本及质量、运输成本、通讯成本、基础设施、政府干预范围与程度、各国的金融制度、国内外市场的差异程度，以及由于历史、文化、风俗偏好、商业惯例而形成的心理距离等。企业从事国际生产必然要受这些因素的影响。它们决定着企业从事国际化生产的区位选择。

企业必须同时兼备所有权优势、内部化优势和区位优势才能从事有利的海外直接投资活动。如果企业仅有所有权优势和内部化优势，而不具备区位优势，这就意味着缺乏有利的海外投资场所，因此企业只能将有关优势在国内加以利用，而后依靠产品出口来供应当地市场。如果企业只拥有所有权优势和区位优势而无内部化优势，则说明企业拥有的所有权优势难以在内部加以利用，只能将其转让给外国企业。如果企业具备了内部化优势和区位优势而无所有权优势，则意味着企业缺乏对外直接投资的基本前提，海外扩张无法成功。

三、市场营销理论

市场营销理论是企业把市场营销活动作为研究对象的一门应用科学。它是研究把适当的产品，以适当的价格，在适当的时间和地点，用适当的方法销售给尽可能多的顾客，以最大限度满足市场需要。

（一）4P 理论

4P 理论是 1960 年尤金·麦卡西（Eugene·J·Mccarthy）在《基础营销学》一书中提出的市场营销管理体系。4P 是指企业在营销活动中的 4 个可控因素：①产品（product）：企业提供给其目标市场的商品或服务，产品因素包括产品的质量、样式、规格、包装、服务等。②价格（price）：顾客购买产品时的价格，包括折扣、支付期限等。③地点（place）：指产品进入或到达目标市场的种种途径，包括渠道、区域、场所、运输等。④促销（promotion）：企业宣传、介绍其产品和说服顾客购买其产品所进行的种种活动，其中包括广告、宣传、公关、人员推销、促销活动等。4P 组合属于企业可以控制的因素，所以企业可根据目标市场的特点，选择产品、产品价格、销售渠道和促销手段，即进行"营销组合战略决策"。

4P 的组合不仅要受到企业本身的资源条件和目标市场的影响和制约，而且要受到企业外部"市场营销环境"的影响和制约。因此，要密切监视其"外部环境"的动向，善于适当组合 4P，使企业的"可控因素"与外部"不可控因素"相适应。这是企业经营管理能否成功、企业能否生存和发展的关键。

（二）4C 理论

4C 理论是 20 世纪 90 年代以来由罗伯特·劳特朋（Lauterborn）提出的新的营销理论。该理论所主张的新观念是：①把产品先搁在一边，直接研究消费者的需要和欲求（consumer wants and needs），不要卖你所能制造的产品，而要卖消费者需要的产品。②暂时忘掉定价策略，着重了解消费者为满足需要计划付出的成本（cost）。③忘掉销售渠道策略，考虑如何给消费者提供购买的方便（convenience）。④最后忘掉促销，取而代之以沟通（communication）。4C 理论是否能够取代传统的 4P 理论，尚是一个有争议的问题。但重要的是 4C 理论提供了一种新的视角，这种视角改变了营销思考的重心。

（三）4RS 理论

4RS 营销理论是以关系营销为核心，注重企业和客户关系的长期互动，重在建立顾客忠诚。它既从厂商的利益出发又兼顾消费者的需求，是一个更为实际、有效的营销制胜术。4RS 理论的营销四要素：

第一，关联（relevancy），即认为企业与顾客是一个命运共同体。建立并发展与顾客之间的长期关系是企业经营的核心理念和最重要的内容。

第二，反应（reaction），在相互影响的市场中，对经营者来说最难实现的问题不在于如何控制、制订和实施计划，而在于如何站在顾客的角度及时地倾听和从推测性商业模式转移成为高度回应需求的商业模式。

第三，关系（relationship），在企业与客户的关系发生了本质性变化的市场环境中，抢占市场的关键已转变为与顾客建立长期而稳固的关系。与此相适应产生了 5 个转向：从一次性交易转向强调建立长期友好合作关系；从着眼于短期利益转向重视长期利益；从顾客被动适应企业单一销售转向顾客主动参与到生产过程中来；从相互的利益冲突转向共同和谐发展；从管理营销组合转向管理企业与顾客的互动关系。

第四，报酬（reward），任何交易与合作关系的巩固和发展，都是经济利益问题。因此，

NOTE

一定的合理回报既是正确处理营销活动中各种矛盾的出发点，也是营销的落脚点。

4RS营销理论的最大特点是以竞争为导向，在新的层次上概括了营销的新框架，根据市场不断成熟和竞争日趋激烈的形势，着眼于企业与顾客的互动与双赢，不仅积极地适应顾客的需求，而且主动地创造需求，运用优化和系统的思想去整合营销，通过关联、关系、反应等形式与客户形成独特的关系，把企业与客户联系在一起，形成竞争优势。

（四）　市场营销组合理论

市场营销组合理论的主导思想是：企业为实现目标，要将各种市场营销因素进行最佳组合，使它们配合起来，发挥综合作用。市场营销组合中所包含的营销因素很多，尤金·麦卡锡把它们概括为4Ps：产品（product）、价格（price）、地点（place）、促销（promotion）。尤金·麦卡锡还指出，4Ps是企业"控制的变数"，但是4Ps不仅要受企业自身的资源条件与目标的影响和制约，而且要受企业外部"市场营销环境"（尤其是"宏观环境"）的影响和制约。"宏观环境"作为一种社会力量，包括人口环境、经济环境、自然环境、技术环境、政治和法律环境、社会和文化环境。这些社会力量代表企业"不可控制的变数"，会给企业造成一些环境威胁和市场机会。正因为这样，尤金·麦卡锡、菲利普·科特勒等著名市场营销学者一致认为，企业市场营销管理当局的工作任务是：密切监视其"宏观环境"的动向，善于适当安排4Ps，千方百计使企业"可控制的变数"（4Ps）与外部"不可控制的变数"（宏观环境）迅速相适应，这是企业经营管理能否成功、企业能否生存和发展的关键。

1984年，享誉世界的市场营销理论权威，美国西北大学营销学教授菲利普·科特勒又提出6Ps组合论，即在原来四大营销变量的基础上又加上了两大变量：政治权力和公共关系。这是现代市场营销理论在20世纪80年代的新发展。为区别起见，也有人称其为"大市场营销"。

在新形势下，菲利普·科特勒在美国西北大学凯洛格管理研究生院校友会上提出了10Ps。他把10Ps营销策略分成三大块，即战术上的4Ps、战略上的4Ps和大市场营销（megamarketing）上的2Ps。战术上的4Ps是指产品（product）、价格（price）、渠道（place）和促销（promotion）策略，这是最常用的营销战略。用科特勒的话解释就是：如果公司生产出适当的产品，定出适当的价格，利用适当的分销渠道，并辅以适当的促销活动，那么该公司就会获得成功。战略上的4Ps即探查（probing）、细分（partitioning）、优选（prioritizing）和定位（positioning）策略，也就是企业要进行市场调研，然后进行市场细分，并选择可占领的细分市场及产品的市场定位。大市场营销的2Ps即政治权力（political power）和公共关系（public relations），前者是指营销策略必须要注意各个国家不同的政治情况，后者的重点在于树立公司的社会形象。

（五）　全球营销

1983年，哈佛大学商学院教授西奥多·莱维特在《哈佛商业评论》上发表了题为《市场全球化》的论文，提出了"全球营销"的概念。全球营销与传统的多国营销不同。多国营销是根据不同国家市场的不同需求制定不同的营销策略。而全球营销则把整个世界市场视为一个整体，将产品标准化，通过统一布局与协调，从而获得全球性竞争优势。

全球营销集中表现在以下几种商品市场：①有全球相似的消费需求的商品。许多工业品、消费品在所有市场存在相似的需求，例如汽车、软饮料、农产品、化妆品等。②母国生产具有优势的奢侈品。某些奢侈品的声誉是建立在母国生产的优势基础上的，例如，若是不在原产国制造，法国香槟、苏格兰花呢、瑞典家具的魅力就会大减。③技术标准化。价格竞争激烈的商品，例如电视机、收音机、录像机、音响等产品，如果将其特定化，成本就会极其昂贵。④研究开发成本高的技术密集型产品。例如飞机、超级计算机、药品。这类产品要以全球标准化来补偿初期的巨额投入，具有世界性的吸引力，就应该尽量在各国市场上销售。市场全球化的过程正在不断加快，企业应创造条件制造出一流产品，制定全球营销战略，才能在国际市场中获得更多的竞争优势，取得成功。

第三节　国际市场营销的产生与发展

一、国际市场营销产生的原因

第二次世界大战结束以来，世界经济中最显著的变化之一，就是企业经济活动的国际化。进入 20 世纪 80 年代后，这种企业国际化的趋势更为明显，各国企业纷纷把注意力转向海外市场，在广阔的海外市场上寻求新的营销机会和生存环境。

国际化是使各企业逐渐意识到国际经济活动对它们前景的影响力，并与其他国家的企业建立和进行交易的过程。企业经营的国际化出于各种各样的动因，有些是前瞻的，有些是被动的，这其中有的是由企业的内部因素引起的，有的是由外部因素推动的。内部动因可能是管理者发现且理解国际市场的价值并决定追逐国际市场的机遇，或者是企业内部发生的事件推动企业走出国门。外部因素主要指海外对产品的需求，其他企业向国外拓展市场，商会活动强化了企业国际营销意识等，出口代理商及政府的努力也是推动企业国际化的一个动因。具体来说，一个企业决定走向国际化的原因常见的有以下几点：

（一）　饱和的国内市场

如果某个企业的产品和服务的国内市场已趋于饱和，或竞争激烈，这个时候可以将触角伸向国际市场寻找出路。当然必须明确的是，要想在国际市场上取得成功，就要看该企业的产品或服务是否能吸引当地的顾客。国内市场成功并不能够保证在国际市场上也成功！

（二）　竞争激烈导致利润下降

世界各国的国情不同，因此，在发展国内经济时，选择了不同产业发展的优先次序和重点领域，实施不同的经济政策，这就使得各国在不同的产品或行业上竞争力不同。具有竞争优势的产品其生产企业规模越做越大。随着同类外资企业的进入，国内市场竞争加剧，而国内市场容量有限，导致利润下降，企业就必然要寻找新的国际市场，寻求发展机会。

（三）　延长产品生命周期

一般来说，产品都有生命周期。生命周期是由投入期、成长期、成熟期和衰退期构成的。对不同的产品而言，其周期的四个阶段的长度和表现形式是不同的。由于各国科学技术水平、经济发展状况、社会文化、消费习惯等各不相同，各国新技术的研究与开发速度、新产品上市和普及速度不可能保持同步，而是错开的。这样，自然就会出现如下情况：该产品在发达国家处于生命周期的衰退期，在发展中国家才刚刚处于投入期或成长期。发达国家的企业就会利用已掌握的先进技术、生产经验和雄厚的资金实力去发展中国家投资或转让技术，生产该产品，使该产品的生命周期得以延长。

NOTE

（四） 对低成本的追求

企业在国际市场上参与竞争，提供产品和服务。在产品质量相当时，竞争力的高低取决于成本因素。发达国家企业在跨国经营时，就选择低成本国家作为东道国，利用当地的优惠政策、廉价的劳动力和原材料、低运费、低关税、较少的配额管制、接近产品的销售市场等有利条件，使经营成本大大降低，从而有效提高产品国际竞争力。

（五） 本国政府的支持与鼓励

本国政府为了发展本国经济，采取支持与鼓励本国企业到国际市场上开拓经营的政策，这些政策主要有：减税和退税的优惠政策；低息贷款、担保贷款，出口价格补贴的金融优惠政策；为企业提供外贸咨询、国际市场信息等一系列配套服务；给具有经营实力的企业下放进出口自主权等。

二、国际市场营销的发展

世界经济正势不可挡地朝着全球市场一体化、企业生存数字化、商业竞争国际化的方向发展。企业国际营销的发展同世界经济一体化及本国市场经济的发展是紧密相连的，其发展演变经历了一个过程，即国内营销→出口营销→国际市场营销→多国营销→全球营销。从目前现实看，众多国家仍处于国际市场营销阶段，少数经济发达国家的跨国公司已经进入全球营销阶段。

（一） 国内营销

在第二次世界大战以前，即使是产品具有出口潜力的企业，也会在其成长过程中经历一段"国内营销"时期。国内营销是指国内市场为企业唯一的经营范围，企业经营的目光、焦点、导向及经营活动集中于国内消费者、国内供应商、国内竞争者。其公司在国内从事营销活动可能是有意识、自觉的战略选择，或者是无意识、不自觉地想躲避国外竞争者的挑战，有时甚至由于对外界环境的无知而造成"出口恐惧症"，对出口销售持消极态度。

（二） 出口营销

出口营销时期一般指第二次世界大战后至 20 世纪 60 年代。此阶段以出口产品为主组织国际市场营销活动，对国际市场调研、产品开发的自觉性还不够。这是企业进入国际市场的第一阶段。其目标市场是国外市场，企业在国内生产产品到国外销售，满足国外市场需求。在这一阶段，产品与经验成为发展出口营销的关键。同时，国际营销者还要研究国际目标市场，使产品适应每个国家的特殊要求。

（三） 国际市场营销

这是企业进入国际市场的第二阶段，国际市场营销把国内营销策略和计划扩大到世界范围。在国际市场营销阶段，企业往往将重点集中于国内市场，实行种族中心主义或本国导向，即公司不自觉地把本国的方法、途径、人员、实践和价值采用于国际市场；此时，国内营销始终是第一位的，产品出口只是国内剩余产品向国外的延伸，大多数的营销计划制订权集中于国内总公司。国外经营所采取的政策与国内相同。随着企业从事国际营销的经验日益丰富，国际营销者日益重视研究国际市场，实行产品从国内发展到国外的战略。

（四） 多国营销

这是企业进入国际市场的第三阶段。在这一阶段，企业的导向是多中心主义。多中心主义是假设世界市场是如此的不同和独特，企业要获得营销的成功，必须对差异化和独特化市场实行适应的战略。这一阶段产品的战略是适应各国市场的战略。

（五） 全球营销

全球营销一般出现在 20 世纪 80 年代以后。这一时期，科技革命使产业结构发生深刻变化。这是企业跨国经营的最高阶段。它以全球为目标市场，将公司的资产、经验及产品集中于全球市场。全球营销是以全球文化的共同性及差异性为前提的，主要侧重于文化的共同性，实行统一的营销战略，同时也注意各国需求的差异性而实行地方化营销策略。全球营销实行以地理为中心导向，其产品战略是扩展、适应及创新的混合体。必须注意，全球营销并不意味着进入世界上的每个国家。进入世界上多少国家主要取决于公司资源、面临的机会及外部威胁的性质。

三、全球营销趋势

如今，我们生活中的许多领域都在进行全球化的革命（例如管理、政治、通信、技术等）。全球化这一名词被赋予了新的含义，它指社会、商业、知识领域的一种无限的流动性和竞争。全球营销——以全球市场为目标的营销，不再仅仅是一种选择，它已经成为商业领域的一种需要和趋势。

全球营销发展的趋势是一个大的宏观背景，是基于欧美地区已经非常完善的市场特点，以及新媒体、新营销技术发展的基础。各国的经理人员必须确立一种全球化的视角，不仅要捕捉全球营销中的机遇，对其做出反应，而且在国内市场上也要保持竞争力。企业所面临的最激烈的国内竞争往往是来自于外国公司的。而且，全球化的视角能使经理人员了解顾客遍及世界各地，销售网络分布全球，这使得地理界限和政治壁垒更加模糊，也使得这些因素和商业决策的相关性日益降低。总之，具备全球化视角意味着认识到全球营销中的机遇，并对其做出反应；意识到在所有市场上都有来自于外国竞争者的威胁；要有效运用分布全球的营销网络。经济全球化已经成为不可逆转的大趋势，因而建立全球意识就成为国际营销经理们的必修课。无论发达国家还是发展中国家，都会面临全球化的冲击，是积极主动应战还是消极被动适应，将决定公司的未来发展。

思考与讨论

1. 简单阐述国际市场营销的定义。
2. 国际市场营销与国际贸易有何异同点？
3. 简述国际市场营销的特点。
4. 国际市场营销产生的原因是什么？
5. 简述国际市场营销的产生与发展。

NOTE

第二章　国际市场营销环境

学习要点

1. 市场发展阶段。
2. 政治环境的内容。
3. 东道国法律。
4. 识别不同社会阶层的特征。

案例导入

中国超过日本成为第二大经济体

我们应冷静客观地看待中国经济的世界位次。尽管美元贬值有利于日本国内生产总值换算美元时提高数值，但仍抵不过中国经济的快速增长势头，日本 2010 年的国内生产总值为 54742 亿美元，低于中国公布的 58786 美元，日本已经正式退出了世界第二经济大国的位置。

目前中国仍然是发展中国家，人均国内生产总值只有日本的十分之一，甚至不到世界平均水平的一半。而日本的发展，比如城乡之间、经济社会之间的发展比较平衡。虽然中国的经济总量不断扩大，但仍存在发展方式粗放、人均国民收入不高等问题，需要冷静客观地对待。国内生产总值是衡量一国经济实力的核心指标之一，但不是唯一指标。中国经济快速发展，世界位次不断提升是改革开放的重大成果，但同时更要看到中国经济的差距和不足，看到百姓生活水平仍有待提高，看到实现经济社会全面、协调、可持续发展的道路仍很漫长。差距和问题主要是经济增长的资源环境约束加强，投资和消费关系失衡，收入分配差距较大，科技创新能力不强，产业结构不合理，农业基础仍然薄弱，城乡区域发展不协调，就业总量压力和结构性矛盾并存，社会矛盾明显增多，制约科学发展的体制机制障碍依然较多。差距和问题提醒我们要客观冷静。但同时也应看到，中国的未来发展还有巨大潜力，中国完全有条件推动经济社会发展和综合国力再上新台阶。

第一节　经济环境

经济环境是企业国际市场营销活动所面临的外部社会条件，其运行状况及发展趋势直接或间接地对企业国际市场营销活动产生影响。任何企业的国际市场营销活动都是在以一定的经济环境为背景的前提下展开的。因此，经济环境的不同会直接使国际市场营销活动产生巨大的差异。其中，国际经济环境尤甚。国际经济环境是全球市场潜力和市场机会的一个主要决定因素，也是国际市场营销战略、策略制定和实施的重要影响因素。

一、全球经济

21世纪，经济领域的变化与以往不同，经济全球化成为主要的趋势，各国交流愈发密切，经济相互依赖性增强，区域经济一体化程度进一步加深。对企业而言，既是机遇，也是挑战。国际市场营销需要把握全球经济环境变化的趋势，在国际经济背景下把复杂的营销活动向全球发展。在国际经济环境下，国际市场营销活动所考虑的层次要更加深远，需要对全球经济环境及区域市场环境进行分析，需要根据当地经济发展程度不同而调整国际市场营销策略，需要与当地经济意识形态相结合，而不仅仅是以一成不变的方式进行国际市场营销。

1. 全球经济一体化

当代科技发展迅速，世界各国经济相互开放，相互联系，相互依赖。特别是21世纪以来国际贸易规模不断扩大，成为经济增长的重要部分。国际市场营销经济环境又比国内市场营销经济环境更加难以预测，更加复杂多变，这给国际市场营销活动带来了很大的挑战；同时由于全球经济的联系已经越来越紧密，全球经济一体化的速度越来越快，这给国际市场营销带来了巨大的机遇。

2. 区域经济一体化

区域经济一体化消除了区域内的市场障碍，使得国际竞争向更高、更新的状态发展，它大多以区域经济组织的形式表现，典型的区域经济组织有北美自由贸易区、欧盟及亚太经合组织等。区域经济组织使区域市场障碍消除，区域经济保护加强，改变了国际市场营销的关注点，使得营销不仅仅需要关注全球环境，也不能忽视区域经济壁垒的存在。

3. 国际金融与信息产业加速推进

国际金融一体化程度持续加深，各种新型金融工具和电子信息技术的出现，使世界市场的距离大大缩短。信息产业将成为各国贸易发展的重要技术基础，是未来全球经济中最宏大和最具活力的产业，更是全球经济的增长点。

4. 知识经济向纵深发展

知识经济是以知识为基础的经济，是与农业经济、工业经济相对应的一个概念，是一种新型的富有生命力的经济形态。工业化、信息化和知识化是现代化发展的三个阶段。创新是知识经济发展的动力，教育、文化和研究开发是知识经济的先导产业。在知识经济时代，人们的个性化需求不断加强，于是知识营销、文化营销等新型营销观念也随之出现。

二、市场发展阶段

各个国家的市场处于不同的发展阶段。人均国民生产总值提供了一个细分方法。以国民生产总值为基础，可以将全球市场分成五类：低收入国家、中低收入国家、中高收入国家、高收入国家和经济瘫痪国家。尽管对每一个阶段收入的定义是任意的，但每一类别中的国家都具有相同的特征。

1. 低收入国家

低收入国家亦称前工业国，是人均国民生产总值不到975美元（世界银行标准）的国家。

NOTE

一般来说，这些国家为各种产品提供的市场是有限的，它们也不处于构成威胁的战略要害地带，但也有例外，如 2009 年在人均国民生产总值 516 美元的孟加拉国，处于上升阶段 的服装业出口蒸蒸日上，其成衣出口的美元价值超过了黄麻、茶及其他农产品出口的美元价值。

2. 中低收入国家

中低收入国家亦称不发达国家，其人均国民生产总值为 976~3855 美元。它们处于工业化的早期阶段，其工厂为成长中的国内市场提供诸如服装、电池、轮胎、建材和包装食品等产品。当中低收入国家发动它们那些相对便宜的劳动力为世界其他地区的目标市场服务时，这些国家就会形成一种越来越大的竞争威胁。中低收入国家在成熟的、标准化的劳动力密集型产业，如玩具和服装制造业中，具有较大的竞争优势。印度尼西亚是前进中的中低收入国家的一个范例，其人均国民生产总值从 1985 年的 250 美元提高到 2009 年的 2007 美元。这类国家的消费者市场正在扩大。

3. 中高收入国家

中高收入国家亦称正在工业化的国家，其人均国民生产总值为 3856~11905 美元。随着就业人口向工业部门的转移、城市化程度的增加，这些国家的农业人口急剧减少。马来西亚等许多处于这一阶段的国家，正在迅速地实现工业化。人们的工资水平和识字率上升，教育比较先进。而且，它们还享有发达国家所没有的、可观的低工资成本。处于这个发展阶段的国家经常会成为令人生畏的竞争对手，并会经历迅速的、以出口驱动的经济增长。

4. 高收入国家

高收入国家亦称先进的工业化、后工业或发达国家，其人均国民生产总值超过 11906 美元。除了少数石油富国以外，此类别中的其他国家是靠持续的经济增长过程达到目前的收入水平的。相对于工业社会而言，在后工业社会里，产品和市场机会更多地取决于新产品的创新。大多数家庭对基本产品的拥有率非常高。寻求发展的组织如果要在现有市场上扩增自己的份额，任务非常艰巨。如在 20 世纪 90 年代，与通信相关的全球公司在竭力创造多媒体、交互式电子通信的新市场。它们必须另辟蹊径，努力创造新的市场。

5. 经济瘫痪国家

经济瘫痪国家遇到的经济、社会和政治问题非常严重，使得投资者和经营者对其失去兴趣。埃塞俄比亚和莫桑比克等一些低收入、无经济增长的经济瘫痪国家在接连不断的灾难中勉强维持生活。其他一些曾经获得增长和成功的国家因政治斗争造成分裂，发生内战，收入降低，而且居民经常有一定的危险。20 世纪 90 年代中期的南斯拉夫便是一例。受内战困扰的经济瘫痪国家是危险地区，大多数公司认为不去那些战乱国家是谨慎之举。

三、区域市场环境

1. 区域经济一体化的形式

国家的经济绩效会受到其与他国经济关系的影响，由于不同国家经济体制不同，其管理经济的模式也不同，这些不同的经济安排导致自由贸易区、关税同盟、共同市场、经济联盟等区域经济一体化方式的出现。自由贸易区由一组同意取消成员国之间所有内部贸易壁垒的国家组成。国家能够并且确实维持了相对于第三国的独立贸易政策，为了避免贸易转移使低关税成员国获利，自由贸易区通常采用一种原产地认证系统。关税同盟是自由贸易区的一种自然演进。

除了消除内部贸易壁垒之外，关税同盟各成员国之间还达成协议，对非成员国实行统一的外部壁垒。共同市场向经济一体化又迈进了一步，除了取消内部贸易壁垒和确立共同的外部壁垒之外，它还允许劳动力、资本和信息等各生产要素自由流动。建立经济联盟的基础是取消内部贸易壁垒，确立共同的外部壁垒。在此基础上，经济联盟寻求在联盟内部协调社会和经济政策，以允许资本和劳动力在各国之间能够自由移动。因此，它不仅是货物的一个共同市场，而且是服务和资本的共同市场。

2. 世界贸易组织

世界贸易组织是当代最重要的国际经济组织之一，拥有 164 个成员，成员间贸易总额达到全球的 98%，有"经济联合国"之称。世界贸易组织的目标是建立一个完整的，包括货物、服务、与贸易有关的投资及知识产权等内容的，更具活力、更持久的多边贸易体系，它的出现有助于加强各成员之间的经济贸易合作。世界贸易组织的货物和服务贸易的自由化有助于加强各成员之间的经济贸易合作。世界贸易组织的官员对服务业给予了很大关注，尤其是银行、保险、电信等行业的市场准入壁垒问题。服务业中的跨国企业将从关税减让甚至完全减免中获取竞争优势。世界贸易组织的争端解决机制为世界经济的稳定发展提供了保障，世界贸易组织的知识产权保护为技术扩散创造了良好条件，世界贸易组织的各项协议的实施有利于提高各成员国人民的生活水平、增加就业。世界贸易组织提供的良好竞争环境有利于成员方提高经济效益、降低经济运行成本、提高国际竞争力。

3. 区域经济组织或协定

除了世界贸易组织之外，全球各个区域的国家也都在寻求降低区域内部的贸易壁垒，于是许多区域经济组织或协定应运而生。欧洲联盟是一个强大的经济和政治实体，在国际生活中发挥着日益重大的影响。欧盟市场规模大、消费水平高、消费需求多样、对产品进入市场的限制较多。欧盟对内一体化程度高，其市场内部已实现了商品、服务、劳动力、技术和资本的自由流动。北美自由贸易区市场是相对开放的市场。目前北美自由贸易区的市场竞争既集中于农产品、钢铁、汽车、纺织品等传统产业，也迅速扩展到计算机、信息网络、生物工程等高新技术领域。亚太经合组织一直积极地致力于贸易投资自由化和便利化，即便在 2008 年金融危机时期也是如此。2010 年亚太经合组织的主题是"变革和行动"，这个主题源于以下的想法：处在变化的全球环境之中，亚太经合组织有必要赋予"变革"以现实的意义，并将其转化成具体的"行动"，使之能够继续发挥重要的角色。区域经济组织或协定采取减少关税及非关税壁垒，减少进入电信、交通运输、能源及旅游等服务市场的限制；放宽投资限制、提供最惠国待遇；各成员标准同国际标准一致、改善各成员的竞争环境等措施，致力于贸易投资自由化和便利化，为国际市场营销带来了许多政策上的便利。

4. 区域市场特征

根据地理邻近性可以将国家市场分为以下几类：西欧、东欧和中欧、北美、亚太地区、大洋洲、拉丁美洲、中东、非洲。其中西欧国家位居全世界最富裕国家之列，但各国的收入分布很不平衡。虽然收入存在差距，语言文化也有显著不同，但西欧国家正在变得惊人相似；家庭和工作模式虽有不同，但发展趋势却是一致的。对于东欧和中欧国家来说，国际市场营销无疑是促进经济发展的关键，但它们也许需要几十年的努力才能达到与西欧国家相近的营销水平。该地区的国家需要发展基础设施，改变反复无常的法律和契约构架，此外，它们还应当发展商业文化和需求预测机制。大洋洲的澳大利亚和新西兰，许多年来两国合作密切，但是，在世界观、文化和国民性格方面二者还是有很多差异。两国公民都可以自由出入另一个国家，两国贸易也不存在任何壁垒或限制。拉丁美洲国家正在发生巨变，预算平衡被放在优先地位，私有化正在实行，自由市场、开放经济和放松管制取代了从前的政策。拉丁美洲市场是一个与众不同的区域市场，它消费能力强、市场潜力巨大，因其广大的市场容量吸引了诸多外国公司。中东国家的每个首都、每个大城市都有因宗教、社会阶层、受教育或富裕程度不同而组成的各种社会团体。总的来说，中东人热情、友好、具有群体意识，以部落为自豪和对客人热忱是他们的基本信仰，决策需要全体通过，资历比学历更有分量。在中东，家庭是个人生活的核心，威望随年龄而增长，权力取决于家庭的大小和年龄的长幼。在商务关系方面，中东人喜欢通过可信赖的第三方来搭桥。在非洲的低收入市场，营销的挑战不是刺激产品需求，而是识别最重要的社会需要并开发满足这些需要的产品。在开发独特产品以满足发展中国家人们需要方面，非洲还存在很多创新的机会。总之，各区域市场因种种原因使得其经济环境、市场环境存在许多差异，跨国企业在不同区域的国际市场营销策略也因区域特征而不同。

第二节　政治环境

政治环境是企业在国际市场营销中面临的一个重要而复杂的问题，企业对此必须保持高度的政治敏锐性，对政治环境中的各种因素要给予足够的重视。同时，任何一个从事国际市场营销的企业都应该认识到：政治是经济的集中体现，又对经济产生巨大影响。当代社会，任何经济活动都不可能独立于政治因素之外。因此，企业必须具有敏锐的政治眼光和较强的洞察力，审时度势，以回避政治风险，减少经济损失，当然也包括抓住机遇，以创造良好的营销环境。

一、国际政治关系

国际政治关系，特别是企业母国与东道国之间的国家关系，对国际市场营销活动的业绩和前途会产生直接而强烈的影响。两国友好，经济往来频繁，能给国际市场营销活动创造较为宽松的国际关系环境；相反，两国敌对，相互封锁、管制、禁运、壁垒森严，就会给国际市场营销活动设置障碍，增加风险。此外，还必须关注东道国与其他国家的关系。如果该国是某一区域性组织的成员国，应认真分析这个事实及可能产生的影响，然后选择是否进行贸易或投资；如果某国有特别友好的或特别敌视的国家，企业应认真研究该国国际市场营销的方向，从而调整相应的政策。国际政治关系一般包括母国与目标市场国之间的政治关系和目标市场国内部的政治情况两个方面。

1. 母国与目标市场国之间的政治关系

国家之间的关系是影响企业国际市场营销的重要因素。一般来说，当两国政治关系向友好方面发展时，经贸往来会增加；当关系恶化时，经贸往来会减少，甚至中断。如最惠国待遇、配额制及关税，都是政府出于政治和经济考虑而实行的政策。另外，还需要注意的是日益加强的区域经济集团化趋势。目前影响最大的有欧共体的统一内部大市场、北美自由贸易协定和亚太经济合作圈。这些具有政治和经济色彩的区域性集团，对内实行自由贸易、政策协调，对外实行保护，具有排他性，使区域外国家难以进入区域内市场。

2. 目标市场国内部的政治情况

在社会性质及政治体制上，企业在进入国外市场之前，要考虑这些国家是社会主义国家还是资本主义国家；是第一世界国家，第二世界国家还是第三世界国家。西方国家的政府实行多党制，不同的党派执政，政策就会不同。企业了解目标市场国的这些情况就能更好地了解其有关的经济贸易方针、政策及可能对企业带来的影响，估量进入该市场的可能性和发展前景。在政治稳定性上，企业不仅要了解目标市场国目前的政治形势，而且要考虑它将来的稳定程度。战争、冲突、罢工及社会动荡等都会对进出口贸易、投资带来直接的影响。重视政治稳定性的目的是为了预防可能出现的各种政治风险，如国有化、外汇管制、进口限制、租税控制、价格管制、劳工问题等。20 世纪 80 年代后半期以来，东欧剧变、两德统一、苏联解体、海湾战争，以及美国的新经济的确带来了繁荣和活力，但仍然存在一些重大的国际政治事件，使国际政治关系格局发生了急剧的变化，企业所面临的国际政治环境更加复杂，国际市场竞争更加激烈。对此，企业必须充分认识并采取相应的对策，抓住机会，迎接挑战。

二、政治风险

进入 21 世纪以来，特别是 2008 年爆发国际金融危机以来，美国、欧盟国家、日本等传统经济大国的综合国力出现相对削弱的趋势。中国等新兴大国在全球经济中的比重迅速上升。但是，国际力量的此消彼长并没有从根本上改变西方大国主导国际体系和国际规则的战略优势，在高科技、军事、舆论传播等领域其竞争力仍遥遥领先。与此同时，西方大国意识到国际体系出现于己不利的力量转移，开始调整战略策略，一方面通过 G20 等新的国际机制将新兴大国纳入全球治理协调体制，试图转移矛盾和降低经济负担；另一方面利用低碳规则、汇率机制、军事威慑等各种软硬手段牵制、压制和打击社会主义国家和广大发展中国家，极力维护不公平、不均衡的国际政治经济旧秩序。总之，当代国际体系转型的渐进性决定了"西强我弱"基本力量对比特征的长期性，而这种转型的两重性又决定了国际政治环境的复杂性，在某些领域表现为国际政治斗争的严峻性。

政治风险是由政治事件及其过程引起的潜在而重大的偶然性经营危机。政治风险是由政治原因引起的经营危机，也就是说政治风险不仅包括政治事件，而且还包括由政治动机引发的环境变化所带来的企业经营危机。政治风险包括军事政变和革命、由选举形成的政权交替、为维护国家主权而对外国企业活动所制定的限制措施及对外贸易政策等。因此，政治风险不仅包括对所有外国企业无差别适用的宏观风险，而且还包括分产业或企业的微观风险。比如泰国政治问题对国家经济的影响。2010 年 6 月 2 日，泰国机构泰华农民研究中心提供的资料显示，始于 2010 年 3 月的政治斗争对泰国的经济影响开始显现，仅旅游业，4 月外国入境游客的数量就比 3 月大幅度萎缩 18%。该中心称，泰国银行最新公布的 2010 年 4 月经济指数显示，在 4~5 月政治风险大幅度增加的情况下，多个经济指数呈现放缓：民间消费指数为 -0.9%，制造业生产指数为 -2%；民间投资虽呈正增长，但增幅放缓。而 4 月的民间消费者信心指数连续 3 个月下滑，企业信心指数更创新低。在国际贸易方面，受泰国国内政治动荡影响，出口额和进口额分别月环比萎缩 2.5% 和 7.5%。

政治风险不同于政治不安定。即东道国内的政治不安定不直接影响外国企业的经营。然

NOTE

而，当这种政治不安定因素影响东道国政府的政策及引发东道国公民对外国企业态度的变化时，将影响外国企业的经营活动。此时，政治不安定因素就可称得上是一种政治风险。政治环境变化所引起的政治不安定与影响外国企业的政治风险不一定相一致。虽然政治不安定，但对外国企业经营活动不造成负面影响的情形是存在的。

政治风险不仅影响企业的资产，而且还影响企业的盈利。政治风险不仅包括没收、国有化、持股限制等有关企业资产方面的资产危机，而且还包括销售限制、义务出口、雇用国内员工比例等有关企业正常经营活动方面的运营危机。近年来，国有化与没收等资产危机的次数明显减少，相反，对外国人经营的企业采取的各种规定所引起的运营风险所占的比例越来越大。进行国际市场营销的目的是开辟更大的市场，谋求更大的市场商业利润，这就要求企业认真了解国际经营所面临的政治风险，在此基础上，才可能进一步准确评估和有效控制政治风险。

第三节　法律环境

在不同时期、不同国家也有着不同的法律法规，在国际市场营销企业进入外国市场时，除要遵守东道国国家的一般宪法、民法、刑法等法律外，还要遵守与贸易和营销有关的法律、法规，其中对该国的关税、反倾销法、进出口许可证、投资管理、法定刺激措施和限制贸易法等不可忽视。在顺应国内、国际法律环境的情况下，才能更好地进行各种经济贸易。国际市场营销法律环境是主权国家颁布的各种经济法律、法规、法令，如商标法、广告法、投资法、专利法、竞争法、商检法、环保法、海关法，以及保护消费者的各种法令；也包括各国缔结的贸易条约、协定和国际贸易法规等。到目前为止，国际还没有相当于各国立法机构的国际法制机构，同样也没有国际性执行机构以实施国际法。虽然在海牙设立了国际法庭，但其功能仍然有限。国家之间的争议主要通过谈判、协商、调停的方式来解决。

一、诉讼与仲裁

由于国际市场营销的情况复杂多变，商业争端在所难免。一旦发生纠纷，该如何解决呢？国际上有三种解决形式：友好协商、仲裁和诉讼。在国际商务中，一般发生法律纠纷的双方有三种情况：一是政府间；二是公司与政府间；三是两家公司间。政府间的争议可诉诸国际法庭，而后两种争议则必须由有关双方中的一方所属的国家法庭进行审理或仲裁。这里需要重点考虑以下问题：

1. 法庭和法律的选择问题

国内法律只适用于一国之内的市场营销。当两个不同国家的当事人之间发生商务争端时，最重要的问题是要明确诉诸哪种法律。如果交易双方没有对裁决事项有共同协议，一旦发生纠纷，企业将面临两种选择：①以签订合同所在地的法律作为依据；②以合同履行所在地的法律作为依据。一般来说，如果合同中没有写明以何地法律为准，多以签订合同所在地的法律为准。但是为了降低不确定性，避免不必要的矛盾，企业在签订合同时应该写明裁决方式。

2. 诉讼问题

有很多原因使企业不愿在法院打官司。除了花费大、拖延时间长和使事情更加恶化外，还有以下一些原因：害怕产生不好的名声，以至于影响公共关系；害怕外国法院的不公正待遇；害怕泄密。企业在发生国际商业争端时往往愿意通过较为和平的方式（协调、调解和仲裁）解决问题。

3. 仲裁问题

仲裁一般可以避免诉讼的缺点，裁决快、费用省。而且由于仲裁过程秘密并且不存在敌意行为，所以对商誉没有破坏性影响。正是由于仲裁具有调节特点，所以国际商务中大约有 1/3 的案件在裁决之前就通过当事人直接对话解决了。由于仲裁者不以法官面目出现并且经验丰富，所以，仲裁结果比较公正，也易于被当事人接受。仲裁期间，允许当事双方一面争议一面继续做生意，所以避免了更大的损失。仲裁的依据不是法律条文，而是基于对事实的公道处理，争执双方也因此而不必诉诸对方国家的法庭，所以感到满意。正因如此，仲裁在解决国际商务争端中的作用越来越大。甚至，在斯德哥尔摩还成立了解决东西方贸易争端的仲裁机关。仲裁的程序简单、直接。如果国际企业希望对未来争端通过仲裁解决，那么只需在合同中注明仲裁条款即可。仲裁的优点及其地位越来越重要，它已成为解决商业争端中广受欢迎的措施。不过，仲裁不是包治百病的万灵药，在个别情况下，一项仲裁耗时数年、费资数万也时有所闻。但是，不管怎么说，仲裁仍是解决商业争端的最佳选择。

二、东道国法律

影响国际市场营销活动最经常、最直接的因素是目标市场国即东道国有关外国企业在该国活动的法律规范。

1. 法律制度的两大体系

目前，世界上大多数国家现行的法律制度大致可分为两大体系：成文法系和习惯法系。成文法又称大陆法，世界上大多数国家的法律制度都属于成文法系。成文法系最重要的特点就是以法典为第一法律渊源，在实行成文法的国家，明确的法律条文非常重要。成文法系国家的司法不是依据法院以前的裁决，同样的条文可能产生解释上的偏差，这样就使国际市场营销面临一个不确定的法律环境。习惯法又称不成文法或普通法。习惯法系最重要的特点是以传统导向为主，重视习惯和案例，过去案例的判决理由对以后的案件有约束力，即所谓的先例原则。近年来英国、美国等国家制定了大量的成文法，作为对习惯法的补充，但是合同法与侵权行为法仍为习惯法。不同的法律制度对同一事物可能有不同的解释。因此，企业在进行国际市场营销时，必须对国外市场的法律环境进行慎重而明确的分析。

2. 东道国法律对国际市场营销组合的影响

由于各国法律体系极其复杂，这里只讨论它们直接对国际市场营销组合的影响。由于产品的物理和化学特性事关消费者的安全问题，所以各国都对产品的纯度、安全性能有详细的法律规定。例如，比利时规定只能用八边形的褐黄色玻璃瓶盛装药剂，以其他容器盛装的药剂不得进入该国市场。有关标签的法律要求更严格。一般来说，标签上须注明的项目包括：产品的名字；生产商或分销商的名字；产品的成分或使用说明；重量（净重或毛重）；产地。各国对保修单的要求比较宽松，不过，习惯法系国家一般对此要求较严格，而成文法系国家对此要求又相对宽松。品牌名称和商标的法律要求也不一致。世界许多主要大国都是"巴黎同盟"或其他国际商标公约的成员国，因此，这方面的要求比较统一。可是，成文法系国家与习惯法系国

NOTE

家关于品牌或商标所有权的法律处理截然不同。前者实行"注册在先"，而后者则实行"使用在先"。因此，必须了解在什么地方和什么情况下会发生侵权问题。如何控制定价是世界各国普遍遇到的问题。许多国家对"维持再售价格"都有法律规定，但是"维持再售价格"的范围和方式因国而异。许多国家通过政府价格控制部门来制定法律规定，它们中有的对所有产品都实行价格控制，而有的只对个别产品实行价格控制。例如，法国政府冻结若干个产品的价格，而日本只对一种消费品——大米实行价格控制。各国法律关于分销的规定比较少，所以企业在选择东道国分销渠道时自由度比较大。当然，有些东道国某些分销渠道也并不一定适用。例如，法国法律特别禁止挨门挨户推销。事实上各国最强硬的法律限制也不会从根本上影响国际企业在东道国的分销，但是通过分销商或代理商销售的出口企业却不能不受到东道国有关法律的限制。出口企业必须知晓东道国关于分销商合同的法律条文，以避免造成损失。关于促销，在国际市场营销中的广告争议最多，而且广告也最易受到控制。世界上大多数国家都制定有关于广告的法律规定，许多国家的广告组织也有自己的约束准则。例如，新西兰关于广告的法律条令不少于33个。世界各国的广告规则有如下几种形式：一是关于"广告词"的可信度。例如，德国不允许使用比较性广告和"较好"或"最好"的广告词。二是限制为某些产品做广告。例如，英国不许在电视上做烟草或酒类广告。三是限制促销技巧。例如，佣金的规模、价值和种类也被许多国家明确限定：佣金只能占产品销售额的有限部分和佣金的使用只能与该项产品有关，也就是说，手表的广告佣金不能用来做肥皂的广告等。

三、国家主权

企业对国际社会、东道国及母国所有法律法规都应严格遵守，否则将招致国际社会、东道国或母国行使主权，强令遵守。主权意味着民族国家对其领土内的经济活动施以控制。虽说这是一种普遍现象，但仍然与一定的背景条件有关，为此有两条重要的判断标准：一是国家的发展阶段；二是该国的政治和经济体系。国家可在它们的工业或经济发展中实行控制，包括设立保护主义措施或壁垒来促进先驱工业或保护国民经济中无竞争力的部分免受便宜的进口产品的打击。相反，当市场驱动的国家演化到经济发展的高级阶段时，其会建立提倡公平竞争的法律，并且声称所有限制贸易的契约、联合或秘密协定都是不合法的。有时，政策中也许会规定滥用市场中的统治地位和差别定价也是不合法的。新的法律不断推出以规定和维护国家的社会秩序并扩展到政治、文化甚至科学活动和社会行为等领域。幸而有抵消或平衡限制的存在，否则就会出现如集权社会中可能发生的过度管制。

通常一国境内的所有经济活动都受该国法律管辖，但是在跨国交易中应运用哪国法律？一个简单的出口贸易，如果在其可适用的法律中，两国的法律不同，这项出口交易应采用哪个国家的法律呢？为该交易融资而开发的信用证又该适用哪国法律呢？答案是参与人必须在双方都同意的基础上在合同中注明该合同适用的法律。这样，如果发生争议，参与人指明的法律将对交易中任何与其有关的关系负责。所指定的法律应该是经济活动一方当事人永久或主要业务场所所在地、合同签订地或合同执行地。如果参与人未能指出适用法律，法庭或仲裁庭将大致参照前述的标准，运用起一套相当复杂的解决"法律的冲突"的管理规则。有的时候也通过比较相关标准的权重来找出与合同的大部分条款最有关联的地点，并以此地的法律作为适用法律。由于这类结果通常不能预计，为谨慎起见，还是应该在谈判期间对适用法律达成一致，并在合同中清楚地表述。当然，这有一个前提条件，即假设你做生意所在的国家普遍存在契约自由。

治外法权发生在一个国家对其公民和公司在他国的经济活动加以控制的情况下。特别指出的是，一个国际公司在一个国家从事商业活动时必须遵守该国法律。但是，这些法律也许与母国的法律并不一致，当它们影响到母国内的活动时，母国将会对这些与本国法律不相 符合的活动进行控制。这种情况会导致国家间冲突，特别是在反托拉斯法、证券管理、产品质量责任、征税和出口控制这些领域中。

第四节 社会文化环境

社会文化环境是某一特定人类社会在其长期发展历史过程中形成的，它主要由特定的语言、宗教、价值观念、社会阶层及风俗习惯等内容构成。人们的消费行为往往会受到社会文化的强烈影响并且社会文化制约着人们的消费观念、需求欲望及其特点、购买行为和生活方式，对企业国际市场营销行为产生直接影响。企业在应对社会文化差异时应充分认识到社会文化差异对国际市场营销的"双刃剑"作用。

一、语言

语言是社会文化的载体，也是接触和了解异国社会文化的重要工具。因为，语言包含了丰富的历史知识、情感和态度。目前，世界上的语言有数千种之多，而在国际市场营销中涉及的语言不仅仅局限于"有声语言"，还涉及众多的"无声语言"。这些都将给国际市场营销活动带来重要的影响。

比如，通用汽车公司于20世纪50年代中期向市场展示的新款汽车"NOVA"，其西班牙语翻译为"NO GO"，因此，通用汽车公司这种品牌汽车的销售严重受挫。还有，凡是用数字"4"表示的营销品，在日本、韩国等国家就难以销售，因为数字"4"其谐音与"死"相似。韩国现代汽车品牌"Hyun Dai"中Dai的英文发音同"Die"一样，为此，现代汽车为美国的消费者制作了把"Hyun Dai"改为"Hyun Day"的教育广告项目，由此避免了语言发音带来的不必要的麻烦。中国在海外进行国际市场营销的企业也有必要制定海外任何市场都可以接受并且容易记忆和长久记忆的商标名，采取全球化的品牌战略，提高中国产品在全球市场上的知名度。

语言除了口头表达方式之外，还有非语言的表达方式，如体态姿势、面部表情等。社会文化环境不同，非语言表达出来的意思及内容会有差异。例如，在一般情况下，点头表示肯定的意思，而摇头表示否定的意思，但在北欧，左右摆头则表示肯定的意思。触摸鼻子的手势在英国表示"小心"的意思，而在意大利则表示"正在受骗"的意思。通常"OK"的手势，在法国表示"正在做徒劳的事情"的意思，而在希腊则表示与性行为有关的意思。因此，企业不仅要了解东道国语言表达的真正含义，而且还要了解非语言沟通的手段，即手势和面部表情所代表的真正含义。尤其是那些营销工业品的企业，首要的就是与东道国当地的购买者或者当地政府官员进行协商谈判，只有熟悉东道国的文化背景，了解当地的语言表达方式及非语言表达方式，才能圆满地进行相互交流，达到预期目的。

二、宗教

宗教信仰是一种人类最古老的文化现象之一。全世界超过60%的人信奉宗教。不同的宗教信仰有不同的文化倾向和戒律，从而影响人们认识事物的方式、价值观和行为，影响着人们的消费行为，带来特殊的市场需求，与企业的营销活动有密切的关系，特别是在一些信奉宗教的国家和地区，宗教信仰对国际市场营销的影响力更大。教徒信教不一样，信仰和禁忌也不一样。这些信仰和禁忌限制了教徒的消费行为。某些国家和地区的宗教组织在教徒的购买决策中有重大影响。比如，一种新产品出现，宗教组织有时会提出限制和禁止使用，认为该商品与该宗教信仰相冲突。相反，有的新产品出现，得到宗教组织的赞同和支持，它就会号召教徒购买、使用，起一种特殊的推广作用。由此可见，宗教对国际市场营销有着很大的影响，企业必须事先考虑到宗教活动及礼仪，开发出针对海外市场的营销计划。

比如，伊斯兰教禁止吃猪肉和饮酒；在一些特定的纪念活动期间，因要求绝食和禁食，所以购物的需求急剧下降。基督教国家，由于在圣诞节有互相交换礼物的风俗习惯，所以，一般情况下流通商的年销售额中大约1/3是在这一期间实现的。宗教对国际市场营销活动的影响，通过广告的效果也可以得到证实。即使生产标准化产品的麦当劳公司也不例外，它的菜单也因国而异，在德国销售啤酒，在法国销售白葡萄酒；在印度的麦当劳看不到有牛肉的汉堡包，因为在印度，牛被奉为神圣的动物；在以色列的麦当劳看不到任何夹有奶酪的三明治，因为当地的禁令而以一种面包卷代替。因此，企业要掌握各种不同宗教的基本世界观、人生观、价值观和消费观，从而对不同宗教消费者进行国际市场营销活动时做到有的放矢，企业的产品和服务做到适销对路。

三、社会阶层

社会阶层是社会中根据某种等级排列的具有相对同质性和持久性的群体。由于社会阶层不同，人们具有多种多样的经济地位、姿态及价值观，这种经济地位、姿态及价值观对他们的购买行为有着重要的影响。一般处于同一社会阶层的人们具有相似的经济地位、姿态及价值观。因此，他们对产品或服务、品牌，以及公众宣传媒体有着较类似的想法和看法。对于企业来说，社会阶层无疑是一种进行市场细分的很好的依据和提供消费者购买行为式样的有效的工具。不同的社会发展阶段，划分社会阶层的依据是不同的。在过去，社会阶层是根据人们所拥有的财富、财产状况及社会威望来划分的。处于不同社会阶层的人们的经济状况、兴趣和态度、价值观等各不相同。这种经济状况、兴趣和态度、价值观决定了人们的购买行为具有多样性。企业应该识别不同社会阶层的消费者，以便更好地满足他们的需要。

尽管世界上不同国家使用不同的标准划分本国的社会阶层，但各国的社会阶层大体上具有两个经济上的特点：一是北欧的一些国家，如瑞典、丹麦、挪威等，国内各阶层之间经济收入差别小；二是美国和一些经济非常落后的国家，国内各阶层之间经济收入相差悬殊。

比如，美国有七种主要社会阶层。①上上层（不到1%）：上上层是继承大量遗产、出身显赫的达官贵人。他们捐巨款给慈善事业，举办初次参加社交活动的舞会，拥有一处以上的住宅，送孩子就读最好的学校。这些人是珠宝、古玩、住宅及度假用品的主要市场。他们的采购和穿着经常比较保守，不喜欢炫耀自己。这一阶层的人，当其消费决策向下扩散时，往往成为其他阶层的参考群体，并成为其他阶层人模仿的榜样。②次上层（2%左右）：次上层由于在职业和业务方面能力非凡而拥有高薪和大量财产，他们常来自中产阶级，对社会活动和公共事业颇为积极，喜欢为自己的孩子采购一些与其地位相称的产品，诸如昂贵的住宅、游艇、游泳池及汽车等。他们中有些是暴发户，摆阔挥霍浪费的消费形式是为了给低于他们这个阶层的人留下印象，这一阶层的人的志向在于被接纳入上上层。③中上层（12%）：这一阶层既无高贵的家庭出身，又无多少财产，他们关心的是"职业前途"，他们已获得了自由职业者、独立的企业家及公司经理等职位。他们相信教育，希望其子女成为专业工作者或是管理技术方面的人才，以免落入比自己低的阶层。这个阶层的人善于构思，有高度的公德心。他们注重住宅，是衣服、家具及家用器具的最适宜的市场。④中间层（32%）：中间层是中等收入的白领和蓝领工人，他们居住在"城市中较好一侧"，并且力图"干一些与身份相符的事"。他们通常购买时尚的产品。他们中25%的人拥有进口汽车，其中大部分人看重时尚。中间层认为有必要为他们的子女在"值得的见识"方面花较多的钱，他们要求子女接受大学教育。⑤劳动阶层（38%）：劳动阶层包括中等收入的蓝领工人和那些过着劳动阶层生活方式的人，而不论他们的收入多高、学校背景及职业怎样。劳动阶层主要依靠亲朋好友在经济上和道义上的援助，依靠他们介绍就业机会，听从他们的忠告购物，困难时期依靠他们的帮助。度假对于劳动阶层的人来说，指的是"待在城里"，"外出"指的是到湖边去或去车程不到两小时的地方。劳动阶层仍然保持着明显的性别分工和陈旧习惯。⑥次下层（9%）：他们的生活水平刚好在贫困线之上，他们干着那些无技能的劳动，工资低得可怜。次下层往往缺少教育，从而落在贫困线上。⑦下下层（7%）：下下层与财富不沾边，一看就知道贫穷不堪，常常失业，他们对寻找工作不感兴趣，长期依靠公众或慈善机构救济。所以，企业应参考东道国的社会阶层状况，以制定合适的国际市场营销策略来满足目标客户的需求。

思考与讨论

1. 日本已经正式退出了世界第二经济大国的位置，经济的差距和不足是什么？
2. 外国经营者最为关心的国际市场营销环境有哪些？
3. 为什么政治风险影响企业的盈利？

NOTE

第三章　国际市场分析

学习要点

1. 国际市场细分的概念、理论基础。
2. 企业进行国际市场细分的方法和步骤。
3. 企业选择国际目标市场的方法和策略。
4. 企业进行产品定位的方法和策略及国际市场的进入方式和策略。
5. 企业进行国际市场细分、目标市场选择和市场定位的重要意义。

案例导入

A 企业抗乙肝新药推广

在乙肝用药市场上，肝药企业数量不断增多，乙肝新药的品种也层出不穷，让患者无从适应，乙肝药物的良莠不齐，监督管理机制的不完善，患者乙肝知识的缺乏，专业咨询的普及度低等主客观原因，而且肝药市场的众多肝药产品违背其作为药物的基本原则，采用保健品的手法来进行宣传，让肝药市场呈现一片虚假繁荣的现象。在这种形势下，某医药企业（以下简称 A 企业）的一个抗乙肝新药在湖北孝感地区的推广过程如下：

1. "老三样"失灵

A 企业在刚开始推广这个抗乙肝新药时，只是简单地沿用了以前成功的市场操作经验，觉得只要把"租专柜、打广告、接咨询"老三样模式复制一下就能卖货了。而事实证明，"老三样"失灵了，为什么同样使用这老三样，A 企业有时能取得成功，而有时会一败涂地，难道真应了这么一句话：成功的经验往往是阻碍下一个成功的最大障碍。经过短暂的失败后，A 企业又重新做了市场调查和分析，发现肝药的消费者已经接受了许多肝药营销的洗礼，普遍都表现得很成熟了，所谓"久病成良医"，肝病患者可称得上半个专家，他们翻阅的相关书籍并不比专业人员少，如果 A 企业用老一套治疗理论去与他们沟通，反馈回来的就是他们根本不信，如此一来何谈卖货呢？于是，A 企业在与消费者沟通之后，找到了解决办法：要从治疗机理上寻求创新。在市场分析中 A 企业发现，很多肝药在宣传的过程中与产品本身的说明书出入很大，消费者往往看了说明书之后就觉得企业的宣传不可信。很多肝药都是宣传药物本身的成分能直接杀死人体内乙肝病毒，而事实上是患者通过自己查阅了大量书籍后明白：世界上还没有直接在人体内杀死病毒的药物，否则获得性免疫缺陷综合征就不是不治之症了。这些都是他们上当受骗许多回后才明白的道理。

2. 新三斧劈开凯旋门

A企业通过在孝感这个市场分析出上面问题的关键后，又重新审视了这个抗乙肝新药，发现它的说明书本身很好，而且治疗机理就没有直接杀死病毒之说，抗乙肝新药是一个生物药，治疗的机理是从生物免疫学上讲的，就是激发人体的T细胞来达到杀伤病毒的作用，这和人体注射疫苗防病的"疫苗原理"很相似。在后来的市场推广中，A企业又发现消费者一直在关注着治疗性乙肝疫苗的问世，说是这可以从根本上解决乙肝难题。于是，一个大胆的宣传攻势形成，在广泛征求了临床专家的意见后，A企业立即着手准备了广告宣传的所有物料，这就诞生了新三斧：电视教育片《科技之光》、书籍《乙肝革命》、小报《科技快讯》。这三斧经过严密的媒体整合投放后马上见到了效果，向目标人群发放《科技之光》500套后，每天陆续接到咨询电话20个左右，这在以前是不可想象的；在县电视台的垃圾时段投放这个教育片后，就只一个新药上市的好消息通知，就能吸引100多个消费者到专柜参加咨询活动，2个月后，销售人员捷报频传，销售出现盈利迹象。取得上面的业绩，A企业全体营销人员松了一口气，在OTC肝药越来越难做的今天，这些创新所取得的效益是很难得的，而且这个经验完全可以总结出来后向全国市场推广。

第一节 国际市场营销的环境

国际市场分析包括国际市场细分、目标市场及其定位、国际市场进入方式与策略三个方面内容。国际市场营销与国内市场营销最大的差异是营销环境的不同，国际市场营销的环境包括营销对象国环境、国际环境和本国国内环境。

一、营销对象国环境

（一）经济环境

营销对象国的经济环境包括经济体制与政策、经济特征、自然因素等，这些决定着企业目标国市场的规模、特点和效率。

1. 经济体制与政策

经济体制是指在一定区域内（通常为一个国家）制定并执行经济决策的各种机制的总和。通常是一国国民经济的管理制度及运行方式。社会经济方式就是通过这样的体系表现出来的。营销对象国的经济政策的动向往往引领着企业发展的动向，而一国的经济政策不是一成不变的，企业需时时掌握对象国经济政策动态。企业只有充分了解对象国的经济体制，及时掌握对象国的经济政策才能够顺利地进入国际市场，才能够制定相应的营销策略。

2. 经济特征

经济特征是衡量国际市场规模及市场质量的重要指标。经济特征包括人口、收入和基础结构等。营销对象国人口决定了市场的规模。人口越多，市场规模越大，潜力越大。对象国的人口结构也会影响医药市场。比如，发达国家的人口老龄化决定了老年人的用药需求大，而一些发展中国家人口出生率高，青少年、儿童的比重在增长，对儿童用药的需求大。同样对象国的居民收入越高，消费能力也就越高，消费层次也随之提高。居民收入水平高，对保健品和高档

NOTE

药品的需求越大；反之，则对低档药品需求高。分析一国收入状况的指标有国民生产总值、人均收入、个人可支配收入和个人可自由支配收入。

3. 自然因素

自然因素包括一国的气候、地形、地理位置、自然能源等，对象国的气候会对人口地理的分布产生影响，从而影响一国的药品需求，以及气候会对药品的生产和存储产生影响等；对象国的地形与其国内的交通运输有很大的联系，药品的运输成本和方式也会受其影响；自然能源是大自然赐予人类的礼物，自然能源有限且分布不均匀，其分布的状况在一定程度上决定了对象国内的药品种类，也决定了哪些药品是对象国内缺乏的。自然因素的重要性决定了企业不可以轻视它的作用。

（二） 政治法律环境

政治法律环境包括对象国的政局稳定性、对象国的政策与法律，以及本国与对象国政治关系。政治和经济是紧密联系的。要想在一国开展经济活动就一定要了解国际政情，了解对象国的国内政治环境、法律环境。

1. 政局稳定性

一个国家的政局稳定带来的是稳定的经济发展，从而有利于企业开展产品营销。相反，如果一个国家政局动荡，那这个国家的经济也会受到重创，对医药国际市场营销的影响也会加大。因此，企业在国外开拓市场时，必须对目标国的政局稳定性加以重视。

2. 对象国的政策与法律

对象国的国际贸易政策会影响国际市场营销，例如关税和非关税壁垒等。关税包括进口税、出口税、进口附加税、差价税和优惠税等，非关税壁垒包括进出口许可证制、进出口配额及商品检验技术标准等。各国的这些法律都各不相同，企业在进行国际市场营销活动时，必须认真研究，采取适当的营销策略。

3. 本国与对象国政治关系

本国与对象国之间的政治关系也是影响国际市场营销的重要因素之一。一般来说，当国与国之间关系呈友好上升态势时，两国经济贸易的规模也会随之增大；若两国政治关系呈水深火热态势时，贸易关系会减少，甚至中断。因此，企业应当重视本国与对象国之间的政治关系。

（三） 社会文化环境

社会文化环境包括语言文字、风俗习惯及教育水平。在所有的影响因素之中，社会文化环境是最难以把握的，它潜移默化地影响人的思维与生活方式，对企业的国际市场营销活动产生很大影响。

1. 语言文字

语言文字是国与国之间开展贸易，进行沟通的桥梁。但各国的语言各不相同，一些国家甚至有多种官方语言。因此，企业在国际营销中，必须研究对象国的语言文化，否则会影响交流，造成损失。

2. 风俗习惯

由于各国的历史传统、地理环境、民族文化等方面存在差异，在消费方面会有不同的风俗习惯。企业在出口产品时，一定要按照当地的风俗习惯来要求产品的种类、剂型和包装，不能与当地的风俗习惯相冲突。目前，我国出口企业在产品的包装上还存在一些问题，为此企业必须加以重视。比如，在材料的选择上多使用环保材料；在包装文字上要注意当地文化，使用当地语言，增加消费者对产品的亲切感。

3. 教育水平

各国经济水平不同，教育水平、结构也各有特点。营销对象国的消费者的教育程度越高，对产品的接受程度就越高；相反，教育落后，则会降低对产品的接受度，不利于企业开展国际营销。

（四）国际组织

国际组织亦称国际团体或国际机构，是指具有国际性行为特征的组织，是两个或两个以上国家为实现共同的政治经济目的，依据其缔结的条约或其他正式法律文件建立的有一定规章制度的常设性机构。它是为了适应国家之间的交往日益频繁，交往的领域和地区不断扩大而产生和发展起来的。国际组织有联合国、世界贸易组织、世界卫生组织等。国际组织在国际贸易中有重要地位和影响，能促进世界各国的文化交流与经济贸易，调解贸易中出现的矛盾。

二、国际环境

国际环境决定着国际市场营销者从本国到达对象国的可能性和现实性，是整个国际市场营销环境中最关键的部分。国际环境包括国际政治环境、国际经济环境和国际竞争环境。只有详细地了解了当今的国际环境，企业才能有把握地去开展国际市场营销。

（一）国际政治环境

国际政治并不仅仅是国内政治在国际社会的延续，国际政治也会影响国内政治。国际政治格局的变化、国际政治行为准则的变化及国际形势的变化都会引发国内政治的变化。

（二）国际经济环境

国际医药市场营销作为一种跨国经济活动，离不开国际经济环境的制约。"十三五"期间世界经济增速将小幅提高，国际市场将进一步活跃，从而给我国经济发展带来新机遇。世界经济增速提高有利于我国扩大外需。这对医药企业十分重要。

（三）国际竞争环境

在经济全球化、信息全球化、贸易自由化的推动下，世界贸易壁垒不断削弱，同时也形成了新型贸易壁垒，如信息技术壁垒。国际竞争环境的巨大变化，给企业带来了机遇，同时也伴随着新的挑战。企业若不能把握国际竞争环境的变化，也就不能在国际市场上有新的突破。

三、本国国内环境

对于作为国际营销者的企业来说，良好的国际市场营销环境不但指的是良好的对象国环境和国际环境，也指的是良好的、与医药企业出口有关的国内环境，包括有关的法律法规、有关贸易活动的法律规定及具有法律效力的条约、公约、协定，其中最主要的是出口体制、出口政策和措施等。国内的政治经济的良好环境可以促进企业开展国际市场营销，有利于提高企业的国际影响力。

第二节　国际市场细分

国际市场细分是国际市场分析的第一步，是国际市场营销的关键环节，在国际市场营销活

NOTE

动中具有基础性的地位和作用。

一、概念

1956年美国的市场营销学家温德尔·斯密（Wendell R-Smith）发表了一篇名为《市场营销战略中的产品差异化与市场细分》的文章，文章中首次提出了市场细分的概念。该概念一经提出就受到了企业界和学术界的重视，并被广泛采用。

大多数学者认为市场细分（market segment）是指企业根据消费者的不同需求，将市场上的不同国家的消费者按照某种特定的标准加以区分，使得区分后的消费者的需求在任何一个消费市场上都有相似的特征，以便企业能够满足消费者的不同需求。由此可以看出，市场细分不是通过产品来划分市场，而是通过划分不同的消费者来进行市场细分。

所谓的国际市场细分就是将国际上不同国家的消费者按照一定的标准划分成两个或者两个以上的群体，每个群体中的消费者都有相似的特征，不同国家的企业根据特征满足不同的消费者的需求。随着全球贸易的快速发展，经济全球化和贸易全球化程度大大加深，然而世界各国之间的消费群体存在着明显的差异化，比如宗教、文化、地域等，因此，企业要根据各个国家消费者的不同需求进行市场细分，根据消费者的不同需求开发国际新市场，积极参与国际竞争，为企业谋求利益的最大化。

二、理论基础

（一）消费需求的相似性

随着经济的快速发展，各国的消费者的基本需求既有差异的一面，也有相似的一面。受到地理环境和民族传统文化的影响，不同国家的人们在生活习惯和需求爱好等方面表现出一定的相似性。这种相似性又使得划分出来的不同消费需求再次进行聚集，形成相似的消费者群体，每个相似的消费者群体就构成了具有某种特定特征的细分市场。但随着市场的不断变化，细分市场的相似特征也会随之不断发生变化，这时需要对市场进行再次的细分。

（二）消费需求的差异性

消费需求的差异性是企业进行市场细分的基础。现今的商品市场可分为同质型商品市场和异质型商品市场两种类型。同质型商品市场是指消费者对商品的需求具有一致性的市场，比如食盐等类似的生活必需品，它们不受任何外界因素的影响，只要价格合适就能做出购买行为，这种商品组成的市场称为同质型市场。而生活中只有小部分的商品市场属于同质型商品市场，大多数的商品市场属于异质型商品市场，因为消费者对商品的质量、特性等有着不同的要求，在异质型商品市场上，消费者会根据自身对产品的要求选择适当的产品，比如，药品市场上药品的用法、用量、疗效等各不相同，患者会根据自己的症状选择药品。市场上消费者需求的差异性是客观存在的，企业会根据差异区分出不同的具有独特个性的细分市场。

三、原则

（一）可区分性原则

可区分性原则是指在对象国市场的不同子市场之间，在概念上可以清楚地划分。细分市场之间的客户需求具有明显的差异性，对同一种市场营销活动，不同的细分市场会有不同的表现；同一细分市场之中的客户需求是相同或相似的，对同一种市场营销活动，同一细分市场会有相同或相似的表现。

（二） 可衡量性原则

可衡量性原则是指市场细分之后的医药市场应当有充分的数据条件，可以测算或者推算出细分出的医药市场的用户范围及医药市场的容量。若企业不能对细分出的医药市场的范围和容量进行测算，那么细分市场也就失去了意义。

（三） 可进入性原则

企业细分后的医药市场必须是企业有可能和有能力进入的。企业应当有适合医药市场的人力、物力、财力资源和能够对消费者产生积极影响的营销策略，只有如此企业才能在医药市场上发挥作用。

（四） 可营利性原则

企业经济活动的目的就是获取利益。企业要想在对象国获取利益，就要求企业在进行市场细分时，考虑细分市场的规模、消费者的数量、消费者的购买能力和购买频率。

四、步骤

市场细分的程序包括以下七个步骤。

（一） 选定产品的市场范围

产品的市场范围，即企业确定要进入的国际市场的种类或者是生产什么类型的产品，如医药企业在进行药品生产之前需要确定进入处方药市场、非处方药市场还是保健品市场，需对对象国的市场环境进行充分的调研。

（二） 明确潜在消费者的基本需求

企业应当及时从购买行为能力因素、心理因素等方面了解潜在消费者对产品的要求，比如产品的外观、性能等，为企业进行市场细分提供依据。

（三） 了解不同潜在消费者的不同需求

潜在消费者对产品的要求可能各不相同，存在明显的差异。企业应当对消费者进行抽样调查，了解不同潜在消费者的不同需求，最终对调查结果进行分析，形成消费需求相近的细分市场。

（四） 剔除潜在消费者的共同要求，而以特殊要求作为细分标准

对形成的数个细分市场之间的共同需求要剔除掉，以它们之间的需求差异性作为细分市场的基础。比如，在保健品市场上，保健品的安全性是顾客的基本要求，不能作为企业细分市场的标准。

（五） 细分市场

对根据潜在消费者的需求划分出来的子市场进行命名，要能够一目了然，能抓住潜在消费者的心理。

（六） 分析细分市场

进一步分析每一个细分市场的特点、消费者的需求，以便在此基础上决定是否可以对这些细分市场进行再一次的合并或细分。避免出现过多异质性不强的细分市场。

NOTE

（七） 预估每一个细分市场的规模及可能的获利水平

在调查的基础上估计每一个细分市场的消费者数量、购买能力等因素，测算细分市场的规模和可能获取的利益，并对市场上的产品进行合理的分析。

五、方法

（一） 单一变量因素细分法

单一变量因素细分法就是对某些选择性较强的药品的整体市场，根据一个标准来细分市场的方法。这种方法的优点是节约调研成本、节约市场细分的时间，只需对对象国市场简单摸底，以便企业快速进入营销对象国市场。缺点是不能全面了解对象国的市场环境、制定合适的营销策略，使企业难以获取竞争优势。

（二） 多个变量因素组合法

多个变量因素组合法就是根据两个或者两个以上的标准来细分市场的方法。国际环境复杂多变，企业要具体选择哪些因素作为细分市场的标准，应当具体分析。要适应国际环境的变化和发展，制定出对企业有利的细分市场。

（三） 系列变量因素法

企业以消费者需求为依据，运用两个或者两个以上的标准进行市场细分，但是下一个阶段的细分是在上一个阶段选定的细分市场中进行的。这种方法可以使目标市场更加明确，有利于企业在国际环境下制定出相应的市场营销策略。

六、意义

（一） 有利于医药企业发掘新的市场机会

市场机会指的是市场上客观存在的未被满足或者未被充分满足的消费需求。企业在市场营销的过程中，可以根据市场竞争的现状等因素，发掘新的市场机会。例如，市场上通常以一种廉价快速的普通胶卷来满足放射性医疗的需要。但是柯达照相器材公司经过调查发现这种需求并没有充分得到满足，许多医院和医疗单位需要更加节省时间的产品。柯达照相器材公司研制了两种新的产品，一种是特制相机，一种是立即感光胶片，它们能够在病理检查中立刻显影，不必到暗室冲洗，而且可以避免误差。这种新产品很快在市场上畅销，为柯达照相器材公司创造了新的市场机会，同时也给公司带来了可观的利润。

（二） 有利于医药企业提高经济效益

国际市场细分有利于各国企业整合国际资源，充分利用国际资源，提高企业的经济效益。具体表现为：一方面，企业可以根据市场细分的特点，集中使用各个国家的人、财、物等资源，避免资源的浪费，从而获得理想的经济效益；另一方面，在进行国际市场细分后，企业可以服务于自己的目标顾客，生产出适销对路的产品，有利于企业合理利用现有的资源，提高产品质量，降低产品的生产成本，获取丰厚的利润。

（三） 有利于中小型医药企业提高竞争力

国际贸易的发展促使了大量跨国公司的出现，国际上的一些大公司依靠自己的技术和产品在国际市场上占领了大量的市场份额。与国际上的大型公司相比，中小型企业在人力、物力、财力和产品上都不存在优势，缺乏竞争力。但是如果中小型企业能够发现一些被国际大公司忽视的市场，并随之推出相应的产品，规避与大企业竞争的风险，往往能变整体市场上的相对劣势为局部市场上的相对优势，取得较好的经济效益。

（四） 有利于医药企业及时调整营销策略

在市场细分之前，企业为整体市场提供单一产品，制定统一的营销策略，实施起来相对容易，但是信息反馈比较迟钝，对市场需求发生变化的反应较慢。而进行市场细分后，由于企业同时为不同消费者群体提供不同的产品，因而比较容易察觉和估计消费者需求的变化，市场信息反馈迅速及时，有利于企业及时调整营销策略，发展新产品，满足消费者不断变化的需求。

第三节　目标市场及其定位

所谓目标市场就是指企业在市场细分的基础上，依据企业资源和现有经营条件所选定的，准备以相应的产品或服务去满足其所需要的一个或者几个细分市场。细分市场的目的是有效选择并进入目标市场。医药企业在对整体市场做出必要的细分之后，总要选择某一个或者几个细分市场作为自己的目标市场。

医药企业通过市场细分去发现潜在的消费者和消费者需求，这种需求就是市场机会。但是由于企业的资源和能力是有限的，并不能把握所有的市场机会。因此，企业需要选择最能发挥企业优势、具有发展潜力的细分市场作为企业的目标市场。

一、目标市场的选择

目标市场是企业打算进入的市场，或者是打算满足的具有某一需求的顾客群体。企业在选择目标市场时有五种可以参考的模式。

（一） 产品专业化

这种模式主要是指企业集中技术和资源生产某一种产品，并向消费者销售这种产品。产品专业化模式的优点是医药企业专注于某一种或一类产品的生产，有利于形成和发展生产和技术上的优势。但是这种模式的缺点是当该领域被一种全新技术的产品所替代时，则会带来产品销售量下滑的危险。例如，格力电器是中国唯一一家坚持专一化经营战略的大型家电企业，长期以来格力电器专注于空调生产，确实为企业带来了专业化的荣誉，但企业也意识到产品单一的弊端，现今格力电器也发展冰箱、手机等产品。

（二） 市场专业化

这种模式主要是指企业专门生产满足某一固定的消费群体的产品。市场专业化经营的产品类型多样，能够有效地分散经营风险，但是由于此模式服务于特定的消费群体，一旦这类消费群体的需求下降，则会给企业带来一定的损失。

（三） 市场全面化

这种模式主要是指企业生产多种类型的产品去满足不同消费群体的需要。适合于综合实力雄厚的大公司。例如，保洁公司拥有多种多样的产品，公司旗下的国际著名护肤品牌SK-Ⅱ针对的就是社会地位较高的购买者；而OLAY的产品面对的是中低端消费者。

NOTE

（四） 市场集中化

这种模式是最简单的模式，即企业只选择一个细分市场，只生产一类产品，供应某单一的消费群体。但是这种营销模式的风险较大，一般公司不会采用。

（五） 选择专业化

这种模式主要是指企业选取数个具有良好潜力、资源丰富的细分市场作为目标市场，其中每个细分市场与其他细分市场之间的联系较少。这种模式的优点是可以有效地分散经营风险。

二、目标市场选择策略

目标市场选择策略是指企业确定细分市场作为生产和经营目标的决策。企业有三种目标市场选择策略：无差异营销策略、集中性营销策略、差异性营销策略。

（一） 无差异营销策略

无差异营销策略指的是企业在市场细分后，忽略子市场的特性，只关注子市场的共性，并且决定只推出一种产品，运用单一的营销策略，满足消费者尽可能多的需求。

企业采用无差异营销策略的目的是尽可能节约企业的生产成本，平等看待消费者的需求，因而营销方法也基本相同。大多数企业认为套用医药工业生产的标准化、批量化，生产、储备、运输、推销的平均成本比较低廉；同时，由于不需要细分市场，可以在一定程度上节省广告宣传、产品促销等方面的费用。但是无差异营销策略适用于少数消费者需求同质的产品；消费者需求广泛且能够大量生产、大量销售的产品；以探求消费者购买情况的新产品；某些具有特殊专利的产品。因此，采用无差异营销策略的企业必须能够识别一些相同的需求，并且有足够的资源和能力去满足这种需求。

然而，各个国家大多数的营销人员质疑这一策略是否最佳。现今，绝大多数的医药企业都在寻找一种把市场加以细分的策略。而且事实上，市场细分化是社会进步的最明显的特征之一。随着国际经济的快速发展、人们财富的增加及有更多的休闲时间，越来越多的人开始追求更加丰富多彩的生活。当不同国家的医药企业都采用无差异营销策略时，国际竞争环境会越来越激烈，而小的细分市场却无人问津，消费需求得不到满足。

（二） 集中性营销策略

集中性营销策略是指企业集中所有的人力、物力和财力，以一个或者几个性质相似的子市场作为目标市场，力争在较少的子市场上有较大的市场占有率。

企业采用集中性营销策略可以集中力量进行专业化的生产和销售，不仅如此，还可以在较小的国际市场范围内占有较大的市场份额，这样，既可以扩大企业的市场占有率，又可以减少企业不必要的开支，为企业节省可观的费用。结果由于市场占有率上升，成本相对下降，企业的投资收益率就高，积累就快，企业就能在国际舞台上发展壮大。但是集中化也意味着企业面临的风险更加集中，意味着企业把它所有的鸡蛋放在了同一个篮子里，这样的做法很危险，一旦失败企业将受到重创，除非企业拥有某方面的专利技术或者是其他企业无法拥有的资源，这样企业才可以在竞争激烈的国际市场上长久生存。

采用集中性营销策略的企业一般是资源有限的中小型企业或者是初次进入新市场的大企业。中小型企业由于在人力、物力和财力方面无法在整个市场或者多个市场上与国际大企业进行竞争，如果将目光转移到大企业忽略的市场，则往往容易取得成功。因此，实行集中性营销策略是中小型企业变劣势为优势的最佳选择。

（三）　差异性营销策略

差异性营销策略是指企业对每个细分市场使用不同的营销策略，满足各个子市场内消费者的消费需求，完成企业的销售目标，力争销售机会的最大化。

采用差异性营销策略的企业应当注重不同消费者消费需求的差异性，提供多种产品组合供消费者进行选择。一些国际性的大医药公司，一般每种原料药都推出 10 个左右的剂型和规格，扑热息痛（对乙酰氨基酚）更是做出了片剂、糖浆、胶囊及婴儿、幼儿、成人等各种处方制剂达 20 多个品种规格，适应不同患者的需求。

采用差异性营销策略的企业能够扩大销售，减少企业的经营风险，提高企业在国际市场上的占有率。但是采用差异性营销策略必然会受到企业资源和条件的限制。实行差异性营销策略的企业必须要有雄厚的资金和财力，同时还要考虑随着产品品种的增加，分销渠道的多元化，以及广告宣传的扩大，生产成本会大幅度增加，费用会大幅度上涨。因此，企业需要有大量的资源作为依托。

三、影响企业选择目标市场的因素

无差异营销策略、集中性营销策略、差异性营销策略各有利弊，企业选择哪种策略或者哪些策略的组合要根据多方面的因素加以考虑，影响企业目标市场的选择主要有以下因素：

（一）　企业规模

如果企业规模较大，技术力量和设备能力较强，资金雄厚，原材料供应条件好，则可以采用差异性营销策略。相反，规模小、实力差、资源缺乏的一般企业应当采用无差异营销策略或者是集中性营销策略。在国际环境下，我国的医药公司实力不足，即使是国内实力雄厚的大企业也难以与国外的大医药公司相比较。因此，采用集中性营销策略，重点开发一些国际市场紧缺的产品，利用国内丰富的劳动力，建立起自己的品牌优势，不失为一条积极参与国际竞争，提高医药工业整体水平的途径。

（二）　产品的特性

产品的特性分为产品异质型和产品同质性。对于同质性产品，虽然由于原材料和加工不同而使产品质量存在差别，但这些差别并不明显，只要价格合理，消费者一般情况下会选择此产品，因而可以采用无差异营销策略。而异质性产品，疗效和成分等有着很大的区别，价格也有明显的差别，消费者对产品的质量、价格、包装等，需要反复地进行比较，然后才会决定是否购买，这类产品就必须采用差异性营销策略或者集中性营销策略。

（三）　市场特性

当消费者对产品的需求欲望、偏爱等较为接近，购买数量和使用频率大致相同，对销售渠道或促销方式也没有大的差异，体现出市场的类似性，则可以采用无差异营销策略。但是如果各国消费群体的需求、偏好不同时，则应当采用差异性营销策略或者集中性营销策略。

（四）　产品的生命周期

在产品生命周期的不同阶段应当采用不同的营销策略。如果产品处于萌芽期和成长期，则采用无差异营销策略；当产品进入成熟期或者衰退期，则采用差异性营销策略或者集中性营销策略。

NOTE

（五）　竞争者的营销策略

面对国际市场这个大环境，企业将会遇到各种竞争对手，应当时刻关注竞争者的营销策略。竞争者采用差异性营销策略，如果本企业采用无差异营销策略，就往往无法有效地参与竞争，很难在市场上占有有利的地位；如果竞争者采用的是无差异营销策略，则无论企业本身实力是强还是弱，采用差异性营销策略，或是采用集中性营销策略，都会在市场上占有一席之地。

四、市场定位

市场定位又称为产品定位，指的是企业根据竞争者现有产品在市场上所处的位置，针对消费者或用户对该产品某种特征或属性的重视程度，强有力地塑造出本企业产品与众不同的、给人印象鲜明的个性或形象，并把这种形象生动地传递给顾客，从而使该产品在市场上确立适当的位置。简而言之就是在目标客户心目中树立产品独特的形象。

（一）　产品定位的步骤

1. 确定本企业的竞争优势

确定本企业的竞争优势的前提是清楚地了解竞争对手的产品定位、如何满足目标市场上的消费者的欲望和企业如何应对竞争对手的挑战。只有了解这些并在此基础上通过调研、收集资料等方式做好充足的准备，企业才能清楚地把握和确定自己的潜在竞争优势。

2. 准确选择相对竞争优势

相对竞争优势表明医药企业能够在国际市场上胜任其他国家竞争对手的能力。准确地选择相对竞争优势是一个医药企业各个方面的能力与竞争者的实力相比较的过程。通常的方法是分析、比较医药企业与竞争者在经营管理、技术开发、采购、生产、市场营销、财务、产品等七个方面究竟哪些是强项，哪些是弱项，最终挑选出最适合本企业的优势项目。

3. 显示独特的竞争优势

企业可以通过广告宣传等方式，将企业自身独特的竞争优势准确地传播给潜在的消费者，并给顾客留下深刻的印象。因此，企业应当首先使目标顾客了解、知道、认同、喜欢和偏爱本企业的市场定位，在顾客心目中建立与该定位相一致的形象。然后通过各种方法加深顾客对产品的印象，稳定顾客对产品的态度。最后，企业应当注意顾客对其市场定位理解出现的偏差或者由于医药企业市场定位宣传上的失误而造成的目标顾客的模糊和误会，及时纠正与市场定位不一致的形象。

（二）　产品定位的方法

1. 根据产品的利益定位

企业根据产品本身能使消费者体会到的利益来定位。比如，大多数的消费者认为一些国家推出的新药、特效药等疗效稳定，因而对这些药的需求大大增加，导致了我国医药市场对进口药等的需求扩大。如果企业能够推出市场需要的产品，那么企业就能在市场上占有优势。

2. 根据产品的价格和质量定位

产品价格的高低和质量的高低一般来说是一致的。例如一些产品由于工艺的改进和技术的提高，药效会更加显著，给消费者带来了很大的方便，即使价格高，消费者也会接受。

3. 根据产品的用途定位

同种产品在市场上可能会有不同的用途。比如石膏产品，建材公司用来作为装饰材料，食品行业用作添加剂，日用化工企业用作化妆品原料，医疗单位用作治疗骨折的夹板。根据产品的用途定位是市场定位的好方法。

如果为老产品找到一种新用途，这也是为产品定位的好方法。许多药品在临床运用中被发现了一些新用途，从而为该产品开辟了新的市场。例如，阿司匹林除了解热镇痛的老用途外，还有抗癌防癌的作用，还有抗血栓形成的作用，可用作预防心脑血管疾病。

4. 根据消费者的习惯看法定位

由产品使用者对产品的看法确定产品的形象。例如，国际上许多企业在奶及奶制品、水果、蔬菜和饮料中添加维生素 C 成分；世界上不少地区的大商店或者超级市场开始出售单一或者复合维生素 C 产品，药品对维生素 C 的垄断地位受到了动摇。

5. 根据产品的特征定位

这种定位可以强调产品区别于同类产品的某一特征。例如，目前国内用于治疗感冒的药品数以百计，但绝大部分药品含有抑制中枢神经系统的药物成分，致使患者服药后精神萎靡不振、嗜睡，直接影响工作和学习。

（三）产品定位策略

1. 避强定位策略

避强定位策略即避开强有力的对手，另辟蹊径，与对手错位竞争的方式。医药企业应避免与国际目标市场上的竞争者直接对抗，企业通过对市场和产品的认真分析和研究，发现消费者实际需求未能满足的部分，开发市场上还没有的产品，开拓新市场。例如，在竞争激烈的奶产品市场中，伊利之所以能迅速打开销路，正是得益于"低廉的价格，较高的品质"这一避强定位策略。

2. 迎头定位策略

迎头定位策略即企业选择靠近现有竞争者或者现有竞争者重合的市场位置，争夺同样的顾客，彼此在产品、价格等方面差别不大。例如，市场上虽然已经有近百种感冒药，但是感冒有很多类型，病因不同，用药和治疗也不同，因而市场潜力巨大。但是实行迎头定位策略要求后进者必须清醒地认识自身的能力，慎重地采取策略。

3. 重新定位策略

重新定位策略通常指的是企业为那些销售不好的产品实行二次定位。重新定位对于医药企业适应市场环境，调整营销战略是必不可少的。如果医药企业的产品或者服务不再处于市场最佳位置，就应当重新考虑定位问题。一般来说，重新定位距离原来的市场位置越远，则成本越高，投资就越高。因此，重新定位是一件复杂而又充满风险的工作，企业应该慎而行之。王老吉原本的定位是"中药凉茶"，但是消费者认为中药是不能长期应用的，为此，王老吉重新定位为"预防上火的饮料"。

第四节　国际市场进入方式与策略

国际市场进入方式与策略是企业重要的营销策略之一，企业进入国际市场的方式多种多样，需要企业认真分析营销对象国市场环境，结合企业的资源和能力，选择适合企业自身的进

NOTE

入方式和策略。

一、国际市场进入方式

为了更好抢占市场和获取更大利润，企业总是想方设法地使产品迅速进入国际市场。目前企业产品进入国际市场的方式主要有以下几种：

（一） 产品出口进入方式

产品出口是指企业将在本国生产的产品通过各种途径销往国外，它是企业走向国际市场的第一种方式。该方式比较容易实施，是企业进入国际市场的主要方式。产品出口又分为直接出口和间接出口两种方式。

1. 直接出口

直接出口指企业独立承担一切出口业务而不必通过国内的贸易公司。医药企业直接出口主要有三种形式：①医药企业直接与外商签订产品生产销售合同。企业按规定负责生产，销售由外商负责。同时企业要承担出口的全部风险和盈利。②医药企业国外项目的招标并参与竞争。③寻找国外的代理商和经销商，通过他们来推销本国的产品。企业还可以在国外直接销售，这样企业可以及时准确地掌握医药市场信息，减少中间商的费用，但是需要优秀的外贸人才。

2. 间接出口

间接出口指企业通过本国的外贸企业向国际市场出口医药产品。通常有三种形式：①国内的外贸公司购买本企业产品，自行向国外销售。②医药企业委托外贸公司代理出口医药产品。③通过委托本国其他企业在国外的销售机构代销自己的产品。间接出口总的来说，生产企业不直接从事国际市场营销，风险较小，可以节省费用。但从长远眼光来看，企业不直接参与国际市场竞争，对市场变化反应迟缓，不能及时调整营销策略。

（二） 投资进入方式

投资进入方式是指本国企业在国外进行投资生产，并在国际市场上销售产品。可以分为合资经营和独资经营。

1. 合资经营

合资经营指的是我国国内的企业与外国的投资者按照资金的一定比例共同投资兴办企业，并按照平等互利的原则，共同生产，共同经营，共担风险。这种方式可以与国外企业合资经营，共担风险和利益，但是在投资方之间的人员管理上难以协调，利润分配和使用上容易产生矛盾。

2. 独资经营

独资经营指的是企业在国外独立投资，独立经营，自担风险，自负盈亏。这种方式下本国企业可以利用国外的廉价劳动力，降低经营成本；能够完全自主地控制自己的投资等，但是也会使企业的大笔投资置于风险之下，如货币贬值等风险。

（三） 合同进入方式

合同进入方式是指企业通过与国外企业签订合同转让技术、服务等无形产品而进入国际医药市场。主要有许可协议和特许经营两种。

1. 许可协议

许可协议指的是一家外资企业向目标国企业授权生产或者销售某种产品的契约行为。其优点是可以使产品在当地生产和销售，避开进口国提高关税、实行进口配额等限制，从而极大地提高产品占领市场的速度，但是其缺点是对被授权企业的控制有限。

2. 特许经营

特许经营是许可协议的一种特殊的方式。指企业特许人将其工业产权的使用权及经营风格、管理方法用以从事经营业务活动。特许合同的双方关联程度较高，特许人往往将持证人作为自己的分支机构，统一经营和管理，向客户提供标准化的服务。

（四）对等进入方式

对等进入方式是指本国的医药企业出口商品时必须购入国外一定数量的商品，才能进入国际市场。可以分为补偿贸易和易货贸易两种。

1. 补偿贸易

补偿贸易指的是买方以贷款的形式购进机器设备、技术知识、专利等，在一定时期由买方生产的产品或者双方商定的其他商品清偿贷款的一种贸易方式。一般分为产品返销、互购和部分补偿三种形式。这种方式可以使企业避免外汇短缺，扩大企业的出口能力，但是很难实现交换的对等性和互利性。

2. 易货贸易

易货贸易往往是一次性的交易，双方以价值相等的商品进行交换。这种方式可以使企业在不动用外汇的情况下出口商品，但是双方进行交易的商品具有局限性。

（五）加工进入方式

加工进入方式指的是利用国外原材料，经过生产加工重新进入国际市场的方式。这种方式可以引进国外先进技术，利用国外的资源，同时也可以利用国内的劳动力，带动就业，增加外汇收入。但是市场控制程度差，有一定的风险。

二、国际市场进入策略

企业产品进入国际市场，面对的竞争对手更多更强，企业要想在国际竞争环境中获得竞争优势，就更加要对对象国的各种影响营销的因素进行全面分析，采取最适合的营销策略，从大体方面看主要有以下几种策略：

（一）产品策略

1. 产品直销策略

企业将在国内市场上销售成功的产品，直接推向国外市场进行销售。优点是生产费用低，投资少，收益好。缺点是出口的国家受到各种因素的限制，只能局限于跟国内市场相似的地区。

2. 产品变通策略

产品在功能上做一些变通，以适应其他市场的需要。比如中药产品，在我国可以作为预防和治疗疾病的药品，而在美国则可以作为保健品上市销售，而且还不需要通过 FDA 的药品注册。

3. 产品适销策略

将产品的包装和剂型等做一些改变。比如同种类的药品，医药企业可以开发缓释、控释非处方药制剂，对于一些生活节奏快的消费者这类药品好携带，可以销往一些发达国家。同时如果产品销往发展中国家，医药企业则可以以普通制剂打开市场。

4. 开发新产品策略

企业可以通过市场调查等方式了解国外市场的需要，然后开发出新产品，这种策略对公司

NOTE

的人力、物力、财力和技术等方面要求高，一旦成功打开国际市场，收益会巨大。

5. 产品区别营销策略

由于不同国家的经济发展水平不同，对消费的需求也会不同，有些产品在本国已经进入了衰退期，但在别的国家却才刚刚打开市场，因此，要针对各国的情况进行产品销售。

（二）价格策略

1. 国际市场的价格构成

（1）出口价格的构成　出口商品的价格一般包括生产成本、商品包装费、仓储费、运费、促销费、出口关税等。

（2）进口价格的构成　进口商品的价格一般包括出口国的运费、成本费、运输保险费、运费、促销费、服务费、损失等。

2. 国际市场的定价策略

（1）统一定价策略　该定价策略指的是医药企业的同一种产品在国际市场上的价格相同。这一种定价策略简便易行，但难以适应国际市场的千变万化。

（2）多元化定价策略　该定价策略指的是医药企业的同一种产品在国际市场上的价格不同。采用这一种策略要求国内总公司对国外分公司的定价不干涉，有利于国外分公司根据国际市场的情况调整价格策略，参与市场竞争，但是易引起公司内部的价格竞争，影响公司的整体形象。

（3）控制定价策略　该定价策略指的是企业对同一种产品既不采用统一的价格，又不让分公司自主定价。目的是为了利用统一定价与多元定价的优点，对国际市场上产品的价格进行控制，既有利于产品在国际市场上的竞争，又可以避免公司内部的价格竞争。

（三）渠道策略

选择和建立分销渠道是国际市场营销中极其重要又困难的环节之一。不同的中间商在国际市场营销中扮演着不同的角色，有着不同的作用。

1. 独家经营策略

独家经营策略又称为窄渠道策略，指的是进入国际市场的医药企业在国际市场上给相关的中间商在一定时期内独家经营产品的权力。其优点是有利于调动中间商的积极性，开拓国际市场。但企业给中间商一定权力的同时可能会造成市场的垄断。

2. 广泛性分销渠道策略

广泛性分销渠道策略又称为宽渠道策略，指的是医药企业选用多个中间商将产品打入国际市场。其优点是可以使中间商之间加强竞争，提高中间商的质量，提高产品的销售量。但中间商一般不愿意承担广告费用，价格不易控制，部分中间商削价竞销，会损害产品在国际市场上的形象。

3. 多环节渠道策略

多环节渠道策略又称为长渠道策略，指的是医药企业在国际市场上选用两个或者两个以上环节的中间商来推销产品。其优点是产品可以进入不同的消费群体和市场。但在一定程度上容易形成产品的较大的市场存量，增加销售成本，导致价格上升。

4. 直销渠道策略

直销渠道策略又称为短渠道策略，指的是医药企业在国际市场上直接与国外零售商或用户进行产品交易。其优点是可以减少中间环节，节约经营成本，增强竞争能力。但是这种渠道策略在医药国际市场营销中并不常见。

（四）促销策略

1. 广告

广告是国际市场营销中使用较多的促销策略之一，由于各个国家的经济发展水平和文化不同，各国政府对广告的态度也有所不同。因此，为了能够发挥广告在产品促销策略中的作用，企业必须清楚地了解每一个国家的文化传统与习俗，避免与当地国之间发生文化冲突。

语言文字问题是国际广告信息沟通的障碍，世界上不同的国家使用不同的语言文字，这就要求医药企业在制作广告时要符合当地的语言文化，以提高广告的传播效果。

有些国家和地区的文化差异决定了消费者对广告内容的接受程度，一些国家和地区对广告的内容要求严格，例如，泰国禁止做成药广告、中国香港禁止做诱导性广告等。

对广告营销人员来说，熟悉地掌握各国的文化是关键，在实行广告策略之前必须充分考虑国外市场对广告的相关规定，才能发挥广告在国际市场营销中的重要作用。

2. 公共关系

在国际市场营销中，公共关系发挥着越来越重要的作用。企业应当利用各种机会，与当地政府保持良好的关系，争取当地政府的支持和帮助，也可以利用当地的媒体正面宣传企业的文化和产品，以此吸引国际消费者对本企业及本企业产品的关注，从而在国际市场上树立良好的企业形象，为产品能够顺利进入国际市场开辟道路。

3. 人员推销

由于国际市场竞争激烈，国外营销人员在促销方面的作用越来越明显。企业为保证能够在国际市场上立足，必须要谨慎选择推销人员。推销人员一般来自企业所在国、企业业务所在国和第三国。为了保证推销的顺利进行，企业必须对推销人员进行培训，使他们能够熟悉国外的法律、风俗环境等，能够运用营销技能推广企业产品，然而企业要建立一支高效能的营销队伍，还应当对推销人员实施激励政策，调动推销人员的积极性，促进企业产品的销售。

4. 营业推广

国际市场营销中营业推广的形式和内容与国内相似，一般医药企业采用学术推广策略，即通过大量的学术会议直接面向医师推销介绍医药产品，培育学术领袖，带动产品销售。但由于不同国家法律和习俗的限制，有些推广形式不能够被采用。例如，有些国家对发放纪念品加以禁止、规定一些营业推广活动必须得到相关部门的许可等。因此，企业在进行营业推广时必须加以注意。

思考与讨论

1. 怎样进行产品定位？
2. 选准目标市场对企业开展国际市场营销活动有何意义？
3. 市场细分是消费需求不同导致的还是细分市场导致了不同的消费需求？
4. 什么是国际市场细分？

NOTE

第四章　国际市场消费者行为分析

案例导入

从豆浆到维他奶

一碗豆浆、两根炸油条,三顿美餐中的第一餐,这是长期以来中国人形成的饮食习惯。豆浆,以大豆为原料,是豆腐作坊的副食品,在中国已经有两千多年的历史,以前,喝它的人都是中国的老百姓。豆浆的形象与可乐、牛奶相比,浑身上下冒着"土气",但是现在,豆浆在美国、加拿大、澳大利亚等国的超级市场上都能见到,与可乐、七喜、牛奶等国际饮料并列排放,而且价高位重。

1. 它改了名,叫维他奶

豆浆改名维他奶,是中国香港一家有几十年历史的豆品公司为了把街坊饮品变成国际饮品,顺应不断变化的价值观和现代人的生活方式,不断改善其产品形象而采取的策略。维他来自拉丁文 Vita,英文 Vitamin,意为生命、营养、活力等,而舍浆取奶,则来自于 soybean milk(豆奶、豆浆)的概念。

2. 牛奶替代品——穷人的牛奶

70 年前,香港人生活不富裕,营养不良。当时生产维他奶就是要为营养不良的人们提供一种既廉价又有营养价值的牛奶替代品。维他奶由创办人罗桂祥博士研制,希望能够为香港一般家庭提供一种廉价而蛋白质丰富的饮品,作为价格较为昂贵的牛奶的替代品。直至 20 世纪 70 年代,维他奶都是以普通大众的营养饮品这个定位出现于市场,是"廉价饮品"的形象。

到了 20 世纪 70 年代,香港人的生活水平大大提高,一般来说营养并不缺乏。也就是说,消费者的经济条件改善以后,对产品的需求也随之改变。豆奶公司观察发现,在汽水摊档前,喝汽水特别是外国汽水的人"大模大样",十分潇洒;而喝维他奶的人,就在一旁遮遮掩掩,怕被人看见。于是,豆奶公司的业绩陷入了低潮。

为摆脱危机,豆奶公司对维他奶重新定位,以年轻一代为目标市场,使维他奶像其他汽水一样,与年轻人多姿多彩的生活息息相关。相应的广告诉求也与该定位吻合。如当时的一个电视广告,背景为现代化城市,一群年轻人拿着维他奶随着明快的音乐跳舞……到了 20 世纪 80 年代,香港的年轻人对维他奶"休闲饮品"的定位已经不再满足。于是,为了满足顾客需求,从 1988

年开始，广告重点突出维他奶亲切、温情的一面。对许多香港人来说，维他奶伴随着个人的成长，因此他们对维他奶有特殊的亲切感和认同感。维他奶是香港本土文化的一个组成部分，是香港饮食文化的代表作之一。维他奶对香港人的意义就像可口可乐对美国人的意义一样。

3. 打入国际市场

针对美国等国际市场上的消费者脂肪过多的问题，维他奶的定位转为高档的"天然饮品"，即没有加入色素和添加剂等人工成分、脂肪含量低，这一定位大受国际市场的欢迎。结果，维他奶演绎了历史性的趣事，从低价格的穷人"牛奶"到高价格的低脂健康"牛奶"。

从豆浆变成维他奶，直至国际饮品的过程，揭示出这样一个道理：同一种产品，在不同的时代或者社会，应该随着人们的价值观和生活方式的变化而不断调整其市场定位，以不同的产品形象和营销沟通来满足消费者的需求，从而长期占领市场。

第一节　国际市场消费趋势

在经济全球化的今天，消费也成了一个全球性的话题。而世界各地的消费情况也呈现出趋同的现象。国际市场的消费趋势是什么？未来的消费群体想买什么？推动因素是什么？如何获得这些消费者？如何了解他们的消费行为？这是任何面向消费者的企业都需要去认真思考与对待的问题。

进入 21 世纪，科技和全球化成为推动国际市场消费趋势变化的两种强大力量。P·科特勒指出："计算机和互联网将给买卖双方都带来影响深远的行为改变。"他具体列举了网络如何改变了消费者的购买方式。2016 年，全球的互联网用户预计将会达到将近 30 亿人，数字化正在对越来越多的消费者的生活产生巨大的影响。目前，移动端已经成为主流销售渠道之一，45%的互联网用户至少使用过一次店内移动端付费。数字消费（digital consumption）和网络消费（internet consumption）是国际市场未来消费新趋势的最大浪潮。

从全球范围来看，消费者的便利性需求正日益增长；在价值导向之下消费将更为理性；希望能体现自己的独特个性；更多地反思过去的消费方式，由追求外在的张扬转向追求身心的健康与满足，有道德的、可持续的生活与消费方式将吸引越来越多的消费者；"她时代"来临，女性消费者在消费市场越来越占据主导地位；在全球性的影响扩散中，消费者本土的文化力量和"全球地方化"的消费特征仍不可忽视。国际市场消费趋势的具体变化如下：

一、更追求消费便利性

用金钱换时间。消费者对于时间价值的重视程度正在不断增加，许多人都认为，时间是一种奢侈品。作为最直接的手段，消费者通常会选择通过"花钱"的方式来节约时间。一份调查显示，中国 18~35 岁的人群中，有 58%认为一个人生活的奢侈程度，取决于他们享受自由的时间的多少。为了迎合消费者的这一需求，各大品牌都针对"节约时间"这一特点推出了许多针对性的服务，其中很大一部分都依托于互联网。比如电商巨头 Amazon，就在美国 20 个城市向他们的"Prime Now"会员提供了 1 小时内送餐上门的服务。

除了花钱买时间以外，消费者对于即时互动服务的要求也不断提高。目前，包括 Amazon 在内的许多品牌都推出了全天候 Twitter 回复的服务，但是他们暂时没有达到消费者的期望。

NOTE

美国学者阿塞尔指出，对节约时间的便捷方式的关注导致消费的两种趋势：放牧式（grazing）与加油式（refueling）。以消费者的饮食习惯为例说明：所谓"放牧式"，是指消费者需要在忙碌中吃饭，许多家庭结束了坐下来吃的习惯。在上班的汽车里吃早餐，边走边吃三明治，或者在办公桌上吃午餐。而"加油式"则指花更少的时间做饭和用餐，微波炉在人们生活中的重要性提高。可以看出，消费者会通过各种手段来寻求便利性并节约时间。

（一）　加快步伐，在"快车道"中前进

各类能加快消费者生活"步伐"的产品或服务，都会受到未来消费者的青睐，如能提高阅读速度的快速阅读课程、即时存取的电子银行、速递服务等节省消费者处理信息及购物时间的服务。许多新消费者不能容忍等待，甚至愿意花钱购买无须等待的优先权，如果企业能在一天 24 小时中随时提供即时的需求满足，那么它就有可能赢得新消费者的忠诚。

（二）　提高消费的技术含量，渴望"即时启动"的消费

消费者渴望无论在何时何地都能立即获取快速的服务，而达到这一目的最有效的手段就是技术。他们日益期盼实时的服务，盼望使用尖端的产品：立即启动的网络、传真机、ATM 取款机、传真机、微波食品、免下车服务、全球联网的速递服务、喷气式飞机等。对新一代人来说，科技意味着改变生活和工作。

（三）　消费综合化

消费者更愿意把所需的一切产品和服务集中起来购物，组成一个需求集合（need pools）。这样，超市、商场、邮局、银行、电影院甚至加油站都集合在一起，消费者渴望"一站式"的消费解决方案。

（四）　更多地使用专家咨询

为了减轻浪费时间的恐惧感，消费者经常会求助于专家指导，听听专家说有什么是值得看、值得听、值得吃和值得玩的。而且，在借助别人判断之后，如果经历不尽如人意，消费者还可以避免进行自我责备。

二、更加注重价值导向的理性消费

20 世纪 90 年代的全球经济增长放缓及社会动荡导致了一种向更为简朴的生活发展的趋势。消费者意识到，经济增长并不是没有限度的，因而未来的购买力也要受到限制，维持生活和安全成为大多数消费者的生活主题。

消费者购买要求质量和追求经济性这两种发展趋势相互联合，产生了价值导向（value orientation）。由于能接触到更多信息、有着更多的选择机会，消费者正变得更为自信成熟，有能力在各类产品中寻找价值最优的选择。因此，可以看到更多的"交叉购买者"（如挎着 LV 皮包到家乐福买促销袜子的女士）。这种注重价值导向的理性消费趋势具有以下特点：

（一）　为未来"节流"

事实上，并不仅仅是中国人才注重储蓄及为未来打算，即使是在美国这样曾是提前消费成风的国家，"先买后付钱"的"奢侈的 80 年代"也已让位于"避免负债"的"紧张的 90 年代"。在 21 世纪这一趋势更为明显，大量不确定因素使人们担心子女教育、自己和年迈父母的保健，以及退休后的开销。专家预计，未来的社会中预付卡和借记卡的数量甚至会超过信用卡的数量。

（二）　质量与价值并重的"明智"消费

消费者越来越重视购物成本，即更偏向于在打折促销时购物。并时刻关注价格波动，会主动通过"拒绝购买全价商品"等方式，间接地与厂商进行"谈判"，以追求自己觉得更加合理的价格。此外，消费者并不满足于单纯的打折商品，同时也要求各大厂商提升商品的质量。德国 Rewe Group 的 CEO 表示，消费者们希望能用"最合理的价格，拿到最优质的商品"。

（三）　为价值而寻求信息，更看重品牌的社会责任感

未来明智的购买者将越来越坚持在更充分了解信息的情况下再做出购买决定，改善购买经历，优化消费价值。他们希望全面了解产品，不仅包括产品自身的信息，还包括产品对个人和社会的效益。

越来越多的消费者，尤其是千禧一代（2000 年左右成年的一代），希望能够在消费的同时也能对社会有积极影响，并希望各个公司能够对社会负责。

三、消费更个性化，性别界限日渐模糊

消费者实现个性化消费的条件越来越充分。消费者会寻找商品间的细微差别性，并将这种差别延伸为个人的独特性。弗洛伊德用"对细小差别的沉迷"来描述人们寻求与众不同时所采用的各种方式。比如，英国顶级服装设计师保罗·史密斯所设计的衣服的袖子有 5~6 粒纽扣，而不是通常的 4 粒；宝马 M5 与同一厂家生产的另一款外形相似的汽车相比，唯一明显的特征就是车后部有一个小的 M5 徽章标志。对于新消费者来讲，能看出这种差别是非常引以为荣的事情，而能拥有这些物品则更表明了个人的独特品位。

独特性需求的增加意味着消费者会越来越多地参与消费甚至生产的某一过程，提出个性化的要求，甚至亲手营造这种独特性巩固自身与产品的特殊关系。新消费者希望近距离地置身于生产过程或消费过程中，从而确保他们购买的产品或服务就是他们所需要的。Lush 手工制作保养品就是利用这一趋势成功的典范。另外，全球各种定制化产品与服务也越来越受消费者欢迎。

随着社会的发展，两性之间的区别日渐模糊，不管是消费者还是商家，都开始逐渐摒弃传统意义上对"男性"和"女性"的刻板认识。

四、更加关注自我，寻求身心的健康与满足

消费者更加关注自身及家庭生理与精神上的双重健康，一方面是人们对于绿色食物需求的增长，另一方面是心理健康成为关注焦点。

（一）　绿色有机食物成为潮流

随着消费者健康意识的增强，消费者对于饮食健康的重视程度正在不断增加，开始尽力避免垃圾食品，并减少暴饮暴食、浪费食物等不良的饮食习惯。此外，消费者对于食品制作过程透明化的需求也逐渐增加。

绿色饮食的另一重点是：食用本地的食物。长途运输食物，为了保持新鲜，通常需要加防腐剂或是实行冷冻等措施，不但可能出现潜在的健康问题，而且也浪费了大量的资源用于保险和运输。因此，大量消费者开始选择本地生产的食物和饮料，并更多地选择应季的蔬菜。

（二）　关注心理健康

时间的稀缺和工作压力曾使人们无暇关注自身及家庭的心理健康问题。但全球各种灾难事

件后（尤其是"9·11"事件），人们开始反思自己工作与生活的意义，并重新认识到家庭与朋友对自己的重要性。今天与未来的消费者可能会更加推崇家庭价值及追求内心平静，由此产生了许多自愿简单化者（voluntary simplifiers），他们投入于社区建设、公共服务及精神追求，并且认为一旦满足了基本物质需要，额外的收入并不会增加快乐。这种观点在"9·11"事件后迅速扩散，许多人变得比较爱思考且比较不关注物质。

对精神安定与平静的追求带来各种"心灵类"产品与服务的畅销。各类"精神顾问"，包括心理咨询师、瑜伽师、思想家等专业人士日益受到人们的关注；而带有神秘色彩的熏香、水晶、香精油、磁石和有关精神方面的书籍也正迅速普及。其中，许多物品、书籍和音乐给彼此孤立的消费者带来轻松、安宁、满足的承诺，使他们感到平静、鼓舞、活力并受到启发。心灵鸡汤系列书籍流行。

五、"她时代"来临

21世纪被称为"她"世纪。在美国，女性消费能力超过了整个日本的经济规模，每天有400名女性自行创业，比例是男性的两倍。女性正利用她们天生的直觉、理解力、柔性、协调性等优势和特长，在商业世界里打拼出属于自己的生存空间。随着社会从"力时代"走入知识信息经济时代，女性生理上的劣势正慢慢被淡化，而女性表现出的"情商品质"，正在成为她们成功的重要特质。

女性在生活及财务上的独立自由趋势更明显，正在创造一个"她时代"市场。她们是世界上最庞大、增长速度最快的市场，85%的商品或者服务都是被女性消费的，女性消费者的迅速增长，使得商家们改变了设计、制造及市场策略。当代中国，女性正在成为"首席采购官"。女性接受了更好的教育，有了更好的工作，绝大部分都成为家庭的领导者。她们不仅有财政权还有控制权。女性顾客关注的领域更广，不容易受到广告影响，并且力求时尚，她们不愿意浪费，所以她们更不易被掌控。商家对女性市场最大的误区是认为女性只注重外表。事实上女性不喜欢华而不实的东西，她们需要质量可靠及实用的东西。产品制造商需要更加注意他们发布的信息，以及发布信息的方式。营销已经不局限于电视广告的方式，而通过许诺、交谈、分享等方式，营销活动需要不同的形式与风格。比如，在场馆内的促销是为了取得女性消费者的信任，女性是推动营销员前进的动力。女性想拥有庞大的客户体验。女性购物的时候会考虑消费结果，女性会不厌其烦地寻找，找到她们想要的，买她们想买的，得到她们需要的信息，并且在这个过程中感到愉快。

六、在全球化中寻找自己的"根文化"消费

消费者所处的地区及其文化始终存在区别，人们可能有共同的心理倾向，但其动机却是受当地文化和社会传统的影响。消费者将越来越响应"全球地方化"的文化动因，拒绝任何没有文化敏感性的产品；越来越多地尝试"外国的"产品和服务，然后部分地接受它们，将其融入自己的生活方式，并使之与自己的生活方式相"匹配"。他们从这些"外国的"产品和服务中提取出合适的文化片断，把它们拼凑成适合自己需要的、便于地方化的整体。因此，"全球地方化"的消费便成一种"同中存异"的趋势。

每一代人都被其出生和成长所处的环境，以及前几代人或以前的社会环境的遗存效果打上强烈的烙印。因此每一代人都会展示出不同的文化性格，这也将在很大程度上决定着他们的消

费价值取向。

第二节　国际市场个体消费者行为分析

消费者行为是指消费者为获取、使用、处置消费物品或服务所采取的各种行动，包括先于且决定这些行动的决策过程。它是营销的核心之一，半数营销学教授都在这个领域进行研究。本节讲解消费者的决策过程及相关例子，详细探讨"消费者介入"这一变量对决策过程的影响。

一、消费者市场类型与特征

（一）消费者市场类型

根据消费者购买商品后使用的最终目的进行分类，分为个体消费者和集团消费者。个体消费者是指为了个人生活消费而购买（或租用）产品或服务的个人和家庭。集团消费者是为了生产、经营和转售而购买产品或服务的组织机构。

（二）消费者特征

根据购买的最终目的的不同，个体消费者和集团消费者在购买行为方面体现出不同特征（表4-2-1）。

表 4-2-1　消费者特征

	特征
个体消费者	购买者人数众多、差异性大 每次购买数量少，频率高，时间、地点分散 消费者购买情感性较强，属"非专家购买"，需求可诱导性强，易受价格、广告、人员推销、包装等影响，时有连带购买 消费者购买流动性大 购销方关联性不强 消费者的耐用消费品的价格弹性较大
集团消费者	购买者较少，在地理区域上集中 购买量大，供需双方关系密切 衍生需求，但需求波动大 影响购买的人多，属专业性购买 购买决策参与者多，决策过程更加规范复杂 需求缺乏弹性 直接采购 互相购买

二、国际消费者购买行为分析

在国际市场，营销者应该分析消费者的购买行为，以便选择合适的市场，满足买家要求。

NOTE

国际消费者与国内消费者不同，他们对新产品持开放态度，希望产品足够灵活，可以适应他们的需求，不时变化，因此，了解他们的购买行为和喜好非常有必要。

（一） 国际消费者分析范围

对国际消费者的分析非常重要，国际消费者研究可以通过进一步认识以下问题帮助企业制定海外市场的营销策略：

①消费者如何感受、思考、选择不同的替代品。

②消费动机和决策策略在产品之间如何存在差异。

③当消费者在购物时，他们的行为是怎样的。

④如何能够适应市场营销和提升营销活动，以便更有效地接触消费者。

（二） 国际消费者购买行为分析

消费者购买行为指对个人和家庭选择、使用和丢弃产品和服务以满足需要的过程的研究。为了分析消费者购买行为，并在此基础上制定营销战略，国际市场营销人员需要了解消费者的购买动机和购买过程及营销因素。

1. 分析消费者购买动机

动机是个体对自身需要的意识或体验。它是引起个体活动，维持已引起的活动，并促进活动朝向目标进行的内在作用因素。消费者的动机是消费者购买并消费商品最直接的原因和动力。

（1）弗洛伊德精神分析说　人的行为和动机主要由潜意识所支配，受无意识驱动，消费者对购买某种商品的真实动机也不一定清楚，靠简单的观察与询问并不能真正了解消费者的购买意图。必须深入分析人的原始冲动和各种本能，以及由这种本能所产生的欲望。

（2）马斯洛需求层次理论　亚伯拉罕·马斯洛是美国著名的心理学家，是人本主义心理学派的重要创始人。马斯洛的心理学理论创立于 20 世纪 50 年代，他所提出的动机理论，不仅在心理学界，而且在其他领域都有着巨大的影响。

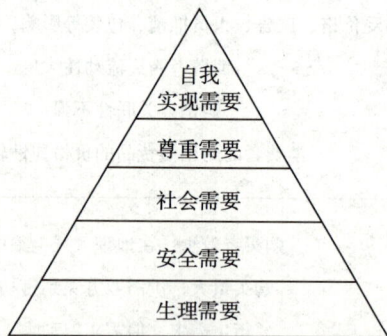

图 4-2-1　马斯洛的需要层次"金字塔"图

马斯洛认为，人类的基本需要是互相联系的，它们由低级（生理性）的需要向高级（心理性）的需要顺序发展（图 4-2-1）。例如，一名饥饿者（第一需要）绝不会对艺术界的新鲜事情感兴趣（第五需要），也不会注意别人对他的看法或是否尊重他（第三、四需要），他甚至对自己周围的空气纯净与否也无所谓（第二需要）。凡是没有被满足的需要将支配人们的意识并调动人体的能量去获得满足。凡是已被满足的需要，就不再是人们活动的推动力。

在市场营销活动中，要重视对消费需求的研究。人类的一切活动，都要受到某种需求的驱使，尤其是未满足的需求常常是人们行动的推动力。在产品促销时，注意传达一种产品的不同功能给消费者带来不同层次需求的满足。国际营销者要深入了解东道国消费者目前需要的是什么，然后去满足此种需求。

（3）赫兹伯格双因素理论　双因素理论是美国心理学家赫兹伯格于1959年提出来的，全名叫"激励、保健因素理论"。

传统理论认为，满意的对立面是不满意，而据双因素理论，满意的对立面是没有满意，不满意的对立面是没有不满意。因此，影响职工工作积极性的因素可分为两类：保健因素和激励因素，这两种因素是彼此独立的并且以不同的方式影响人们的工作行为。

所谓保健因素，就是那些造成职工不满的因素，它们的改善能够解除职工的不满，但不能使职工感到满意并激发职工的积极性。它们主要有企业的政策、行政管理、工资发放、劳动保护、工作监督及各种人事关系处理等。由于它们只带有预防性，只起维持工作现状的作用，也被称为"维持因素"。

所谓激励因素，就是那些使职工感到满意的因素，唯有它们的改善才能让职工感到满意，给职工以较高的激励，调动积极性，提高劳动生产效率。它们主要有工作表现机会、工作本身的乐趣、工作上的成就感、对未来发展的期望、职务上的责任感等。

双因素理论与马斯洛的需要层次理论是相吻合的，马斯洛理论中低层次的需要相当于保健因素，而高层次的需要相似于激励因素。

双因素理论对于营销的意义是什么？①营销者应保证商品的保健因素，如商品的基本功能或为消费者提供的基本利益与价值。这些因素不会促进销售，但若得不到保证就会引起不满。②营销者要仔细分析商品的激励因素，如品牌、包装设计、服务态度等，以激励消费者购买。

2. 分析消费者购买过程

无论消费者处于哪种购买行为，都有一个购买过程。理解购买过程的每一步有助于营销者构建销售过程，调整营销计划来迎合消费者。

消费者在购买一些比较重要的商品时，其购买决策往往是一个非常复杂的心理活动过程。一般消费者购买决策过程包括唤起需要、搜集信息、比较选择、购买决策、购后评价等五个阶段（图4-2-2）。

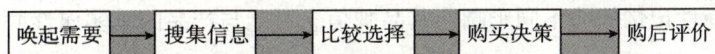

唤起需要　→　搜集信息　→　比较选择　→　购买决策　→　购后评价

图4-2-2　消费者购买决策过程

（1）唤起需要　唤起需要指消费者确认自己的需要是什么。这是消费者个人发现自己真实需要的产品的存在，在这个阶段，一个真实的、能够满足消费者需要的产品是关键。厂商在做广告宣传时，要真诚地向消费者传播真实有效的商品信息，以引起消费者的注意。消费者的需要往往是由于受到内部刺激或外部刺激引起的。内部刺激是由于自身的生理或心理上感到缺少而产生的需要，例如因为感冒了要买感冒药。外部刺激是来自于消费者外部的客观因素，例如人员推销、广告、降价等的刺激，或由于受到周围人购买行为的影响，例如近几年人们对保健类药品需求的上升。需要被唤起后可能逐步增强，最终驱使人们采取购买行动，也可能逐步减弱以至消失。

营销人员应该了解消费者需要随时间推移及外界刺激强弱而波动的规律性，并以此设计诱因，增强刺激，唤起需要，最终促成人们采取购买行动。

（2）搜集信息　消费者被某种产品吸引，需要决定在购买前了解什么信息。在这个阶段，销售人员要熟练地向消费者演示产品的使用过程，耐心地向消费者介绍产品对消费者的实际效用。产品的效用是吸引消费者的核心因素。

通常情况下，客户可以获得有关产品或服务的信息来源如下：

①经验来源：消费者在自己购买和直接使用产品过程中所积累的知识和经验。

②人际来源：从周围的人如家庭成员、朋友、同学、同事等处获得的有关产品的信息。

③商业来源：指营销企业提供的信息，如推销员的推销、广告、商品展销会等。商业信息一般是消费者主要的信息来源。

④公众来源：指社会公众传播的信息，消费者从大众传播媒体、消费者权益组织等获得信息。

不同信息来源的相对影响随着产品的类别和购买者的特征而变化。一般来说，就某一产品而言，消费者最多的信息来源是商业来源，也即企业营销人员控制的来源。但是从消费者对信息的信任程度来看，经验来源和人际来源最高，其次是公众来源，最后是商业来源。研究认为，商业来源的信息在影响消费者购买决定的时候只起告知作用，而人际来源则起评价作用。

营销人员应该通过市场调查了解消费者的信息来源及何种来源的信息最有决定作用。营销人员要设法利用和刺激公众来源、人际来源和经验来源来加强信息的影响力。

（3）比较选择　消费者搜集到大量的信息后，要对信息进行整理、分析，以便做出购买决策，如购买品种、品牌、地点、时间等。不同的消费者在购买不同的产品时，比较选择的方法和标准也各不相同。一般从以下几方面来分析：

①产品属性。产品属性即产品能够满足消费者需要的特性。如药品应该具备的属性是：迅速消除病痛，安全可靠，无副作用，价格合适。在价格不变的条件下，产品具备更多的属性将增强其对顾客的吸引力。营销人员应了解顾客主要对哪些属性感兴趣，以确定产品应具备的属性。

②品牌信念。品牌信念是消费者对某品牌优劣程度的总的看法。由于消费者的个人经验、选择性注意、选择性记忆等的不同影响，其品牌信念可能与产品的真实属性并不一致。消费者根据对品牌的信念，分别给不同的品牌一个评价值。

③其他选择因素。其他选择因素主要包括价格、质量、服务项目及水平、交货的及时性、包装、购买的方便性等。

④总评。明确以上三点问题后，消费者会根据各属性的重要性权数及评价值，得出总评分，对不同的品牌进行评价和选择。由于不同的消费者给予同一商品各属性的重要程度、评价值的分值不同，所以不同的消费者会有不同的选择。

（4）购买决策　消费者经过比较选择后会有两种可能的结果：

一是决定不买，由于经过比较选择，目前没有找到合适的产品，暂时决定不买。

二是形成指向某品牌的购买意向。选择比较后会使消费者对某品牌形成偏好，从而形成购买意向，进而偏好某品牌。当然，在购买意向变成实际购买行为之间还有一个时间过程，需要具备一定条件，如消费者有足够的购买力、企业有货等。

消费者对产品形成的购买意向能否实现，还取决于两个因素的作用：

第一个因素是他人的态度。他人的否定态度越强烈，他人与消费者关系越密切，他人对产品的专业水平越高，对消费者的影响力越大。第二个因素是意外因素。消费者购买意向以一些预期条件为基础，如预期的价格、质量、服务和收入等。如果这些预期条件受到意外因素影响而变化了，购买意向随之改变。

（5）购后评价　消费者购买产品后会对产品满足其需求的情况产生一定的感受，如满意或不满意。消费者对购买产品是否满意，将影响到以后的购买行为，如果对产品满意，则在下一次购买中会继续采购该产品，并向他人宣传产品的优点；如果消费者对产品不满意，则在下一次购买中根本不考虑该产品，甚至本次要求退货，还会影响他周边的朋友的购买行为。所以作为企业而言，要尽可能降低消费者购后不满意的情况，当消费者出现不满意态度时，也应妥善处理，争取让坏事变好事。

3. 分析消费者购买行为的类型

不同消费者购买决策过程的复杂程度不一样。同类产品不同品牌之间差异越大，产品价格越昂贵，消费者越缺乏产品知识和购买经验，感受到的风险越大，购买决策过程越复杂。例如在购买一般生活日用品与购买生活耐用品之间存在很大的差异，一般消费者对较为复杂的和花钱较多的决策往往会投入较多精力去反复权衡，而且会有较多的购买决策参与者。根据消费者购买介入程度和品牌间的差异程度，可将消费者购买行为划分为复杂型、多变型、求证型、习惯型四种（图4-2-3）。

购买介入程度

品牌差异程度	高	低
大	复杂型	多变型
小	求证型	习惯型

图4-2-3　消费者购买行为的四种类型

（1）复杂型　消费者在购买产品时投入较多的时间和精力，并注意各品牌间的主要的差异。发生在消费者购买那些参与程度高、品牌差异大的商品的场合。一般消费者对这类商品知之甚少，但因其价格昂贵，属于耐用消费品，故购买前的选择决策非常谨慎，要花费时间大量搜集信息，多方位挑选比较。消费者了解产品的过程，也是学习的过程。例如，在生活中，购买个人计算机的行为就属于该类购买行为。在介入程度高且品牌差异大的产品经营中，公司可以使用不同类型的广告，提供他们的产品和服务的信息，并说明由产品所提供的好处。公司的营销人员也应该协助消费者学习，帮助其了解产品的性能属性和品牌间的差异，以影响消费者的购买决策。

（2）求证型　消费者在购买品牌差异不大的产品时，有时也会持慎重态度，这种购买行为属于求证型。这种购买行为一般发生在价格虽高但品牌差异不大的场合，消费者的购买决策可能取决于价格是否合适、购买是否方便、销售人员是否热情等。针对消费者的这种心理特点，企业应采取必要的营销策略：

①要合理定价，在了解市场上同类产品的价格的基础上，结合企业的实际情况，制定出消费者能够接受的价格。

NOTE

②向消费者提供细致周到的服务，例如选择良好的销售地点方便消费者购买、选择高素质的销售人员耐心地回答消费者的问题、向消费者提供有关的信息等，以增强消费者对产品和品牌的信任，以影响消费者的品牌选择。特别要注意向消费者提供售后服务，以增强其对品牌的信念，增强购后满意感，证明其购买决策的正确性。

（3）多变型　多变型购买行为常常发生在价格低但是品牌差异大的产品购买中，消费者在购买这类商品前，一般并不主动搜集有关信息。消费者主要是出于尝试新东西的随意性，避免单调乏味而更换品牌。例如在饮料市场中，有不同品牌的不同产品，它们在包装、口感、营养等方面存在较大的差异。对于这类产品，消费者可能经常改变品牌选择，不是因为产品本身不好，而是由于产品品种多样化，消费者想尝试不同品牌的不同产品。对于这类产品的营销，企业要在促销上下工夫，例如降价、反复做广告、让消费者试用、送赠品、中奖等。作为市场领导者比如宝洁公司，会强化品牌实力和偏好，通过占有货架、避免脱销和不断投放广告等手段来获得较大的市场份额。

（4）习惯型　这种购买行为常常发生在消费者购买参与程度低、品牌差异小的商品上，是一种多次购买后形成的习惯性反应行为。消费者往往对这类产品的购买决策不重视，购买时介入的程度很低，主要凭印象、熟悉程度和被动接受的广告信息等。消费者经常购买某种固定的品牌，并非出于忠诚，而是出于习惯，当货架上没有这种商品时，消费者会毫不犹豫地购买另一种看上去十分相似的产品。对于这类产品的营销，首先要利用价格与促销吸引消费者试用。一旦消费者了解和熟悉产品，就有可能经常购买以至形成购买习惯。其次要在广告上下工夫，企业可做简短的、有特色的广告，反复刺激消费者，突出与品牌联系的视觉标志和形象，以便消费者记忆。

4. 分析影响消费者购买行为的因素

在购买过程中，国际消费者除了被营销者影响，还有其他因素影响他们的最终选择。对于国际营销者来说，研究营销的外部和内部影响国际消费者购买行为的因素，制定不同的策略，吸引顾客，是一项任务。消费者购买行为受到文化、社会、个人和心理特征等因素的影响（图4-2-4），营销人员无法控制这些因素。为了吸引消费者，将产品销售给消费者，开展有效的市场营销活动，必须考虑分析这些影响因素。

（1）文化因素

①文化　广义上的文化是指人类社会发展过程中所创造的物质财富和精神财富的总和。狭义的文化则是指社会的意识形态。我们这里讲的文化因素主要指的是社会的意识形态。它是由一系列的风俗、习惯、礼仪、思想、道德、宗教、语言、文字、艺术、制度等组成。这些东西组成了社会上人们的标准行为规范。它说明了人们必须做什么，应当做什么，可以做什么，禁止做什么。

文化是引发人类欲望和行为的最基本的决定因素之一。文化是人类在长期的生活和实践中形成的语言、价值观、道德规范、风俗习惯、审美观等的综合，是从家庭和其他重要机构中学习到的基本的价值观、认知、喜好和行为。文化会对消费者的消费观念和购买行为产生潜移默化的影响。

文化作为一种社会氛围和意识形态，无时无刻不在影响着人们的思想和行为，当然也必然影响人们对商品的选择与购买。不同区域的人们由于生产与生活方式上的差异，交流的机会也比较少，文化特征的差异就比较大。

文化因素：文化　亚文化　社会阶层

社会因素：相关群体　家庭　身份与地位

消费者购买行为

个人因素：年龄及生命周期阶段　职业　教育　经济情况　性格

心理因素：动机　学习　态度　认知　信念与自我观念

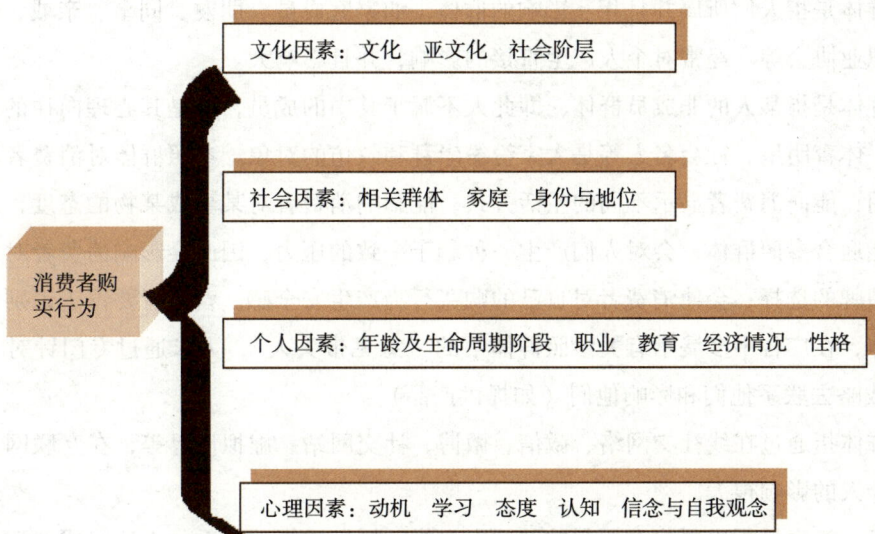

图 4-2-4　影响消费者购买行为的因素

②亚文化　亚文化是因相同的生活经历和背景而具有共同价值体系的人群。亚文化能为其成员带来明确的认同感和集体感。这种亚文化的差异往往成为企业划分细分市场的根据。亚文化群包括民族亚文化群、宗教亚文化群、种族亚文化群和地理亚文化群。

消费者对各种商品的兴趣受其所属民族、宗教、种族和地理等因素的影响。这些因素将影响他的食物偏好、衣着选择、娱乐方式等。每个国家都有亚文化，或具有共同价值和共同生活经验的群体。这些亚文化是许多重要的市场组成部分，往往设计和营销产品及营销方案要专门针对这些领域的需求。例如，虽然英国的人口是英国白人占主导地位，但在全国有 100 多万印度人。印度人有自己的文化和习惯，要庆祝他们自己的节日。

③社会阶层　社会阶层是指在一个社会中具有相对的同质性和稳定性的群体。社会阶层是一个社会中因具有相同价值观念、兴趣和行为而稳定存在的、有序的组成部分，是职业、收入、教育、采访和其他各种变量共同作用的结果。在一切社会中都存在着社会阶层。同一个社会阶层的人有相似的价值倾向、社会地位、经济状况、受教育程度等。因此，同一社会阶层的人有相似的生活方式和消费行为。

各社会阶层显示出不同的产品偏好和品牌偏好，企业的营销人员应根据不同的社会阶层，推出不同的营销策略。例如，在广告策略中，由于不同的阶层对新闻媒介的偏好是不一样的，中低阶层的消费者平时喜欢收看电视剧和娱乐晚会，而高阶层的消费者喜欢各种时尚活动或戏剧等，所以针对不同阶层的消费者，应选择不同的广告媒介来进行产品宣传。

社会阶层对消费者购买行为的影响：同一阶层的消费者的购买行为有相似性；消费者在购买时会自觉不自觉地表示自己属于某个社会阶层。因此，企业应分析自己产品的目标市场消费者所属的社会阶层，并根据不同社会阶层的不同特点开展相应的市场营销活动。

（2）社会因素　消费者处在社会环境中，其思想和行为不可避免地要受到周围其他人的影响。主要受到相关群体、家庭等的影响。

①相关群体　相关群体是指能够直接或间接影响人们的态度、偏好和行为的群体。相关群体分为主要群体、参照群体、虚拟群体。

NOTE

主要群体是指人们所属并且相互影响的群体，如家庭成员、朋友、同事、亲戚、邻居、宗教组织、职业协会等。经常对个人产生直接的影响，并且影响大。

参照群体是指某人的非成员群体，即此人不属于其中的成员，而是其心理向往的群体，如电影明星、体育明星、社会名人等是大家纷纷崇拜和效仿的对象。参照群体对消费者购买行为的影响作用：能向消费者显示不同的生活方式；能影响消费者对某事或某物的态度，因为人们通常希望能迎合参照群体；会对人们产生一种趋于一致的压力，因此会影响消费者对实际产品的选择和品牌的选择；会使消费者对自己的购买行为产生安全感。营销者要善于识别目标顾客的参照群体，在广告中多展示有关参照群体中的"意见带头人"，力求通过专门针对"意见带头人"的战略去联系他们和影响他们（如提供产品）。

虚拟群体指通过在线社交网络、微信、微博、社交网站、虚拟世界等，在互联网上结识的网友，对个人的影响很大。

②家庭　家庭是指由居住在一起的彼此有血缘、婚姻或抚养关系的人所组成的群体。家庭是社会中最重要的消费购买单位。家庭成员是主要的参照群体，人们的消费习惯多半受家庭影响，家庭通常对购买行为起决定性作用。影响消费者购买行为的家庭可以分为两方面，即婚前家庭的影响和婚后家庭的影响。包括消费者个体从幼年开始的社会化成长过程中对其世界观、价值观、政治、经济、自我抱负、情感等方面产生影响作用的所有家庭成员，主要是父母及祖父母等。实际上，消费者个体从其婚前家庭中学会了消费行为。这也是家庭对消费者购买行为影响的第一个方面。家庭对消费者购买行为产生影响的第二类家庭是消费者的婚后家庭，即消费者个体的现实家庭。消费者个体现实的家庭环境，包括家庭人口数、家庭成员结构、消费者个体在家庭中的地位及所充当的角色，对消费者的消费行为产生了直接的影响作用。这也是家庭对消费者购买行为影响的第二个方面。

家庭是影响消费者购买行为的重要因素，具体表现在以下几方面：

一是家庭倾向性的影响：例如一个孩子长期和其父母生活在一起，其父母对某一产品的购买倾向对孩子以后的消费行为会产生很大的影响。

二是家庭成员的态度及参与程度的影响：购买不同的产品，家庭成员的态度和参与的程度是不同的。例如，家庭购买大件物品时，大家共同参与、商量，而购买日常的生活用品可能就由母亲购买。于是根据家庭成员对购买商品的参与程度与决定作用的不同，可分为丈夫决定型、妻子决定型、子女决定型、共同决定型。

三是家庭的生命周期阶段对消费者的影响：消费者家庭生命周期阶段一般可分为单身青年阶段、新婚无子女阶段、子女年幼阶段、子女长大尚未独立阶段、年老夫妻而子女独立阶段、单身老人阶段。家庭处在不同的生命周期阶段，购买行为也是不同的。例如，家庭处在子女年幼阶段时，对玩具、婴儿用品等感兴趣；家庭处在年老夫妻而子女独立阶段时，对保健品、健身用品等感兴趣。

（3）个人因素　消费者的购买行为与其个人因素有较密切的联系，例如，个人的年龄、性别、职业、受教育程度、经济状况、生活方式等。以对书的需求为例，由于年龄、职业、受教育程度等不同，不同的消费者会选择不同的书，儿童会选择卡通书，年轻人会选择流行小说，老年人会选择有关保健的书。

①年龄及生命周期阶段　人的一生使用不同的产品和服务。购买也受到家庭生命周期的影

响。在国际市场，营销计划要根据目标顾客的生命周期阶段来拟订。

②职业　一个人的职业会影响他们购买商品和服务。例如，一个公司的高级管理人员通常穿正式的西装在办公室，而卡车司机则穿着更随意的牛仔裤。

③教育　一个国家居民的教育背景在许多方面影响消费者。具有高入学率的国家，很容易销售如书籍、小说、电影等文化产品。

④经济情况　个人或家庭的经济状况也将大大影响他的产品选择。虽然发达国家的消费者有比较强的购买力，这些国家也有贫穷的消费者。反之，在每一个发展中国家也有富裕的消费者。因此，在每一个市场选择目标客户是非常重要的。

⑤性格　性格是指相对稳定、持久的，有别于其他人的，在一个人单独时或与别人及外部环境互动时表现出的心理和感情特点。

（4）心理因素　美国福特汽车公司曾经开发出一种适合年轻人开的跑车，投放市场后，购买的消费者除了一部分是年轻人之外，还有一些老年人。通过调查了解到，老年人购买跑车的原因是：开上跑车，仿佛自己年轻了几十岁。由此可见，心理因素也是影响人们购买行为的因素之一。影响消费者购买行为的心理因素包括动机、学习、态度、认知等。

①动机　动机也是一种需要，它促使人们去寻求满足。任何购买活动总是受着一定的动机所支配，这种来自于消费者内部的动力反映了消费者在生理上、心理上和感情上的需要。

②学习　学习是一种由经验引起的个人行为相对持久变化的心理过程，是消费者通过使用、练习或观察等实践，逐步获得和积累经验，并根据经验调整购买行为的过程。企业应创造条件，帮助消费者完成学习过程。例如，某顾客要购买一台计算机，由于该顾客对计算机不了解，在购买之前就有一个学习的过程。对企业的营销人员来说，要为顾客学习提供方便，要耐心地回答顾客的咨询，主动向顾客介绍、传递有关产品的信息，让顾客了解和熟悉本企业的产品，来促使顾客购买本企业的产品。

③态度　对某事物或观念所长期持有的认识上的评价、感情上的感受和行动上的倾向，通过表情、姿态、语言、动作表现出来。通过学习，消费者在购买和使用商品的过程中形成了对产品的态度，这些又反过来影响其未来的购买行为。态度一经形成，一般难以改变。所以，企业的营销人员最好改变自己的产品以迎合消费者已有的态度，而不要试图去改变人们的态度。当然，如果改变一种态度所耗费的代价能得到补偿时，则另当别论。

④认知　两个具有同样动机的消费者，会因为各自的感觉和认知不同而做出不同的购买决策。

第三节　国际市场集团消费者行为分析

一、国际集团市场的定义与国际市场集团消费者的类型

（一）国际集团市场的定义

国际集团市场指国际市场中个人或公司购买产品或服务用于生产或提供给别人，而不是自用的市场。国际市场集团消费者是指为满足团体的各种不同需要而购买和使用商品的组织。包括政府机关，文艺、教育、科技、卫生等事业机构。

NOTE

国际集团市场的产品包括三类。第一类是进入成品的物品，包括原材料、加工过的材料和零部件等。第二类是间接进入成品的物品，包括建筑物及土地权、重型设备、轻型设备，以及维护、修理和经营用品等。第三类是无形产品——服务。

（二）国际市场集团消费者的类型

集团消费者是指购买商品和服务，以用于生产性消费或其他非生活性消费的企业或社会集团。根据购买主体及购买目的的不同，可以将集团消费者做进一步的分类。

1. 生产企业

生产企业包括所有购买商品和服务并将它们用于生产其他商品和服务，以供销售、出租或供应给他人的组织。这是集团消费者的主要构成部分。由这部分集团购买者构成的市场通常称为"产业市场"。主要行业有：农业、林业和渔业；矿业；制造业；运输业、通讯业；公用事业；银行、金融和保险业；分销业及服务业。

生产企业购买行为的主要类型有：

（1）直接重购 指在所涉及的供应商、产品、服务、供货条件变化不大的情况下，购买者按照过去的惯例再订购产品。直接重购对一个企业来说，意味着稳定的收入，因此商家会竭尽全力地发掘具有直接重购潜质的购买商，并与之保持关系。比如，销售人员定期拜访这样的购买商，并亲自处理订单，还要看看对方是否还需要其他产品。他们可能会尽量保持长期合同，因为直接重购使供应商的销售额增加，销售成本降低。

（2）修正重购 指购买者原来购买的产品或服务、协议条件、供应商发生变化时，如购买者对产品规格、质量、交付期、价格有新的要求，市场出现新的产品，经济环境发生变化等，买卖双方重新对交易条件进行谈判后再购买。修正重购比直接重购需要花费更多的时间和精力。精明的营销商会定期拜访买主，来发现并分析问题，这些问题有时候能导致企业的成败。例如，营销员想知道修正重购什么时间会发生，他们会从购买决定中的主要标准，如价格、送货、产品特征中，判别问题的关键所在，或在其他某些方面找出可以获得订单的因素。拥有了这些知识，销售人员就能说服购买主，自己公司的产品可以极大满足买主的需求。

（3）全新采购 指购买者首次购买某种产品或服务。此种购买具有不确定性和冒险性，由于买主没有以前的经验做基础，他们需要更多的精力。企业对企业的第一次购买，是最为复杂的、高风险的，需要搜集尽可能全面的信息，需要大量的决策活动。营销人员为了能够得到全新采购订单，必须与买主保持密切的工作关系。也就是说，买主可以信赖对方的营销人员是从其客户的利益和需求出发，帮助制定产品规格和条款。

2. 中间商

中间商亦称转卖者，指所有以营利为目的而从事转卖或租赁业务的个体和组织，包括批发商和零售商两大部分。在较发达的市场经济条件下，大多数的企业产品都是通过中间商到达消费者手中的，只有少数商品由生产者直接销售给消费者，因此，中间商在集团消费者中也占有较大的比重。

3. 非营利性组织

非营利性组织也称机构，是指一些学校、慈善机构、疗养院和其他为社会公众提供服务的组织和社会团体。它们购买产品和服务用以发挥自己的职能，为自己的成员服务。由于这些机构通常不以营利为主要目的，因此，这些机构的购买活动与一般的市场行为具有不同的特点。

这样的顾客同专业买主相比，更依靠营销人员售货前后的建议和帮助。

4. 政府

在大多数国家里，政府也是产品和劳务的主要购买者。政府采购的主要目的除了用于政府机构执行政府职能的日常事务需要外，在很大程度上还在执行着调节宏观经济的职能。因此，政府采购在购买决策、购买方式等方面与一般的民间采购也有不同的特点，如政府采购受预算制约，是一种最终需求，以非营利为目的，受国际政治局势影响大。政府的采购决策要受到公众的监督，政府采购通常以竞价投标为主，政府采购通常以国内供应商为主。

二、国际市场集团消费者购买行为的特点

从上述分类中可以看到，集团消费者中有些是以营利为目的的，有些是不以营利为目的的，或不以营利为主要目的。采购目的不一样，其采购行为也必然具有不同的市场特征，但尽管如此，在各自的市场特征背后，还是有很多共性特征。由于生产企业在集团消费者中占主要部分，下面我们主要以生产企业的购买行为为分析对象，但也要兼顾其他的集团消费者展开分析。

（一）需求的派生性

相对于消费者市场需求是初始需求而言，集团消费者市场的需求则属于派生性需求。集团消费者对诸如面包之类的食品需求是消费者的生理和心理的需要、食品的价格、替代品的供应情况和价格水平等各种情况的直接反应。而食品加工厂对面粉与食品加工机械等生产资料的需求，则是消费者对面包之类食品需求所引起（派生）的。如果消费者对食品的需求上升，那么对食品加工企业来说，就有了扩大市场、增加生产的前提和可能性，这就派生出要食品机械生产企业提供更多的食品机械的需要。掌握生产者市场派生性这一购买特点，为生产资料的生产者和经营者的市场营销活动，以及开拓新市场和开发新产品等工作，指明了前进的方向。

（二）购买者数量少，但购买规模大

从市场结构和需求特征来看，集团消费者的数量比个人消费市场上购买者的数量要少得多。但是集团消费者通常购买量比个人消费者要大。他们人数较少，有相似的期望和目标。需求受消费品市场的影响。集团消费者对生产资料的需求常取决于消费品市场对其需求。

（三）注重人员销售和直接销售

从促销方式来看，在集团消费者市场上往往更注重于人员销售和直接销售。一方面，由于集团消费者的数量少，购买规模大，企业营销人员只要面对少数的购买者，通过人员推销并不会因此而增加太多的销售成本；另一方面，人员推销可以详细地说明、介绍产品，甚至可以现场演示，能够使购买者更全面地了解商品，促使购买者做出购买决策。而且，在推销过程中，销售人员不仅可以介绍商品，还可以介绍企业。这些效果都是其他销售方式难以获得的，但在面对众多分散的个人消费者时这种销售方式难度较大。

由于集团消费者的数量少，购买规模大，绕过中间商直接向生产厂商购买，无论对商品的提供者还是商品的购买者来说都可以降低成本，而且能够保证供应商按照自己的要求提供产品，保证在交货期和技术规格上符合自己的需求。此外，集团购买活动往往需要生产者提供售前售后服务，因此，集团购买采用直接销售方式较多。

（四）专业人员购买，决策过程严谨

集团消费者的购买往往是由具有专门知识的专业人员负责，或委托专业的购买代理商，他

NOTE

们具有较完备的专业技术知识及较全面的商品信息。集团消费者购买必须符合企业再生产的需要，对产品的质量、规格、型号、性能等方面都有系统的计划和严格的要求，通常需要由专业知识丰富、训练有素的专业采购人员负责采购。

与个人消费市场上个人决策不同，集团购买作为一种组织行为，购买决策往往要遵循一定的程序、办理一定的审批手续，一些金额较高的或非常规性的购买甚至还要经过有关专家的反复论证，因此集团购买的决策程序更为规范，决策更趋理智。

（五）　市场需求波动较大

集团消费者购买的商品中有很大一部分是用于生产性消费的，即是作为投入要素的"中间产品"，中间产品的需求最终依存于对最终消费品的需求。例如，汽车制造企业对钢铁厂生产的汽车用薄钢板的需求，取决于汽车市场上消费者对汽车的需求。汽车市场的需求减少，汽车制造商对钢板的需求也会减少。在"加速原理"的作用下，最终消费品市场需求的小幅波动，都可能导致集团消费者市场需求的激烈震荡。因此，集团消费者市场需求的波动往往较大。

（六）　需求弹性较小

集团消费者的需求（特别是对中间产品的需求）在短期内一般不会因商品价格变化的影响而出现较大的变化。因为企业的生产要受市场需求和生产能力的制约，只要市场需求或生产能力没有出现太大的变化，即使中间产品的价格下降或上涨，通常企业不会因此增加或减少原材料的购买。除非因中间产品成本的变化而使产品的价格发生变化，导致产品的市场需求也发生了变化。

以上是从总体上描述了集团消费者购买行为的一般特征。但在实践中，不同的集团消费者在特定时点上的购买行为会有不同的特点。因为相对数量众多的个人消费者而言，数量较少的集团消费者的行为特征的个性化更为明显。因此，在具体的营销活动中还应当注意结合实际进行研究和分析。

三、国际市场集团消费者购买过程

集团消费者购买决策与个人消费者购买决策存在两个明显的不同：其一，参与者不一样。参与个人消费者购买决策的人员较少，通常就是购买者个人或其家庭，但集团消费者购买决策通常要涉及多方面的参与者。其二，购买决策的过程不一样。

（一）　集团消费者购买活动的参与者

在集团消费者购买过程中，参与购买决策过程的所有成员被称为"采购中心"，他们有共同的购买目标，并分担决策风险。这些参与者大致包括以下五类人员：

1. 使用者

使用者是企业内部实际使用所购产品的人员，他们能根据实际工作需要提出有关产品的建议。他们是所购产品的最终的检验者。企业的推销人员应多与他们接触，听取他们对产品的意见和建议，以便有针对性地改进企业的产品，更好地满足客户的需求。

2. 影响者

影响者是直接或间接影响购买决策的人员，企业内部的人员有使用者、技术人员、销售人员、质量检验人员、仓储人员等，企业外部的人员有供应商、企业的客户、同行企业等，其中技术人员往往是重要的影响者。推销人员应广泛地听取各方的意见和建议。

3. 购买者

购买者是具体执行购买任务的采购人员，他们直接与供应商打交道。他们的主要任务是寻找和选择供应商、确定购买条件、与供应商谈判等。在一些比较重要的购买活动中，高层管理人员往往参与谈判过程。

4. 决策者

决策者是有权决定购买项目和供应商的人员。在日常小额购买中，购买者往往就是决策者，但在重要采购活动中，决策者通常是高层管理者。

5. 信息控制者

信息控制者是可控制有关信息的人员。他们可控制与购买有关的外部信息流入企业，如购买代理人、接待员和电话接线员等，他们都可以阻止供应商的推销人员与使用者或决策者接触。

购买规模的大小和参与者人数的多少，随企业规模及购买商品重要性的不同而不同。大企业可能设有专门的购买部门，而小企业可能只有一人或数人负责采购；参与购买一批计算机的决策人数肯定要比参与购买信纸、信封等办公文具的决策人数要多。了解一个组织的购买决策参与者的情况，可以有针对性地采取促销措施。

对于企业的推销人员来说，必须弄清楚生产企业的组织分工及各类人员在组织中的地位与权力、影响力等，以便针对不同的人员采用不同的推销方案。比如，对使用者推销时，应突出产品使用的方便性；对工程技术人员推销时，应强调产品的性能及技术上的先进性；对财务人员介绍时，应突出产品的经济性等。总之，企业的推销人员应在广泛推销的基础上，有重点地向购买者、决策者推销。

（二）集团消费者购买决策过程

从总体上来看，集团消费者的购买决策过程大致可分为以下七个前后相连的购买阶段：

1. 提出需要

与个人消费者购买决策过程相同，集团消费者购买决策过程起始于提出需要阶段，这种需要通常是由企业内部的相关人员在工作过程中为解决某个问题或满足某种需要提出的。需要的提出可以由两种刺激引起：①组织内部的刺激因素，如企业决定开发一种新产品，于是需要购置新设备或原材料来生产这种新产品等。②组织外部的刺激因素，如购买人员在某个商品展销会上发现了一种质量更好、价格更廉的新材料，或者接受了某一供应商的推销人员的建议，由于这些因素的刺激，于是产生了新的购买需要。

2. 确定需求内容，拟订要求

提出了某种购买需要之后，就要确定购买的具体内容，如购买的品种、类型、数量等。需要对所购买商品的具体要求做出详细的说明，如商品的规格型号等技术指标。如果是简单的购买任务，可以由购买人员直接决定；而如果是复杂的购买任务，就需要会同其他部门的人员，如技术人员、使用者一起，在全面了解产品特征的基础上来确定购买商品的具体内容，并按照购买商品的可靠性、耐用性、价格及其他属性，对这些属性的重要性进行先后次序的排列。通常在这一阶段，购买者对所需商品各种特性的了解并不全面，这实际上为供货方提供了营销机会，供货方的营销人员可协助购买者确定具体的需求内容。

3. 寻找供应商

在经过以上两个阶段，确定了需购买的商品及具体的规格型号以后，便进入寻找供应商阶段。企业可从以往合作过的供应商、工商名录、电话簿、广告、展销会、供应商上门推销留下的资料等中寻找可能的供应商。另外，在实际中，采购企业为了体现公平公正的采购原则，或

NOTE

采购企业对货源不清楚时，常常采用招标采购。在媒体上刊登广告，广泛地寻找供应商。在此阶段不仅要了解有哪些供应商及他们的供应能力，而且要了解他们的产品和服务（如交货期）的质量。企业营销应有针对性地进行广告宣传和人员推销，将有关企业和产品的信息传递到目标市场。

4. 征求报价

征求报价即在众多的供应商中，购买者按照一定的标准选择若干家合格的供应商，邀请他们提供报价单，以便从中筛选。征求报价是购买活动的一个很重要的阶段，它关系到企业的生产成本从而影响到未来一段时期企业的市场竞争力。特别是当购买的项目较为复杂或价格较为昂贵时，购买者会要求供应商提交内容尽可能详细的报价书，如除了价格以外，还要求供应商对商品的技术指标、交货期限等加以详细说明，以便做出正确的选择。

5. 选择和认证供应商

供应商的选择是采购工作的关键。采购管理的重点之一是正确选择和认证供应商。企业可以从多方面去综合地选择供应商，比如品种、质量、性能、价格、服务、技术条件、运输条件、结算条件、供应能力、交货时间、合作精神等，其中质量是最基本的条件，因为外购件的质量对采购企业的主导产品的质量起到举足轻重的作用。因此，为了保证采购物品的质量，将质量符合要求的供应商确定为优先合作对象，必须对供应商进行认证。一般供应商认证有以下几步：

（1）对供应商进行认证　包括对供应商的设备条件、环境等硬件的认证，对供应商的人员技术水平、工艺流程、管理制度、合作意识等软件的认证。

（2）对供应商提供的样件进行试制认证　目的是检验供应商提供的样件是否能满足采购企业的技术和品质要求。

（3）对供应商提供的小批量物品进行中试认证　样件认证合格并不代表小批量物品合格，往往小批量物品的质量与样件的质量是有差异的。

（4）对供应商提供的批量物品进行认证　目的是检验供应商供应物品的质量的稳定性。

如果企业能顺利地通过采购企业的认证，成为采购企业优先合作的对象，企业的产品就有了较稳定的销路。所以，不断提高产品质量、降低成本是企业营销工作的重要任务之一。

此外，供应商的选择还包括供应商数量的选择，即是集中向某一家供应商购买还是同时向多家供应商购买的选择。如果购买的数量较多，而且需要多次重复购买时，购买者往往会选择多家供应商。这一方面可以避免过分依赖于某一个供应商，另一方面能够增强供应商之间的竞争意识，有利于降低购买成本。但集中向一家供应商购买有利于改善与供应商的关系，以及建立长期合作关系。

6. 正式订购

与选定的供应商经过谈判，确定具体的价格和采购条件，包括交货方式、地点，付款的方式，违约责任与赔偿等。正式签订订购合同。

7. 检查合同履行情况

检查合同履行情况的主要工作之一就是采购企业对供应商进行评价，主要对供应商提供的物品的使用情况、履行合同的情况等进行检查和评价。评价的结果会影响采购企业是否重新选择供应商。因此，供应商应该密切关注采购企业的购后评价，了解自己是否满足了采购企业的需求，以便找出自己工作中的不足，改善自己的经营活动。

四、其他影响集团消费者购买决策的因素

了解影响集团消费者购买决策的主要因素，有利于营销人员把握集团消费者购买活动的规律性，从而制订合理的营销计划和采取有效的促销手段。

由于集团消费者购买的目的多样、购买决策过程中涉及的人员多、程序复杂等各方面的原因，影响集团消费者购买决策的因素可以说非常多，购买目的、购买主体或购买的商品等不同，其主要影响因素有很大差异。就一般而言，这些多方面的因素可以归结为环境因素、组织因素、人际因素和个人因素等四组（图4-3-1）。

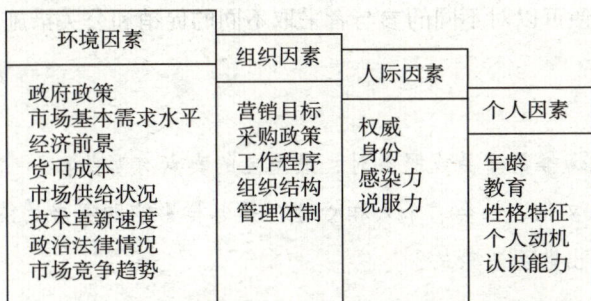

```
环境因素

政府政策
市场基本需求水平
经济前景
货币成本
市场供给状况
技术革新速度
政治法律情况
市场竞争趋势
            组织因素

            营销目标
            采购政策
            工作程序
            组织结构
            管理体制
                        人际因素

                        权威
                        身份
                        感染力
                        说服力
                                    个人因素

                                    年龄
                                    教育
                                    性格特征
                                    个人动机
                                    认识能力
```

图4-3-1　影响集团消费者购买行为的主要因素

（一）环境因素

环境因素是指影响集团消费者购买活动的各种外部因素，主要包括政府政策、经济前景、利率高低、供求关系、货币成本的高低、技术发展、科技发展、市场竞争状况，以及有关法律的规定等因素。例如在经济繁荣时期，企业可能会增加产量，扩大销售从而增加对原材料或零部件的购买，当经济发展前景不佳，需求趋于萎缩，投资风险增大时，购买者会减少投资，减少原材料的采购和库存。再如当企业生产所需的某种投入要素属稀缺性资源，能否保证这种资源的供应成为决定企业竞争力的关键因素时，企业会不遗余力地保证资源的供应，就会与供应商建立长期的供销关系，或扩大购买，增加库存。

外部因素对集团消费者购买行为的影响并不是孤立的，而是综合地发生作用。例如当企业预测经济发展速度将趋缓，对企业产品的需求将会下降时，企业便会压缩生产，减少产量，从而减少对原材料或其他中间产品的购买。但是当经济增长速度趋缓时，政府往往会调整财政政策或货币政策以刺激经济的发展，如可能会扩大政府购买、减少税收或降低贷款利率，而这些因素则可能会刺激企业扩大购买。因此，必须全面、综合地分析环境因素对集团消费者购买行为的影响。

（二）组织因素

组织因素是指组织内部影响集团消费者购买活动的各种因素，主要包括企业的营销目标、组织结构、管理体制、工作程序、购买政策等因素。有的企业以发展为目标，有的则只求保持现状。有的企业重视质量，有的贪图廉价。有些组织的集权程度较高，超过一定金额的购买必须经过高级管理层的批准；而有些组织的分权程度较高，下级管理人员有较大的购买自主权。有的组织倾向于用长期合同的方式来稳定供应源，而有的组织倾向于用临时招标的方式进行购买。这些都会对组织的购买行为产生影响。

NOTE

（三）人际因素

人际因素通常指企业中人事关系对购买行为的影响。生产资料的购买，常常由企业各层次不同的部分组成一个"采购中心"所决定。采购中心的参与者在企业内的职位、权威和影响力，他们对购买活动的意见和看法，都会直接影响到企业的购买行为。营销人员如能掌握有关这方面的信息，有的放矢地施加影响，就有可能比较容易地获得订单。但一般来说，组织外部的人员很难搞清这类因素在购买过程中的作用机制。

（四）个人因素

个人因素是指集团消费者购买活动中的各个参与者的个人特征，如各自的年龄、教育、个人动机、个人经历、认识能力、性格特征等的差异对购买行为都会产生实际的影响。了解了这些个人因素，营销人员便可以对不同的参与者采取不同的促销和公关措施。

思考与讨论

1. 你认为向组织市场推销产品或服务时，最重要的卖点有哪些？
2. 购买者的特征（文化、社会、个人和心理）是怎样影响购买者的购买行为的？
3. 购买者是怎样做出购买决策的？

第五章　国际市场调研

学习要点

1. 国际市场调研的概念。
2. 国际市场调研的不同类型及其目的、特点。
3. 国际市场调研方案制订的主要步骤、主要方法及其优缺点。

案例导入

"中国传统医药海外认知度"调查显示：美国人对中医药认可度高

"望、闻、问、切"能探查病情，几味草药能化作良药，数根银针能消除病痛……中国传统的中医学在不少外国人眼中是很"玄"的一件事。而中国中医科学院研究员屠呦呦因发明青蒿素获得 2015 年诺贝尔生理学或医学奖，"飞鱼"菲尔普斯在 2016 年奥运会上被拍到身上的拔罐疗痕，"玄"的中医正受到世界越来越多的关注。为了解中国医药海外传播的发展状况，促进中国传统医药走出去，《环球时报》舆情调查中心于 2017 年 4 月 29 日至 5 月 5 日就"中国医药海外认知度"展开调查。此次海外调查的主要对象是美国民众，样本量为 1060 个。

当被问及"您对中国医药有了解吗"时，近 4 成（38.3%）的美国受访者表示"了解"，其中有 28.9% 的美国受访者表示"比较了解"，9.4% 的人表示"非常了解"。超六成（61.7%）的美国受访者表示"不了解"，其中选择"非常不了解"和"比较不了解"的人的比例分别为 34.2% 和 27.5%。从受访者属性特征来看，男性受访者、30~49 岁受访者、高收入受访者和高学历受访者了解中国医药的比例较高，分别为 39.7%、46.7%、47.3%、41.6%。

从上述调查结果可以看出，美国人对中医药的认知程度还停留在较低的水平上。湖南中医药大学教授、美国加州中医药大学博士生导师谭兴贵接受《环球时报》记者采访时表示，造成这种情况的主要原因是中医药在海外的宣传力度还不够，而改变外国人固有观念也需要一个过程。

随着越来越多中医师在美国行医，中医市场的规模也在美国不断扩大。2008 年的一项调查显示，40% 的美国人接受过中医作为补充和替代疗法。对于接受此次调查的美国民众而言，提到中医药，大部分人都会想到"针灸"（69.6%）；47.0% 的人想到"中草药"；"拔罐"排名第三，比例为 24.2%。其他被受访者提到的选项分别为"气功"（14.6%）、"食疗"（9.0%）、"推拿"（8.9%）、"科学"（8.5%）、"望闻问切"（8.0%）和"屠呦呦"（3.3%）。

谭兴贵对《环球时报》记者表示，针灸确实是比较被美国人普遍接受的一种中医疗法。他分析认为，中草药之所以在调查中位列第二，是因为外国人更看重严谨的数据，每一种西药

NOTE

的成分都有详细的数据，但中药很难用数据精确解释，每一味都是包含多种成分的"复合药"，这让不少外国人担心中药的毒副作用。此外，美国人喜欢吃甜的饮食习惯也让他们难以接受以苦为主的中药。

不过，经常前往美国加州中医药大学授课的谭兴贵认为，近几年来，美国人对于中医药的认知度明显增加。一方面，越来越多的美国人了解或体验到中医药的优势，如疗效显著、副作用小、可以根治病痛、中药价格低廉等。另一方面，中国崛起所带来的良好声誉也对中医药的推广起到积极作用。此次调查也发现，在被问及对中医学方面是否认同时，美国受访者对"有效果"方面最为认同，认可度净值（认可度净值指的是认同和比较认同的选择比例之和与非常不认同和比较不认同的选择比例之和的比例之差）为45.7%，其次为"副作用小"（41.2%）。剩余方面的认同度净值分别为"安全"（27.7%）、"在国外发展有前景"（26.8%）、"见效慢"（23.9%）、"科学"（21.1%）、"通用广泛"（9.8%）、"从根本上祛除病痛"（3.1%）。

"只要推广工作做得好，中医药在海外还是很有前景的"，谭兴贵表示，我们应该更多地在海外兴办中医药学校，培养相关人才，也欢迎外国人来中国学习中医药。我国优秀的中医药产品，也要积极推广出去，让外国人感受到中医药实际的优点和博大精深之处。

第一节　国际市场调研概述

市场是复杂和多变的，市场运动的规律往往隐藏在大量的市场现象和事实之中，这就要求企业对市场进行全面的调查和研究，通过大量的市场营销调研，获取、处理和分析从环境中反馈回来的信息，并据此进行决策。

一、概念

美国营销协会关于市场调研的定义是：市场调研是把消费者、客户、大众和市场人员通过信息连接起来，而营销者借助这些信息可以发现和确定营销机会和营销问题，开展、改善、评估和监控营销活动，并加深对市场营销过程的认识。这个定义强调市场调研通过信息把组织及其市场连接起来的职能。市场调研产生的信息可以用于界定和定义市场营销机会及问题，用于改进和评估营销活动，控制市场营销业绩，加深人们对营销过程的理解。

国际市场营销调研同样具有上述本质并涉及上述基本活动。所谓国际市场调研，就是指运用科学的信息搜集、处理的方法和手段，有目的地系统搜集、记录和分析国际市场的信息，为企业营销决策提供科学依据。通过调研，企业可以了解哪些市场已经饱和，哪些市场存在未被满足的需求，从而有助于企业开拓潜在的国际市场。

另外，企业还可以通过国际市场潜在需求的变化及发展趋势，了解国际市场消费者对产品售后服务等的需求，了解目标市场存在哪些销售渠道，哪些商业机构，哪些促销方式，从而有助于企业采取有针对性的营销组合策略。由于在国外进行市场调研更加复杂困难，除研究消费者外，还要调查研究竞争者、中间商和有关营销因素的数据资料，因而国际市场调研又呈现其特殊性的一面。

二、类型

国际市场调研可以根据其特性、所使用的方法及适用的范围做不同的分类。但市场调研是用来帮助解决特定营销问题的，因而根据调研的功能或目的来划分，可以使我们更好地理解营销问题的性质是如何影响调研方案选择的。根据调研的目的和功能，可以把国际市场调研分成四种基本类型。

（一） 探索性调研

探索性调研一般是在调研专题的内容与性质不太明确时，为了了解问题的性质，确定调研的方向与范围，而进行的搜集初步资料的调查。通过这种调研，可以了解情况，发现问题，从而得到关于调研项目的某些假定或新设想，以供进一步调查研究。

在调研的早期，我们通常对问题缺乏足够的了解，尚未形成一个具体的假设。例如，A 牌的一次性纸尿裤市场份额去年下降，公司方面也不能确定其原因。可能这种市场份额的下降有以下原因：受经济衰退所影响；广告支出的减少；销售代理效率低；消费者习惯改变等。显然可能的原因很多，而公司无法一一查知，这时便可以采用探索性调研来寻求最可能的原因。可以从一些用户及代理商处收集资料，从中发掘问题。假设试探性的解释是 A 牌是一种价格经济的纸尿裤，起初是为了与低成本的品牌竞争，而现在其目标市场家庭比以前收入有所提高，并愿意花更多的钱在高质量的婴儿用品上，这是公司市场份额下降的可能原因。"有小孩的家庭有更多的实际收入及在婴儿用品上愿意花更多的钱"，这是通过探索性调研得到的假设。

总之，探索性调研适合于那些我们知之甚少的问题，它可以用于以下任何一个目的：更加明确地表达问题并做出假设；使调研人员对问题更加熟悉；澄清概念。探索性调研在增加见识和建立假设方面具有灵活性的特点。调研经验表明，二手资料调研、经验调查、小组座谈和选择性案例分析在探索性调研中特别有用。

（二） 描述性调研

描述性调研是一种常见的项目调研，是指对所面临的不同因素、不同方面现状的调查研究，其资料数据的采集和记录，着重于客观事实的静态描述。大多数的市场营销调研都属于描述性调研。例如，市场潜力和市场占有率、产品的消费群结构、竞争企业状况的描述。在描述性调研中，可以发现其中的关联因素，但是，此时我们并不能说明两个变量哪个是因、哪个是果。与探索性调研相比，描述性调研的目的更加明确，研究的问题更加具体。

描述性调研，正如其名，处理的是总体的描述性特征。描述性调研寻求对"谁""什么""什么时候""哪里""怎样"这样一些问题的回答。不像探索性调研，描述性调研基于对调研问题性质的一些预先理解。尽管调研人员对问题已经有了一定理解，但对决定行动方案必需的事实性问题做出回答的结论性证据，仍需要收集。

（三） 因果性调研

因果性调研是指为了查明项目不同要素之间的关系，以及查明导致产生一定现象的原因所进行的调研。在因果性调研中，一般要对解释的关系有一种期望，如预期价格、包装、广告花费等对销售额有影响。这样，研究人员对研究课题必须要有相当的知识，理想的状况是研究人员能估计一个事件（如店内展示）是产生另一个事件（销售量增加）的手段。因果性调研试图认定当我们做一种事情时，另一种事情会接着发生。

NOTE

（四） 预测性调研

市场营销所面临的最大问题就是市场需求的预测问题，这是企业制订市场营销方案和市场营销决策的基础和前提。预测性调研就是企业为了推断和测量市场的未来变化而进行的研究，它对企业的生存与发展具有重要的意义。

调研问题的不确定性影响着调研项目的类型。在调研的早期阶段，当调研人员还不能肯定问题的性质时实施探索性调研；当调研人员意识到了问题但对有关情形缺乏完整的知识时，通常进行描述性调研；因果性调研则要求严格地定义问题。

当然，任何一项调研都可能有几种目的，但总有某种调研类型比其他调研类型更适合于某些目的。调研设计来源于问题，这是调研中决定性的一点，每种类型只适合于某些特定的问题类型。

三、特点

对于国际市场来说，由于营销环境和服务对象的特殊性，市场调研工作有其自身特点和艰巨性。与国内市场相比较，国际市场调研具有以下几个显著的特点：

（一） 国际营销调研范围更广

企业所需掌握的国际市场信息范围更广，内容更为复杂。一方面，企业要在许多国家进行调研，各国市场具有不同特色，语言、文化、风俗等存在很大差异；另一方面，企业在进入国际市场之前，需要搜集的信息更多。

企业国内营销调研的重点一般放在搜集具体市场信息，即做出有关产品、促销、分销与定价决策所需的信息，通常不会搜集有关政治稳定性、文化特征、地理特点等方面的信息。这是因为对于国内营销调研人员来说，企业对本国情况比较了解，很多信息是已知的，不需要调研，而这些信息在国外市场都变成了需要了解和把握的变量。

（二） 国际营销调研难度更大

国际营销调研比国内营销调研更复杂、更困难。一方面，由于从事国内经营的企业对国外市场比较陌生，一旦想要进入他国市场，必须花费很多时间、人力和财力，才能取得比较充分可靠的信息；另一方面，由于各国政治、经济、社会、文化、法律等方面的差异较大，进行调查研究会遇到许多特殊问题和障碍。例如，美国的管理者必须将他们的调研问题转换成我国消费者能够理解的表达方式，然后将我国消费者的回答转换成美国管理者理解的形式。在国际市场调研中，由于各国的社会、文化等情况不同，会产生很多与国内调研完全不同的问题与障碍。

（三） 信息之间缺少可比性

由于各国政治、经济、文化和法律等环境的限制，在甲国行之有效的方法，在乙国就可能完全失效。某些在国内适用的调研方法和工具在国外未必适合，各国的统计方法、统计时间的差异导致信息的可比性较差。因此，在进行国际市场调研过程中，企业必须采取各种措施克服这些困难，从而获得准确、及时的信息。

（四） 国际营销调研组织工作更复杂

国际营销调研的组织工作要比国内营销调研复杂得多。由于不同的调研项目及不同企业的具体情况，使得国际营销调研组织工作有多种选择及相应的风险。国际营销调研组织中的最常见问题是责任分工。例如，跨国公司调研时，跨国公司的母公司与子公司在调研中的关系如何处理？怎样利用国内调研公司和国外调研公司？调研职能分散化的趋势将给经理人员之间的横向沟通和联系带来哪些影响？使用调研代理公司时如何监督及管理？这些问题显然比国内调研中所遇到的问题复杂得多。

第二节　国际市场调研方案的制订

一、明确调研问题和目的

要想国际市场营销调研成功和有效，首先要明确所要调研的问题，调研问题应该是战略性的，它涉及确定需要什么信息及如何高效地获得信息，既不可过于宽泛，也不可过于狭隘，要有明确的界定，并充分考虑调研成果的时效性。有时为了解决管理问题，需要开展几项调研。其次，基于所需要解决的调研问题确定调研的目的。在确定调研目的时，要有针对性地选择具有意义的调研问题，要使调研问题明确、具体、中心突出。确定调研目的是把企业在实际运作之前需要了解和决定的营销问题转化为有待调查的各种因素，确定调查范围并写成书面文字。调研目的的清晰明确可以保证后续的调研工作有的放矢。由于国际市场营销调研所面临的是国与国之间，地区与地区之间的问题，由于国家与地区之间的政治、经济、文化的差异，使得国际营销调研的环境比国内营销调研的环境要复杂，因此，一个明确的调研目的就显得更为重要。

二、确定国际市场调研的广度和范围

国际市场调研范围是指在进行调研时具体应该调研哪些问题，应该搜集哪些方面的资料，以及从何种渠道去搜集资料。国际市场调研活动的范围要比国内市场调研更为宽广，可能需要搜集对开展海外业务至关重要的全部信息。比如，当企业要进入一个新市场时，往往要求国际市场调研人员提供与此有关的一切信息，包括该国的政局是否稳定、具有什么样的文化属性和地理特征、其市场具有何种特性、潜在的经济增长前景如何等。此外，还可能要求国际市场调研部门提供必要的信息来帮助营销人员克服对异国环境的陌生感和语言障碍等困难。

国际市场调研活动范围要比国内市场调研更为广泛，原因在于企业在进行国际市场营销时所面临的市场都是全新的市场，因而需要搜集的信息几乎涉及国外经营所必需的全部信息。当然，一个企业在进行国际市场营销调研时是否对所有内容都要调研，应该视具体情况而定，一般是突出重点，兼顾全面，以调研目的为主进行调研。

三、拟定调研项目

拟定调研项目就是把已经确定的调研目的和调研范围具体化。这是国际市场营销调研过程中较具体和实务的工作。在拟定营销调研项目时，应该注意以下几点问题：

1. 调研项目的提法和含义必须明确具体，不能模棱两可，以免被调查者回答时由于理解偏差造成混乱。

NOTE

2. 调研项目中出现的问题不能带有倾向性，应保持中立，不诱导被调查者选择任何一项。

3. 所有问题应是被调查者可能回答出的问题，在被调查者的能力范围之内。

4. 调研项目问题的提法应设法减少被调查者的抵触情绪，避免被调查者因回避问题不作答或提供不真实答案，从而影响调查结果。

做到上述工作需要调研人员充分把握调研问题的尺度，明确调研范围的主次。

四、确定资料的来源与整理资料

资料来源主要包括二手资料与原始资料。二手资料的来源主要包括国际组织和各国政府公布的资料与数据、企业内部的记录和报告，以及从各种渠道得到的间接资料。二手资料的主要问题是许多国际资料缺乏，尤其是经济不发达国家；有些国家资料的可靠性低，随意性大；各国之间的资料由于统计口径不同，缺乏可比性。当二手资料不能满足调研需要时，营销人员就必须着手搜集原始资料。国际市场营销调研中，原始资料搜集往往会遇到语言障碍的困难，并且不同文化背景下消费者对市场调研的反应也有明显差异。

资料收集后，还需要进行科学的整理。整理资料主要包括逻辑审核、计算审核、统计分析和汇总等几个主要阶段。这几个主要阶段对国际营销调研人员提出了较高的要求，需要调研人员具备以下几个方面的能力：①为了分析调研资料，需要熟悉和理解所调研市场的文化背景。②具有丰富的经验及能适应各种情况，在困难条件下拿出调查结果。③处理资料时持有谨慎的态度，能对资料的真实性、可靠性和可比性进行判断。

五、撰写市场调研报告

调研报告是用文字、图表的形式反映整个调研内容和结论的书面材料，调研报告是支撑营销决策的重要依据。调研报告通常包括三个部分，即前言、报告基本内容部分和附录。前言中可以指出调研目的，明确相关概念，简要叙述调研所用方法，必要时可以提及调研的部分结论。报告基本内容部分一般说明调研的假设、论证所用的方法和叙述调研的内容。在基本内容中可以分析收集的资料，并给出可能的结论，另外还应说明调研存在的缺点。附录一般包括调研所用的全部工具、资料和详细的计算处理结果。

调研报告撰写中应遵守的规则包括：简明、逻辑性强、有理有据。营销调研必须采用一定的、有效的技术方法，报告用语应尽量通俗易懂，使报告易于被决策者理解或采纳。

第三节　国际市场调研方案的组织实施

一、国际市场调研的职责分工

国际市场调研的组织中最常见的问题是职责分工。国际企业根据自身业务的规模及开展程度，可以利用企业自身的力量，也可以利用企业以外的力量，或者利用自身力量的同时，取得其他机构的协助来进行国际市场营销调研。

按照传统做法，信息职能一直属于出口经理，但是随着企业对海外市场投资的增长，在国际业务中一旦出错就得付出更为昂贵的代价。这就要求企业必须用一种更有组织的、更系统的方法来为关键性的问题提供可靠的解答方案。现在许多企业专门指定一位高层经理人员、企业自己的专家和企业之外的调研机构密切合作。

还有一些企业设有专门调查国外市场的部门，或者派专人承担调研分析工作。对于大多数企业来讲，设置专门的部门成本过大，由于各个市场情况不一样，每个地区都要设一名分析人员会使调研部门变得庞大。因此，有些企业采取了另外一种方法，即将具体的市场调研任务分给企业内的有关人员，或雇佣一位市场营销专家来负责这项工作。

另外，国际企业中存在一种将市场调研职能分散化的明显趋势。一个人在国外市场搜集的信息可能比整个调研部门在国内搜集的信息更准确、更及时。调研职能分散化的显著优点是调研工作由更接近市场的人员来承担。这是因为现场工作人员、常驻国外的经理与用户交往密切，因而更了解市场上发生的微妙变化，更了解国外市场复杂性和多样性的特点。但是，调研职能分散化也存在缺点，那就是它可能影响经理人员之间的横向沟通和联系。

二、正确选择和利用国际市场调研代理

在国际市场营销活动中，一方面，一些小企业没有资金和人力来从事营销调研；另一方面，尽管一些大企业有专门的营销调研部门，但仍有些调研项目因为调研费用太高而无法自己完成。因此，为了减少风险和失误，在某些项目上使用调研代理是比较有利的。身处目标市场国的营销调研代理，具有很多有利条件，他们在目标市场国开展营销调研工作比企业自己去完成要方便得多。国际企业借助调研代理具有以下优点：

1. 营销调研代理具有营销方面的特长。长期的营销调研经验、阵容强大的调研队伍、先进完备的调研手段都使调研代理能准确、及时地完成任务。

2. 调研代理对当地市场比较熟悉，而且不存在语言和文化上的障碍。这使得调研代理的调研可以更加深入，结果更加可靠。

3. 调研代理完成企业调研项目的成本比较低廉。如果这些项目由企业自己完成的话，只算上车旅费的支出就已经十分庞大了。

4. 由调研代理承办的调研，其结果比较客观、中立。而由企业自己完成该项目调研结果可能掺杂一些主观因素。当然，由于调研代理对企业内部情况不很熟悉，有些项目工作可能需要企业内部人员的合作。

国际企业是自己完成调研工作，还是将其委托给调研代理企业，这是一个需要认真考虑的问题。一般来说，当企业处于下述情况时，最好是委托外部的调研代理机构进行调研：企业自身的调研力量不足；企业到目标市场国去调研，会遇到巨大的语言文化方面的障碍；企业所调查对象国的市场营业额很小，不值得派专人前往调研；调研项目非常重要，企业自有的调研人员不如调研代理的调研人员更有经验，更专业化。

而当企业处于下列情况时，最好由企业自己去完成调研项目：企业有足够的调研力量；企业在该市场进行调研的成本并不高；企业在该市场上尚无经验，但该市场潜力大，值得花力气去获得在该市场上进行调研的经验；由于技术方面的原因，企业外部的调研人员难以胜任调研任务。

国际企业在选定调研代理公司以后，应该对调研代理进行管理和监督。双方是一种互惠合作的关系。每一方都必须充分信任对方，共同制订调研方案。调研代理可能需要了解国际企业

NOTE

详细的业务情况，因为这对制订有效的调研计划是十分必要的。企业应尽快地提供必要的信息，以便于调研活动顺利开展。

如果在国际市场调研活动中，企业不能与调研代理经常会面，那么在这种情况下，企业应要求调研代理定期写出书面报告，以便随时了解调研活动的进展情况。这对双方来说都很重要，因为这种书面报告可以给企业充分的机会来监督和控制调研进程，也可以使调研代理从企业那里获得及时、必要的帮助。

在亲身实地调研中，企业对已完成的问卷内容进行检查是必要的，企业可以从中获得有关原始资料的一些情况，及时发现有关信息与调研目标之间的偏差，进而通过协商，对问卷做进一步的修改。使用调研代理确实有很多好处，但如果调研代理选择不当或对其管理不善，企业宝贵的调研投资将会付之东流。更为严重的是，它可能误导企业的整个国际市场营销活动，使之付出更加惨重的代价。

第四节   国际市场调研方法

国际市场调研涉及的范围很广，而企业的调研经费和时间有限，因此选择恰当的调研方法对国际市场营销调研人员来说很重要。根据信息来源不同，国际市场调研的方法分为两类：案头调研（又称二手资料调研）和实地调研（又称一手资料调研）。

一、案头调研

案头调研是对已经存在并已为某种目的而收集起来的信息进行的调研活动，也就是对二手资料进行搜集、筛选，案头调研是相对于实地调研而言的。案头调研通常是市场调研的第一步，为开始进一步调研先行搜集已经存在的市场数据。

市场营销调研人员搜集二手资料的过程就是案头调研，因此案头调研又被称作二手资料调研或文献调研。案头调研的对象是那些经他人收集或者整理的历史资料。例如，通过资料研究可以进行市场供求趋势分析、市场相关因素分析、市场占有率分析等。案头调研的核心是怎样才能找到所需的资料和怎样充分利用这些资料，这是其取得成功的关键。

（一）优点

二手资料是指从各种文献档案中搜集的资料，包括公布和未公布的资料。二手资料的搜集和研究也称室内研究，即在办公室对现有资料进行研究，或通过邀请本企业有关负责人或专家进行讨论以取得信息的一种形式。二手资料调研在企业国际市场营销中具有重要意义。二手资料调研主要有以下优点：

1. 节约成本和时间

企业只需花费较少的时间和费用就可以获得有用的市场信息。

2. 弥补实地调研的不足

二手资料的充分利用和分析可以为实地调研提供准备，即在实地调研之前通过二手资料对有关情况进行初步了解，以便更好地进行现场调查。有些问题依靠企业自身的调查往往不易得出有效结论，如市场规模、市场增长率等，借助有关资料可以得出较好的判断。在某些情况下，二手数据比原始数据更准确。例如，从政府公开出版物或贸易杂志中得到准确数据要比从竞争对手那里得到容易得多。

（二）　缺点

使用二手资料虽然有很多优势，但也存在一些不足，如二手资料的分析工作较多地使用难度较大的数量分析技术，限制了它的使用率。此外，合适的二手资料有时也不易找到。即使找到了二手资料，市场营销人员也必须对这些资料仔细评估后方可有效使用。一般来说，市场营销人员在选择二手资料时通常会从相关性、精确性、时间性、可获得性等几个方面加以评估。二手资料调研的缺点主要包括以下几点：

1. 资料的可获得性差。一些规模较小或发展水平较低的市场，市场体系不完善，政府和其他机构没有能力或兴趣收集商业信息。

2. 资料的可靠性差。由于税收、财政、统计制度上的原因，即使能够得到一些精确的数字，也往往可靠性不强。

3. 资料的可比性和及时性差。欠发达国家在资料的搜集、整理、发布上缺乏系统、稳定的制度、方法和执行机构，信息搜集、发布往往不及时，与所调研问题的需要不相适应。即使能够取得一些资料，由于统计制度的多边性，资料之间也往往缺乏可比性。

（三）　来源

正确、成功地利用二手资料要求市场营销人员认真研究二手资料提供的信息并且充分探查这些信息的来源。是谁搜集和公布了这些资料？资料的可靠性如何？为什么搜集这些资料？是否有故意歪曲的可能性？资料用什么方法搜集的？这些资料本身是否存在内在缺陷？这些资料是否是科学地归纳出来的？是否体现着内在的逻辑性？

在国际市场营销调研中，二手资料的来源主要有：

1. 联合国的有关组织机构

联合国设有多种与国际经济贸易有关的组织机构，如联合国经济及社会理事会、联合国贸易和发展委员会等。这些组织常发表大量的统计性和文献性的刊物和资料，是间接信息的重要来源。

2. 国际性或区域性集团组织

当今世界区域集团化已呈明显趋势，对世界市场影响巨大，如经济合作与发展组织（OECD）、石油输出国组织（OPEC）等。这些区域性集团组织每年也公开大量的信息。例如，OECD 出版的《主要经济指标》就是综合性、时间性和代表性很强的统计月刊，主要发表发达国家的工业生产指数、物价指数、国内外贸易指数、批发与零售贸易指数、货币供应量、利息等多方面资料。

3. 外国政府

世界大多数国家都积极从事国际市场信息的搜集和统计工作。很多政府部门、官方或半官方的信息机构都出版或公布有关数据，包括各国贸易统计资料，关税及海关情况，进口商、零售商、制造商名单，有关政府部门的名称和地址，海外销售和投资等方面的信息。

4. 企业、咨询机构

有些国际大公司将自己所搜集的信息提供给其他企业，从事信息服务及咨询的业务。例如，日产汽车在进入美国市场之前，得到了两家商社的帮助，丸红负责提供美国太平洋沿岸地区的情报，而三菱负责搜集美国大西洋沿岸的信息。两家商社都曾对日产汽车企业如何搜集情

NOTE

报、生产何类汽车、如何打入美国市场等各个课题提供了咨询报告。

各种专门的调研咨询机构一般都拥有比较完善的市场信息系统，具有丰富的国际市场信息搜集经验，能向企业提供比较完备的信息服务。例如，美国的尼尔森调研公司在全球 27 个国家和地区设有分支机构，年营业额高达数亿美元。商业国际公司每年搜集和出版 131 个国家的最新经济数据，其主要出版物有《海外 56 国投资、许可证贸易、贸易状况》《国际商业》《亚洲商业》《欧洲商业》《拉美商业》等，涉及这些地区的经济结构、人口总量和结构、劳动力和工资、对外贸易生产与消费的水平和结构、政治经济展望、与一些特别国家开展进出口业务的限制和支持等内容广泛的信息。

5. 银行

世界上一些规模较大的银行，不仅定期编制自身活动的报告，还编辑出版一些市场报告，内容涉及经济发展趋势、预测和前景展望，重要工业和对外贸易发展状况的信息；有关外国公司的商业地位和投资的信息；有关国外信贷期限、支付成本、外汇汇率的最新信息。例如，美国大通曼哈顿银行定期出版针对各种专题，如"欧洲联盟市场"等的市场通信，并独立出版若干市场报告，如《国际商业》《欧洲商业》《亚洲商业》等。

6. 报纸及杂志

国际上一些著名的报纸、杂志是重要的信息源。比如美国的《华尔街日报》《财富》，英国的《金融时报》《经济学家》，是研究美国市场、英国市场所必需的信息来源。尤其是美国《华尔街日报》所发布的"道·琼斯商品价格指数"及英国《金融时报》编制的"金融时报商品价格指数"，是研究世界商品市场必不可少的经济指标。

7. 商会、各种行业协会

商会、各种行业协会也是极有价值的信息来源。总部设在巴黎的国际商会是最高级别商会，会员是各国全国性商会，以公开发表有关国际商务信息而著称。次一级商会是个别国家之间以促进贸易往来而建立的双边商会。再往下是各国、各地区商会，可以提供会员名单、资信和贸易习惯，当地商业状况和贸易规则，甚至是商业网点和组织的详细情况。

行业协会则是有关特定产品的最佳信息来源。许多行业协会都进行专题调研，提供信息服务。各协会经常发表和保存有关行业或特定产品的销售工作、营销特点、增长模式等信息，也定期出版一些刊物，但有的信息资料只提供会员使用。

8. 国际电子数据库

国际联机情报检索系统是计算机与空间技术发展的结合，是情报、卫星通信和计算机三者的有机结合体，突破了传统极限，极大地缩短了时空距离，提高了信息搜集、检索和使用效率。目前世界上著名的检索系统有 BRS、DIALOG、ORBIT、ESTIRS 系统。其中尤其以美国的 DIALOG 系统最大，它的 PIS 数据库是世界上最大的介绍世界贸易和工业信息的数据库，其信息来源为世界各国 2400 多种国际贸易期刊、政府出版物、公司信息发布及政府和公司部门的调研报告、年度报告等，共含有 500 多万条记录，包括全文、文摘、预测和统计数据、表格，被国际市场经营者作为首选数据库。

二、实地调研

由于缺乏高质量的二手资料，企业在解决特定市场营销问题时还必须通过实地调研的方式进行资料搜集，用这种形式取得的资料称为原始数据。

（一） 原始数据搜集方法

原始数据搜集常用的方法有三种：询问法，通过与消费者直接交谈，了解他们的要求、偏好及满足程度；观察法，通过观察有关对象的行为来收集原始资料；实验法，通过实验了解企业某一营销活动对企业经营成果的影响程度。

1. 询问法

询问法是通过问卷来收集所需资料的一种方法，是取得原始数据最流行的方法之一。根据问卷发放方式的不同，可以分为当面访谈法、电话访谈法、邮寄调研法和因特网调研法四种。询问法常使用问卷调查进行调研，问卷调查是将设计好的问卷发放给被调查者，请其回答后以获得资料信息。

询问法的优点是调研对象广泛，调研成本也不高，填写较为自由、灵活、方便，避免由于调研人员的干扰而产生调研误差。其缺点是管理不便，调查的回收率低，回收时间长。有时即使回收了问卷，也有答非所问的情况，因此，调查结果往往难以控制。

2. 观察法

观察法是指由调查人员通过亲自观看或用仪器进行记录来获取资料的方法。观察对象可以是人，也可以是物；观察的行为可以是明确提出的，也可以是自发的。一般来说，可观察的情况包括：人的行动，如消费者的购买模式或观看广告的态度；语言行为，比如推销人员与购买者之间的对话内容；表达行为，比如消费者看到商品或广告时面部的表情反应；特殊关系和位置，如顾客流量；时间模型，如消费者购物时间的长短。

观察法的主要优点是：观察到了实际行为，避免由于访问人员个人问题及问卷设计问题所产生的误差；通过观察可以更快、更准确地搜集数据，例如通过扫描仪记录顾客所购买的商品，可以方便地获得商品需求信息。其缺点是：只能观察明显的行为，而不能了解人们行为的动机、态度、想法和情感；只能观察到公开的行为，无法了解私下行为；只能观察当前行为，不代表未来行为。因此，适用于探索问题，并可提供初步答案或趋势性建议。

3. 实验法

实验法即调研人员通过改变某些变量（称为解释变量或自变量）的值而保证其他变量不变，用以衡量这些变量（自变量）对其关注的一些变量（因变量）变化的影响。

实验法对于研究变量之间的因果关系非常有效，可以通过排除其他可能因素，证明两个变量之间存在相关关系，并按照一定的顺序发生，从而证明变量间的因果关系。例如，要了解价格、广告、产品特色对销售量的影响，就可以采用实验法进行调查。

实验法分实验室实验与现场试验两种方式。前者是指将被调查人邀请至实验室，由其对种种实验做出反应或回答。其缺点是不能模拟市场的所有情况，其优点是在隔绝环境中可以控制在现实情况下不能控制的自变量，对制定市场策略能起到一定作用。后者是在现场进行试验的方法，其优点是在现实环境中进行，试验结果比较自然而带真实性；局限性是影响试验结果的众多因素不易测量。

（二） 原始数据搜集应注意的问题

国际市场营销调研常常涉及多国，因此调研人员能对不同国家的数据进行比较是很重要的，所以，有必要检查数据搜集过程的各个方面，并建立等价性，包括结构等价（产品概念和

NOTE

使用方法)、测量等价（调研所采用的测量单位）、抽样等价和分析等价。国际市场营销调研应注意以下几点：

1. 恰当确定调查所需信息

不同国家产品的使用功能存在差异、在有些定义和概念上存在差异，因此在调查时应保证所调查的国家对所调查的产品有相同的概念和使用方法，否则，数据的比较就没有意义。例如，在日本，人们用果汁来代替非碳酸饮料，而在美国，这两种产品被认为是截然不同的。

2. 合理设计调查问卷

为了保证国际市场调研从不同国家获得的数据具有等价性，问题的形式、内容和措辞应使受访者容易理解和接受，并方便回答。例如，在发达国家，白领工人可能属于中产阶级；但在欠发达国家，这些工人可能属于上层阶级。另外，如果受访者文化程度高，开放式问题能使调研人员收集到许多信息；但是，只有当受访者能清楚地同调研人员进行沟通时，开放式问题才能收到效果。因此，问卷应根据不同国家来设计。

3. 合理选择调研方法

多国调研时使用同一种方法不恰当。例如，电话访谈法在发达国家比较有效，因为多数家庭都有电话，并且电话号码表很容易得到。但在发展中国家，这种方法可能成本比较高，并且不是所有家庭都装了电话，所以不容易找到目标样本。因此，要根据不同国家的特点选择合适的调研方法。

4. 合理设计抽样结构

国际市场调研应根据社会文化的不同特点选择不同的样本。例如，如果调研人员对办公用品市场感兴趣，在美国，通过与办公秘书谈话就会得到有关于购买行为的信息，而在有些国家，就需要访问公司中更高职位的人。又如，福特公司曾经为埃斯克特进行消费者满意度调研。在美国，当时埃斯克特是中等或中低收入群体能轻易支付得起的小轿车，但在印度它却属于大型高级轿车，只有少数人能支付得起。因此，在这两个国家选择的调查样本就应该不同。

思考与讨论

1. 简述国际市场调研的概念和主要种类。
2. 制订国际市场调研方案的主要步骤是什么？
3. 国际企业借助调研代理进行调研具有哪些优点？
4. 简述二手资料的主要来源和渠道。
5. 国际市场调研中使用二手数据的优点和缺点是什么？

第六章　国际市场竞争战略

学习要点

1. 国际市场竞争者的类型及国际市场竞争者对竞争对手的反应模式。
2. 国际市场竞争对手分析方法、国际市场竞争战略。
3. 国际竞争战略联盟的定义、动因和制定原则。

案例导入

中药走向世界，路在何方——天士力中药国际化实践的启示

中药是中华民族的瑰宝，为中华民族的生存和繁衍做出了巨大的贡献。随着现代科技的发展，如何让中药插上科技的翅膀走向世界，怎样在中药走向世界的同时将中药产业做大做强？天士力以复方丹参滴丸通过 FDA 为突破口，已经完成了三期临床的所有试验，有望成为复方中药进入国际主流医药市场的破冰者。通过天士力中药国际化的实践，我们可以看到中药国际化究竟带来了什么？中药国际化的路径在哪里？中药走向世界还有哪些路要走？

1. 三条路径走向世界

中药国际化作为国家的一项战略从提出到实施已经经历了 20 多个年头，天士力作为中药国际化的先行者和探索者，从 1996 年开始，就以现代中药复方丹参滴丸申报美国 FDA，启动了中药国际化之路。

"走出去：走出国门；走上去：走上高端；走进去：走进世界"，这不仅代表了一种精神，也是天士力确定的中药国际化"三步走"战略。在这一战略下目前他们正在全力打造处方药、植物药、食品补充剂保健品三类市场联动的国际化格局。天士力控股集团董事局主席闫希军告诉记者：让中药"走出去"，直面国外消费者的过程，是中药走向国际的第一步，其意义在于体现中药企业的一种创新精神，是一种探索、一种突破。目前天士力在应用传统药物比较广泛的东亚、东南亚地区，以及医药资源紧张的非洲地区，以传统药物、保健品、饮食补充剂等形式，利用分销、直销、体验营销、服务营销等多种手段，使中药走近国外消费者，让他们认识中药，体验中药，认可中药，接受中药。让中药"走进去"，进入发达国家主流医药市场的注册和研究体系，是技术、标准、监管的融入和接轨的过程。天士力几年前在以美国为核心的多个临床研究中心完成了复方丹参滴丸 FDA 二期临床研究与试验，用现代科学体系，经过临床研究与验证，以及严格审批流程，证明中药安全有效，并取得了令人满意的结果。经美国 FDA 批准进行的天士力复方丹参滴丸三期临床试验，目前已在 9 个国家和地区的 127 个临床研究中心结束，已进入统计汇总阶段。一旦试验通过，天士力复方丹参滴丸将成为全球首个通过 FDA 认证的复方中药。丹参胶囊顺

NOTE

利获得欧盟植物药品注册批件，成功以药品身份进入欧洲市场，成为由药审批准的第二例非欧盟草药。让中药"走上去"，就是经过"走上去"的过程，使中药成为国际临床一线用药，成为医生和患者都能接受和使用的药物，能够被医保机构接纳，进入医疗保险用药目录体系。从天士力的实践看，"走上去"的过程，实际是现代中药全产业链优化升级的过程，是全产业链先进制造水平提升的过程，也是企业管理水平提高和突破的过程。它不仅对中药产业的转型升级起着引领作用，而且对中医药文化在世界上的传播也将起到积极的推动作用。

从天士力的实践看：中药国际化是一个过程，也是一个系统的突破，在这个过程中，企业需要根据国际不同市场需求，分类突破，分类覆盖，分类普及；在不同类别当中，还要找到定位，找到路径，找到突破口，创造不同企业在国际化之路上的不同定位和角色。

2. 国际化推动中药产业革命

追溯天士力的发展可以发现：天士力既是中药国际化的先行者，又是中药国际化的获益者。在推进中药国际化的过程中，天士力坚持"走上去"的方针，从一剂中药——复方丹参滴丸入手，在不断与国际最严格的药品标准对标中，对传统中药进行了一次脱胎换骨的革命。他们运用现代科技实现了中药生产数字化、规模化、标准化、集约化，用科学的数据和理论将过去"膏丹丸散，神仙难辨"的中药说清楚、弄明白。在中药发展史上创造了许多个第一：开发了世界上第一台自动化智能化滴丸设备；在国内率先建立了符合国际标准的中药材种植生产质量管理规范（GAP）药源基地，并第一个通过了国家GAP认证；在世界上第一个提出中药提取生产质量管理规范（GEP）概念；在国内首创中药多元指纹图谱质量控制方法；在国内建起了第一个数字化组分中药库。在创造一个个国内外第一的同时，天士力也构筑起了自己的技术创新体系，聚集了一批人才，建起了一支队伍，其国际化主打产品——复方丹参滴丸的销量也从年销售几亿元到了如今的近40亿元，成了复方中成药销量最好的产品。

闫希军说：中药国际化是一个过程，在这个过程中会出现碰撞，通过碰撞可以找出自己的问题，阐述中药的奥秘，进而达到统一。在这个过程中要不断解决问题，特别是要攻克现代中药的许多关键技术问题，为此必须依靠科技，不断创新，彻底摒弃传统中药的落后生产工具和方式。这个过程虽然艰辛，但它却使我们的产品和工艺不断升级，努力使中药真正屹立在世界大药之林。

天士力的实践告诉人们：中药国际化要走上去，让中药真正走进国际医药主流市场。这个过程虽然艰辛，但它可以引领中药产业全面升级，进而使中药真正成为世界级大药。

3. 中药国际化任重而道远

天士力复方丹参滴丸从申报到完成三期全部试验经历了10多年的漫长过程，通过这样一个过程，他们从药材选育、种植，到生产设备工艺，再到剂型、包装等进行了一系列创新与突破，形成了一整套与国际接轨的标准和检测方法，为中药走向世界探了路，积累了丰富的经验。作为中药国际化的探路者，闫希军说，中医药是中华民族的一个宝库，中医药产业是我国拥有资源优势和知识优势的传统产业。如何将资源优势和知识优势转化为经济优势，这就需要依靠科技走中药国际化道路，走这条路不是目的，而是过程，在这个过程中我们可以看到自己的差距和不足，在这个过程中，我们可以理直气壮地向西方传播中医药文化，用我们过硬的产品告诉他们中药的有效性和巨大作用。经过这样一个过程，企业可以实现产业的转型升级。经过这一过程，可以形成一套创新体系、聚集一支人才团队，实现中药成为世界大药的梦想。

一花独秀不是春，万花齐放春满园。中药走向世界不是哪一家企业的事，必须上下联动，多层次展开。它需要法律体系、管理规则及人们的观念有所改变，上下形成合力，这样才能真正在国际市场上形成强大的优势。它需要依靠科技突破一些关键技术，建立起国际接轨的标准体系。中医药走向世界，不仅是产生经济效益的过程，而且还是传播中医药文化的过程，通过中医药文化的传播，可以让世界更了解中国，增强中国在国际上的软实力。

作为探路者，天士力用他们的智慧和汗水，探索出一条中药国际化道路。目前在国家中医药管理局指导下，依托国家重大新药创制专项的支持，他们与 12 家企业、6 家科研院所联合组建了中医药世界联盟，已有 7 家单位 8 个产品依托联盟的力量进入国际研究与申报，形成了中药国际化的集团军。

中药走向世界，走进国际主流医药市场还有很长的路要走，许多基础性工作要做，可喜的是国务院颁布了《中医药发展战略规划纲要（2016—2030 年）》，从国家的层面做了安排和部署。当前重要的是从上到下形成共识，从最基础的药材资源标准化做起，脚踏实地、一步一个脚印按照国际化的要求标准将我们的中药产品质量搞上去，进而实现中药产业的整体转型升级。

第一节　产业结构分析模型和国际市场竞争者分析

一、产业结构分析模型

美国著名的管理学家迈克尔·波特从产业结构分析入手，研究竞争战略。波特指出，"竞争"是企业成败的核心，决定了企业的创新、文化凝聚力、执行效率等与企业整体表现息息相关的各种活动，"竞争战略"则是要使企业在最基本的战场（产业）上找出最有利的竞争位置。因此，竞争战略的目的在于：针对产业竞争的决定因素建立起不仅能获利且持久的竞争位置。基于国际市场竞争具有一般竞争规律的特点，他的理论同样适用于对国际市场竞争与国际市场竞争战略的研究。

产业结构深刻地影响着竞争规则的确立及企业的竞争战略。产业内部的竞争状态取决于五种基本竞争作用力，即新进入者、买方、卖方、替代品及产业竞争对手的威胁（图 6-1-1）。这些作用力汇集起来决定着该产业的最终利润潜力。最终利润潜力会随着这种合力的变化而发生根本变化。而且这些作用力随产业不同而强度不同。在作用力强度大的产业如钢铁、轮胎等，企业很难赚取超常收益。而在那些强度相对缓和的行业，如油田设备及服务设施、化妆品及卫生品等企业常常可以获取超常收益。

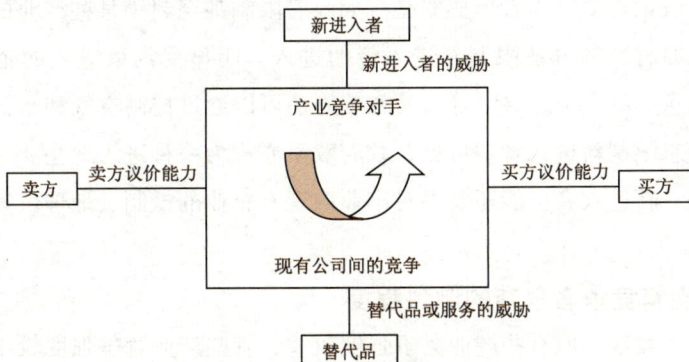

图 6-1-1　驱动产业竞争的力量

（一）新进入者的威胁

除了处于迅速发展阶段的产业之外，任何新企业的进入都会形成对原有企业的威胁。利用产业结构分析模型可以了解所在产业对新进入者的阻力。一般来说，新进入者的进入主要面临以下六种壁垒：

1. 规模经济

大规模的经济性表现为在一定时期内产品单位成本随总产量的增加而降低。规模经济的存在阻碍了新企业的进入，因为新进入者的生产规模很难在极短时间内达到大规模经济的要求，同时新进入者还会承担遭受原有企业强烈抵制的风险，因而使新进入者进入新行业时遇到很大阻力。

2. 资本需求

竞争需要大量的投资，从而构成了一种进入壁垒，尤其是高风险或不能回收前期投入的行业，更是一般企业难以进入的。在国际上通常像制药、矿业、计算机、航空业及高科技产业都需要很高的初始资本投入量，这是新进入者面临的障碍，因而，在某些国家要发展这些行业必须获得政府的支持。

3. 产品的差异化

产品差异意味着现有的企业由于产品特色、顾客服务及有效的广告而率先进入该产业，获得了商标信誉度及顾客忠诚度上的优势。产品差异形成了进入壁垒，它迫使进入者耗费大量资金来消除原有企业顾客忠诚度的优势。因而造成新进入者冒着进入失败或血本无归的风险。

4. 转换成本

指买方由从原供应商处采购产品转换到另一供应商所遇到的一次成本或转换成本。转换成本可以包括雇员重新培训成本、新的辅助设备成本、检测考核新资源所需的时间和成本，还包括要求供应方提供技术援助及产品重新设计耗费的成本等。如果这些转换成本很高，对新进入者将形成一种进入壁垒。

5. 分销渠道的获得与控制

新进入者需要确保其产品的分销，这一要求也构成进入壁垒。一般地说，理想的分销渠道已经被原有企业所占有，新进入者要获得分销渠道必须采取压价、协同分担广告费用等办法促使中间商接受其产品，其结果必然降低利润。同时，由于原有企业通过各种方式控制了分销渠道，甚至某些企业独占了分销渠道，从而对新进入者形成高度壁垒。

6. 政府政策

政府能够通过政策对新进入者形成壁垒。如政府限制甚至封锁某些产业的进入，通过采用许可证或限制获取原材料的办法限制新进入者的进入。明显受约束进入的企业主要有汽车运输、铁路运输、信息产品、金融保险等。又如政府还可以通过控制空气和水污染标准、产品安全性和效能的条例来限制新进入者。可见，政府政策亦成为一种进入壁垒。

除以上壁垒外，新进入者可能还要面对产业内现有企业的抵制、地理位置劣势和争夺原材料的成本。

（二）分析现有竞争者争夺的激烈程度

任何产业都存在竞争，但有些产业竞争强度较大，有些产业竞争强度较小。同一产业在不同时期、不同国家或地区竞争强度不同。一般地说，影响产业竞争激烈程度的主要因素有以下几方面：

1. 产业内竞争对手的多寡

当产业内存在众多企业时，竞争的自由度较大，竞争的强度较小。当产业内企业较少，而且它们在企业规模和获取资源方面相对均衡，它们之间的竞争程度相对较激烈。

2. 产业发展速度也会影响产业竞争程度

当某一产业处于快速发展阶段时，企业只要保持与产业同步增长便可收益，这时产业竞争程度小些。而当产业发展缓慢时，企业之间为争夺市场份额的竞争就很激烈。

3. 在产业中生产一般产品的企业比生产专用产品的企业面临更大的竞争

因为生产一般产品的企业的用户比较容易转移，从而对特定产品需求表现出较大的波动，增加了对企业经营预测的难度。

4. 高固定成本或高库存成本

当高固定成本的产业出现剩余生产能力时，对所有企业必然产生巨大压力，为了充分利用企业生产能力，其往往容易导致削价行为的竞争。当某些产品一经生产便很难储存或库存成本很高时，各企业为了确保销售往往通过降低价格开展竞争。

5. 高额战略利益

如果在某一产业中取得成功对许多企业具有很高的战略利益，在那里的竞争会更加激烈和变化多端。某些企业为了树立全球声誉或技术上的信赖，或者为了扩张市场战略而进行激烈的争夺战。

6. 退出壁垒的大小

退出壁垒包括经济上的、战略上的及情感上的因素。这些因素使企业即使在收益甚微甚至投资收益为负的条件下仍然维持在该产业中竞争。当退出壁垒很大时，过剩生产能力便无法释放到该产业之外，结果造成整个产业利润率下降，从而加剧该产业内企业之间的竞争。

（三） 分析买方和卖方议价能力

了解买方和卖方的议价能力是为了弄清在某一产业中企业与其客户和供应商之间谁处于主导地位，从而确定企业与买方和卖方的关系。买方的产业竞争手段是压低价格，要求高质产品和提供更多的服务，这是以产业利润为代价的。买方议价能力强弱取决于下列因素：

1. 相对于卖方的销售量而言，购买是否是大批量和集中进行的。如果买方的数量较少，买方较集中，产业中供应商数量较多，买方议价能力就强。

2. 产业中供应商数量较多而且较分散，买方砍价能力就强。

3. 买方从产业中购买的产品占其成本或购买数额的相当大一部分，在此情况下，买方会不惜为获得优惠价格而耗费精力进行讨价还价。

4. 买方从产业中购买标准的或非差异的产品，这样买方可较容易选择供应商，因而，买方议价能力较强。

5. 买方采取后向整合的现实威胁。如果买方进行部分整合或存在后向整合的现实威胁，则他们在议价中便处于迫使对方让步的有利地位。如通用汽车公司和福特汽车公司，通常以使用"自己生产"的零部件为筹码进行议价。

6. 购买者掌握充分的信息。当买方充分了解市场需求、实际市场价格、供应商的成本等方面的信息时，买方比在信息贫乏的情况下掌握更多议价的筹码。

卖方砍价能力的制约因素同买方砍价能力的制约因素刚好相反，不再细述。

（四）分析替代品的威胁

替代品是指在功能上能部分或全部代替某一产品的产品，如甜菜糖或玉米糖是甘蔗糖的替代品，又如太阳能、核能源是石油能源的替代品。当产业中的产品存在替代品时，替代品便对产品生产企业形成了威胁，即加剧了市场竞争的格局。

二、国际市场竞争者分析

（一）国际市场竞争者分类

1. 按竞争地位分类

（1）市场主导者　市场主导者是指在某个行业相关产品的市场上占有率最高的企业，在价格变化、新产品引进和研发、分销渠道覆盖和促销强度等方面对同行业其他企业起着主导作用的企业，为同行业所公认。

（2）市场挑战者　市场挑战者是指在市场上的地位略微逊于市场主导者，凭借自身的规模和实力，随时可以向市场主导者发起挑战和进攻的企业。处于市场挑战者地位的企业向市场主导者进行挑战，首先必须确定自己的挑战对象，然后选择适当的进攻策略。

（3）市场跟随者　市场跟随者是指那些安于次要地位，避免与其他企业，特别是市场主导者进行正面持续竞争，而宁愿跟随市场主导者，在"共处"的状态下尽可能多获利的企业，在大多数情况下此类企业更愿意采用跟随者战略。

（4）市场补缺者　市场补缺者是指那些专心关注市场上被大企业忽略的某些细分市场，在这些细分市场上通过专业化经营来获得最大限度的收益，即在大企业夹缝中求得生存和发展的小企业。市场补缺者的战略动机是通过专业化经营并专心为之服务，避免与主要企业竞争。市场补缺者比其他企业更能了解这些细分市场上客户的需求，通过采取灵活巧妙的拾遗补阙的策略，提供某种具有特色的产品和服务，赢得发展的空间，甚至可能发展成为市场中的挑战者。

2. 按市场分类

（1）品牌竞争者　品牌竞争者是指同一行业中以不同品牌和相似的价格向相同的顾客提供同种形式产品或服务的其他企业。品牌竞争者之间的产品相互替代性较高，因而竞争非常激烈，品牌竞争者均以培养顾客品牌忠诚度作为争夺顾客的重要手段，如冰箱市场中，海尔冰箱、新飞冰箱等厂家之间的竞争关系。

（2）行业竞争者　行业竞争者是指在同一行业内为满足顾客同一需求而提供同种或同类产品，但规格、型号、款式不同的企业。行业竞争者之间也存在彼此争夺市场的激烈竞争关系，如生产家用空调与生产中央空调的厂家、生产高档汽车与生产中档汽车厂家之间的关系。

（3）形式竞争者　形式竞争者是指提供不同种类的产品，但满足和实现消费者同种需要的各种形式之间的竞争者。如航空公司、铁路客运、长途客运汽车公司都可以满足消费者长途旅行的需要，当汽车票价上涨时，乘汽车旅行的旅客可能会减少，乘飞机、坐火车旅行的旅客就可能会增加，它们相互之间争夺满足消费者长途旅行这一形式的需要。

（4）愿望竞争者　愿望竞争者是指提供不同产品以满足消费者的不同愿望，但目标消费者群体相同的企业。如消费者收入水平提高后，可以把钱用于旅游，也可用于购买汽车，或购置房产，因而这些企业间存在相互争夺消费者购买力的竞争关系，消费支出结构的变化对企业的竞争有很大影响。

3. 按行业分类

（1）现有竞争者 现有竞争者是指本行业内现有的生产同类产品的企业，现有竞争者也是企业的直接竞争者。

（2）潜在竞争者 当行业发展前景乐观、能获取超额利润时，会引来新的企业进入该行业，使该行业增加新的生产能力，并要求重新瓜分市场份额和主要资源，这类企业称之为潜在竞争者。此外，多元化经营的大型企业还经常利用其资源优势从一个行业进入另一个行业，此类企业也属于潜在竞争者。

（3）替代品竞争者 与某一类产品具有相同功能，能满足同一需求的不同性质的其他产品，属于替代品，而生产此类替代品的企业则称之为替代品竞争者。随着科学技术的发展，替代品将越来越多，某一行业的所有企业都将面临与替代品竞争者进行竞争的情况。

（二）国际市场竞争者目标

在现代市场经济条件下，企业必须根据市场需要配置资源，制定战略。因此，必须注重对市场的分析和研究。而在市场分析中，竞争者的目标分析至关重要。知己知彼，百战不殆。只有了解竞争者的目标和动向，才能在市场竞争中把握先机，争取顾客，进而在激烈的市场竞争中立于不败之地。

最初经营者认为，所有的竞争者都是以追求利润最大化为目标，并以此为出发点采取各种行动。但是，这种假设过于简单，竞争者虽然无一例外地关心其利润，但它们往往并不把利润作为唯一的或首要的目标。

在利润目标的背后，竞争者的目标是一系列目标的组合，对这些目标竞争者各有侧重，且在不同阶段有侧重点不同的目标组合，如盈利能力、市场占有率、资金流动性、技术领先和服务领先等。企业只有了解了每个竞争者的重点目标，才能正确估计和预测它们对不同的竞争行为会做出什么样的反应。例如，一个追求低成本领先的竞争者对于它的竞争对手因技术性突破而使成本降低所做出的反应，比对同一位竞争者增加广告宣传所做出的反应要强烈得多。同时，企业还必须注意监视和分析竞争者的行为，跟踪了解竞争者进入新的产品细分市场的目标，如果发现竞争者开拓了一个新的细分市场，那么，对于企业来说这可能是一个新的市场发展机遇；如果企业发现竞争者开始进入本企业经营的细分市场，这意味着企业将面临新的竞争与挑战，那么，本企业就应抢先下手，予以回击。对于这些市场竞争动态，企业若了如指掌，就可以争取主动，有备无患。

竞争者目标的差异也会影响到其经营模式。竞争者是寻求长期业绩还是寻求短期业绩，是提高市场份额还是提高产品利润率，将会影响到竞争者在利润与收入增长之间的权衡。日本企业一般采取以提高市场占有率为目标的经营模式，以较低的资金成本占据较高的市场份额，并保持较高的收入增长率。而美国企业则因其经营目标是股东利益最大化，一般都采取短期利润最大化的经营模式，这主要是因为美国企业每个季度都要发布一次财报，而其财报中的业绩是由股东评价的，如果短期利润下降，股东就可能会对企业失去信心，抛售股票，导致企业资金成本上升，不利于企业的发展。

（三）国际市场竞争者战略判断

产业、市场、顾客的全球化使企业面临的不是要不要进行全球营销的问题，而是如何进行全球营销的问题。企业只有在所面临的全球化竞争中获得比较优势才能够生存下去，否则就会

NOTE

在竞争中处于劣势，甚至威胁到自身的生存。

　　各个企业所采用的竞争策略可能各不相同，但一个行业里的某些企业却可能实行相同的或近似的战略，从而在全球范围内形成一个个实行不同经营战略的战略群，这就为识别竞争者的战略提供了一个很好的方法。企业采取的战略越相似，它们之间的竞争就越激烈。在多数行业中，根据所采取的主要战略的不同，可将竞争者划分为不同的战略群体。例如，在美国的主要电器行业中，通用电气公司、惠普公司和施乐公司都提供各种中等价格的电器，因此可将它们划分为同一战略群体。

　　1. 对于市场竞争者而言，同一战略群体内的竞争最为激烈，企业最直接的竞争者就是那些处于同一行业采取同一战略的企业。

　　2. 不同战略群体之间存在现实或潜在的竞争，这是因为：第一，某些战略群体可能具有相同的目标客户；第二，某些顾客可能分不清不同战略群体的产品的区别，如分不清高档货与中档货的区别；第三，属于某个战略群体的企业可能改变战略，进入另一个战略群体，如提供中档货的企业可能转向生产高档货。

　　3. 不同战略群体的进入与流动障碍不同，企业进入不同战略群体的难易程度不同。一般小型企业适合进入投资和声誉门槛都较低的群体，因为这类战略群体比较容易进入；而实力雄厚的大型企业则可考虑进入竞争性强的群体。另外，当企业决定进入某一战略群体时，首先要明确谁是主要的竞争对手，然后再确定自己的竞争战略。

（四）国际市场竞争者优劣势分析

　　在市场竞争中，企业需要分析竞争者的优势与劣势，做到知己知彼，才能有针对性地制定正确的市场竞争战略，以避其锋芒、出其不意、攻其不备，利用竞争者的劣势来争取市场竞争的优势，从而实现企业的营销目标。

　　企业估计竞争者的优势及劣势，一则需要了解竞争者执行各种既定战略的情报，是否达到了预期目标，二则需要大量搜集竞争者的情报和数据，如销售额、市场占有率、边际利润、投资收益、现金流量、发展战略等。企业可以通过对中间商和顾客进行调查等方式了解竞争者和自己的优势和劣势，进一步采取对策。

　　竞争优势是指一个企业超越其竞争对手的能力，或者指企业所特有的能提高企业竞争力的东西。例如，当两个企业处于同一市场或者有能力向同一顾客群体提供产品和服务时，如果其中一个企业有更高的盈利能力或盈利潜力，那么，我们就认为这个企业比另一个企业更具有竞争优势。竞争劣势则是指企业缺少或做得不好的东西，或指某种会使企业处于劣势的条件。通常应当从以下几个方面分析市场竞争者的竞争优势或竞争劣势：

1. 技术创新能力

生产技术革新能力、低成本生产方法、产品创新能力、质量控制体系、产品的适销性，以及产品系列的宽度与深度等。

2. 资金实力

竞争企业的资金结构、筹资能力、现金流量、资信度、财务比率、财务管理能力。

3. 生产与经营能力

企业的生产规模与生产成本水平，设施与设备的技术先进性与灵活性，生产能力的扩展性，质量控制与成本控制，原材料的来源与成本。

4. 组织能力

组织成员价值观的一致性与目标的明确性，组织结构与企业策略的一致性，组织结构与信息传递的有效性，组织对环境因素变化的适应性与反应程度，组织成员的素质。

5. 市场营销能力

市场营销组合的水平，市场调研与新产品开发的能力，销售队伍的培训与技能，销售渠道的广度与深度，销售渠道的效率与实力，销售渠道的服务能力。

6. 管理能力

企业管理者的领导素质与激励能力、组织协调能力，管理者的专业知识，管理决策的灵活性、适应性和前瞻性。

7. 人力资源能力

关键领域的技术研发人员的综合研发能力，销售人员的营销能力和营销经验。

（五）　国际市场竞争者反应模式

每个市场竞争者都有自身的经营哲学和指导思想，分析市场竞争者的目的在于了解各个竞争对手所可能采取战略行动的实质和成功的概率；各个竞争对手对其他企业在一定范围内的战略行动倾向可能做出的反应；各个竞争对手对可能发生的产业变迁和更广泛的环境变化可能做出的反应等。竞争者的目标、战略、优势和劣势决定了它对降价、促销、推出新产品等市场竞争战略的反应，因此，企业的市场营销管理者需要深入了解市场竞争者的思想和信念，并了解当企业采取某些措施和行动之后，竞争者会有哪种反应。

1. 从容不迫型竞争者

某些竞争企业对市场竞争措施的反应不强烈，行动迟缓，其原因可能是因为竞争者受到自身在资金、规模、技术等方面能力的限制，无法做出适当的反应；也可能是竞争者对自身产品的竞争力过于自信，认为顾客忠实于自己的产品，不屑于采取反应行为；还可能是因为竞争者对市场竞争重视不够，未能及时捕捉到市场竞争变化的信息。

2. 选择型竞争者

某些市场竞争者对不同的市场竞争措施的反应是有区别的，大部分竞争者对降价这样的市场竞争措施总是反应敏锐，倾向于做出强烈的反应，经常会在第一时间采取相应措施进行反击，但对其他方面（如改善服务、增加广告、改进产品、强化促销等非价格竞争措施）却不予理会，认为不会对自己构成直接威胁。

3. 强烈反应型竞争者

一些竞争者对市场竞争的变化十分敏感，一旦遭受到来自竞争者的挑战就会迅速地做出强烈的市场反应，进行十分激烈的报复和反击，势必将挑战自己的市场竞争者置于死地而后快。这种报复措施往往是全面的、致命的，甚至是不计后果的。这些强烈反应型竞争者通常都是市场上的领先者，具有某些竞争优势。例如美国宝洁公司就是一个强烈反应型竞争者，它一旦受到竞争者的挑战就会立即发起猛烈的全面反击，因此，同行业的企业都会尽量地避免与它直接交锋。

4. 随机型竞争者

这类竞争者对市场竞争所做出的反应通常是随机的，反应模式让人难以捉摸，它们在特定场合可能采取，也可能不采取行动，并且无法预料它们将会采取什么行动。例如，不规则型竞争者在某些时候可能会对市场竞争的变化做出的反应不可预知，可能做出反应，也可能不做出反应；

NOTE

它们既可能迅速做出反应，也可能反应迟缓；其反应既可能是剧烈的，也可能是柔和的。

第二节　国际市场竞争战略模式

在市场经济条件下，企业在任何时候都会面临来自各方面竞争对手的竞争，企业成长的过程实际上就是不断战胜竞争对手的过程。企业战略必须立足于竞争，并致力于取得并保持持久的竞争优势。面对市场经营中的竞争活动，美国的战略专家迈克尔·波特提出了三种基本竞争战略模式，它们同样适用于国际市场竞争战略。

一、总成本领先竞争战略

总成本领先竞争战略是指通过有效的方式和途径，实现成本降低，以建立一种不败的竞争优势。这种战略要求企业努力取得规模经济，以经验曲线为基础，严格控制生产成本和间接费用，以使企业的产品总成本降低到最低水平。在保证产品和服务质量的前提下，通过降低产品生产成本，使自己的产品价格低于竞争对手，以争取最大的市场份额。采取总成本领先竞争战略的企业因为较低的成本可使其通过削价与对手进行激烈竞争后，仍然能够获得盈利，从而在市场竞争中站稳脚跟。例如，我国的玩具产品制造企业就利用了玩具行业劳动力密集型的特点，发挥我国劳动力廉价的比较优势，以绝对多的市场份额占领了国际市场。

（一）内容和形式

企业及其所属各事业部可以通过各种方式实施总成本领先竞争战略，主要包括以下内容和形式：

1. 简化产品型成本领先战略

这就是使产品简单化，即将产品或服务中添加的花样全部取消。例如仓库型的家具商场，没有实体店的网上店铺，节约了店面成本，以远低于同行的成本从事经营，占据了销售的有利地位。简化产品而取得的低成本可以使企业建立相对竞争优势，但是，采取简化产品型成本领先战略的企业也存在较大的风险，即实力雄厚的同行竞争者可能会出面开展价格竞争。因此，采用这种战略的企业必须敢于承担风险，且拥有足够的财力资源和良好的成本结构以应对可能存在的竞争。

2. 改进设计型成本领先战略

通过改进产品的整体设计或零件构成，也能形成成本优势。采取改进设计型成本领先战略的企业可以改善和优化产品设计，在保证产品性能和质量的前提下，通过减少产品零部件数量、降低装配作业费用等取得成本优势。

3. 材料节约型成本领先战略

企业可以通过建立企业协会，与原材料供应商进行协商和谈判，实行统一批量采购与保管，降低原材料成本，并且在产品设计和生产过程中注意节约原材料，降低产品成本，建立起成本竞争优势。

4. 人工费用降低型成本领先战略

在劳动密集型行业，采取人工费用降低型成本领先战略的企业可以通过获得更加廉价的劳动力资源，取得较大的成本优势。例如，定牌加工行业中人工成本占30%，处于劳动力成本低的地区的企业就占有较大优势。近年来，定牌加工企业不断从沿海向内陆地区迁移，主要原因是内陆地区具有工资成本低的优势。此外，通过企业兼并等方式，也可以降低各项费用，同样能取得成本优势。

5. 生产创新及自动化型成本领先战略

生产过程的创新和自动化，可以作为降低成本的重要途径。如我国的上海宝山钢铁公司通过不断生产创新，提高生产自动化水平，取得了明显的低成本优势，在国内钢铁行业中始终处于龙头地位。

（二）适用条件及风险

1. 适用条件

总成本领先竞争战略是一种重要的竞争战略，但是，它也有一定的适用范围。当具备下列条件时，采用总成本领先竞争战略会更有效力。

（1）市场需求具有价格弹性，即降低价格会使市场需求量增加明显。

（2）所处行业的企业都生产标准化产品，从而使价格竞争决定了企业的市场地位。

（3）实现产品差异化的途径很少，价格成为企业竞争的唯一手段。

（4）多数客户以相同的方式使用产品。

（5）用户购物从一个销售商改变为另一个销售商时，不会发生转换成本，客户在购买销售商的产品时更多考虑价格因素，因而特别倾向于购买价格最优惠的产品。

2. 风险

总成本领先竞争战略是许多企业抢夺市场份额的有力武器，但同时又是一把双刃剑，企业在使用不当时有可能会伤及自身。总成本领先竞争战略的主要风险往往来自于以下四个方面：

（1）竞争对手的技术创新　竞争对手可以通过不断进行技术创新，改进生产流程和工艺，以更低的成本提供产品和服务，企业原本具有的总成本竞争优势很快消失殆尽，反而将自己置于相当不利的地位。

（2）竞争对手的模仿　如果企业只依靠价格取胜，缺乏自己的核心竞争力，则对竞争者难以形成有效的进入壁垒，因此竞争对手的模仿会使得产品与服务趋于同质化，利润率不断降低，危及企业的生存。

（3）忽视产品创新　如果企业只专注于降低产品成本而忽视了市场对新产品的需求趋势的变化，使得企业提供的产品和服务没有新意而无法吸引新的顾客，甚至老顾客会转向其他企业提供的具有更高质量、更多功能或更高价值的产品或服务，使得低成本优势失去意义。

（4）反倾销调查　在经济全球化的背景下，各国政府出于对本国市场的保护，不断加强对低成本产品的反倾销调查，防止恶性的价格竞争，使得总成本领先竞争战略不能在目标国家有效地实施。

企业采用总成本领先竞争战略，更重要的是保持自身的成本优势地位。企业要保持这一竞争优势地位需要不断地进行技术创新和产品创新，改进生产流程和工艺，及时跟踪和了解竞争对手的战略和技术动向，从而降低自身风险。

二、差异化竞争战略

差异化竞争战略是指企业凭借自身的技术优势和管理优势，使企业产品、服务、企业形象等与竞争对手有明显的区别，从而获得竞争优势而采取的战略。这种战略的重点是创造被全行

NOTE

业和顾客都视为标新立异的产品和服务。实现差异化竞争战略，可以培养用户对自身品牌的忠诚，比如生产在性能上、质量上优于市场上现有水平的产品或在销售上通过有特色的宣传活动、灵活的推销手段、周到的售后服务等，在消费者心目中树立起良好的企业品牌形象。因此，差异化竞争战略是使企业获得高于同行业平均水平利润的一种有效的竞争战略。

（一）内容和形式

差异化竞争战略包括多种形式，其中常用的差异化竞争战略是产品差异化竞争战略，产品差异化竞争战略包括产品质量的差异化竞争战略、产品可靠性的差异化竞争战略、产品创新的差异化竞争战略、产品特性的差异化竞争战略。另外，差异化竞争战略还包括服务的差异化竞争战略、形象的差异化竞争战略、渠道的差异化竞争战略等。不同产业和不同产品，可以同时采用两种或两种以上的差异化竞争战略，但需要注意的是，要对目标市场进行细分，应根据不同的细分市场采用不同的差异化竞争战略。

1. 产品差异化竞争战略

产品差异化竞争战略是常见的差异化方式，相对而言也是较容易实现的差异化。

（1）产品质量的差异化竞争战略　产品质量的差异化竞争战略是指企业为向市场提供竞争对手不可比拟的高质量产品所采取的竞争战略。采取产品质量的差异化竞争战略的企业生产的产品具有较高的产品价值，通过吸引更多的客户，攫取更多的市场份额，进而提高销售收入，获取比对手更多的利润。例如，奔驰汽车依靠其高质量的差异，售价比一般轿车高出近一倍，从而为企业创造了很高的投资收益。海尔冰箱，以高质量形象进入国际市场，开箱合格率达100%，从而建立起质量独特的形象，赢得了国内外用户的信赖。

（2）产品可靠性的差异化竞争战略　产品可靠性的差异化竞争战略是指企业产品具有绝对的可靠性，甚至出现意外故障时，也不会丧失其使用价值。

（3）产品创新的差异化竞争战略　拥有较强研发能力的高新技术企业，普遍采用以技术创新和产品创新为主的差异化竞争战略。这类企业拥有优秀的科技研发人才和创新机制，同时建立了鼓励创新的组织架构和奖励机制，使技术创新和产品创新成为企业的自觉行动和前进动力。美国的 IBM 公司、中国的海尔集团都以技术创新为先导，以为市场创造功能完善、高效率、人性化的新产品为目标，成了行业的领头羊。产品创新的差异化竞争战略，不仅可以保持企业在科技领域的领先地位，而且还可以增强企业的竞争优势和获利能力。

（4）产品特性的差异化竞争战略　企业专注于生产满足顾客特定需要的具有某种特性的产品，而其他产品不具备该种特性，则该企业采取的便是产品特性的差异化竞争战略。有些厂商生产的产品所具有的差异化特性已为大众所熟知，例如，在世界汽车市场上，宝马轿车是优质、运动和高价格的象征，大众汽车则具有质量高、可靠性强、经济实用的特性。

2. 服务的差异化竞争战略

服务的差异化竞争战略是企业面对较强的竞争对手，在服务内容、服务渠道和服务形象等方面采取有利于竞争对手而又突出自己的特征，以战胜竞争对手，获取市场地位的竞争战略。通过服务差异化突出自己的优势，使自己与众多同行业竞争者区分开来，在顾客心目中形成强烈的企业品牌特征和价值区别。

海尔正是依靠其差异化的真诚服务赢得了顾客的肯定和信任，沃尔玛也是通过突出所谓的"十英尺态度"服务原则使得回头客越来越多，体现了沃尔玛差异化服务的优势和价值。对于任何企业来说，即使资金雄厚，拥有先进的科技优势和组织文化，但如果缺乏高质量的服务，也无法战胜竞争对手。日本计算机质量和 IBM 计算机相同，价格也不高，但其服务能力不如 IBM，导致其整体竞争能力低于 IBM。

3. 形象的差异化竞争战略

形象的差异化竞争战略是指企业在产品的核心竞争力部分与竞争者雷同的情况下塑造不同的产品形象和企业形象以获得差别优势的竞争战略。

（1）产品名称的差异化竞争战略　产品名称也可以成为企业重要的竞争优势。产品名称是连接产品和消费者之间的桥梁，如"美的"是家庭电器的产品品牌代表，"联想"就是计算机服务的代表。这些产品名称在同类产品中都具有与其他产品不同的意义，使用户自然地将其与其他产品名称区别开来，这些产品品牌名称会为企业建立起明显的竞争优势。

（2）企业形象的差异化竞争战略　企业形象的差异化竞争战略是指通过树立独特的企业产品特点、营销战略、人员风格等，建立起公众对企业的良好印象，从而建立企业竞争优势的一种竞争战略。当企业在社会公众中具有良好形象时，消费者就愿意购买该企业的产品或接受其提供的服务；反之，消费者不会购买该企业的产品，也不会接受其提供的服务，因此，树立良好的企业形象对建立企业的竞争优势有着十分重要的作用。

很多企业都通过多种方式传播企业名称、商标品牌、宣传口号，在公众心目中树立起独特的企业形象，建立起优于竞争对手的独特优势。在传播企业名称方面，宝洁公司已将其企业名称塑造成了强有力的企业品牌；在商标品牌方面，哈佛大学已经成为世界名校的代名词；在宣传口号方面，沃尔玛的"天天平价"、福特汽车的"尽心竭力，让世界更美好"、松下企业的"Panasonic ideas for life"、海尔的"真诚到永远！"几乎家喻户晓，为企业赢得了良好的声誉。

4. 渠道的差异化竞争战略

渠道的差异化竞争战略是指企业基于不同的产品体系对应不同的渠道体系，不同渠道里的消费人群有着不同的需求，在渠道策略、渠道设计、渠道建立、渠道管理、渠道维护、渠道创新等方面进行差异化的建设，建立自身的竞争优势。

（二）适用条件及风险

1. 适用条件

一般来说，企业采取差异化竞争战略，适用于下列情况：

（1）用户对产品的需求和偏好是多样化的，单一化、标准化的产品难以满足。同类的竞争对手也没有能力完全予以满足。

（2）有多种使产品或服务差异化的方法和途径，而且这些差异化能被顾客视为是有价值的。

（3）企业所实现的与竞争对手同类产品或服务的差异化特征容易被顾客识别。

（4）实行差异化竞争战略的竞争对手不多，且企业产品和服务差异化的特征和方式不易被竞争对手模仿，而建立在技术创新、产品创新、优质服务基础上的差异化竞争优势会更加长久和明显。

（5）顾客对产品价格的敏感性相对不强，顾客愿意为差异化的产品或服务支付相对较高的价格。

2. 风险

同时，采取差异化竞争战略的企业也会面临竞争风险，所面临的主要风险如下：

NOTE

（1）可能丧失部分客户　如果采用低成本战略的竞争对手压低产品价格，使其与实行差异化战略厂家的产品相比价格下降幅度很大，用户为了大量节省费用，可能会放弃取得差异的厂家所拥有的产品特征、服务或形象，转而选择物美价廉的产品。

（2）用户所需的产品差异的因素下降　当用户变得越来越成熟，对产品的特征和差别体会不明显时，就可能发生忽略差异的情况，使得采取差异化竞争战略的企业丧失产品差异的优势。

（3）大量的模仿缩小了产品之间的差异　特别是当产品发展到成熟期时，拥有较强技术模仿能力的厂家很容易通过逼真的模仿，减少产品之间的差异。

采取差异化竞争战略的企业重点是具有特色的差异化产品和服务，而不是降低产品和服务的成本。实行这种战略的企业不仅需要有强大的技术创新能力，还要有独具特色的管理制度和组织架构，即除了要有较强的研发能力，组织结构和企业文化也要做适当的调整以适应这种战略。

如果企业能形成独具特色的差异化，则会获得高于行业平均水平的利润率。如果差异化竞争战略成功地实施了，可以提高顾客对其产品或服务特色的偏爱和忠诚度，降低顾客对价格的敏感性，有效地防止替代品的威胁，保持企业的优势地位。但是差异化也有其自身的缺点，波特认为，推行差异化竞争战略有时会与争取占有更大的市场份额的活动相矛盾，由于产品的差异性所带来的排他性，使得差异化与提高市场份额两者难以兼顾。如果竞争对手开发出了类似的或者更有差异化特色的产品，那么企业原有的差异化就没有特色了。而且在建立企业的差异化竞争战略的活动中，总是伴随着较高的研发和销售成本，这些成本都会转嫁到产品价格当中，如果这个成本太高，超过了顾客为差异化所支付的额外费用的支付极限，那么采用总成本领先竞争战略的企业所提供的产品将比采用差异化竞争战略的企业所提供的产品对顾客更有吸引力。

三、集中化竞争战略

集中化竞争战略又称为集中战略或重点集中战略，也称作集聚战略或专一战略。它是企业根据特定消费群体的特殊需求，将经营范围集中于行业内的某一细分市场，使企业的有限资源得以充分发挥效力，在某一局部超过其他竞争对手，建立竞争优势的战略。这种战略适合于自身资源和条件有限的企业，由于自身条件的限制，这类企业很难在其产品市场开展全面的竞争，因而需要重点拓展某一细分市场，以期产生巨大有效的市场力量，取得较好的市场效果。采用集中化竞争战略，能够使企业集中力量为某一战略目标而努力，发挥自己的优势，以取得比竞争对手更高的效率和效益。

（一）　内容和形式

集中化竞争战略一般有两种形式，一种是成本重点集中；另一种是差异化重点集中。具体可以分为产品线集中化竞争战略、顾客集中化竞争战略、地区集中化竞争战略和低占有率集中化竞争战略。

1. 产品线集中化竞争战略

对于产品开发和工艺装配成本较高的行业，部分企业可以将产品线的某一部分作为经营重点。

2. 顾客集中化竞争战略

主要特点是将经营重点放在具有特殊需要的顾客群上。

3. 地区集中化竞争战略

即按地区为标准划分细分市场。如果一种产品能够根据特定地区的需要实行重点集中，也能获得竞争优势。

4. 低占有率集中化竞争战略

市场占有率低的事业部，通常被企业视为"瘦狗"类业务单元。对这些事业部，往往采取放弃或彻底整顿的战略。但是，根据美国哈佛大学教授哈默什等人对市场占有率低、经营业绩好的美国企业进行分析研究，结果发现，市场占有率低的企业要想经营成功，主要应将经营重点集中在某个特定的、相对狭小的领域内。

（二） 适用条件及风险

1. 适用条件

无论是基于低成本还是基于差异化，在下列情况下企业适合采取集中化竞争战略，并且在这些情况下相对来说更容易获得成功。

（1）企业采取集中化竞争战略的目标市场容量相对来说足够大，而且具有较高的稳定性和较大的增长潜力，能够保证企业生存和发展的需要。

（2）整个行业中有比较多的细分市场，企业的资源不允许其追求广泛的细分市场。

（3）极少或根本没有其他竞争对手在相同的目标市场上实行集中化竞争战略。

（4）企业可以通过集中化竞争战略建立起的竞争优势构筑进入该目标市场的壁垒，防御行业中其他的潜在进入者。

2. 风险

企业实施集中化竞争战略也具有相当大的风险，主要表现在以下几点：

（1）由于采取集中化竞争战略的企业基本上将全部力量和资源都投入到了特定的细分市场，当顾客偏好发生变化，技术出现创新或有新的替代品出现时，就会导致这部分市场对产品或服务的需求下降，企业会受到很大的冲击。例如，滑板的问世对旱冰鞋的市场构成了极大的威胁。

（2）采取集中化竞争战略的企业的目标市场总具有一定的特殊性，目标市场独立性越强，与整体市场份额的差距就越大。实行集中化竞争战略的企业总是处于独特性与市场份额的矛盾之中，选择不恰当就可能造成集中化竞争战略的失败。例如，为愿意支付高价的顾客进行专门设计加工服装的企业，将可能会失去中低档服装市场。

（3）当为大范围市场提供服务的竞争对手与采取集中化竞争战略的企业之间的成本差变大时，会使采取集中化竞争战略的企业丧失成本优势。因为这种成本差的增大将降低买方效益或者降低买方使用替代品的转移成本，从而使专一化市场与广泛市场之间的渗透增大，集中化竞争战略所构成的成本优势或差别化优势则会逐渐消失。

第三节　国际竞争战略联盟

一、国际竞争战略联盟的内涵

（一） 国际竞争战略联盟的产生与发展

国际竞争战略联盟，又称跨国战略联盟或战略经营同盟，是国际市场竞争的新战略。我们将国际竞争战略联盟的定义概括如下：两个或两个以上的企业为了实现优势互补、提高竞争力

NOTE

及扩大国际市场的共同目标而制定的双边或多边的长期或短期的合作协议。战略伙伴必须坚持平等互惠、共享利益、共担风险的原则。

第二次世界大战后，随着经济全球化和区域经济一体化的发展，科学技术的更新日益加快，国际市场的竞争日益激烈和复杂，任何企业不管规模有多大，实力多么雄厚，单靠自身的力量都很难在激烈的国际竞争中取得生存和发展。主要发达国家中如美国，其政府从 20 世纪 80 年代中后期开始，对企业间的联合、购并行为放宽限制，以及美国联邦贸易委员会及国会对反托拉斯的放宽等，为美国大型企业、超大型企业的合并提供了法律依据。加之，美国司法部门对于企业间购并采取不干预的态度，从而有力地促进了美国企业合并浪潮，而美国企业的合并浪潮又推进了全球战略联盟或战略伙伴的形成。

进入 21 世纪以来，随着跨国企业的发展加快，国际竞争战略联盟获得了更快的发展，跨国兼并更加激烈，跨国联盟在深度和广度上都有较大的突破，并呈现出一系列新的特点。

（二）　战略联盟的概念

战略联盟最早是由美国 DEC 公司总裁简·霍兰德和管理学家罗杰·奈格尔提出。从 20 世纪 80 年代初以来，战略联盟这种组织形式得到了迅速发展。这一概念曾被称之为战略伙伴、虚拟企业、强强联合等。战略联盟的概念被提出的时候，主要是指跨国企业之间的一种特殊关系。

具体来说，国际企业战略联盟是指在两个或两个以上的国家中的两个或更多的企业，为实现某一战略目标而建立起的合作化的利益共同体。

西方学者认为，对战略联盟的定义主要有以下几种：

1. 从形式上看，战略联盟为跨国企业之间为追求共同的战略目标而签订的多种合作安排协议，包括许可证、合资、研发联盟、合作营销和双方贸易协定等。

2. 从关系紧密程度上看，战略联盟是指企业之间进行长期合作，它超越了正常的市场交易但又未达到合并程度，战略联盟的方式包括技术许可生产、供应协定、营销协定和合资企业。

3. 从目标上看，战略联盟是两个或两个以上的伙伴企业为实现资源共享、优势互补的战略目标，而进行的以承诺和信任为特征的合作活动。所有形式的联盟，不论是合资企业、特许经营、股权参股，还是长期契约安排，都是人们设计的，用来获得内部发展和收购的优势而避免两者的劣势的竞争策略。

二、国际竞争战略联盟的动因

归纳起来，国际企业建立战略联盟的主要动因有如下方面：

（一）　开拓市场

开拓市场动因是最普遍的，因为国际企业的首要目标就是向国外市场渗透，而建立战略联盟是开拓国际市场的有效方法之一。例如，美国摩托罗拉公司与日本东芝电器公司建立战略联盟，就是为了使自己的产品能更大规模地进入日本市场。另外，最典型的要数美国通用汽车公司和日本丰田汽车公司合资在美国生产汽车。这两家公司于 1983 年利用美国加州濒临废弃的旧厂址，合资成立了新汽车联合制造公司。就日本丰田汽车公司来说，其最终目的就是进一步打开美国汽车市场和扩大市场份额。据 2014 年 12 月 17 日《华尔街日报》报道，腾讯和索尼音乐娱乐（Sony Music Entertainment）联合宣布，双方达成一项战略性合作协议，腾讯将独家管理索尼音乐在中国的在线音乐服务。

（二）　分担研究与开发的风险

在有些领域中，开发新一代技术和产品的费用是任何一家企业，即使是大企业也无法全部负担的。也就是说，科技的发展使企业从技术自给转向技术合作和技术相互依赖。国际企业通过建立战略联盟，共同支付技术开发费用，共同承担开发风险，共同享有技术开发成果。例如，波音公司与某一日本财团联盟共同制造 767 宽体商用喷气式飞机，波音公司的主要意图是寻求分担制造飞机所需要的巨大费用，这种研究与开发费用达几十亿美元。在开发费用高昂的医药行业，以分担风险为目的的战略联盟也很常见。MCI 公司是美国一家通信设备公司，它通过与其他 100 多家公司的合作，生产出各种通信设备提供给用户，而且每年还可节约 3 亿~5 亿美元的研究费用。

（三）　优势互补

战略联盟可使各方的技能及资产形成互补的优势，而所形成的综合技能和资产是任何单独一方所不能够拥有或开发出来的，这种战略联盟使各方做到优势互补。以法国的辛普森公司和日本的 JVC 公司共同生产录像机所形成的战略联盟为例，JVC 公司与辛普森公司两者之间实质上是互换技能。辛普森公司需要产品技术和制造技术，而 JVC 公司需要知道如何在分散的欧洲市场上销售录像机产品。美国罗弗汽车公司和日本本田汽车公司的战略联盟，本田汽车公司的规模与罗弗汽车公司相当。本田汽车公司已在美国站稳了脚跟，但在欧洲一直没有什么发展；罗弗汽车公司的产品质量是最大的问题，而本田汽车公司恰好在产品质量上具有很高的声誉，本田汽车公司还以先进的管理著称，这正是罗弗汽车公司所缺少的。

（四）　有利竞争

传统的企业竞争方式就是采取一切可能的手段，击败竞争对手，把它们逐出市场，因此企业的成功是以竞争对手的失败和消失为基础，"有你无我，势不两立"是市场通行的竞争规则。战略联盟的出现使传统的竞争方式有了一个根本的变化，即企业为了自身的生存和成功，需要与竞争对手进行合作，即为竞争而合作，靠合作来竞争。

日本东芝公司的战略联盟就是一个很好的例证。在很多人刚知道"战略联盟"这个词的时候，人们发现东芝公司实施这种战略已经有十几年的历史了，它几乎与世界上所有的相关企业建立了联盟关系，而且基本上无一失败。战略联盟使东芝公司成了一个世界上独一无二的竞争者，不仅帮助它渡过了日本经济严重萧条的时期，而且使之得到了世界上最重要、最有希望的先进技术。与美国摩托罗拉公司的合资，使之成为世界第一号的大规模记忆芯片的生产者。在 IBM 公司的帮助下，成为世界第二大彩色平面显示屏提供商。此外，核动力发电设备、计算机、传真机、复印机及其他各种高级半导体、充电电池、医疗设备和家用电器等产品都是通过战略联盟而获得的。

三、战略联盟的分类

在战略联盟的分类上，可以根据不同的标准来进行划分。

（一）　根据战略联盟是否存在股权关系分类

根据战略联盟是否存在股权关系，可将战略联盟分为股权式联盟和契约式联盟。

股权式联盟即合作伙伴相互持有一定股权，从而使双方利益紧密联系在一起，在保持各方利益的同时，双方实行优势互补。例如，美国福特汽车公司拥有日本马自达公司 25% 的股权，

NOTE

在小型汽车的设计与生产上得到马自达公司的大力支持，而后者也依靠福特汽车公司进入国际市场。

（二） 根据战略联盟在价值链上环节的不同位置分类

根据战略联盟在价值链上环节的不同位置，可将战略联盟分为联合研制型、资源补缺型和市场营销型。

1. 联合研制型

这是在生产和研究开发领域展开的合作，参与联盟的企业充分利用联盟的综合优势，共享经营资源，相互协调，共同开发新产品、新材料和新技术。如日本松下公司与美国英特尔公司合作开发 16M 的 DRAM 技术、美国通用电气公司与日本三家公司共同开发新一代发动机等，即属于联合研制型战略联盟。联合研制型战略联盟中的成员多为风险型企业，合作的目的在于获得新技术、降低资金的投入风险和项目的开发风险。美国、西欧国家和日本的国际企业之间为了对付技术与研发的高额成本和巨大风险而建立很多这类联盟。这类联盟在微电子、生物工程、新材料等高科技行业中比较常见，是一种积极的前馈战略。2013 年富士、松下联合宣布了它们共同打造的有机 CMOS 传感器，将有机材料首次应用到 CMOS 传感器上。这种新型有机 CMOS 传感器在性能上有诸多提升和改进，比如动态范围大大提升、感光相比传统传感器提升 1.2 倍、入射光角度扩大到 60°、适用于多种设备等。

2. 资源补缺型

资源补缺型是以上游活动与对方的下游活动结成的战略联盟。这里有两种情形：一是拥有独特技术的跨国企业，为了接近海外市场或利用对方的销售网络而结成的联盟。这类联盟在通过资源的互补而实现风险共担、规模经济及协同经济性的同时，往往忽视自身核心能力的提高。二是厂家与用户的联合型战略联盟，厂家之间把生产与消费、供给与需求直接联系起来。世界机器人的最大生产厂家日本法纳克机器人开发公司即属于此类。

3. 市场营销型

市场营销型多流行于汽车、食品、服务业等领域，重在互相利用自身价值体系中的下游环节，即营销网络。该类联盟是以下游活动为合作领域而结成的战略联盟，其目的在于提高市场营销的效率和市场控制的能力，这类联合是抢占市场的有效手段，能较好地适应多样化的市场需求。

（三） 根据战略联盟的成员所处行业分类

根据战略联盟的成员所处行业，可将战略联盟分为横向联盟和纵向联盟。

横向联盟是处于同一行业里的企业所组成的联盟。通常是为了获得规模经济，或是应付季节变动，或是获取某种专业知识。纵向联盟则是由不同行业的企业所组成的联盟，一般是为了共同完成某种产品或服务，联盟成员企业之间没有竞争性。例如，航空服务可以由航空公司、航空食品企业、旅行社等多个行业的企业共同来完成，为顾客提供航空旅行服务。

（四） 根据战略联盟成员企业所贡献的资产和能力分类

根据战略联盟成员企业所贡献的资产和能力，可将战略联盟分为互补联盟、共享供应联盟和半融合式联盟。

1. 互补联盟

当伙伴企业所贡献的资产在性质上不同的时候，这种联盟就叫作互补联盟，例如制造企业和分销企业所组成的联盟，它们贡献的资产在性质上就有所不同，从资源角度看是互补的。例如瑞士雀巢公司和美国通用米勒公司达成联盟协议，雀巢公司的某些产品可在通用米勒公司的美国工厂中生产，然后成批运回欧洲，由雀巢公司以雀巢的产品包装在法国、西班牙和葡萄牙出售。

2. 共享供应联盟

当所有的战略联盟伙伴企业所贡献的资产在性质上是相同的时候，这时就从它们产出的性质来区分。如果联盟成员企业只在某一配件或某一生产阶段上进行合作（目的是为了得到某一配件或生产阶段的规模效应），但它们的最终产品却并不相同，则称这种联盟为共享供应联盟。例如共同进行研发活动等。

3. 半融合式联盟

如果联盟涉及整个生产线，并且生产所有联盟成员都销售的统一产品，则称这种联盟为半融合式联盟。例如 2001 年以前的空中客车集团就是由四个企业所组成的半融合式联盟，即法国的 France Aerospatiale、德国的 Hutsche Airbus、西班牙的 CASA 和英国的 British Aerospace 等四个企业所组成的国际战略联盟。不过，2001 年该公司成为一个单一的企业，由欧洲航空防务航天公司（EADS，占 80% 股份）和英国宇航公司（BAE SYSTEMS，占 20% 股份）所拥有。

四、国际竞争战略联盟的特点

国际竞争战略联盟一般具有以下特点：

1. 主要是规模巨大的垄断企业间的相互兼并。积极参与企业合并浪潮的多为同产业中的超大型企业，有的还是大型跨国公司。

2. 主要是集中在高技术产业和金融服务为主的第三产业。由于新兴产业和高技术产业激烈的全球性竞争，世界各国第三产业市场的逐步开放，使多数企业合并案集中在电子信息、金融服务、航空航天、生物医药、国防工业等领域内。

3. 企业合并通过股票市场进行。例如，雷神收购休斯的方法是购买后者 48 亿美元的股票（占收购金额的 50% 以上），摩根·士丹利与丁·维特发现公司的合并是通过股票市场进行相互间股权交易实现的。又如我国联想集团通过购买 IBM 的股权控制了其电子计算机业务。

4. 战略联盟的关系是平等互惠、优势互补、共担责任及共担风险。

5. 组织关系是水平的而不是垂直的。它们之间是技术共享、资源合作及经营规范。

除以上特点外，国际竞争战略联盟还有一些其他值得关注的新动向。例如，从产品联盟发展为以技术合作为主要内容的知识联盟；从强弱联合的互补联盟发展为强强合作的竞争性联盟；从"硬约束"的实体联盟发展为"软约束"的虚拟联盟，都有助于减少管理成本。

五、建立有效战略联盟的原则

麦肯锡咨询公司对 49 家战略联盟追踪调查的结果显示，有 1/3 的联盟因未达到合伙人的预期而失败。失败的原因很多，其中大部分与战略联盟的协调有关。因为战略联盟的管理者来自不同国家的不同企业，有着不同的文化背景和企业文化。建立有效战略联盟的原则如下：

（一）确定合适的战略联盟伙伴

合伙人必须具有某种专长才能成为战略联盟的成员。合伙人的优势还要能经得起时间的考

NOTE

验，仅仅具有相对优势的企业有时并不能算是好的联盟伙伴，好的合作伙伴应当认同企业对联盟的愿景，必须拥有企业缺乏而又有价值的资源和能力。建立战略联盟的目的是通过不同企业的优势互补和整合而达到"一加一大于二"的效果。

（二） 明确战略联盟伙伴之间的关系

多数战略联盟不是依靠股权等法律机制来维系的，而是出于合作各方共同的目标而自愿结合在一起的。从战略联盟建立伊始，各方的责任、义务、权利都应当明确地加以界定。经过仔细、审慎、精心雕琢的战略联盟协议可以大大制约潜在冲突的发生。应当尽量避免合作企业采取有利于自己的机会主义态度，窃取合作伙伴的技术，令伙伴企业无利可图的情况。战略联盟实践证明，要减少战略联盟各方之间的矛盾，必须建立一种和谐、融洽、平等的关系。

（三） 战略联盟各方要保持必要的弹性

这里的弹性是指参与战略联盟的各方都必须随时能对市场和合作各方的变化做出反应，特别是在战略联盟建立的初期。麦肯锡咨询公司的研究表明，最成功的战略联盟在最初的几年内变化频繁而且变化幅度很大。市场变化，合作的双方要变化；对方变化，自身也必须变化。例如，IBM 公司与微软公司曾有过长期联盟的经历，但仍失败了。微软公司从几乎一无所有到拥有几百亿美元市值的发展，在很大程度上得益于与 IBM 公司的战略联盟关系。它最初是向 IBM 公司提供一种 IBM 个人软件。然而，就在开发新一代软件的问题上双方出现了分歧，结果使联盟破裂。双方都承认在战略联盟中要改变经营方向是相当困难的。

（四） 坚持竞争性合作

建立战略联盟不过是一种手段，最终目的是通过合作或战略联盟的关系来增强自己的竞争能力，实现自己的经营目标。因此，战略联盟各方彼此平等和相互信任是必要的，但绝不是无原则地迁就对方或向对方提供一切。例如，微软公司与苹果电脑公司建有战略联盟，前者向后者提供应用软件，而后者借助于前者的应用软件使其 Machintosh 计算机获得了市场上的认可。尽管两家公司之间有战略联盟存在，但丝毫没有影响两家在其他领域内的竞争，苹果电脑公司甚至诉诸法律，控告微软公司某种商业软件是对苹果电脑公司知识产权的偷窃。故而在战略联盟中不应忽略了合作中的竞争因素，不能过于草率地把核心技术和独特技能让给了伙伴，致使自己的竞争能力下降。因此，战略联盟应该是竞争性合作。

在进入战略联盟之前，企业必须保证自己能够从合作伙伴处学到东西并且将这些知识运用在自己的组织里。例如，日本企业与欧洲国家及美国许多企业形成战略联盟后，人们发现，日本公司在每次联盟之后都会变得越来越具有竞争力。其原因是日本企业做出很大的努力去学习战略联盟伙伴的长处，他们将联盟看成了解竞争对手秘诀的绝好机会。丰田公司的一位日本经理说："通过联盟我们实现了自己的目标：我们学到了美国的供应与运输系统。我们也对管理美国工人更有信心。"

六、有效地建立和管理国际竞争战略联盟

（一） 如何建立有效的战略联盟

由于战略联盟组织上的不稳定性及管理上的复杂性，一般地说，其成功率只有五成左右。不过需要指出的是，战略联盟完善的企业业绩远胜于未联盟的企业。如何建立有效的适合企业特色的战略联盟，成为企业在实施战略联盟时的思考重点。

1. 要选择好的合作伙伴

这是建立战略联盟的关键因素。适当的合作伙伴必须是能够有助于企业实现战略目标，双方对结盟的动机是一致的。

2. 建立战略联盟必须遵守三条原则

（1）对于企业熟悉的核心事业，宜采用购并策略，成功率较高；非熟悉的业务采取战略联盟。

（2）进入新市场宜采用战略联盟。

（3）战略联盟的作用在于弥补不足，因此要寻求彼此在开发、制造、营销渠道等方面的互补性或者分担经营成本；购并则适用于扩展既有事业的规模。

3. 制定明确的目标

制定一致性的联盟规划、管理与终止点，并在此基础上选择合适的联盟对象。研究表明，双方均为优等业绩的企业，或一方优等、一方中上的企业组成的联盟，成功率较高。因此合作对象应选择门当户对的，且业务范围内有互补的企业。同时，要在企业内部创造"易于合作"的文化。事实上，战略联盟中最难调整与改变的是企业文化冲突，因此，选择的合作伙伴的企业文化应当是能相互兼容及相契合的。

4. 选择好战略联盟的形式

战略联盟的形式很多，如供应或购买协定、市场或销售协定、提供技术服务协定、管理合同、专有技术、设计或专利许可证、特许经营、合资企业等。无论选择何种形式，都必须根据企业的战略目标、企业的经营范围、需要互补的业务及企业的实力等来选择战略联盟的形式。双方共建的联盟机构必须强有力且独立，并确保双方的利益不遭受侵蚀。

战略联盟的成功与否，在于合作伙伴之间能否实现协同和能否建立彼此单独无法实现的可持续竞争优势。成功的联盟是由信任、承诺、互相学习、灵活性联合起来的更有力量的团体。我国企业应当顺应经济全球化的发展潮流，以全新的、开放的观点制定适合我国的市场竞争战略。首先，在国内组建"大集团、大公司"，以资本为纽带，通过市场实现跨地区、跨所有制和跨国经营的具有竞争实力的大企业集团；其次，进一步发展国际合作，建立跨国企业战略联盟。

（二）对战略联盟的管理

要使战略联盟成功运行，必须对战略联盟实施最有效的管理。战略联盟管理是一个非常复杂的问题，涉及很多因素，它涉及不同的法律和商业习惯，还涉及不同的企业文化和社会心态等。要管理好战略联盟，必须做到以下几点：

1. 战略联盟的管理要规范化

建立有效的战略联盟管理系统，即在学习和参考外界战略联盟的结盟技巧与管理方式，以及其成功结盟的经验基础上，结合自己结盟的特点，建立起自己的运作系统；另外，还要建立系统运作的原则，新的管理系统必须具备广泛、健全的信息反馈网络，有效保护联盟各方的技术资产。

2. 建立适合战略联盟的组织机构

即建立专司战略联盟管理的机构或类似的权责机构，它们负责有效地建立战略联盟，并将管理系统扩散到整个战略联盟，新的机构必须对市场总需求和竞争条件的变化做出迅速而灵活

NOTE

的反应。事实证明，能否建立适应战略联盟的组织机构，对企业的成效有重大的影响。

3. 善于协调合作双方文化及立法的差异

不同战略伙伴具有不同的文化背景和立法背景，彼此企业文化及立法的差异和矛盾如果处理不当，将会成为阻碍双方合作的显要因素，因此，必须进行双方文化的磨合、彼此尊重对方的核心文化，以及协调双方面临立法差异的矛盾。

4. 建立战略联盟内部传播与学习系统

建立战略联盟内部传播与学习系统，使战略联盟的能力根植于组织内部。为此，要利用企业网站、期刊、研讨会及相关资料室来供广大员工掌握战略联盟准则及外界合作联盟的资讯。联盟各方应以求得在产品开发、生产和营销等领域各方贡献基本平衡为目标，合作各方需要树立相互学习、相互依存的理念。此外，还要加强员工的训练，加强员工间的联系，提高广大员工素质，使广大员工积极主动关心及参与战略联盟的建设与发展。

5. 发展多方位的联盟合作关系

多边联盟的形式能最大限度地减少任意两方联盟解体带来的危机，能比单一联盟更广泛地、更好地运用多国企业的综合优势，从而优化技术水平，开拓国际市场。

思考与讨论

1. 国际市场竞争者的类型有哪些？
2. 国际市场竞争者的反应模式有哪些？
3. 行业结构分析中企业面临哪五个方面的威胁？
4. 在国际市场上如何分析竞争对手？
5. 常用国际市场竞争战略有哪些？
6. 建立成功的战略联盟要考虑哪些因素？

第七章　国际市场产品策略

学习要点

1. 产品组合的相关概念。
2. 医药产品组合策略。
3. 产品生命周期的含义。
4. 产品生命周期不同阶段的特点与营销策略。

案例导入

白加黑的品牌策略

当今药品市场竞争激烈，随着 OTC 药品的发展，感冒药品类更是竞争激烈，各种感冒药品牌纷纷施展其品牌攻势，广告更是铺天盖地。要想成为一个独特新颖、消费者喜爱的，并持久深入人心的品牌谈何容易。然而，白加黑却凭借着它独特的策略、定位和新颖创意的表现而立于市场浪尖。

作为最先提出日夜片分开服用的感冒药品牌，白加黑从消费者需求出发，提出了"白天服白片不瞌睡，晚上服黑片睡得香"的产品概念，正是由于其人性化的产品定位和卓越的产品疗效，在品牌创建的近十年来一直为消费者服务，解除人们的感冒烦恼。

在数年的品牌经营过程中，白加黑的品牌也经历了从出生到逐渐成熟的几个阶段，并逐渐形成了其独特而持久的品牌定位——"黑白分明，表现出众"。在央视市场研究股份公司 2001 年 11 月进行的"中国感冒药市场研究"的调查显示，白加黑品牌的提示知名度和品牌忠诚度均居首位。

对于白加黑品牌而言，策略是核心，但广告更是品牌生命力的体现。其广告策略一直坚持与众不同，在众多感冒药中脱颖而出的原则，区别于圈内大多 OTC 药品广告的传统做法。2000 年初开始投放的"赛艇"广告就是白加黑的第一次创意冲击。它以一个因感冒缺席的赛艇运动员而引出"在这个时候偏偏感冒了"的问题，让消费者切实感受到感冒带来的不便。广告片精良的制作水准让人耳目一新，从很多以卡通形象、代言人形式的感冒药广告中脱颖而出，取得了不错的反响。

然而，在对品牌进行了一番审视后，创意人员发现该广告片所表现出来的品牌与消费者之间缺乏足够的亲和力，所以在充分检讨自身和了解竞争对手后，白加黑调整了自己的广告表现手法，使品牌更贴近消费者的生活。不久前投放的新广告片就是白加黑走近消费者的杰出表现。

NOTE

为了真正走近消费者，与消费者建立对话，白加黑展开了广告创意上的突破。受到风靡大江南北的 FLASH "东北人都是活雷锋" 的启发，广告片继承了该作品所体现出的 "好创意源于生活" 的精神，以 "小张的一天" 为主线，沿用了脍炙人口的网络歌曲，融合进新颖的执行手法，让整个广告充分展现出现代消费者乐观向上的生活态度，体现了创意人和品牌拥有者对生活的洞察力。使消费者在看到广告后都能感觉到即使患了感冒，也不会失去轻松的心情和乐观的态度。正因如此，该广告片受到了消费者的喜爱。在一项于北京、上海、广州、西安4 个城市进行的随机抽样调查中显示消费者对广告的喜爱程度达到 78%；有 81.9% 的被访者认为这支广告片整体感觉不错；87.5% 的被访者认为这支广告片比较有独特性；75.4% 的被访者认为这支广告片比较有说服力；80.6% 的被访者看过这支广告片后，对白加黑产生购买意愿。

白加黑始终以自己的方式表达着对消费者的关爱，并不断追求进步，为更好地为消费者健康而努力着。它的目标就是要依靠品牌和产品的实力，缔造成中国感冒药的第一品牌，成为消费者最喜爱的品牌之一。

第一节　国际市场产品概述

一、产品的概念

要制定正确的产品策略，必须首先明确产品的概念。产品的概念有狭义和广义之分。

狭义的产品是指生产者通过劳动而生产出来的、用于满足消费者需求的有形实体。这一概念强调产品是有形的物品，在生产观念盛行的时代极为流行。基于此认识，生产者可能只关注于产品的物质特征及生产成本，而消费者则关心通过产品实体的消费来满足某种需求。传统的产品概念已不能适应生产力高度发展、商品日益丰富、市场竞争十分激烈的现代市场环境。

广义的产品是指从满足消费者需求出发，为消费者提供某种预期效益而设计的物质属性、服务和各种标记的组合。它不仅指物的形式，还包括产品的价格、包装、服务、品牌、信誉、广告等一系列有形或无形的特质，是适应现代市场经济发展要求的产品概念。

基于以上认识，我们将产品定义为：产品是能够提供给市场，让人们获取、使用或消费，从而满足人们某种欲望或需求的一切事物。这里的产品包括实体（有形产品）和服务（无形产品），即产品＝有形产品＋无形服务。有形产品包括产品实体及其品质、特色（如色泽、味道等）、款式、品牌和包装；无形服务包括可以给买主带来附加利益及心理上满足感、信任感的售中及售后服务等，这就是 "产品整体概念"，即现代营销意义上的产品。

二、产品整体概念

产品整体由五个层次组成，即核心产品、形式产品、期望产品、延伸产品、潜在产品。

（一）核心产品

核心产品是指产品能给购买者带来的基本利益和效用，即产品的使用价值，是构成产品最本质的核心部分。消费者购买某种产品并非是为了拥有该产品实体，而是通过对产品的消费来满足某种需求。比如顾客到药店去购买某种药品，不是因为这种产品的包装精致、商标美观等，而是为了缓解或解除某种疾病的痛苦，恢复身体健康。所以，市场营销人员在设计产品策略时，必须从消费者的需求出发，明确产品的核心利益，满足消费者对产品核心利益的追求。

（二）　形式产品

形式产品是指产品呈现在市场上的全部外部特征，即呈现在市场上的产品的具体形态或外在表现形式，主要包括产品的款式、质量、特色、品牌、包装等。具有相同效用的产品，其表现形式可能有较大的差别。顾客购买某种产品，除了要求该产品具备某些基本功能，能提供某种核心利益外，还要考虑产品的品质、造型、款式、颜色及品牌声誉等多种因素。因此，不同的产品形式能够满足同类消费者的不同要求，企业进行产品设计时，除了要重视用户所追求的核心利益外，也要重视如何以独特形式将这种利益呈现给目标顾客。一个精明的营销者绝不会忽略产品形式的塑造。形式产品受生产技术的制约，随着社会消费水平的不断提高，消费者对形式产品的要求也随之提高。同样，随着社会经济和科学技术的发展，人们对药品的形状、质量、品牌包装等形式产品的要求也越来越高，这些都不同程度地影响着药品的销售，影响着人们对药品的选择。

（三）　期望产品

期望产品是指消费者在购买产品时期望得到的与产品密切相关的一整套属性和条件。例如，消费者对药品的期望是疗效好、毒副作用小、安全性高、服用方便等。

（四）　延伸产品

延伸产品是指顾客因购买产品所得到的全部附加服务与利益，包括保证、咨询、送货、安装、维修等，这是产品概念的延伸或附加，它能够给顾客带来更多的利益和更大的满足。随着科学技术的日新月异及企业生产和管理水平的提高，不同企业提供的同类产品在实质和形式产品层次上越来越接近，而延伸产品在企业市场营销中的重要性日益突出，逐步成为决定企业竞争能力高低的关键因素。因此，企业要赢得竞争优势，就应向顾客提供比竞争对手更多的附加利益。医药企业也不例外，顾客的需求能否得到满足，不仅取决于药品的生产和流通过程，还包括药品的使用过程。药品的延伸产品对医药企业而言，并不是可有可无的，而是药品功能的延伸和销售的延续，并将成为今后医药企业间竞争的一个关键内容。因此，医药企业应把延伸产品当成整体产品的一个重要组成部分，而不能看成企业的额外负担。能向顾客提供完善周到的延伸产品，才有可能成为市场上的优胜者。

（五）　潜在产品

潜在产品即该产品最终可能会实现的全部附加部分和新转换部分。潜在产品指出了现有产品可能的演变趋势和前景。如中药在未来由汤剂向胶囊剂、微丸剂、颗粒剂等方向发展。

总之，产品整体概念的五个层次是不可分割和紧密相连的，它们构成了产品整体概念。随着科学技术的进步，人们的需求日益多样化，企业在生产和销售产品的全过程中，必须树立产品整体概念意识，从产品的内在核心、外在形式到附加利益及可持续发展，系统地满足消费者的需求，增强产品的竞争力。

三、医药产品的分类

我国医药产品门类齐全，种类繁多，性质复杂，其生产、销售、消费特点各不相同。对医

NOTE

药产品进行正确的分类，可以简化市场营销的研究工作，帮助企业有效选择销售渠道，选择合适的营销策略，确定最佳的方案，有利于提高企业的经营管理和服务水平。

根据不同的分类标准，医药产品的分类方法有多种。下面结合医药企业市场营销活动，介绍一些常用的分类方法。

（一）按我国药品管理制度分类

按我国药品管理制度分类，可分为非处方药和处方药。

非处方药的英文是 OTC，是 over the counter 的缩写，我国对非处方药是这样定义的：OTC 是消费者可不经过医生处方，直接从药房或药店购买的药品，而且是不必在医疗专业人员的指导下就能安全使用的药品。非处方药主要有饮食补充剂（包括维生素、矿物质）、皮肤用药（包括皮肤保健品）、感冒咳嗽药、止痛药、肠胃病药等。非处方药又可以分为甲、乙两类，其中乙类非处方药除了在药店出售外，还可在超市、宾馆、百货商店等处销售，因为它的安全性更高。

处方药简称 Rx，是国家为了保证患者用药安全，由国家卫生行政部门规定或审定的，需凭医师或其他有处方权的医疗专业人员开写处方出售，并在医师、药师或其他医疗专业人员监督或指导下方可使用的药品。根据相关规定，药品制造商和销售者都不能将处方药直接销售给患者，但可以销售给合法经营（批发或零售）处方药的公司或个人，或者是医院、诊所、医生，或拥有处方权的人，患者只有凭借处方才能购买这些药物。

（二）按药品来源和性状分类

根据来源和性状不同，可以分别按药品生产方式、药品来源、药品的特殊性和医药产品用途分类。

1. 按药品生产方式的不同分类

按药品生产方式的不同分类，可分为天然药物、化学合成药物和生物技术药物。

天然药物指以自然界中动物、植物和矿物等三大类天然资源加工而成的药物。我国天然药物已有数千年的研究使用历史。把从自然界中采集、未经加工的原药称为中药材；中药材经过加工处理成的片、段、丝、块等称为中药饮片；中药材加工成一定剂型后便称为中成药。

化学合成药物指以化学理论为指导，依据化学规律生产的化学合成药。其特点是对疾病治疗疗效快、效果明显。但由于人体是一个复杂的系统，人们对人体本身结构的研究水平及整体研究限制，因此治疗效果虽然明显，但存在"头痛医头，脚痛医脚"的局限性，且常常伴随着不同程度的副作用。

生物技术药物是利用生物体、生物组织或其成分，综合应用生物学、生物化学、微生物学、免疫学、物理化学和药学的原理与方法进行加工、制造而成的一大类预防、诊断、治疗制品。

2. 按药品来源不同分类

按药品来源不同分类，可分为动物药、植物药、矿物药、化学药品。

动物药是利用动物的全部或部分脏器及其排泄物作为药用，如鹿茸、麝香、牛黄等。此外，还有提出纯品应用的，如各种内分泌制剂（胰岛素、甲状腺等制剂）、血浆制品等。

植物药，植物的各部分，皮、花、根、茎、叶、液汁及果实等都可作为药用，如人参用其根茎。中药以植物药为最多。

矿物药一般是指直接利用矿物或矿物经过加工而成的药物，如硫黄、氧化汞，以及一些无机盐类、酸类、碱类等。

化学药品一般是指利用化学方法合成的药品。

3. 按药品的特殊性分类

按药品的特殊性分类，可分为特殊管理药品、普通药品。

特殊管理药品主要包括毒性药品、麻醉药品、放射性药品和精神类药品。

普通药品是指除了上述四种特殊管理药品之外的药品，它们具有毒性较小、不良反应较少、安全范围较大的特点。需要指出的是，任何药品过多使用都是不安全的。

4. 按医药产品用途分类

按医药产品用途分类，可分为药品、原料药及医疗器械等。

原料药是指由化学合成、植物提取或者生物技术所制备的各种用来作为药用的粉末、结晶、浸膏等，但患者无法直接服用。医疗器械是指单独或者组合使用于人体的仪器、设备、器具、材料或者其他物品，包括所需要的软件。如电子计算机体层扫描诊断装置（CT 机）、一次性注射针、纱布和避孕套等都是医疗器械。

第二节　国际市场产品组合策略

现代医药企业为了满足目标市场的需要，扩大销售，规避风险，增加利润，使企业最大限度地实现其经营目标，往往生产经营多种医药产品。但是企业所生产或经营的产品并非越多越好，必须根据目标市场需求，充分利用企业资源和技术优势合理确定产品种类、数量及组合方式，这就是产品组合问题。产品组合是指医药企业生产或经营的全部产品的有机构成方式，或者说是医药企业生产经营的全部产品的结构。产品组合一般是由若干条产品线组成的，每条产品线又是由若干个产品项目构成的。

一、产品组合概述

（一）产品项目、产品线、产品组合

1. 产品项目

产品项目指企业产品线上列出的每一个产品，即产品线中不同型号、号码、规格、大小、价格的产品。

2. 产品线

产品线指密切相关的满足同类需求的一组产品项目。所谓密切相关，是指这些产品能满足同种需要；或者必须在一起使用，卖给同类消费者；或者经过相同的销售渠道，同属某种价格范畴。一个企业可生产经营一条或几条不同的产品线。

3. 产品组合

产品组合指一个企业在一定时期内生产经营的各种不同产品、产品线的组合。产品组合由若干条产品线组成，每条产品线又由许多产品项目构成。产品线和产品项目的组合，要适应消费者的需要，并与企业的目标市场和产品的营销策略相关。

（二）产品组合的相关要素

产品组合包括四个要素，即产品宽度、产品长度、产品深度和产品关联度。

NOTE

1. 产品宽度

产品宽度指医药企业产品组合中包含的产品线的数量，又称广度。产品线越多，说明该企业产品组合的宽度越宽，二者成正比，同时也反映一个企业市场服务面的宽窄程度和承担投资风险的能力。产品组合宽度的宽窄各有利弊和有不同的适用条件。

2. 产品长度

产品长度指医药企业各条产品线所包含的产品项目总数。即企业所有产品线中各产品项目相加之和。

表 7-2-1　某医药企业产品组合

	片剂	胶囊	冲剂	搽剂
药	安降片	头孢氨苄胶囊	头孢氨苄颗粒剂	肤施乐
	复方胃友胃溶薄膜片	复方必消痰胶囊	小儿速效感冒冲剂	
		酮基布洛芬胶囊		
名	复方胃友糖衣片	感冒灵胶囊	活性钙冲剂	
		环丙沙星胶囊		

如某医药企业产品组合宽度为 4 条产品线，产品项目总数为 12，即为产品线总长度（表7-2-1）。

3. 产品深度

产品深度指一条产品线上包含的产品项目的数量。一条产品线上包含的产品项目越多，说明产品组合的深度越深。它反映一个企业在同类细分市场中满足顾客不同需求的程度，可计算平均深度。

4. 产品关联度

产品关联度指每条产品线之间在最终用途、生产条件、销售渠道及其他方面相互关联的程度。产品组合的关联度强，可以使企业充分发挥某一方面的优势，提高企业在某一地区或某一行业的声誉。但企业在整个市场上的影响就有一定的局限性。产品组合的关联度弱，则可以使企业在更广泛的市场范围内发挥其影响力，要求企业必须具有雄厚的多种多样的资源和技术力量、完善的组织结构和管理体系。

分析产品组合的宽度、长度、深度和关联度，有助于企业更好地制定产品组合策略。在一般情况下，扩大产品组合的宽度，有利于扩展企业的经营领域，实行多角化经营，可以更好地发挥企业潜在的技术、资源优势，提高经济效益，分散企业的投资风险；增加产品线的长度，使产品线丰满充裕，可以成为有更完全产品线的公司；加强产品组合的深度，可以占领同类产品更多的细分市场，满足更广泛的市场需求；而加强产品组合的关联度，则使企业在某一特定的市场领域内加强竞争力和赢得良好的声誉。因此，所谓产品组合策略，也就是企业根据市场需求和自身的条件，对产品组合的宽度、长度、深度和关联度方面进行选择和调整的决策。

二、常用的产品组合策略

医药企业根据市场情况，考虑企业经营目标和企业实力，对产品组合的宽度、长度、深度和关联度实行不同的有机组合，做出最佳决策，称为产品组合策略。产品组合策略是市场营销策略的重要组成部分，常用的产品组合策略有以下几种：

（一）扩大产品组合策略

扩大产品组合策略包括拓展产品组合的宽度和加强产品组合的深度。拓展宽度是指在原产品组合中增加一个或几个产品线，扩大经营产品范围；加强深度是指在原有产品线内增加新的产品项目。

当企业预测现有产品线的销售额和利润额在未来一段时间内有可能下降时，就必须考虑在现行产品组合中增加新的产品线，或加强其中有发展潜力的产品线；当企业打算增加产品特色，或为更多的细分市场提供产品时，则可选择在原产品线内增加新的产品项目。

一般来说，扩大产品组合有利于企业充分地利用人力、物力、财力资源，分散风险，增加竞争能力；有利于增强企业经营的稳定性；适应消费者多方面的需求，有利于扩大经营规模。但这种方式要求企业拥有多条生产线，多种销售渠道，会增加企业的生产成本和销售费用。

（二）缩减产品组合策略

指缩小产品组合的广度和深度，即减少产品线或产品项目的数量。当企业生产经营原产品的内外环境发生变化时，企业应及时剔除那些获利很小甚至不能获利的产品线或产品项目，集中精力发展有优势的产品，提高经济效益。

（三）产品差异化策略

即通过市场调研活动，收集顾客需求信息和竞争对手的产品信息，对企业产品在质量、性能、用途、特点和剂型上重新定位，采取与竞争对手有明显不同特色的产品策略，改进老产品的结构，增加产品新的功能、规格和式样，引起顾客浓厚的兴趣，以期增强企业的竞争优势，从而为企业创造更多的利润。

第三节　国际市场产品生命周期策略

一、产品生命周期概述

（一）概念

产品生命周期理论是美国哈佛大学雷蒙德·弗农（Raymond Vernoon）1966 年在《产品周期中的国际投资与国际贸易》一文中首次提出的。他认为产品生命周期（product life cycle，PLC）是产品的市场寿命，即一种新产品从开始进入市场到被市场淘汰的整个过程。产品生命是指产品上市后的营销生命，与人的生命一样，要经历形成、成长、成熟、衰退等阶段。由此可见，产品生命周期不是指产品的使用寿命，而是指产品的市场寿命。

（二）四个阶段

一个完整的产品生命周期一般包括四个阶段：导入期、成长期、成熟期、衰退期（图7-3-1）。

1. 导入期

新产品经过研发和试销后投入市场。此时，顾客对产品尚不了解，只有少数追求新奇的顾客可能购买，销售量很低，需要大量的营销费用，对产品进行宣传。在这一阶段，销售额增长缓慢，利润较少，可能出现亏损。竞争者几乎没有，很多竞争者还没有开始生产这一产品。

2. 成长期

这时顾客对产品已经熟悉，越来越多的顾客开始购买，市场逐步扩大。销量上升，增加的

NOTE

速度在加快，规模效应开始显现，产品的单位成本下降，利润也迅速增长，利润有可能在这一时期达到最大。竞争者开始纷纷生产该产品，竞争加剧。

3. 成熟期

这一时期根据销售量的变化可以分为三个阶段，即成熟期第一阶段、成熟期第二阶段和成熟期第三阶段。企业产品的销售量在成熟期第一阶段开始上升，但增加的速度在放慢，企业利润也可能在成熟期的第一阶段达到最高值。随着销售量的进一步增加，产品的销量达到最大值，市场需求趋于饱和，这是成熟期的第二阶段，利润开始下降。之后销售量开始下降，进入成熟期的第三阶段，销售量下滑的速度在加快。大众消费者购买该产品，并开始有部分消费者放弃使用这一产品。成熟期阶段，竞争激烈，可以用白热化来形容。

4. 衰退期

随着技术的发展，新产品或替代品出现，促使消费者转向其他产品，从而使原来产品的销售额和利润额迅速下降。于是，产品又进入了衰退期，这也是产品进入下一个生命周期的开始。

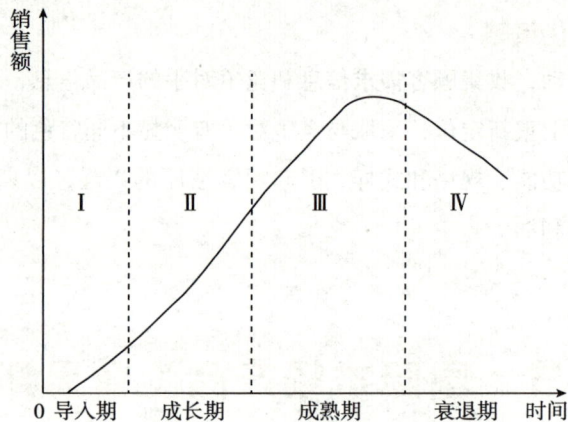

图 7-3-1   产品生命周期曲线

（三） 各个阶段的特点

在不同生命周期阶段，产品在市场中所具备的特征不同，因此，企业的各种经营策略、营销策略也不同（表 7-3-1）。

表 7-3-1   产品生命周期各个阶段的特点

	导入期	成长期	成熟期		衰退期
			前期	后期	
销售量	低	快速增大	继续增长	有降低趋势	下降
利润	微小或负	大	高峰	逐渐下降	低或负
购买者	爱好新奇者	较多	大众	大众	后随者
竞争	甚微	兴起	增加	甚多	减少

二、产品生命周期各阶段的营销策略

（一） 导入期的营销策略

在产品导入期，企业营销的重点主要集中在促销和价格方面，一般可采用下列市场营销策略：

1. 快速掠取策略

企业以高价格高促销的方式推广新产品。高价格是为了迅速使企业收回成本并获取高利润；高促销是为了尽快开发市场，让更多的人知晓新产品，即通过各种促销手段增强促销的刺激强度，除了大规模的广告宣传外，还要加强公共关系、销售促进、人员推销等促销方式的综合运用，还可以通过赠送样品，将新产品附在老产品中免费赠送。

快速掠取策略具有一定的适用条件，即产品技术含量较高，消费者不了解这类产品，品牌对于该类产品的销量具有较强的促进作用。这种产品属于价格弹性较小的产品，市场规模较大，潜在的市场竞争较大，若企业不能快速占领市场，就有可能被竞争对手乘虚而入。

2. 缓慢撇取策略

企业以高价格低促销的方式推广新产品，主要目的是为了撇取最大的利润。高价格可增加利润空间，低促销又可减少营销成本。

缓慢撇取策略也有自己的适用条件，如市场规模较小，潜在的竞争较小，大多数目标消费者对该类产品有所了解，产品研发和生产成本较高，购买者对价格不是很敏感。由于目标市场了解这类药物，可以不必做过多宣传，从而节省宣传费用。市场规模较小，潜在的竞争者不会进入这类领域，再加上目标市场不在乎产品价格，因此可以选择高价格策略。

3. 快速渗透策略

企业以低价格高促销的方式推广新产品，这一策略是为了获得最高的市场份额。新产品低价格会吸引尽可能多的消费者，同时，通过大规模的促销活动让更多消费者了解这种产品，并刺激他们的购买欲望。

快速渗透策略的适用条件是：市场规模较大，消费者对该产品缺乏了解，产品生产成本较低，购买者对价格敏感，潜在竞争对手多且竞争激烈。由于目标市场不了解这种产品，不快速占领市场，就容易给竞争对手留下太多市场空白。另外，消费者对价格比较敏感，不会接受高价格，因此，只能采取低价策略迅速占领市场。

4. 缓慢渗透策略

企业用低价格低促销的方式推广新产品。使用该策略一方面是为了以低价避免竞争，因为低价阻止了竞争对手的入侵，促使消费者尽快接受新产品；另一方面以较低的促销费用来降低经营成本，确保企业及其销售系统内合理的利润空间。

缓慢渗透策略的适用条件是：产品的市场相当庞大，消费者对价格比较敏感，对该类产品已经比较了解，潜在的竞争压力比较大。

并不是说企业只能选择其中的一种，企业应该从整个生命周期过程中的总体战略去考虑，灵活地交替使用。在实施上述战略时，还要配合一些其他策略，如渠道策略等，才能取得较好的效果。

（二）成长期的营销策略

成长期主要采取 4P 战略。

1. 产品策略

狠抓产品质量，完善质量保证体系，并不断改进产品的特色、款式，改良包装和服务，争创优质名牌产品。

2. 价格策略

结合生产成本和市场价格的变动趋势，分析竞争者的价格策略，保持原价或适当调整价

NOTE

格。一般来说，如果企业产品有垄断性，可以采用高价销售，如申报了专利、具有自主知识产权的产品；而一般竞争性产品则可采用低价招徕顾客。

3. 渠道策略

巩固原有渠道，增设销售机构和销售网点，进一步向市场渗透，开拓新的市场领域，适应和满足广大客户的需要，促进市场份额的再度提高。

4. 促销策略

促销的重点从介绍产品转向树立企业和产品的形象，采用说服性广告，着重宣传产品的质量、性能、服务及维护方法，针对本产品的特点和销售者关心的问题，通过与同类产品的对比，显示其优势，同时加强售后服务，强化销售者的购买信心。

（三） 成熟期的营销策略

1. 市场多元化策略

市场多元化策略即开发新市场，寻求新客户。市场多元化策略可以通过以下几种方式实现：一是开发产品的新用途，寻求新的细分市场；二是刺激现有顾客，增加使用频率；三是重新为产品定位，寻求新的买主。

2. 改进产品策略

提高产品质量，改变产品的外形和式样，改进产品的性能，挖掘产品的新用途，从而达到确保市场占有率，并努力延长成熟期的目的。

3. 调整营销组合策略

通过改变定价、销售渠道及促销方式来延长产品的成熟期。如通过降价、改变广告宣传形式，以及扩展销售渠道、改进服务方式、改变包装、采用多种促销手段等多项组合策略，来刺激消费者的需求，延长产品的成熟期。

（四） 衰退期的营销策略

1. 维持策略

企业继续采用以前的营销组合策略，保留原有的细分市场，直到产品从市场完全退出为止。

2. 集中策略

企业集中资源在最有利的细分市场和最畅销的产品上，获得最大利益。

3. 收缩策略

企业通过减少销售费用，降低促销成本来增加当前利润。

4. 转移策略

在衰退阶段，企业应积极地开发新产品，有计划地使新产品及时衔接。

5. 放弃策略

当机立断放弃那些迅速衰落的产品，即完全放弃。

第四节　国际市场新产品开发策略

科学技术突飞猛进，消费需求日新月异，产品生命周期逐步缩短，市场竞争日趋激烈，使现代企业面临的一个重要课题就是如何通过不断创新技术和服务，开发新产品以保证企业实现可持续发展。

一、新产品的内涵

市场营销意义上的新产品含义很广泛，凡是与原有产品相比，具有新功能、新特色、新结构、新用途，能满足消费者某种新需求的产品都可视为新产品。通常包括六种情况：①全新产品；②新产品线；③现有产品线的增补产品；④现有产品的改进或更新；⑤市场再定位产品；⑥成本减少。因此，新产品开发的实质是推出上述不同内涵与外延的新产品，对大多数企业来说是对现有产品的创新而非创造全新产品。

二、新产品开发的基本原则

（一）目标统一

任何新产品的开发都必须与企业整体目标保持一致，将组织目标、经营目标、开发策略相组合，使新产品开发可以得到充分的组织支持，设计最合适的开发程序。

（二）充分沟通

在新产品开发过程中，要重视企业内外部公众的互动与充分沟通。尤其在产品概念产生的初期，良好的沟通与互动是产品开发成败的关键因素。因此，企业必须要建立与各类公众的沟通与互动机制，长期维持良好的互动关系，并能系统地归纳与整合各方的观点与需求。

（三）团队运作

由于产品开发涉及许多部门的业务与功能，因此要发展整合性的项目团队来进行新产品开发。无论是采取何种形式的团队，重点在于整体一致的产品开发目标，以及各成员间的相互支持协助。

（四）持续创新

以可持续发展的观点来看待新产品开发。每一项新产品开发项目都不是独立的个案，而是企业在追求永续发展过程中的持续创新行为。因此企业应形成具有持续创新能力的系统方案和支持系统，每一次的开发投入都是下一次新产品创新成功的基础。

三、新产品开发的组织和方式

（一）新产品开发的组织

有效的新产品开发工作的一个关键因素就是建立切实可行的组织机构。从目前国内外企业新产品开发的组织机构来看，主要有以下五种：

1. 产品经理

产品经理是专门负责某类或某种产品的计划、生产、销售等一系列工作的管理人员，在许多企业，他们也负责新产品开发工作。传统的产品经理往往忙于管理生产线，除了对品牌更改和扩充感兴趣外，很少有精力考虑新产品开发，同时他们也较少具备开发新产品的专有技能和知识。

2. 新产品经理

有些企业设有隶属产品群经理领导的新产品经理，由他们专门负责新产品的研制开发工

NOTE

作。不过，这种新品经理的工作往往局限在企业已有的产品市场范围的产品改进和产品线的扩展。

3. 新产品开发委员会

这是一个负责审核批准新产品建议的高层管理机构，由来自营销、生产、财务、技术、公关等部门的代表组成。新产品开发委员会并不直接从事新产品的研究、试制、生产、销售活动，但对企业的新产品开发负有组织、领导的责任，享有决策和指挥权。

4. 新产品部

一些大型企业设置新产品部，直属最高管理层领导。新产品部的主要职责是产生、筛选、优化新产品构思，指挥和协调研究开发工作，进行实地试销和商品化前的准备工作。

5. 新产品开发小组

这是根据新产品开发需要而成立的、专门负责某项新产品的研究、设计、试制、生产、销售的组织，由各业务部门的专业人员临时组成，互相协作又各司其职。通常比较大型的企业或高新技术产业会有多个新产品开发小组来完成多个新产品开发的任务，并根据进展情况及环境变化予以调整。

以上组织并不需要企业全部设计，也没有所谓的最优形式，由于企业各自所处发展阶段不同，可设置与自身状况和环境相适宜的新产品开发组织，以便为新产品开发提供组织保障。

（二）新产品开发的方式

1. 独立开发

独立开发指企业完全依靠自己的科研技术力量，运用自己的独创性，来独立研究开发新产品，并以基础研究和应用研究为前提。它具有容易形成系列产品、专利产品的优点，适合于科研力量强的大型企业。

2. 技术引进

技术引进指企业通过各种手段引进外部的先进技术开发新产品。技术引进开发时间短，开发费用低，短期内可以促进企业技术水平、生产效率和产品质量的迅速提高。但在引进时要注意市场分析、时机分析、技术的先进性和适用性分析，结合本国和本企业的能力与特点，做好消化、吸收、改进工作，把引进和创新结合起来。

3. 独立研制与技术引进相结合

独立研制与技术引进相结合指企业在消化吸收引进技术的基础上，将引进技术与本企业的科研活动相结合，不断创新，开发新产品。

4. 契约式开发

企业也可以实行契约式新产品开发，即不通过自己的力量，而是雇佣聘请社会上独立的研究开发人员或新产品开发机构来为本企业开发新产品。

5. 联合开发

联合开发指企业与高等院校、科研机构及其他企业合作开发新产品。这种双方或多方的合作应当是资源整合、优势互补、协同创新的关系，而非单纯的生产上的合作或贸易上的合作。在知识经济时代，这种联合开发方式将成为产品开发中主要的方式。

四、新产品开发的程序

新产品开发是一项艰巨而又复杂的工作，必须按照一定的科学程序来开发新产品。这一程序，一般包括八个步骤。

（一）　产生构思

思路决定出路。一个成功的新产品，首先来自于一个有创见的构思。构思不仅仅来源于高级管理者和技术部门，更多的是来源于顾客、员工、专家和学者的发明、经销商，甚至是竞争者。其中，调查和搜集消费者与用户对新产品的要求，是新产品构思的主要来源。实践证明，在此基础上发展起来的新产品，成功率最高。有调查显示，美国市场上大量成功的技术革新和新产品有60%～80%来自用户的建议，或用户使用中提出的改革意见。

（二）　筛选构思

综合考虑企业的外部因素（市场需求、价格、质量要求、竞争状况、盈利水平、顾客等）和内部因素（资金、技术水平、设备能力、管理水平、员工素质、销售渠道等），选出符合企业发展目标和长远利益、与企业实际情况相适应的产品设想，放弃那些可行性小、获利较少的产品创意。

（三）　产品概念测试

在这一阶段要将构思发展成产品概念，用消费者术语将构思予以精心的阐述表达，通过测试来了解消费者对这些产品概念的态度。

消费者不会去购买产品构思，而要去买的是产品概念。任何一个产品构思都可能转化为几种产品概念，比如说某医药企业有一种营养液产品的构思，由此可形成多个产品概念，诸如延年益寿适于老年人饮用的保健品、有助于儿童增强记忆健壮身体的滋补品、有益于术后患者吸收加快康复的营养品等。对于每一个产品概念都需要进行定位，了解市场竞争环境，以判定该营养液在整个市场上的位置和竞争者的数量、区域、实力等。然后应将一个个精心制作的产品概念说明书放在消费者面前，要求消费者回答每个概念所带来的问题，包含对概念的理解、偏好、购买意愿、改进意见、目标用户及价格认定等。可以组织目标消费者小组测试产品概念，消费者的回答将帮助企业确定吸引力最强烈的产品概念。

这个将产品构思发展成若干个可供选择的概念并充分测试的阶段是不可缺少的，有些企业因为忽略了这个阶段的工作导致了产品盲目上市后遇到各种各样的问题。

（四）　制订营销计划

对经过测试入选的产品概念，企业要制订一个初步的营销计划，这个营销计划将在以后阶段中被不断完善发展。其主要内容包括：①描述目标市场的规模、结构和行为，该产品的定位、销售量和市场占有率，开始几年的利润目标。②描述该产品最初的价格策略、分销策略和第一年的营销预算。③描述预期的长期销售量和利润目标，以及在不同时期的营销组合策略。

（五）　商业分析

营销计划制订之后，就可以进一步分析评价该产品概念的商业分析。首先，要测算销售量与企业利润的关系，也就是必须满足多大的销量才能满足该产品上市的商业价值；其次，应通过对最低和最高销售量的预计来了解市场风险的控制幅度；最后，研究开发部门、生产部门、营销部门和财务部门等进一步估算该项产品总体预期成本和盈利状况。如果销量、成本和利润预计能满足企业目标，那么产品概念就能进入产品开发阶段。

（六）　制出样品

制出样品的任务是把通过商业分析的产品概念交由企业的研究开发部门或工艺设计部门研

NOTE

制出产品实体。本质上是将产品构思转化为在技术上和商业上可行的产品。

开发部门可以试制出该产品的一种或几种实体形式，从中选择能满足外观诉求、功能要求、预算预期等的一种产品原型。再对产品原型进行一系列严格的功能测试和消费者测试。功能测试是在实验室和现场条件下进行的，以确保产品运行、使用的安全和有效；消费者测试则可以采用免费试用，以了解消费者对产品的意见、建议和偏好等。

（七） 市场试销

开发成功、测试满意的产品进入市场试销阶段，在此阶段将要准备确定品牌名称、包装设计和制订营销方案。一般选择在可信的消费者环境中对产品进行试销，以达到了解消费者和经销商对使用、购买该产品的反应及市场规模、特点等目的。

市场试销的数量一般受到投资成本和风险、时间、研究成本的制约。高投资（风险）产品更需要进行谨慎的市场试销。

（八） 商品化

依据市场试销提供的信息，企业基本上能做出是否推出新产品的决策。在推出新产品时，企业必须对推出新产品的时机、地域、目标市场和进入战略做出决策。

思考与讨论

1. 怎样理解产品整体的概念？
2. 简述产品组合策略的相关内容。
3. 产品生命周期不同阶段的特点与营销策略是什么？
4. 新产品开发的程序是什么？

第八章　国际市场品牌策略

学习要点

1. 品牌和商标的定义。
2. 国际品牌决策的种类。
3. 如何进行品牌保护。

案例导入

同仁堂：从中华老字号到国际化品牌

北京同仁堂集团海外发展喜讯频传：2014年9月，集团正式登陆新西兰，在其第一大城市奥克兰的4家分店同时揭牌；10月初，集团与澳大利亚西悉尼大学签署深度合作备忘录；接着，集团副总经理丁永铃一行对新西兰、澳大利亚的考察，取得富有成效的进展，确立了在养生保健、中西医结合、产品开发等多领域的合作意向。拥有340多年历史的同仁堂，成功完成了从国人心目中的中华老字号向国际化品牌的转型。迄今已覆盖海外19个国家和地区，拥有110家境外药店，并在中国香港拥有一家生产研发基地。

2004年，同仁堂开始进入澳大利亚市场。10年中，集团在澳大利亚注册了60多种符合澳大利亚认证标准的产品，相继在澳大利亚悉尼、里斯本、墨尔本开设了5家药店，20多名中医师常年提供中医诊疗服务，使上百万人受益，在当地留下了好口碑。集团与澳大利亚著名的西悉尼大学签署合作备忘录，双方将携手开展中药成分安全性的科学研究，推动中药现代化、国际化和普及化。"澳大利亚是第一个承认中药并实行严格注册管理的西方国家。2012年中医被正式纳入包括西医等在内的全澳14个医疗专业队伍，我们双方的合作为中医药的全球化树立了榜样。"西悉尼大学副校长司考特·赫尔曼斯在签字仪式上表示。

同仁堂在澳大利亚的成功具有极大的可复制性。在新西兰的奥克兰，刚刚揭牌的4家同仁堂分店将沿用药店和诊所相结合、以医带药的传统模式。同仁堂海外经营模式的独到之处，就是经济实体和文化载体双轮驱动。文化为载体，名店、名药、名医相结合成为他们海外发展的秘籍。"每家海外药店都是经营实体，同时也是一个文化传播的平台，我们时常会进行义诊和中医养生保健知识的大众普及讲座。在有条件的药店建立中医药博物馆；没有条件的店我们设立文化角或文化墙，让国外消费者形成一种文化认同。"丁永铃介绍。

同仁堂注重文化载体，2013年他们与中国航天科技集团所属的亚太卫视共同投资设立了北京同仁堂传媒（香港）有限公司，联手创办覆盖全球70%国家和地区的同仁堂海外电视频道，通过卫星传播同仁堂文化及中医健康理念，2014年频道开始试运行。

NOTE

"我们将把传统的'以医带药'模式逐渐调整为'医药并举、以医为主'的发展理念，尝试在海外建立中医药养生保健中心，为海外民众提供全方位中医药养生保健服务。"丁永铃副总经理进一步表示："两年内争取在新西兰的分店达到10家，在传统零售终端网络发展基础上，通过资本运作在新西兰开发利用本地优势资源，带动中医药全产业链的发展，为中医药进入西方主流市场翻开新的一页。"

第一节　国际市场中的品牌与商标

一、国际市场中的品牌

（一）品牌的概念

品牌的英文（brand）源自古挪威文 brandr，意思是"烧灼"。人们用这种方式来标记家畜等需要与其他人相区别的私有财产。

品牌是一种商品（或服务）的名称、术语、标记、符号、设计，或是它们的组合运用。其目的是借以辨认某个销售者或某群销售者的产品或服务，并使之同竞争对手的产品或服务区别开来。

品牌的组成要素包括：①品牌名称，是品牌中可以被发出声来、用语言称呼的部分。②品牌标记，是品牌中可以被识别但不能被发出声来的部分，通常是一些符号、字母、图案、色彩等。③商标，是品牌的一部分或整个品牌，它受到法律的保护。④厂牌，是企业的名称，又称字号。

品牌是商品的一个重要组成部分，它对消费者和制造商发挥着重要作用。利用品牌可以识别不同制造者或销售者的产品，既方便了消费者购买，也可以使销售者容易发现并处理一些问题，简化了交易手续。好的品牌有助于建立良好的企业形象和声誉，品牌反映了企业的精神与形象，好的品牌可以在顾客心目中树立良好的企业形象，可以提高产品的价值，增强市场竞争力；品牌有助于建立稳定的顾客群，吸引重要的和有利于公司的顾客；品牌还有助于销售者细分市场，增加市场份额，扩大市场占有率。

（二）品牌的内容

美国管理学专家菲利普·科特勒（Philip Kotler）认为，品牌从本质上说是销售者向购买者长期提供的一组特定的特点、利益和服务，品牌传达了质量的保证。一个品牌能表达出六层意思：

1. 属性，一个品牌首先给人带来特定的属性。
2. 利益，一个品牌不仅仅限于一组属性，属性还需要转换成功能和情感利益。
3. 价值，品牌还体现了制造商的某些价值感。
4. 文化，品牌可以附加和象征一定的文化。
5. 个性，品牌还代表了一定的个性。
6. 使用者，品牌还体现了购买或使用这种商品的是哪一种消费者。

品牌的挑战是要深度地开发品牌的意义。一个品牌最持久的含义应是它的价值、文化和个性，它们确定了品牌的基础。

品牌设计是一项要求很高的工作，它具有较强的艺术性与技术。品牌的设计原则包括：①简单明了，便于识别、记忆，为消费者认可和接受。②要适合消费者的要求，适合消费者的喜爱，能激发消费者的购买欲望。③创意新颖，美观大方，能够给人美的享受。④要适应国际市场要求，便于产品打入国际市场。

（三） 品牌的特征

1. 专有性

品牌是用以识别生产或销售者的产品或服务的。品牌拥有者经过法律程序的认定，享有品牌的专有权，有权要求其他企业或个人不能仿冒、伪造。然而我们国家的企业在国际竞争中没有很好地利用法律武器，没有发挥品牌的专有权。进入 21 世纪以来我们不断看到国内的金字招牌在国际市场上遭遇的尴尬局面，如"红塔山"在菲律宾被抢注、100 多个品牌在日本被抢注、180 多个品牌在澳大利亚被抢注。

2. 无形性

由于品牌拥有者可以凭借品牌的优势不断获取利益，可以利用品牌的市场开拓力、形象扩张力、资本内蓄力不断发展，因此我们可以看到品牌的价值。这种价值我们并不能像物质资产那样用实物的形式表述，但它能使企业的无形资产迅速增大，并且可以作为商品在市场上进行交易。

3. 风险性

品牌创立后，在其成长的过程中，由于市场的不断变化，需求的不断提高，企业的品牌资本可能扩大，也可能缩小，甚至某一品牌在竞争中退出市场。品牌的成长由此存在一定风险，对其评估也存在难度。品牌的风险，有时由于企业的产品质量出现意外，有时由于服务不过关，有时由于品牌资本盲目扩张、运作不佳，这些都给企业品牌的维护带来难度，对企业品牌效益的评估也出现不确定性。

4. 表象性

品牌是企业的无形资产，不具有独立的实体，不占有空间，但它最原始的目的就是让人们通过一个比较容易记忆的形式来记住某一产品或企业，因此，品牌必须有物质载体，需要通过一系列的物质载体来表现自己，使品牌有形式化。品牌的直接载体主要是文字、图案、符号，间接载体主要有产品质量、产品服务、知名度、美誉度、市场占有率。没有物质载体，品牌就无法表现出来，更不可能达到品牌的整体传播效果。

5. 扩张性

品牌具有识别功能，代表一种产品、一个企业，企业可以利用这一优点展示品牌对市场的开拓能力，还可以帮助企业利用品牌资本进行扩张。

二、国际市场中的商标

（一） 商标的定义

商标是由文字、图形、字母、数字、三维标志和色块组合等构成的，以区别不同商家生产或经营的同一种或类似商品的可视性显著标记。

商标在注册后才能受到法律保护。商标注册是指商标使用人将其使用的商标依照商标法规定的注册条件、原则和程序，向商标管理机关提出注册申请，经审查批准，在商标注册簿上登

NOTE

录，并发给商标注册证，予以公告，授予申请人商标专用权的法律活动。我国于 1982 年颁布了《中华人民共和国商标法》，并于 1993 年和 2001 年进行了修正。该法规定，国务院工商行政管理部门商标局主管全国的商标注册和管理工作。经商标局核准注册的商标为注册商标。商标注册人享有商标专用权。商标专用权受法律保护。

凡必须使用注册商标的商品，必须申请商标注册。注册商标分以下几类：①商品商标。使用在商品上的标志。②服务商标。服务性行业所使用的标志。③集体商标。以团体、协会或其他组织名义注册，供该组织成员在商务活动中使用，以表明使用者在该组织中的成员资格的标志。④证明商标。即某种商品或服务为具有监督能力的组织所控制，但是由该组织以外的单位或者个人使用于其商品或服务，用以证明其原产地、原料、制造方法、质量或其他特定品质的标志。

商标是一种无形资产。制造商所拥有的注册商标是一种工业产权，它的价值由商标信誉的大小确定。享有盛誉的著名商标可租借给别人使用，收取一定的特许权使用费。在国际上，《保护工业产权巴黎公约》、《商标国际注册马德里协定》、世界知识产权组织均对商标的国际注册与保护做出了相应的规定。

（二）商标的作用

商标既然是商品经济的产物，因此，无论是国内市场或对外贸易上竞争的需要，它作为商品的一种特定标记，是不可少的。商标的作用，大致如下：

1. 区别商品不同生产者和经营者的标志

这是商标最本质、最基本的作用。在一个国家或一个市场的贸易过程中，生产和经营同一种产品的情况是经常发生和普遍存在的。同时，随着改革开放进程的不断深入，国外进口到我国的产品不断增加，再加之利用国外的技术和设备逐步地消化吸收，势必不可避免地会出现同一种产品由几个生产企业同时生产和经营的情况。此时不同的商标，就成为区别同一类产品的不同生产和经营企业的可靠依据。

另外，商标的另一特性就是排他性的专用权。商标经国家工商行政管理总局商标局注册，就可以受到国家行政部门的保护，维护商标拥有的生产者或经营者的经济利益。注册后的商品商标，不允许其他生产企业使用。例如海南省椰树集团生产的椰子汁产品所用商标是经注册的椰树牌，其他任何企业生产的椰子汁均不可使用椰树牌注册商标。同样，国外进口至中国的椰子汁产品也不可使用椰树牌商标。这就起到利用商标来区别同一产品不同生产者或经营者的作用。

2. 不同生产企业产品质量的体现

使用经注册后的商标的产品，其质量必须保持一致，不能随意改变，同时还要不断努力去提高其产品质量。否则，由于质量的不稳定在市场上会逐渐失去信誉，降低了与市场上同类产品的竞争力。一个有作为的企业，为了使其产品在市场上不断扩大销路，使之具有相当的抗风险竞争力，总是会不断提高其质量。产品的质量越好，相应的价格就会显得更为合理，其产品和标志就会赢得广大消费者的信赖和铭记。这样，天长日久就会使具有该商标的产品成为消费者心目中铭记的名牌产品。另外，国家工商行政管理总局对授予"国家著名商标证书"的产品有个规定，如果产品质量有所下降，就将收回"国家著名商标证书"，待质量恢复到原有的高水平时，才能恢复使用国家著名商标的标示并发还有关证书。这样，通过行政领导部门采取措施，也就使名牌产品的产品质量得到了保证。

3. 便于消费者选购商品和找到需承担产品质量责任的生产企业

消费者到商场去选购商品时，无论是慕名而去还是使用消费上的习惯，或者对某种未消费过的产品的尝试，首先看到的是商标。因此，一般生产企业都利用商标的点缀，增添艺术形象来吸引消费者。通常，商标大部分配置在商品正面的醒目部位，使商标首先映入消费者的眼帘，以引起消费者产生选购欲望。同样，消费者按照经国家注册的商标去选购产品，能使消费者买到比较称心、满意的产品。另外，如果产品质次价高或给消费者带来安全上的危害，消费者就可按注册商标找到该产品生产企业而要求其承担质量责任并妥善处理购销矛盾。

4. 商标的广告作用

既然商标是一种标志，可以标志产品的质量和企业的信誉、形象，它自然就带有广告的色彩而成为一种广告手段。同时和电视、电台、报刊上的广告相比，商标更具有经济、灵活、宣传面大的特点。通常，广大消费者在选购产品时多数是以商标为突破口，即所谓认购名牌和名牌效应，商标的广告作用也就体现于此。

一般商标的广告作用，大致有两个途径：一是通过首批消费者经使用带注册商标的产品，将对产品的性能、式样、质量、作用等所产生的良好印象传播给其他消费者，这种传播具有相当高的可信度，产生的直接效果也十分明显；二是消费者通过电视、电台、报刊等媒体的宣传或通过咨询、产品介绍会等形式的宣传，加深对产品的注册商标的印象，诱导消费者的购买欲望。

（三）　商标注册的原则

1. 自愿注册和强制注册相结合原则

我国大部分商标采取自愿注册原则。国家法律、行政法规规定必须使用注册商标的商品（主要指卷烟、雪茄烟、有包装的烟丝）的生产经营者，必须申请商标注册，未经核准注册的，商品不得在市场上销售。

2. 显著原则

申请注册的商标，应当具有显著特征，便于识别，并不得与他人在先取得的合法权利（如外观设计专利权、姓名权、著作权）相冲突。

3. 商标合法原则

申请注册的商标不得使用法律禁止的标志。已经注册的使用地名的商标继续有效。未经授权，代理人或者代表人以自己的名义将被代理人或者被代表人的商标进行注册，被代理人或者被代表人提出异议的，不予注册并禁止使用。商标中有商品的地理标志，而该商标并非来源于该标志所标示的地区，误导公众的，不予注册并禁止使用；但是，已经善意取得注册的继续有效。

4. 对商标注册申请进行审查公告时，坚持申请为主、使用为辅的原则

两个或者两个以上的商标注册申请人，在同一种商品或者类似商品上，以相同或者近似的商标申请注册的，初步审定并公告申请在先的商标；同一天申请的，初步审定并公告使用在先的商标，驳回其他人的申请，不予公告。

5. 禁止抢注商标原则

申请商标注册不得以不正当手段抢先注册他人已经使用并有一定影响的商标。

NOTE

第二节　国际品牌决策

国际品牌决策是指企业在全球市场上采取何种产品策略。产品策略包括：是否采用品牌；采用企业品牌还是中间商品牌；采用统一品牌还是民族名牌；采用产品品牌还是企业品牌等。

一、国际品牌建立原则

品牌可以向消费者传达产品的六种信息：属性、利益、价值、文化、个性、使用者。如奔驰品牌使消费者联想到汽车产品形象中包含快速、昂贵、制造优良、设计良好的属性和性能高、安全性好、声望高的价值等，充分反映其品牌中的意义。建立优秀的国际品牌要遵从以下原则：

（1）合法性　产品品牌名称及标志应符合当地政府的法律法规，并向当地专利和商标管理部门申请注册，取得合法销售的地位，使企业的权益得到保护。

（2）独特性　产品品牌应别具一格，富于创意，易于识别，有别于其他企业的品牌。

（3）适应性　国际品牌要符合所在国当地市场的文化习俗，否则容易在意义上引起误解而造成国际营销的困难，如我国的男衬衣品牌名称"紫罗兰"在英文中意思为"无丈夫气的男子"；相反，美国饮料"可口可乐"品牌名称在我国却很适宜。

（4）提示性　品牌名称应向消费者暗示产品所含的某种意义或效用。如"五粮液"及其副品牌。"五粮液"酒作为我国粮食酒的老品牌，品牌定位是"国酒精品"。它又推出了诸多副品牌，如"哥俩好""干一杯""金六福"，各自的定位及表述均不相同，但五粮液"国酒精品"的价值主张并未改变。

（5）稳定性　国际品牌要具有稳定的品质，一方面有利于企业在国际上进一步延伸品牌；另一方面消费者也容易记住。世界上的著名品牌如"康柏""飞利浦"等都具有极大的稳定性。

（6）简明性　品牌如能易于记忆、易于读取和易于理解，就有利于消费者识别，对企业而言也便于宣传，降低宣传成本。

二、国际品牌的作用

（一）对消费者的作用

1. 品牌代表产品一定的质量和特色，便于买者选购，提高购物效率。

2. 品牌可保护买者的利益，便于有关部门对产品质量进行监督，质量出了问题也便于追查责任。

（二）对生产者的作用

1. 品牌便于卖者进行经营管理。如在做广告宣传和签订买卖合同时，都需要有品牌，以简化交易手续。

2. 注册商标受法律保护，具有排他性。

3. 品牌可建立稳定的顾客群，吸引那些具有品牌忠诚性的消费者，使企业的销售额保持稳定。

4. 品牌有助于市场细分和定位。企业可按不同细分市场的要求建立不同的品牌，以不同的品牌分别投入不同的细分市场。

（三）　对整个社会的益处

1. 品牌可促进产品质量的不断提高。由于购买者按品牌购货，生产者不能不关心品牌的声誉，加强质量管理，从而使市场上的产品质量普遍提高。

2. 品牌可加强社会的创新精神，鼓励生产者在竞争中不断创新，从而使市场上的产品丰富多彩，日新月异。

3. 商标专用权可保护企业间的公平竞争，使商品流通有秩序地进行，促使整个社会经济健康发展。

三、国际品牌决策过程

品牌决策是指企业根据产品的情况和市场状况来决定是否使用品牌、如何使用品牌及品牌重新定位的过程。

品牌决策过程包括：

第一，品牌化决策，即公司决定是否给其产品加上相应品牌。由于使用品牌可以给制造商和销售商带来许多好处，如简化交易手续、方便消费者购买、有利于建立良好的企业形象和声誉、增加产品的市场竞争力、建立稳定的顾客群等，因此大多数制造商和销售商使用品牌，但在某些情况下，建立品牌要付出较大的成本（包括包装费、标签费、广告费等），提高了产品售价，因此一些日常消费品和药品等可以不使用品牌。

第二，品牌归属决策，即制造商决定品牌使用权的归属的过程。制造商可以使用自己的品牌（全国品牌），也可以使用中间商的品牌（私人品牌），或者采用混合品牌，即一部分产品采用制造商的品牌，一部分产品使用中间商的品牌。这三种方式各有各的优点，制造商需要视具体情况决定使用何种方式。

第三，品牌质量决策，即制造商决定品牌的质量水平，也就是决定使用该品牌的产品质量的过程。不同质量水平的产品都有与其对应的销售市场和顾客，制造商要根据目标市场的选择来决定品牌质量，并且要随着时间的推移，根据市场的变化相应地改变品牌质量，可以提高品牌的质量、保持品牌的质量或者降低品牌的质量。

第四，品牌名称决策，即制造商在决定给其产品使用品牌以后，决定使用家族品牌还是使用个别品牌的过程。美国管理学专家菲利普·科特勒（Philip Kotler）认为，品牌名称战略至少可以分为四种：①个别的品牌名称。其好处是没有将公司的声誉系在某一品牌名的成败之上，即使某一品牌失败了，也不会损害制造商的名声。②对所有产品使用共同的家族品牌名称。其好处是引进一个产品的费用较少，不需要进行"牌名"的调查工作，但如果某公司生产截然不同的产品则不宜使用共同的家族品牌名称。③对所有产品使用不同类别的家族品牌名称。④公司的商号名称和单个品牌名称相结合。其好处是公司名称可以使新产品正统化，而单个品牌名称可以使新产品个性化。

第五，品牌战略决策，即制造商根据产品与品牌的情况决定采用何种品牌战略的过程。菲利普·科特勒认为，公司面临的品牌战略有四种：①产品线扩展：公司在同样的品牌名称下

NOTE

面，在相同的产品种类中引进增加的项目内容，如新口味、新形式、新颜色，增加成分，改变包装规格等。②品牌延伸：公司利用现有品牌名称来推出产品的一个新品种。③多品牌：公司在相同产品类目中引进其他品牌。④新品牌：公司在新产品目录中推出一个产品，并采用新的品牌名称。

第六，品牌重新定位决策。公司最初的品牌定位也许是适宜的，但随着时间的推移，市场状况可能会发生变化，或者由于竞争者的出现，使本企业品牌市场占有率下降；或者由于消费者偏好发生变化，本企业品牌不再适应消费者偏好的变化，这时公司需要对品牌重新定位，使之符合市场需要。公司对品牌重新定位时需要考虑两个因素：第一个因素是要考虑品牌转移的费用，包括产品质量改变费、包装费、广告费等；第二个因素是品牌在新位置上所能得到的收益。

四、国际市场营销中的特殊品牌决策

在国际营销中，产品的品牌决策除了要决定是否需设计品牌、品牌的使用者和所有者，以及如何设计品牌等内容外，还有以下特殊的决策：

（一）　全球品牌还是国别品牌策略

公司可能在国际市场上使用统一的品牌，或称全球品牌策略。全球品牌是世界各地顾客统一认知的品牌，即有相同的产品形式、相同的核心利益和价值，以及相同的定位。只有极少数的品牌能达到这些标准。像宝洁这样的公司也只有几个可看作是真正的全球品牌，即护舒宝、品客、潘婷，其他品牌如碧浪、汰渍、舒肤佳、玉兰油、帮宝适等只是开始着手进行全球定位。

公司选择全球统一品牌策略的原因有：一是采用全球品牌的产品，其开发成本可以摊到大批量生产当中，尤其适用于动辄涉及数十亿美元研发项目的高技术产业（如制药、汽车、计算机）。在制造、分销和单一品牌的促销中也可产生规模经济。二是企业出于营销策略上的考虑。全球统一品牌可为产品在国际市场上树立统一的形象，容易为消费者识别和购买；有利于显示企业产品在质量和技术方面的优势。在同类产品中取得全球领导地位的全球品牌有更强的竞争优势。

跨国公司也可能针对不同市场使用不同的地方品牌（或称国别品牌）策略。可口可乐的品牌家族中有 4 个核心品牌：可乐（Coke）、雪碧（Sprite）、健怡可乐（Diet Coke/Coke Light）、芬达（Fanta），同时该公司在世界各地还有大量的区域品牌和地方品牌。在印度，公司最畅销的品牌不是可口可乐，而是公司在当地收购的一个地方品牌"顶呱呱"（Thums Up）。

选择地方品牌可能会失去全球品牌的好处，当以下原因出现时，公司可采取这种品牌策略。一是当公司品牌无法翻译成目标市场国语言，或在目标市场国毫无名气，或企业欲在不同目标市场制定完全不同的价格时，可采用地方品牌策略。如美国日用品制造商美泰公司与中国合作伙伴合肥荣事达公司合作生产的洗衣机等家电产品，采用"荣事达"品牌销售，其原因就在于"美泰"名称在中国几乎无人知晓，而且，根据一项消费者调查显示，中国消费者认为美国电器体积庞大且笨重，与其挂美泰的品牌，不如利用中国老品牌的形象开展销售。二是东道国的法律规定迫使公司采用地方品牌或将原有品牌本土化。不遵守法律规定将难以开展经营。三是在爱国主义情绪高涨和提倡购买国货的国家里，将品牌名称与当地的观念联系起来，更有利于公司在当地的经营。例如，一家法国企业利用中东的反美情结，推出一种新型软饮料，取名"麦加可乐"（Mecca Cola），而且在瓶子上打出了一则富有寓意的口号："不要稀里糊涂地喝，要喝出信念。"

（二）　品牌的文化适应决策

由于国内外市场环境的不同，尤其是社会文化环境的巨大差异，要求从事国际营销的企业在设计品牌和商标时，或者在向国外市场直接销售产品时，都必须考虑品牌的文化差异与文化适应问题。首先，某些品牌或商标可能难以用当地市场的语言拼读发音。一般来说，品牌和商标越民族化，其他国家就越难以发音。如日本的松下公司在美国市场销售的电视机使用"松下"（Panasonic）品牌名，是因为产品的原名称 Mitsubishi 对美国人来讲很难拼读，而另一名称 National 在美国市场又有其他公司在使用。其次，某些品牌名称在当地市场能用当地语言拼读，但又有不适宜或晦涩的含义。如百事可乐公司以"Patio"的品牌向西班牙市场推出非可乐饮料，尽管该名称在西班牙语中能拼出读音，但语义不受欢迎，只好改为"美年达"。最后，某些品牌标志（符号、图案、颜色）在当地文化中可能有着特定的寓意。如白象在英语系的国家有"废物"的含义，而在南部非洲的某些国家，大象则是皇权和威严的象征。

因此，在国际营销中一旦发现品牌的使用有文化方面的障碍和制约，企业必须找出最佳的解决方案：修改品牌的名称或标志，或重新设计品牌。

第三节　国际市场品牌延伸

一、品牌延伸的含义

品牌延伸（brand extensions）是指企业将某一知名品牌或某一具有市场影响力的成功品牌扩展到与成名产品或原产品不同的产品上，以凭借现有成功品牌推出新产品的过程。品牌延伸并非只简单借用表面上已经存在的品牌名称，而是对整个品牌资产的策略性使用。品牌延伸策略可以使新产品借助成功品牌的市场信誉在节省促销费用的情况下顺利地进占市场。

品牌延伸是品牌策略的重要方面。对于拥有顾客忠诚的某种品牌来说，怎样才能使品牌永葆吸引力，使其能长期受到顾客的青睐呢？答案是：应不断追求品牌的延伸并准确把握和运用品牌延伸策略。

品牌延伸策略是把现有成功的品牌，用于新产品或修正过的产品上的一种策略；此外，品牌延伸策略还包括产品线的延伸（line extension），即把现有的品牌名称使用到相同类别的新产品上，推陈出新，从而推出新款式、新口味、新色彩、新配方、新包装的产品。

当一个企业的品牌在市场上取得成功后，该品牌具有市场影响力，会给企业创造超额利润。随着企业发展，企业在推出新的产品时，自然要利用该品牌的市场影响力，品牌延伸就自然成了选择。这样不但可以省去许多新品牌推出的费用和各种投入，还通过借助已有品牌的市场影响力，将人们对品牌的认识和评价扩展到品牌所要涵盖的新产品上。

品牌延伸从表面上看是扩展了新的产品或产品组合，实际上从品牌内涵的角度，品牌延伸还包含有品牌情感诉求的扩展。如果新产品无助于品牌情感诉求内容的丰富，而是降低或减弱情感诉求的内容，该品牌延伸就会产生危机。不应只看到品牌的市场影响力对新产品上市的推动作用，而应该分析该产品的市场与社会定位是否有助于品牌市场和社会地位的稳固，两者是否兼容。

品牌延伸的本源含义指的是企业把原有的品牌用到新产品上，以此来降低新产品的营销成本并尽快促成新产品推广成功的策略。著名品牌战略专家翁向东认为，品牌延伸后品牌麾下有多种产品，所以就形成了综合品牌战略（也叫"一牌多品战略""统一家族品牌战略"，或形象地比喻为"伞状品牌战略"）。

二、品牌延伸的优点

品牌延伸是企业推出新产品，快速占有并扩大市场的有力手段，是企业对品牌无形资产的充分发掘和战略性运用，因而成为众多企业的现实选择。它的优点有：

（一）品牌延伸可以加快新产品的定位，保证企业新产品投资决策迅速、准确

尤其是开发与本品牌原产品关联性和互补性极强的新产品时，它的消费与原产品完全一致，对它的需求量则与原产品等比例增减，因此它不需要长期的市场论证和调研，原产品逐年销售增长幅度就是最实际、最准确和最科学的佐证。由于新产品与原产品的关联性和互补性，它的市场需求量也是一目了然的。因此，它的投资规模大小和年产量多少是十分容易预测的，这样就可以加速决策。

（二）品牌延伸有助于减少新产品的市场风险

新产品推向市场首先必须获得消费者的认识、认同、接受和信任，这一过程就是新产品品牌化。而开发和创立一个新品牌需要巨额费用，不仅新产品的设计、测试、鉴别、注册、包装设计等需要较大投资，而且新产品和包装的保护更需用较大投资。此外，还必须有持续的广告宣传和系列的促销活动。这种产品品牌化的活动旷日持久且耗资巨大，它往往超过直接生产成本的数倍、数十倍。如在美国消费品市场，开创一个新品牌需要5000万至1亿美元，这显然不是一种新产品能承受的，没有巨大财力支撑就只能被扼杀。品牌延伸使新产品一问世就已经品牌化，甚至获得了知名品牌赋予的勃勃生机，这可以大大缩短被消费者认知、认同、接受、信任的过程，极为有效地防范了新产品的市场风险，并且可以省数以千计的巨额开支，有效地降低了新产品的成本费用。

（三）品牌延伸有益于降低新产品的市场导入费用

在市场经济高度发达的今天，消费者对商标的选择体现在"认牌购物"上。这是因为很多商品带有容器和包装，商品质量不是肉眼可以看透的，品牌延伸使得消费者对品牌原产品的高度信任感，有意或无意地传递到延伸的新产品上，促进消费者与延伸的新产品之间建立起信任关系，大大缩短了市场接受时间，降低了广告宣传费用。

（四）品牌延伸有助于强化品牌效应，增加品牌这一无形资产的经济价值

品牌原产品起初都是单一产品，品牌延伸效应可以使品牌从单一产品向多个领域辐射，就会使部分消费者认知、接受、信任本品牌的效应，强化品牌自身的美誉度、知名度，这样品牌这一无形资产也就不断增值。

（五）品牌延伸能够增强核心品牌的形象

品牌延伸能够提高整体品牌组合的投资效益，即整体的营销投资达到理想经济规模时，核

心品牌的主力品牌都因此而获益。

三、品牌延伸的方法

品牌延伸并非只借用表面上的品牌名称，而是对整个品牌资产的策略性使用。该策略有以下两种基本做法：

1. 纵向延伸

企业推出成功的品牌以后，再推出经过改进的该品牌的新产品，然后继续推出更新的该品牌产品。该品牌不仅升级换代的同一产品可用，新的包装规格、新的口味和式样等产品也可用。这种策略常用在耐用消费品生产上，其特点是同一基本品牌始终用于有所变化的同一产品，巩固企业在该市场领域的地位。

2. 横向延伸

把成功的品牌用于新开发的不同产品。例如，美国桂格麦片公司的桂格脆脆麦片，在早餐食品市场享有很好的声誉。公司利用这个品牌名称及其卡通人物的品牌标志，又推出雪糕、冰棒甚至短袖衬衫等新产品。

四、品牌延伸的风险

品牌延伸，一方面，在新产品上实现了品牌资产的转移；另一方面，又以新产品形象延续了品牌寿命，因而成为企业的现实选择。品牌延伸策略的风险在于，如果新产品质量不能保证或不符合消费者的需要，则有可能损坏消费者对企业其他产品的信任度。所以，企业在品牌延伸决策上需审慎行事，要在调查研究的基础上分析、评价品牌延伸的影响，在品牌延伸的过程中应采用各种措施尽可能降低对原品牌的冲击。

品牌延伸策略运用得当，自然能为企业营销活动带来许多方便和利益，倘若品牌延伸策略把握不准或运用不当，会给企业带来诸多方面的危害。因此企业在运用品牌延伸策略时，要谨防以下情况发生对企业经营活动产生的不利影响，避免损害企业利益的品牌运用风险。它包括以下几点：

（一）损害原有品牌形象

当某一类产品在市场上取得领导地位后，这一品牌就成为强势品牌，它在消费者心目中就有了特殊的形象定位，甚至成为该类产品的代名词。将这一强势品牌进行延伸后，由于近因效应（即最近的印象对人们认知的影响具有较为深刻的作用）的存在，就有可能对强势品牌的形象起到巩固或减弱的作用。如果运用不当的品牌延伸，原有强势品牌所代表的形象信息就被弱化。例如施乐美国公司收购了一家计算机公司，把它改名为"施乐资料系统"。然而"施乐"在顾客心中意味着复印机，他们不接受不能复印的"施乐"计算机，由此，施乐美国公司损失了 8400 万美元。

（二）有悖消费心理

一个品牌取得成功的过程，就是消费者对企业所塑造的这一品牌的特定功用、质量等特性产生的特定的心理定位的过程。企业把强势品牌延伸到和原市场不相容或者毫不相干的产品上时，就有悖消费者的心理定位。这类不当的品牌延伸，不但没有什么成效，而且还会影响原有强势品牌在消费者心目中的特定心理定位。

NOTE

（三）"跷跷板"现象

当一个名称代表两种甚至更多的有差异的产品时，必然会导致消费者对产品的认知模糊化。当延伸品牌的产品在市场竞争中处于绝对优势时，消费者就会把原强势品牌的心理定位转移到延伸品牌上。这样，就无形中削弱了原强势品牌的优势。这种原强势品牌和延伸品牌竞争态势此消彼长的变化，即为"跷跷板"现象。

（四）株连效应

将强势品牌名冠于别的产品上，如果不同产品在质量、档次上相差悬殊，这就使原强势品牌产品和品牌延伸产品产生冲击，不仅损害了品牌延伸产品，还会株连原强势品牌。当把高档产品品牌用在低档产品上就有可能产生灾难性后果。如美国"派克"钢笔以其质优价昂闻名于世，被誉为"钢笔之王"，然而该企业1992年上任的总经理为扩大销售额，决定进军低档笔市场，将"派克"品牌用在仅售3美元的低档笔上，结果形象声誉大受影响，非但没有在低档笔市场上站住脚，高档笔市场也被竞争对手夺去很大一块份额。

（五）淡化品牌特性

当一个品牌在市场上取得成功后，在消费者心目中就有了特殊的形象定位，消费者的注意力也集中到该产品的功用、质量等特性上。如果企业用同一品牌推出功用、质量相差无几的同类产品，会使消费者晕头转向，该品牌特性就会被淡化。

（六）产品定位差异化

在品牌延伸中，如果破坏了品牌定位中核心价值的一致性，就会降低品牌的市场影响力。若在品牌延伸中不与该品牌定位一致，会动摇人们心目中对该品牌的思维和情感定势，随着这种状况的持续，自然给公众传达了不利于该品牌的混乱信息，相应地该品牌的市场影响力就会降低，严重时会危及该品牌的市场地位。

（七）品牌延伸的不一致性

品牌延伸应尽可能避免在类别差异性比较大的产品间进行，在同类产品间延伸时也要注意品牌的市场和社会定位，如果该品牌具有很强的市场影响力，而且品牌和产品已画等号时，就应慎重考虑将该品牌延伸到其他同类产品上。

（八）品牌延伸种类适度

虽然品牌延伸产品可能保持了与品牌核心价值的一致性，但若不注意量的限制也可能会影响品牌的市场影响力，因为品牌所涵盖的产品过宽会造成管理上的不方便，其中任何一个产品问题的出现都会导致对品牌形象的损害。而且不同产品毕竟在定位上还是有一定的差异性，因此会或多或少地冲淡或影响人们心目中对该品牌的思维和情感定势。一个品牌定势的建立还是和最初的产品相联系的，产品种类过多往往冲淡这种定势。所以品牌延伸要注意对产品种类、数量的控制；品牌扩展的宽度是必须量力而行的。

第四节　国际品牌管理

国际品牌管理是全球化营销的主要内容。在一些市场上，全球性规模已成为竞争的一项先决条件。发展全球化品牌具有许多明显的优势：具有规模效益，降低成本；创造清晰的品牌联想，让人感到品牌的强大力量；减少竞争威胁的风险，抓住尽可能多的盈利机会。宝洁公司发现，一些成功的品牌如果在创建 12 年后还未进入主要的欧洲市场，那么其最初的优势可能会丧失殆尽。因此，许多跨国公司的做法是在产品和品牌的涉世之初就以全球为目标市场。这一类品牌和产品的代表包括丰田的凌志汽车、惠普的桌面喷墨打印机、IBM 网络产品和宝洁公司的玉兰油等。

一、全球性品牌经营模型

朱迪·伦农（Judie Lennon）1991 年提出了一个描述经营全球性品牌的模型。伦农认为，经过一段时间后，组成品牌特性的要素会正式或非正式地组织和整理起来，并传递给一系列的品牌经营者和执行人员。此后再过一段时间，这个成功的品牌就拥有了鲜明的品牌识别和个性。这些特征反映在对下列问题的回答中：

1. 产品是什么？这种产品在各个不同的市场都是完全相同的吗？它的制造符合有关国家的规范吗？这种产品能给顾客提供哪些功能？

2. 品牌是什么？如果我们把这个品牌作为一个人来看待，我们如何描述它？当这个品牌的特性超越国界后，会产生什么影响？

3. 在广告的理念中，用什么词语来表达"谁"和"什么"这两个概念？所有成功的国际品牌都有一套规则、规范与准则用以指导如何表现品牌。全球性识别（global recognition）是指在使用颜色、使用语、词语表达方式、音乐广告用语等方面统一化。

4. 在战略方面，广告应该做些什么？目前我们品牌的市场定位是什么？需要怎样对它进行改动？当广告制作中要求对品牌宣传有不同的侧重点时，品牌的核心特征应保持不变。

5. 为了适应文化方面的差异，需要在实际操作中做哪些修改？

由此可看出，品牌全球化并非采用完全的全球标准化营销策略。当公司在全球范围内介绍其产品，它们遇到的问题不但包括与同类相似产品的竞争，也包括如何使购买者改变他们固有的消费习惯及拒绝其文化体系中的禁忌。可口可乐和高露洁在全世界 200 多个国家中销售它们的产品，但它们并未对产品采取高度标准化的措施。可口可乐公司仅对 3 种品牌实施了标准化，而其中的雪碧在日本还采用了单独的配方。虽说高露洁牙膏在全世界都采用统一的市场营销方法，但它先进的牙龈保护配方却只在其中的 27 个国家中采用。全球品牌意味着一个全球性的市场定位，但在具体的营销要素和传播要素的决策上不得不考虑当地的特殊情况。比如，在全球沟通中就面临着三大课题：

首先是创意因素。在创意中最普遍的错误就是简单地误译口号和习惯用语。

其次是媒体因素。不同国家的媒体在媒体的受众偏爱、广告效力，以及时间和空间的成本上与其本国的情况是不同的。

最后是文化因素。全球沟通面临最为困难的问题是确定如何在品牌传播中吸收当地的社会准则。忽视这一点，将导致沟通的失败甚至会产生负面的影响。

二、发展全球性品牌的步骤

发展一个全球性品牌并不存在神秘的公式，但是有证据表明某些方法更能提高成功的概率。下面的步骤虽然不一定总是有效，但却是十分实用的。

NOTE

（一） 准备基本条件

将一个弱小的地区性品牌转变成一个全球性品牌存在一些基本的要求。在这些条件成熟之后，可以向品牌全球化方向迈进。

1. 持久的竞争优势

企业必须高度客观地评估本品牌与其所有的市场中可能遇到的竞争对手相比具有哪些差别化优势。

2. 一定的经济规模

生产成本函数并不是线性的，也就是说，成本并不总是随着产量的上升而稳定地下降。在短期内成本会急剧上升。因此，必须弄清楚的是，当实现何种预期的国际销售水平时，成本会达到一个有竞争力的水平。

3. 细分市场的规模

各地的细分市场不一定要有同样的规模，但是每一细分市场都必须足够大，才能支持品牌进入足够多的市场。

4. 全球化组织的保障

前面已经提到，跨国营销和全球营销是不同的。实施全球营销必须对企业进行组织结构的调整。无论是集权还是分权，都必须将组织的资源集中起来。在一个集权的组织机构里，中心品牌小组制定发展战略，然后这一战略传递到所有目标国家实施。在一个分权的组织结构中，可以让一个品牌小组负责一个国家的品牌发展过程。

（二） 界定品牌资产，发展品牌战略

在企业全面理解的本地市场、能够发挥企业优势的市场或竞争最激烈的市场（能产生对企业创造、发明和效率的激励作用），要界定品牌资产并发展整体品牌战略。这并不意味着忽视全球市场的消费者，而是使用一个特定的市场来检验品牌战略的有效性。

1. 了解消费者

深入了解及瞄准消费者的需要，全面分析当时市场上的竞争对手形势。这也涉及企业组织的人员配备，必须要由懂市场、懂语言、懂文化的人组成。1985 年，美国宝洁公司对亚洲市场进行广泛的消费者调查测试发现，消费者真正需要的是健康亮丽的头发，于是"潘婷"品牌结合 Pro-Vitamin 及润湿高科技，定位于"拥有健康，当然亮泽"的主张。

2. 定义品牌资产

准确了解品牌所代表的东西所能延伸的范围与界限。"护舒宝"是宝洁公司所拥有的世界强势品牌之一，它确定的基本性能资产是"一种更清洁更干爽的呵护感觉"。

3. 设计整体品牌战略

包括界定品牌精髓、价值观、特点、差异性、定位、个性、目标市场区域、营销组合。

（三） 检查目标市场

对所有重要的目标市场进行检查，以确定哪些因素会对品牌的营销组合产生影响和制约作用。比如消费者原有的偏好可能会抵制新品牌的短期销售增长，已占有当地市场的地方企业对外来竞争会予以强烈的反击，当地政府的某些政策法规不能通融，等等。"潘婷"在品牌全球化过程前期，挑选数个国家做实地市场测试，先在美国和中国台湾推出广告活动，吸取当地市场经验。

（四） 检查营销组合

为了适应市场而做必要的变通时，要检查重要市场中所有的营销组合要素。视情况对产品特色、品牌要素、标签、包装、颜色、材料、价格、销售促进、广告（主题、媒介和执行）等方面做相应的调整。

所有的调整要以市场测试结果为前提，不能主观臆断。多芬（Dow）香皂曾打入许多国家，但是公司很清楚这个词在意大利语中是"哪儿"的意思，这看上去好像不太合适。但市场反应表明，这并不是一个障碍。

在调整营销组合要素时要注意品牌识别系统的金字塔结构，品牌价值是最根本的要素，不能随意变动。

（五） 挑选国家，迅速扩张

这是一个复杂的选择过程，涉及对很多国家的详细分析。总的目标是要保证品牌在全体市场中赢得高度的市场占有率。比如，若以欧洲为总市场，则不得不先进入德国、法国、意大利、英国和西班牙；若一开始就以全球为总市场，则应先进入美国、南亚和欧洲国家。

对于品牌首次上市是在原产国还是在其他国家、进入多少个国家、具体是哪些国家等诸多策略性问题，要根据产品的性质、市场和竞争情况做出权衡。不过，要使利润最大化，应该在尽可能快的时间内向尽可能多的国家同时推出这一品牌。这很关键，为的是不给竞争者留下"复制"的时间。

（六） 不断创新，维护品牌资产优势

不断深入地了解消费者的内在心理和需要，开发更新的技术和生产方法。宝洁公司的经验表明，这一点对维护品牌的持久生命力十分重要。它通过更深的消费者洞察，新的技术或新的制造科学等不断推出更新产品。

思考与讨论

1. 简述品牌和商标的定义。

2. 品牌有哪些内涵？

3. 商标注册要遵循哪些原则？

4. 简述国际品牌决策的几种类型。

5. 国际品牌决策内容包括哪些？

6. 简述品牌延伸的概念。

7. 品牌延伸有哪些优点？

8. 品牌延伸有哪些方法？

9. 国际品牌管理中如何解决全球化与本土化相结合的问题？

NOTE

第九章　国际市场定价策略

案例导入

美国超市常见定价策略

价格制定一般要考虑竞争状况、消费者心理、定价目标等。美国一些超市在价格制定方面也呈现出多样化,对定价的运用真实全面。①尾数定价,即在许多产品的价格制定上都保留尾数。比如苹果种类不同其价格设定为每磅1.99美元、2.99美元、3.99美元,面包一盒2.39美元,有些蔬菜99美分,在价格标签上非常醒目。我们可以发现,价格标签中尾数是9的较多,许多超市把价格选择在最接近某一整数数位的临近处,不取整数位,一定要给人便宜的感觉,可见价格设计的精心与用心。②差别定价。在众多商品中,有一些商品是既有包装的,又有没有包装的,相比之下后者则明显便宜一些。差别定价另外非常明显体现在一些自有品牌的产品中,以Shoprite超市为例,由于美国可乐类产品销量很大,所以这家超市也销售以超市名称为商标的可乐产品,但其价格明显低于可口可乐及百事可乐两大可乐。此外,差别定价最主要体现在感恩节及圣诞节期间的产品促销中,许多商品降价力度之大,激起了广大消费者的消费欲望,其"黑色星期五"广为流传。③招徕定价。一些超市为了扩大销售量,也经常推出一些特价商品。这些促销的商品,能让顾客节省多少钱一看标签便知,其形式往往是在save后面跟上一个价格,所以看起来很清晰。大体相当于我国超市里面一些商品标签上标明的原价与现价这样一种情况。④会员价。一些超市为了吸引顾客并保留顾客,所以办理会员卡,经常有一些商品为会员进行一定幅度折扣。⑤优惠券。很多超市采用优惠券(coupons)这种形式。一些顾客乐于拿着剪下来的优惠券在结账时使用,为此可以省下一部分钱。诸如买一赠一(buy one get one)类似这种形式。顾客通过一定的付出但是可以得到几倍的回报等,对此也可看作有关定价策略的一种形式。我们可以看出,诸种价格策略其目的在于吸引顾客,经营者在让顾客感觉实惠的同时从中受益。许多产品的定价均围绕顾客心理而进行。因此,如何有效地把握顾客心理是定价的关键所在。

价格是市场营销组合中十分敏感而又难以控制的因素，它直接关系着市场对产品的接受程度，也影响着市场需求和企业利润的多少，涉及生产者、中间商、消费者等各方面的利益。而且产品价格的高低，直接决定着企业的收益水平，也影响到产品在国际市场上的竞争力。国内定价原本就很复杂，当产品销往国际市场时，运费、关税、汇率波动、政治形势等因素更增加了国际市场定价的难度。所以，企业必须认真地研究和确定。

第一节　国际市场定价的影响因素

影响国际市场定价的因素有很多，包括定价目标、成本、需求、竞争状况及其他营销组合因素。

一、定价目标

定价目标是指企业希望通过价格手段的运用而达到的预期营销效果。面对不同的国外市场，企业的定价目标也不一样。有些企业将国内市场作为主导市场，而将国外市场看作国内市场的延伸和补充，因此针对国外市场往往会采用比较保守的定价策略。另外，一些企业将国际市场看得和国内市场一样重要，甚至把国内市场当作国际市场的一部分，这类企业采取的定价策略往往是进取型的。企业针对各个国外市场设定的不同目标对定价策略也有很大影响。

在国际市场营销中，企业的定价目标主要有以下几种：

（一）维持生存目标

企业生产能力过剩且在国际市场上面临激烈竞争导致出口受阻的时候，为了确保企业能够打开国际市场，企业必须制定较低的价格，以求能够扩大在国际市场上的销量。此时，企业需要把维持生存作为主要的定价目标。

（二）利润目标

利润最大化定价目标是企业将实现利润最大化作为自己本期的经营目标。如果企业希望以最快的速度收回初期开拓市场的投入并获取最大的利润，往往会在已知产品成本的基础上，为产品确定一个最高价格，以求在最短时间内获取最大利润。

企业在较准确地掌握某种产品的需求与成本函数的情况下，可以通过建立数学模型得到利润最大化时的商品价格。

需求函数：$Q = a - b \times P$

其中，a，b 为大于 0 的常数；Q 为产品的需求量；P 为产品的价格。该函数体现了需求随价格变化而变化的一般关系。

成本函数：$TC = FC + VC \times Q$

其中，TC 为生产某产品的总成本；FC 为固定成本；VC 为变动成本。

总收入函数：$R = P \times Q$

其中，R 为总销售收入。

由此可得，总利润：Z＝R−TC

$$=P \times Q-(FC+VC \times Q)$$

$$=P \times (a-b \times P)-[FC+VC \times (a-b \times P)]$$

对利润函数求导得：

$$dZ/dP=a+b \times VC-2b \times P$$

当 $dZ/dP=0$ 时，Z 有极大值，所以得 P＝（a+b×VC）/2b 为企业获得最大利润时的产品价格。

采用这种定价策略，会使企业面临两种风险：①当前利润最大化，有可能会丧失扩大市场份额的良好时机，损害企业的长远利益；②对产品的需求弹性的测定和对产品生产、销售总成本的预计往往会有偏差，由此定出的价格可能不太准确，企业可能会因定价过高而达不到预期销售量，或者定价低于可达到的最高售价而蒙受损失。

（三）市场占有率最大化

有些企业想通过定价来取得控制国际市场的地位，使国际市场占有率最大化。当具备如下条件之一时，企业就可以考虑通过低价来实现国际市场占有率的提高：①目标市场对价格高度敏感，低价能刺激市场需求；②生产和分销的单位成本会随着生产经验的积累而下降；③低价能吓退现有的和潜在的竞争对手。

（四）产品质量最优化

企业也可以考虑把产品质量领先作为国际市场上的定价目标。由于获得质量领先地位的产品往往比处于第二位产品的价格会高出很多，这样因为质量最优化制定高价带来的利润可以弥补由于质量领先所伴随的高额生产成本和研发费用。因此，采用这种定价目标，企业需要在生产和市场营销过程中始终贯彻产品质量最优化的指导思想，并辅以相应的优质服务。

二、成本

成本核算在定价中十分重要。产品销往的地域不同，其成本组成也不同。出口产品与内销产品即使都在国内生产，其成本也不会完全一样。另外，国际营销与国内营销某些相同的成本项目对于两者的重要性也可能差异很大。例如运费、保险费、包装费等在国际营销成本中占有较大的比重。而另外一些成本则是国际营销所特有的，例如关税、报关费用、文件处理费用等。

（一）生产成本

我们考察一个企业，它使用资本、劳动和原料等投入，得到产出。表9-1-1说明了不同产出水平的总成本。观察第一列和第四列，我们看到总成本随着产量的增加而增加，这是很自然的，因为要得到某一物品的更多产量必须使用更多的劳动和其他投入；增加生产要素会引起货币资本的增加，例如生产2单位的产品总成本为110元，生产3单位的产品总成本是130元，等等。在我们的讨论中，企业总试图以最低的成本创造产出。

NOTE

表 9-1-1　不同产出水平的总成本

产量/Q	固定成本/FC（元）	可变成本/VC（元）	总成本/TC（元）
0	55	0	55
1	55	30	85
2	55	55	110
3	55	75	130
4	55	105	160
5	55	155	210
6	55	225	280

固定成本也称为"固定开销"或"沉淀成本"。它由许多部分组成，如厂房和办公室的租金、合同规定设备的费用、债务的利息支付、长期工作人员的薪水等。即使企业的生产量是零，也必须支付这些开支。而且，如果产量发生变化，这些开支也不会改变。

表 9-1-1 第三列显示的是可变成本，可变成本是随着产出水平的变化而变化的那些成本，包括产出所需的物料、为生产线配置的生产工人、工厂进行生产所需要的能源等。

总成本是固定成本和可变成本的和。

（二）分销成本

产品从生产地流通到最终消费者身上，要经历相应的环节，其间必然发生相应的费用。中间环节费用主要包括运输费用和支付给中间商的费用。

（三）运输成本

制定产品国际市场价格时必须把运费考虑进去，并注意国际市场运价状况。按照国际贸易惯例，我国企业进出口产品使用较多的是 FOB（装运港船上交货）、CFR（成本加运费）和 CIF（成本加运费和保险费）这三种办法。对于出口国来说，使用较多的是后两种，通常由卖方负责支付运输费用。

（四）关税

关税是当货物跨越国境时所缴纳的费用，是一种特殊形式的税收。关税是国际贸易最普遍的成本之一，它对进出口货物的价格有直接的影响。征收关税可以增加政府的财政收入，而且可以保护本国市场。关税额的高低取决于关税率，可以按从量、从价或混合方式征收。

（五）通货膨胀

在通货膨胀国家，成本可能比价格上涨得更快。而且政府往往为了抑制通货膨胀还对价格、外汇交易等进行严格的管制。企业必须做好对成本价格和通货膨胀率的预测，在长期合同中规定价格调整的条款，并且尽量缩短向买方提供信用的期限。

（六）汇率成本

汇率波动是国际贸易中经常面对的问题之一，其风险成本也必须考虑。由于发达国家的货币基本上都是采用浮动汇率制度，因此这些主要货币之间的比价变动使得人们很难准确地预测某种货币在未来时期的确切价值。

（七）融资成本

国际市场营销的一项交易从买卖双方开始磋商到最后付款，所费时间通常较长，容易造成企业资金的短缺，增加企业的资本成本。资本成本在不同的国家是不一样的，通常发达国家的

NOTE

利率要低于发展中国家。因此，如果企业使用利率较高国家当地的信贷来支持生产和营销，可能会用较高的价格把高利率成本转移到买方。

三、供求状况

产品的最低价格取决于该产品的成本费用，而最高价格则取决于产品的市场需求状况。各国的文化背景、自然环境、经济条件等因素不同，决定了各国消费者对相同产品的消费偏好不尽相同。要使制定的价格政策能实现企业定价目标，企业需要深入研究目标市场消费者的消费习惯及收入分布情况。

四、国际市场竞争状况

对许多种类的产品来讲，竞争因素是影响产品价格最为重要的因素。市场竞争按其程度大小可分为完全竞争、完全垄断、不完全竞争和寡头垄断四种类型，这里我们只介绍前三种市场类型的价格策略：

1. 在完全竞争条件下，由于买卖双方对商品的价格均无影响力，价格只能随供求关系而定，为此，企业只能接受现实的价格。

2. 在完全垄断条件下，由于某产品完全被一个垄断组织所控制，因而该组织拥有较大的定价自由。但是，垄断组织在制定价格时，也必须考虑比较高的价格可能会引起消费者的反感和政府的干预。

3. 在不完全竞争条件下，对价格的影响力是由企业对市场的控制能力的大小决定的。

五、公共政策

东道国政府可以从很多方面影响企业的定价政策，比如关税、税收、汇率、利息、竞争政策及行业发展规划等。作为出口企业，不可避免地要遇到各国政府的有关价格规定的限制，遵守政府对进口商品实行的最低限价和最高限价，约束了企业的定价自由。

第二节　国际市场定价方法

一、成本导向定价法

成本导向定价法是一种主要根据产品的成本决定其销售价格的定价方法。这种定价方法在定价的时候较少考虑市场需求和竞争状况。成本导向定价法在定价时首先考虑收回企业在生产经营中的全部成本，然后再考虑取得一定的利润，即在总成本的基础上加上一定利润，以此作为产品的价格。

其主要优点在于简便易用、比较公平。其主要方法有：

（一）成本加成定价法

成本加成定价法是一种传统的产品定价方法。成本加成就是以商品总成本为基础，再加上一个百分比作为利润来确定价格。

成本包括生产成本（固定成本与变动成本）和经营成本（销售费用、管理费用、运费、关税等）。

成本加成定价是企业最基本、最普遍采用的定价方法，这种方法简便易行，计算准确，但由于缺乏竞争性，没有考虑消费者的需要，是很难制定出最适宜的价格的。

若以 C 表示产品单位成本，以 S 表示百分比，P 表示价格，则有：

P＝C（1+S）

上述公式中，C 除了指产品的制造成本外，还应考虑许多国际市场营销所特有的成本项目，根据这些费用是由生产厂家负担，还是由出口商或进口商负担，决定制定价格时是否将这些成本计算在内。

也可以从商品价格出发，倒扣一个百分比，求得进价。

C＝P（1-S）

P＝C（1+S）称为顺加法，C＝P（1-S）称为倒扣法，企业都有所应用。在美国，多采用倒扣法。现在，我们对两种方法的运用试做分析：

例如，公司生产出口某型号的电视机 1 万台，每台固定成本 200 元，变动成本 1000 元，预期利润率 10%。

用顺加法计算售价：

P＝1200（1+10%）＝1320（元）

用倒扣法计算进价：

C＝1320（1-10%）＝1188（元）

同一比例的加成，倒扣法算出的价格与成本和顺加法都不相同。从中我们可以体会到倒扣法的作用。与顺加法相比，在成本相同的情况下，倒扣法有较高的价格，或者说市场价格相同，而倒扣率较低，其迷惑性较强；企业欲统一市场价格或维护既定的定价策略，可根据经营条件的不同给零售商以不同的折扣率，而形成统一的市场价格，以避免价格战。

成本加成定价法之所以受到企业界欢迎，主要是由于这一方法有以下几个方面的优点：

（1）相对于需求的不确定性而言，成本的不确定性一般比较少，根据成本决定价格可以大大简化企业定价的过程。即使企业对国外市场上的需求、竞争等因素了解不多，产品只要能够卖得出去，根据成本加成定出的价格就能保证企业的正常经营。

（2）如果同行业中所有企业都采取这种定价方法，则价格在成本与加成相似的情况下也大致相似，价格竞争也会因此减至最低程度。

（3）许多人感到成本加成法对买方和卖方讲都比较公平，当买方需求强烈时，卖方也不利用这一有利条件谋取额外利益，同时又能获得公平的投资报酬。

成本加成定价法的主要缺点就是忽视了市场供求关系的变化及影响产品销售的其他因素。当市场出现供大于求时，因企业定高价而未及时改变，使产品难以销售出去；当市场出现供不应求时，产品定低价，一方面未能及时提高利润率以加快收回投资，另一方面使购买者认为企业产品质量低劣，影响企业和产品形象。

我国企业在运用成本加成定价法制定产品价格时，还要考虑国外市场对倾销的认定。由于我国劳动力成本低，导致产品低成本和低售价，有时在国外市场上被他国政府认定为有倾销倾向。这也是我们在制定产品价格时要考虑的一个因素。

NOTE

（二） 目标利润定价法

目标利润定价法亦称为投资收益率定价法。它是根据企业的总成本和计划的总销售量，加上按投资收益率制定的目标利润作为销售价格的定价方法。

这种方法的实质是将利润看作产品成本的一部分来定价，将产品价格和企业的投资活动联系起来，一方面强化了企业经理的计划性，另一方面能较好地实现投资回收计划。国外大型的工业企业，因为投资大，业务具有垄断性，又与公众利益息息相关，政府对它的定价有一定的限制，常采用这种方法。

企业使用目标利润定价法，首先要估算出不同产量的总成本，未来阶段总销售量（或总产量），然后决定期望达到的收益率，才能制定出价格。其过程是：

产品收益＝产品总成本＋目标利润

且：产品收益＝产品单价×产销量

产品总成本＝固定成本＋变动成本×产销量

因此：产销量＝（固定成本＋目标利润）／（产品单价－变动成本）

用公式表示：

$$Q = (FC+R) / (P-VC)$$

仍以上例为例，设目标利润为 100 万元，单价为 1320 元，则：

$$Q = (2000000+1000000) / (1320-1000) = 9375 (台)$$

在目标利润定价法中，价格与销量的关系是由需求弹性决定的。因此，在采用此法时，要明确：①要实现的目标利润是多少；②大致的需求弹性是多少，最后才能考虑价格，把定价定在能使企业实现目标利润的水平上。

目标利润定价法的不足之处在于价格是根据估计的销售量计算的，而实际操作中，价格的高低反过来对销售量有很大影响。销售量的预计是否准确，对最终市场状况有很大影响。企业必须在价格与销售量之间寻求平衡，从而确保用所定价格来实现预期销售量的目标。

（三） 收支平衡定价法

收支平衡定价法又称保本定价法，其原理是产品总收入等于产品的总支出。例如，某企业已知生产某产品的总固定成本为 20000 元，单位变动成本为 20 元，就可求出不同价格下收支平衡点的产量。该收支平衡点上的价格使企业不会亏损也没有盈利。收支平衡的定价计算公式为：

产量＝总固定成本／（单位价格－单位变动成本）

若企业的产量定为 800 件，则 $800 = 20000 / (P-20)$

$$P = 45 (元)$$

使用此法，可以告诉我们在什么价格条件下，企业相应达到多少单位产量以上才能盈利。

二、需求导向定价法

需求导向定价法是企业根据客户对价值的认识和消费者需求程度，而不是依据企业的成本水平制定价格。

（一） 价值定价法

价值定价是指尽量让产品的价格反映产品的实际价值，以合理的定价提供合适的质量和良好的服务组合。这种方法兴起于 20 世纪 90 年代，被麦卡锡称为是市场导向的战略计划中最好的定价方法。

价值定价与认知定价是有区别的，消费者对企业产品的认知价值是主观的感知，并不等于企业产品的客观的真实价值，有时两者之间甚至会有较大的偏离。企业价值定价的目标就是尽量缩小这一差距，而不是通过营销手段使这一差距向有利于企业的方向扩大。企业要让顾客在物有所值的感觉中购买商品，以长期保持顾客对企业产品的忠诚。

在零售业中，沃尔玛被认为是实施价值定价法的成功典范。它的"天天低价"策略比传统零售商的"高-低"定价策略（即平时的定价较高，但频繁地进行促销，使选定商品的价格有时会低于沃尔玛的价格）更加受顾客青睐。值得强调的是，所谓的低价是相对于商品的质量及服务而言的，任何以牺牲质量为代价的低价正是价值定价法所反对的。此外，价值定价不仅仅只涉及定价决策，如果企业无法让消费者在现有的价格下感觉到物有所值，那么企业就必须对产品重新设计、重新包装、重新定位及在保证有满意利润的前提下重新定价。

（二）　倒推定价法

这种定价方法不以实际成本为主要依据，而是以市场需求为定价的出发点。可以通过以下公式计算价格：

批发价＝零售价格／（1+零售商毛利率）

出厂价＝批发价格／（1+批发商毛利率）

显然这一方法仍然是建立在最终消费者对商品认知价值的基础上的。它的特点是：价格能反映市场需求情况；有利于加强与中间商的良好关系，保证中间商的正常利润，使产品迅速向市场渗透；并且根据市场供求情况及时调整，定价比较简单、灵活。这种定价方法特别适用于需求价格弹性大、花色品种多、产品更新快、市场竞争激烈的商品。

三、竞争导向定价法

竞争导向定价法是以同行业竞争对手的价格作为企业定价的依据。该法只考虑竞争者价格的变化，而不考虑产品成本和需求的变化，使产品价格始终保持在与竞争者价格相等或接近的水平。主要方式有以下两种：

（一）　随行就市定价法

此法指企业按照本行业在国际市场上的市场价格水平定价。在竞争激烈的国际市场上，销售某些同类产品的各个企业，在定价时实际上没有多少选择余地，只能按照行业的现行价格定价。如在国际初级产品市场上，在质量、交货期等非价格因素相差不大时，如果把价格定得高于市价，产品将难以销售；反之，把价格定得低于市价，又会导致企业自己的目标利润难以实现，或促使其他企业降价，从而引发价格战。

（二）　密封投标定价法

当多家供应商竞争企业的同一个采购项目时，企业经常采用招标的方式来选择供应商。供应商对标的物的报价是决定竞标成功与否的关键。价格报得过高自然会得到更多的利润，但是却减少了中标的可能性，反之，则可能由于急于中标而失去可能得到的利润。很多企业在投标前往往会拟订几套方案，计算出各方案的利润并根据对竞争者的了解预测出各方案可能中标的

NOTE

概率，然后计算各方案的期望利润，选择期望值最大的投标方案。

　　例：某企业拟对外投标，制订了三套方案：A 为最大利润方案；B 为适当利润方案；C 为最小利润方案（表9-2-1）。

表 9-2-1　密封投标报价方案　　　　　　　　　　　　　　（单位：万美元）

方　案	报　价	成　本	利　润	中标概率	期望利润
A	4000	1400	2600	1%	26
B	2800	1400	1400	50%	70
C	1400	1400	0	100%	0

　　从表9-2-1中可见，中标概率与报价成反比。因此，报价高中标概率低，风险大；报价过低，获利太少。一般是寻求一个略低于竞争对手而略高于标底的价格。B 方案对投标企业最有利。

第三节　国际价格升级与国际转移定价

一、国际价格升级

（一）国际价格升级内涵

　　同在国内销售的产品相比，出口到国际市场上的产品由于地理距离的增加、经济差异的加大，导致了国际市场营销需要更多的运输和保险服务，需要更多的中间商和更长的分销渠道服务，还需要支付出口所需的各种案头工作费用和进口税。以上各种费用都作为成本费用加在产品的最终售价上，从而导致了产品在国际市场上的最终价格要比国内销售价格高很多的现象。这种外销成本的逐渐加成所形成的出口价格逐步上涨的现象称为价格升级。产品内销与外销价格的巨大差异是由国际销售比国内销售需要增加更多的营销职能而决定的。因此不能就认为企业将产品销往国外就能得到更多的利润。出口过程中各环节费用的逐渐增加是造成价格升级的根本原因。从上述分析可以看出，价格升级并没有给出口企业带来任何额外的利润。相反，由于价格升级，使得企业目标市场的消费者需要花高价购买同样的商品，高的价格抑制了需求，减少了企业产品的销售量，对生产企业本身产生不利的影响。价格升级也是企业要想办法解决的一个问题。

（二）降低国际价格升级的方法

1. 降低净售价

　　通过降低净售价的方法来抵销关税和运费。但这种策略常常行不通，一是因为减价可能使企业遭受严重的损失，二是企业这种行为可能被判定为倾销，被进口国政府征收反倾销税，使价格优势化为泡影，起不到扩大销量的作用。

2. 改变产品形式

　　例如，将零部件运到进口国，在当地组装，这样可以按照比较低的税率缴纳关税，在一定程度上降低了关税负担，从而使价格降低。

3. 在国外建厂生产

　　这样可以在很大程度上减少运费、关税、中间商毛利等价格升级造成的影响，但也会面临国外政治经济形势变动的风险。

4. 缩短分销渠道

这可以减少交易次数，从而减少一部分中间费用。但是，有时渠道虽然缩短了，成本却未必会降低，因为许多营销的职能无法取消，仍然会有成本支出。在按照交易次数征收交易税的国家，可以采用这种办法来少缴税。

5. 降低产品质量

即取消产品的某些成本昂贵的功能特性，甚至全面降低产品质量。一些发达国家需要的功能在发展中国家可能会显得多余，取消这些功能可以达到降低成本以控制价格的目的。降低产品质量也可以降低产品的制造成本，不过这样做有一定的风险，决策时一定要慎重。

二、国际转移定价

随着跨国公司经营业务的发展及规模的不断扩大，其内部贸易在国际贸易中的比重愈显重要。目前，世界贸易中约有 1/3 是在跨国公司内部进行的。跨国公司内部成功的经营管理是其跨国经营战略的重要一环，其中跨国公司内部贸易的定价机制，尤其是转移价格，成为跨国公司经营中最具诱惑力的商业秘密武器。转移价格又称转移定价、调拨价格、内部价格等，是跨国公司内部母公司与子公司、子公司与子公司之间相互约定的出口和采购商品、劳务及技术时使用的一种价格。它并非根据国际市场上的供求情况制定，而是根据跨国公司的全球战略和整体利益人为制定的。因跨国公司内部贸易涉及商品和劳务两个方面，转移价格也包括两个内容：一是有形产品的转移定价，如公司内部相互提供设备、零配件等的价格；二是无形产品的转移定价，如子公司向母公司支付贷款利息、商标使用费、技术使用费、管理费等的价格。在跨国公司的触角几乎遍及全球各个角落的今天，转移价格日益受到母国和东道国的重视。随着我国改革开放的深入，众多海外跨国公司纷纷涌入，在推动经济发展的同时，也带来了不可避免的冲击，如何对付不合理转移价格是不容忽视的问题之一。此外，尽管我国跨国公司发展尚处起步阶段，但未来中国企业跨国经营已是不可抗拒的趋势。因此，无论着眼于现在还是未来，对跨国公司转移价格的研究都具有重要的现实意义。

（一）转移价格的产生

转移价格是跨国公司跨国经营的必然产物。首先，跨国公司内部贸易的形成是转移价格产生与发展的标志与前提。作为一个由母公司及众多海外子公司组成的统一经营实体，其内部母公司与子公司及各子公司之间都存在着经常性的大量资金、商品、技术、劳务等流动，这些内部贸易需要有相应的价格作为核算的依据，由此转移价格得以产生。伴随着跨国公司经营业务国际化程度的提高，在国际市场存在结构缺陷（如贸易保护、知识产权等）和交易缺陷（如额外风险、市场差异）的情况下，必然导致公司内部分工细化，并相应带来公司内部各项要素和产品流通规模的扩大。很明显，只依赖国际市场无疑会影响跨国公司经营战略的有效实施与生产的顺利进行，为此，最大限度地借助于国际市场脱离公司内部贸易成为其必然选择。其次，转移价格是跨国公司实施全球战略经营的重要策略。跨国公司遍及全球的对外直接投资，使其得以在全世界进行各项生产要素的合理配置与再配置。正是通过转移价格这种方式，跨国公司的全球战略突破了一个国家一个市场的局限，享有全球统一调配资源，能最有效地使用人、财、物及技术，以达到全球经营一体化的效果。最后，转移价格是跨国公司追求利润最大化的重要渠道。由于转移价格是一种公司内部贸易价格，在一定程度上不受国际市场供求关系的变化影响，跨国公司可以从贸易双方共同利益出发和全球经营考虑，充分利用各国在汇率、利率、关税等经济及政治因素上的差异，利用转移价格，把成本降至最低，取得最大利润。

（二）转移价格的作用

转移价格作为跨国公司内部经营管理的重要手段，一般都属于公司的最高机密，在任何时候都不向外泄露。局外研究人员很难收集到有价值的具体情报资料，但是，有限的研究结果表明，转移价格至少在以下几方面对跨国公司起着重要作用：

1. 逃避税收

主要指逃避所得税与关税。目前世界上有许多"避税天堂"（tax heaven），如巴哈马、巴林、摩纳哥、汤加等，因其所得税极低而得名。跨国公司可通过其设在避税地的子公司低价收购，高价卖出，尽管货物和款项均不经过避税地，但账面上的这次周转就使卖者子公司"低价"出售而无利，买者子公司高价购买亦无盈利，而设在避税地的子公司则取得了双方收益，减轻总公司税赋。另一种逃避所得税的方法是利用不同国家（地区）税率上的差异。如由高税率国家向低税率国家出售技术或劳务时，采用调低转移价格的办法，以降低低税率国家的进货成本提高其利润。反之亦然。这样，盈利从高税率国家转移到低税率国家，使整个公司的税赋减轻。在关税方面，虽然任何一个国家的公司都无法改变关税，但只要运用转移价格适当，仍可变通。通常有以下几种方法：①利用区域性关税同盟及有关协定的某些优惠规定。②利用不同国家（地区）的子公司，以较低的发货价格，减少纳税基数和纳税额，降低进口子公司的从价进口税。至此，不难看出，跨国公司运用转移价格逃避关税与所得税的影响正好相反，少纳进口税就得多纳所得税，一般来说，所得税赋要重于进口税赋，故跨国公司权衡利弊，通常优先考虑所得税因素。还有在进口受外汇配额影响的国家，较低的转移价格可以抵消配额限制。如东道国政府对特殊商品进口配有一个有限的外汇额度，用较低的转移价格可以令企业带进更多的商品。

2. 逃避风险

这里的逃避风险包括以下几方面：

（1）减少或避免外汇汇率变动风险　金融危机以来，各国货币汇率波动很大且频繁，致使跨国公司面临贸易中的交易风险，也面临资产的外汇风险。一般跨国公司采取货币转换的方法和"提前与延付"付款的方法来防止，但利用转移价格可以加强这种方法的有效程度，从而使风险进一步降低。

（2）避免政治风险　政治风险与经济危险很难分开，尽管政府的决策可以从政治角度来解释，但这种决策后面的基本要素可能却是纯经济的。其中被没收或国有化是跨国公司最担心的，尽管跨国公司可以采取一系列方法，如参加投资国政府的投资保险计划、雇用当地管理人员、使东道国拥有公司的股权等，将部分风险转嫁出去，但在具体投资中，跨国公司常常使用转移价格对子公司实行更高的销售价格、索取高额服务费、压低子公司出口商品价格等办法，使子公司陷入财政赤字状态，成为空架子，从而将投资利润从东道国转移出去，将风险降至最低。

（3）对付价格管制　为维护本国市场和当地居民的合法权益，保护民族工业，东道国制定市场价格控制政策。为避免东道国倾销等指控，跨国公司利用转移价格提高成本以提高该产品价格，同时，为避开东道国的最终产品价格管制，跨国公司将产品或生产该产品的中间产品以高价转嫁给子公司，形成高成本，提高产品售价，赚取高额利润。

3. 调拨资金

跨国公司的全球经营需要利用众多的资金市场，从整个公司体系内部各单位统筹资金额度，并希望能尽早收回投资，但是许多国家都实行不同限度的各种管制。为此，利用转移价格，使各子公司对母公司的各种生产、科研、管理等支付高额费用，对子公司高价售货或低价购买，从子公司抽回资本。类似做法还有：把资本从低利率国家转到高利率国家，或当某个国外高层存在扩大投资的良机时，将子公司的资金及时转移出去。

4. 获得竞争优势

转移价格是跨国公司获得竞争优势的制胜法宝。跨国公司在海外新建子公司时，可以凭借整个公司体系的资金等实力，运用转移"低价"，为新建子公司供应低廉的原料、产品和劳务，高价买进子公司产品，帮助子公司迅速打开局面，树立良好信誉，站稳脚跟；当跨国公司的某个海外市场竞争异常激烈时，总公司以转移"低价"，不惜血本，维持低价倾销，集中财力、物力支持在那里开拓市场的子公司，直至把对手挤垮，最终占领市场。

5. 减少利润过高带来的麻烦

跨国公司进入某个新市场，必然引起同行关注，它的失败是前车之鉴，但成功却是无声号角，引来竞争对手纷纷"抢滩"，易引起对市场的重新划分。此时，运用转移价格，降低东道国的利润，可以引开潜在竞争者对新市场的视线。

此外，子公司的高利润还会带来三种麻烦：①导致东道国政府重新谈判跨国公司进入条件并制定新政策，分享其利，利用转移价格，可使其盈利移至国外，宣布较低的公司利润，甚至亏损。②来自合作伙伴的麻烦。如果在合资企业中，跨国公司投资所占比例较高，扩大该合资企业的资产，可减少公布利润额，从而减少缴纳所得税赋与分红损失；反之，若投资国投资额较高，按投资比例分工，跨国公司获利较少，也可以利用转移价格减少合资企业总收入，来限制投资国分红。③当面临工会压力，要求工人分享企业利益，增加工资福利开支时，可采用高进低出的转移价格，使子公司账面利润呈现较低水平，应付工会查账。

（三）转移价格的防范

跨国公司大量使用转移价格，给母国和东道国带来不少损失，对母国来说，这种损失主要是税收的减少，而对东道国来说损失更大，还涉及国际收支、外汇流出等诸多方面。较为突出的例子是哥伦比亚政府1972年对外国子公司调查结果显示：子公司从母公司进口的产品价格普遍高于国际市场价格，其中药物高150%，化工品高25%，电器高51%。被调查的所有外国企业从转移价格中所获的额外收入相当于它们公布利润的24倍，单药品一项造成的经济损失就相当于哥伦比亚所有工业技术部门付出的专利使用费的总和。类似情况同样发生于其他发达国家与发展中国家。针对上述情况，各国纷纷加强研究，采取对策，一般对策分为两方面，一是母国采取的，一是东道国采取的。我国目前主要作为跨国公司的东道国，故着重探讨东道国防范转移价格的对策，以期待对我国有所启示。

1. 直接管制

直接管制是为了寻找一种市场价格或与之相近的价格代替转移定价，从而对其内部转移价进行监督和管理。

（1）运用"比较定价"措施定价　将同一行业中某项产品一系列的交易价格和利润率进行比较，如果发现某一跨国公司子公司的进口价格过高或出口价格过低，不能达到该行业的平均利润率时，税收部门可按"正常价格"（亦称"公平价格"，即以正常交易价格或卖给无关顾客同样商品的价格）进行营业补税。

（2）加强海关监督　任何货物进出口都需要通过海关，海关是设在国境上的国家行政管理机构，是贯彻执行东道国有关进出口政策、法令和规章的重要工具，可以有效地防止跨国公司操纵转移价格。如发现进出口价格明显异常时，可以要求重新估价或补交税收。

NOTE

（3）以"国家出口牌价法"为标准　东道国以其大宗出口的初级产品制定出口牌价，作为公开市场上出售该产品为原料和制成品价格的一部分。因其取决于跨国公司与东道国政府的谈判，适用范围有限。目前只有赞比亚、坦桑尼亚等对某种产品谈判能力较强的几个非洲发展中国家使用。

（4）建立审计制度，加强对三资企业的财务管理与监督　任何企业的经营状况最终都会在企业的财务账目中反映出来，转移定价的操纵也离不开会计账目，因此，建立健全严密的财务审计制度，是控制转移价格的关键因素。有时跨国公司转移价格的制定就视东道国审计制度与审计工作的情况而定。

2. 间接管制

跨国公司操纵转移价格的两个最主要目的就是逃避税收和转移利润，为此，东道国有必要通过对税收体系等调整来进行间接管制。

（1）用"公式分配法"计算跨国公司子公司所得税。首先按一定的公式估算出子公司应税利润，然后按子公司利润与其他国家正常利润的一定比例缴纳所得税，从而使跨国公司利用转移价格逃避税收的可能性减小。但这种方法有两个困难：一是公式中的变量即跨国公司可增减的比例没有统一标准，二是选择变量要有大量有关成本利润、资金周转等方面的信息资料，这对于发展中国家较难。

（2）"税收待遇一体化"。东道国对跨国公司子公司征税大致分为三类：投入税、产出间接税和所得税。跨国公司运用转移价格时往往通过东道国不同税种、税率的差异，人为调高或调低某些生产要素的价格，对此东道国采用"税收待遇一体化"政策，在一定时期内，统一各种税率，在保证总税收收入不变的情况下，减小了跨国公司利用转移价格的可能性。

（3）对出口额进行差别处理。跨国公司常常利用低额开列出口发票的方式减少在东道国的纳税额。为防止这种损失，东道国可在计算应税利润时，先把出口额从总销售额中扣除，按正常价格计算其利润，核算出口应税利润额。这样，尽管低额开列出口发票可以减少所申报的利润，却不使总税收减少。

（4）跨国公司只有当高税国对于某些汇回项目不征税或课以低税，同时又有能力把利润转换为这种汇回项目时，才能从国际税制差异中得到好处。对此，对某些内部转移支付征税，可以在一定程度上遏制跨国公司对转移价格的滥用。也有些国家采取降低涉外税率的办法，使之略低于跨国公司的转移税率水平，有一举两得之效：一是避免跨国公司利用转移价格；二是还可在一定程度上增加对外资的吸引力。此外，作为东道国必须注意国际市场行情变化。制定政策时，要对各种要素综合分析考虑，实行"一揽子"计划，对跨国公司的转移价格实行多方控制。越来越多的国家对转移价格给予重视并采取多方措施，使之越来越困难与危险，机会不断减少。但转移价格对跨国公司的财务与会计人员仍具有高度的重要性，这场没有硝烟的"战争"还在进行中。

（四）"转移定价"是把"双刃剑"

自从人类有了国家，就有了税收（体制）。自从有了税收（体制），就有人试图少交税甚至不交税。"避税"与"反避税"的话题由来已久，花样层出不穷。从假穿外资的嫁衣，到跨国公司进行内部关联交易，再到某些内资企业注册离岸公司，进行"转移定价"，以达到避税的终极目的。

1. 转移定价的空间

市场经济的假设之一就是：承认人（自然人和法人）的趋利性，这也是市场得以发挥重要作用的理论依据。另外，对市场经济本身的一个要求是：要求市场对每一个市场主体提供均等的机会、公平的竞争环境。然而，由于历史的原因，到目前为止，国内的税法体系尚没有完全统一。在立法的层面上，内资企业就受到了歧视待遇，而外资企业却堂而皇之地享有超国民待遇，这就在为国内避税留下了法律空间的同时也留下了内资企业心理的不满情绪。国内尚且如此，国际避税的空间就更大了。严格来说，只要有两个国家（地区）存在税法体系的差异性（税率差异），就存在国际避税的空间和可能。转移价格的基本原则是从高税率转移到低税率的地方。由于各国或地区的税率与税收体制存在较大差异，因此既存在现实的需求，也存在可行的操作空间。例如，中国香港所得税的基本税率是 17.5%，美国为 30%~40%，而中国内地内资企业名义所得税率为 33%，实际税率为 24%。因为存在这种差异，所以通过适当的安排，可以降低企业的纳税数额。"转移定价"的操作原理其实非常简单，只要国内企业再注册一家离岸公司，前提是离岸公司注册地的所得税较国内要低。像中国香港、英属维尔京群岛（BVI）等地方便是。接下来就是会计技术问题，该技术原理也非常简单，即遵循"利往低处流"（利润往应征所得税低的公司转移）、"费往高处走"（费用成本记到所得税高的公司上）的原则，这样一个来回，就达到了避税的目的。

2. 转移定价的潜在风险问题

"转移定价"的操作原理尽管非常简单，但它毕竟进行的是跨国境、跨地区操作，并且至少涉及两套法律制度，而且进行"转移定价"操作的时间跨度都相对较长，动辄可能就是几年以上。基于这些特点，进行"转移定价"操作的企业可能会面临以下潜在风险：①法律风险。法律风险来自国内法律风险和国际法律风险（离岸公司注册地法律风险）两个方面。就国内法律而言，由于避税不存在非法一说，所有的避税都在"合法"下进行，因此，避税的合理性就成了问题关键。但更进一步的问题是，什么样的情形是合理的，什么样的情形是不合理的？也许这个问题该留由税务机关来最后定论。国际方面的法律风险和成本就更大了，首先它最大的风险来自你的无知或是知之甚少；其次，包括两个国家或地区的语言、文化、价值理念、司法传统、司法观念、商业环境等在内的巨大差异性都可能使你面临风险。②信息风险。上面提到由于两套法律体系的差异性，并且你在进行"转移定价"操作时往往借助于外部力量，这样你所接收的信息基本上是经过处理的二手信息，或者是不全面的信息，并且其信息传递往往又具有滞后性，这些因素都会直接影响公司的正确决策。③代理风险。进行"转移定价"操作的公司往往本身实力和信誉可能就不佳，并且由于避税本身的敏感性，这些公司往往也不会大张旗鼓地做广告，而且注册地还在境外，一旦你与代理公司之间产生纠纷，往往主动权并不在你这里，而且维权成本极高，大部分被骗企业往往会以自认倒霉而告结。④经济风险。在这里有必要提及一下的是，"转移定价"针对的是企业所得税，并不包括流转税。因此，有的代理服务公司打着所谓"零"税负旗帜，其实是不存在的，它们这样说本身就是一种信息传递误导行为。所以，企业的决策者们应当理性地核算一下"收益"和成本，尤其是进行"转移定价"的总成本开支，除了直接的费用开支之外，还应当将时间花费成本、精力成本、上述风险折算成的经济成本一并记入，另外还要再加上机会成本。这样下来，你就有了理性的判断结果。⑤企业道德和企业诚信风险。避税行为虽然不违法，但它决然有违税法的立法本意，一旦税务机关经过稽查认定贵企业存在不当避税行为，除了承担相应的法律责任和经济责任之外，另外还可能使企业的社会公众形象（包括企业道德和企业诚信）遭受巨大的损

NOTE

失，甚至可能是致命的，此类现实例子也不在少数。

第四节　倾销

一、倾销的构成要件与类型

（一）倾销的构成要件

一国的产品以低于正常价值的价格进入另一国市场而使得另一国国内有竞争能力的产业受到损害的行为即为倾销。其构成要件：①产品以低于正常价值或公平价值的价格销售。②这种低价销售的行为给进口国产业造成损害，包括实质性损害、实质性威胁和实质性阻碍。③损害是由低价销售造成的，二者之间存在因果关系。对倾销的解释多种多样，没有统一的法律定义。一种比较公认的说法是，倾销是指出口到东道国市场上的产品价格按低于当地市场价格销售，致使当地市场上生产和销售同类产品的企业受到实质性的损害和威胁。

（二）倾销的类型

倾销可分为四种类型：①零星倾销：制造商抛售库存，处理过剩产品。这类制造商既要保护其在国内的竞争地位，又要避免发起可能伤害国内市场的价格战，因此，必然选择不论定价多低，只要能减少损失就大量销售的办法，向海外市场倾销。②掠夺倾销：企业实施亏本销售，旨在进入某个外国市场，而且主要为了排斥国外竞争者。这种倾销持续时间较长。一旦企业在市场上的地位确立，该企业便依据其垄断地位而提价。③持久倾销：企业在某一国际市场持续地以比在其他市场低的价格销售，是持续时间最长的一类倾销。其适用前提是各个市场的营销成本和需求特点各有不同。④逆向倾销：这是指母公司从海外子公司输入廉价产品，以低于国内市场价格销售海外产品而被控告在国内市场倾销。这种情况在国际营销实践中时有发生。

二、倾销的主要特征

（一）倾销是一种人为的低价销售措施

它是由出口商根据不同的市场，以低于有关商品在出口国的市场价格对同一商品进行差价销售。

（二）倾销动机、目的的多样性

倾销的动机和目的是多种多样的，有的是为了销售过剩产品，有的是为了争夺国外市场，扩大出口，但只要对进口国某一工业的建立和发展造成实质性损害、实质性威胁或实质性阻碍，就会招致反倾销措施的惩罚。

（三）倾销的不公平性

倾销是一种不公平竞争行为。在政府奖励出口的政策下，生产者为获得政府出口补贴，往往以低廉价格销售产品；同时，生产者将产品以倾销的价格在国外市场销售，从而获得在另一国市场的竞争优势并进而消灭竞争对手，再提高价格以获取垄断高额利润。

（四）倾销扰乱经济秩序

倾销的结果往往给进口方的经济或生产者的利益造成损害，特别是掠夺性倾销扰乱了进口方的市场经济秩序，给进口方经济带来毁灭性打击。为了制止倾销而采取反倾销措施应该说是合理的，但如果反倾销措施的实施超过了其合理范围或合理程度，反倾销措施也会成为一种贸易保护主义措施，从而对国际贸易的扩展造成阻碍性影响。例如，武断地认定原本不存在倾销的商品为倾销商品，或无根据地夸大倾销幅度，从而无理地实施反倾销措施或不适当地提高反倾销税征收金额，这些都会阻碍正常进口贸易的进行。如美国与加拿大关于进口马铃薯征收特别倾销税的纠纷。1962 年，由于气候原因，美国农产品收获季节早于加拿大，在美国马铃薯大量上市时，加拿大的马铃薯还未收获，这时美国出口到加拿大的马铃薯非常便宜，加拿大决定根据"正常价格"与出口价格的差额征收特别倾销税。美国政府认为，加拿大的征税行为是一种非关税壁垒，并向 GATT 申诉，要求解决加拿大对进口马铃薯征收反倾销税的问题。1963 年 1 月 2 日，加拿大取消了该项税收。

三、低价竞销的危害

（一）　低价竞销导致外国对我国频频发起反倾销

我国已经成为遭受反倾销最多的国家。自 1995 年 WTO 成立以来，外国对我国发起反倾销调查 386 起，占 WTO 成员全部立案的 15.21%，是排在第二位的韩国的 2 倍；同时我国遭受 WTO 成员实施的最终反倾销措施 272 起，占 WTO 成员全部反倾销措施的 17.36%，是排在第二位的韩国的 2.5 倍。从对我国反倾销的主体来看，发展中国家已经代替发达国家成为反倾销主体。

（二）　低价竞销对我国经济秩序的危害

我国出口企业在对外贸易中的低价竞销行为，造成的危害是不可低估的。据统计，欧美等国对我国反倾销涉案超过 1 亿美元的已经达到 15 起。从我国加入 WTO 后，每年直接涉案金额达十几亿美元，而且涉案产品广泛，一旦一种产品被征收反倾销税，极有可能被迫退出该国市场。在国外遭受反倾销的企业会把销售市场转移到国内，从而引发国内的经济秩序混乱。

（三）　低价竞销造成出口秩序混乱的状况

低价竞销是我国成为世界上遭遇反倾销调查最多的国家的重要原因。低价竞销主要表现在两方面：一方面，在对外贸易中，一些出口产品多属于劳动密集型，规模小、科技含量低、产品花样少，缺乏有效的市场准入制度，在进入国际市场时，不是在产品质量、科技含量及营销手段上下工夫，而是依靠低价竞争来开拓和占领市场；另一方面，由于我国在生产秩序方面缺乏有效的管理和控制，一旦某种产品有利可图，立即一哄而上，纷纷上马或扩大生产能力，例如，2004 年我国新增纺织和服装生产企业 35 万家，导致 2005 年我国纺织和服装生产能力和出口大增，从而导致出口产品受限。

低价竞销一般出现在三个阶段：一是在遭受反倾销前的阶段，搞低价竞销，从而导致遭受国外反倾销措施；二是当没有搞低价竞销的企业花巨资打赢反倾销官司后，一些企业继续搞低价竞销，最后导致的结果是又遭到反倾销制裁；三是在遭受国外反倾销措施后，仍搞低价竞销，导致"复审"时延长了征收反倾销税的期限。低价竞销行为在发展中国家市场上表现尤为明显，而且有愈演愈烈的趋势，这也是我国越来越多地遭受发展中国家反倾销的根本原因。据统计，由于低价竞争，几年前，中国出口到东南亚市场的普通摩托车平均卖到 700 美元，现在仅为 170 美元，每辆的平均利润仅为 6 美元左右；同样，我国的橘子罐头占了世界市场份额的 60% 以上，但是出口价格 10 年间下降了 2/3；我国出口皮鞋、橡胶及塑料鞋、球类、伞、鬃刷、热水瓶等 6 种小商品，出口规模近 10 年间增长了 51%，但综合平均价格却下降了 21.7%，利润大量流失。

四、低价竞销的原因

从企业本身来看，一些中小企业缺乏企业社会责任，没有严格执行劳动、环保、社会保障和安全生产等法律法规，导致所谓的"生产成本"极低，以这样的成本加低廉的利润来闯荡国际市场，必然导致出口国反倾销制裁。现在国外许多进口商到中国来采购必须先"验厂"，即按照我国环保、劳动、社会保障和安全生产等法律法规对生产厂家进行检验。国外的"验厂"行为，一方面是由于我国企业缺乏自己的社会责任"标准"；另一方面也反映了我国相当多的企业存在"违法"行为，缺乏社会责任。另外，国外采购商"验厂"绝不是"作秀"和"难为"，是根据我国的相关法律来执行的，否则采购的商品会遭到诸如"环保协会""保护妇女儿童"等组织的反对和抵制，影响商业信誉。

从地方政府组织来看，片面追求 GDP 的增长，通过给予企业各种优惠政策，鼓励企业上马能够快速增长 GDP 的产业，而不是从国内外市场整体环境去定位，从企业长远的发展角度去考虑，比如高度扭曲的土地、水、信贷资源都是行政定价过低，引导经济活动的参与者以浪费资源的方式提高增长率等，也是造成出口企业低价竞销的主要原因。

国内相关中央政府部门的宏观调控和管理措施的缺位，行业协会及商会的行业导向和对企业的监督不力，也是造成一些企业在对外贸易中低价竞销的原因之一。对于政府而言，职能错位相当普遍，一是越位，二是不到位。例如 2004 年我国新增纺织品和服装生产企业 35 万家，就是由中央有关部门批准设立的，在市场容量有限的情况下，大量企业一哄而上，造成低价竞销是必然的事情。

国内相关法律对低价竞销行为的"无可奈何"，从而缺乏规制依据，也是低价竞销行为在对外贸易中盛行的重要原因。低价倾销，在市场经济条件下本身就能直观认定"低于成本价值"，而在目前情况下，许多国家不承认我国的市场经济地位，对我国发起的反倾销一般通过选定"第三国"的形式确定我国的产品成本，本身就有"歧视"的成分，如果我们采用国外的"低价倾销"标准，本身就是承认了这种歧视的合理性。

五、反倾销对策

（一）企业应当加强自律

对于企业而言，应当加强自律，严格执行劳动、环保、社会保障和安全生产等法律法规，严格履行国际或国内企业社会责任标准。在这方面中国纺织行业正在积极探索并以身践行。2005 年 5 月，由中国纺织工业协会组织制定的中国纺织企业社会责任管理体系——CSC9000T 开始进入推广阶段，160 余家全国知名纺织服装企业、全国和地方纺织行业组织成为首批成员。发达国家消费者非常关注所购买产品的生产过程，如果产品的生产是在非人道、不健全的社会责任体系下进行的，任何优秀产品都不能被接受。我们在调研中了解到，我国的一些知名纺织服装企业，在与国际客商的合作过程中，都接受了严格的社会责任审核，包括员工福利待遇、工资、劳动时间，以及食堂、寝室条件等细节。

（二）加强市场化建设，创造公平竞争环境

对于市场化建设而言，应当打破地区分割，加快市场化体制改革的步伐，建立起符合国际

规范的市场经济价格体系、统一的国内大市场和公平竞争环境，为企业创造一个和谐有序的发展空间。这项工作需要由国家、地方各级政府、行业商协会等共同完成，长期而艰巨。

（三）　实施有效的调控和管理

对于国家有关部门而言，对低价竞销的行为，应当实施有效的宏观调控和管理措施。在我国商务部公平贸易局给国务院起草的《关于贸易摩擦应对战略》中，有有关尽快出台《处罚低价出口行为规定》的建议，如果运用"市场化成本价值"标准，这个建议是可行的，对于规范低价竞销的行为是一个很好的举措。在国外限制低价竞销的行为，是有先例可循的，我们可以吸收国外的"最低限价"和"指导价"的确定标准，为我所用。

（四）　填补法律空白，提高执法能力

对于中央及地方各级政府而言，应当加快政府职能转变，尽快填补因《对外贸易法》修改形成的外贸出口秩序管理的真空，对于低价竞销的行为，应当确定主管部门，配备相应的专业人员，不能多头管理，到头来却没人管。提高各地方政府和司法机关的执法能力，提高出口企业的生产成本，也是有效阻止对外出口低价竞销的途径。对于行业协会而言，应当加快重组与改革，在职能上、经费来源上和人员配备上，都应当跟上形势的发展，有所创新，真正为企业服务，真正成为加强企业自律、整肃市场秩序的中坚力量，通过制定相应的规则来规范、引领和指引企业的行为。特别要发挥商协会的导向和监督作用，并建立全国性的行业管理体系。同时应当发挥商协会的协调功能。

（五）　调整现行法律法规

从法律层面而言，我们应当对现行的法律法规进行调整。从目前来看，对低价竞销行为的法律规制缺乏法律依据。从外贸法来看，我国现行《对外贸易法》第 33 条第 1 款规定，在对外贸易经营活动中，不得实施以不正当的低价销售商品、串通投标、发布虚假广告、进行商业贿赂等不正当竞争行为。对于何谓"低价"，从该法来看是不能得出结论的。同时第 33 条第 2 款规定，在对外贸易活动中实施不正当竞争行为的，依照有关反不正当竞争的法律、行政法规的规定处理。这样，我们处理低价竞销行为要从有关不正当竞争的法律和行政法规中寻找依据。从行政法规或部门规章来看，对低价竞销行为的规制，没有相关规定。所以从我国现有法律层面来看，还没有相关规定。对低价竞销行为的规制，首先要进行法律修改，我国《反不正当竞争法》是 1993 年实施的，距今已有 17 年，已经非常不合时宜了，尤其是我国加入 WTO 后，对外贸易发生了巨大变化，修改我国的《反不正当竞争法》是当务之急。

对于地方政府违反国家有关法律法规或规定给予当地企业财政支持，以及在用水、用电、原材料和其他方面给予优惠政策，造成出口企业的低价竞销行为，受害企业有两种救济途径：一是行政途径；二是司法途径。地方政府滥用行政权力的行为，应当通过行政诉讼法来解决。被侵害的经营者的合法权益受到不正当竞争行为损害的，可以向人民法院提起诉讼。

思考与讨论

1. 国际市场营销的定价目标是什么？
2. 影响国际市场营销定价的因素有哪些？
3. 国际市场价格的调整对企业会产生哪些影响？

NOTE

第十章 国际市场分销渠道策略

学习要点

1. 国际市场分销渠道的结构。
2. 国际市场分销渠道的选择途径及影响因素。
3. 国际市场分销渠道的管理。
4. 国际市场分销渠道发展新趋势。

案例导入

中国医药企业营销转型研究——以天津天士力集团为例

天津天士力集团是以现代中药的研发、生产和营销逐步发展起来的高科技企业集团。从现代中药复方丹参滴丸和养血清脑颗粒的研发起步，于 1994 年 5 月成立了天津天士力联合制药公司（此即天士力集团的前身），发展成为医药领域的著名企业。

天士力的国际化运作模式，现在还处于快速形成与演化的初期阶段，可以简要地概括为产品的国际化和营销的国际化。天士力出口到国外的产品，在不同的国家或地区，主要是针对当地的市场环境和客户需求，自建机构或与当地代理商合作，采取不同的营销策略，适应当地营销服务。

1997 年 12 月 9 日，天士力复方丹参滴丸以药品形式正式通过美国 FDA 的 IND 预审，即FDA 同意天士力复方丹参滴丸按美国的新药管理程序，以天然复方制剂的形式直接进入新药Ⅱ、Ⅲ期临床实验，这是中国的第一个复方中成药，也是世界上第一例治疗心血管系统疾病的中草药制剂获得美国 FDA 的 IND 申请。正是借助于复方丹参滴丸进入美国市场这一事情的推动，天士力开始了向国际营销的纵深探索。

天士力以取得 FDA 的 IND 认证为契机，以药品的国际注册为重点，以大健康产业为定位，开始了国际医药市场的艰难开拓，逐步明确了以重点产品、重点市场为突破口的国际出口策略。主要采用成立海外分公司、办事处或药店分销处等具体形式，对荷兰神州医药公司实现控股；建立神州天士力医药公司，致力于欧洲医药市场的开发。现已完成与美国某公司的合资，致力于北美市场的开发。已与澳大利亚某公司联盟，除共同进行中草药研发外，还在药品注册、市场经营等方面进行互利性合作。

天士力的出口已经由原来以单一自有产品为主，逐步扩大到现代中药、保健品、提取物、化学药、医疗器械和食品等相配套的产品出口，其中现代中药的出口是主体，也是未来最具前途的出口领域之一，中药提取物的加工项目也有很大进展。

为配合重点产品的国际市场开发，天士力实施"产品未到，专利先行"的知识产权保护原则，申请国际专利，保护地域涉及欧洲、东南亚及美国、日本等十几个国家和地区，有效的专利保护成为天士力产品进入国际市场的"保护伞"和"通行证"。如复方丹参滴丸在国外通过商标注册和产品申报，形成品牌保护，在韩国获得了专利授权，可得到长达 20 年的保护期。

按照"基础市场在国内，目标市场在国际"的原则战略，采取差异化策略，按国别和市场进入难易程度，以重点产品、重点市场为突破口，合理构建国际市场格局：韩国、日本、东南亚国家同属中国周边国家和地区，经贸往来频繁，文化传统与习俗比较接近，是天士力要稳定发展的国际市场。欧美等发达国家占据着绝大部分的医药和保健品消费市场，也还有大量的华人消费群体，是天士力要重点开发的目标国际市场。亚洲海湾国家、非洲国家等市场进入门槛较低，但是，它们是快速发展中的消费市场，也是不可忽略的国际市场。

尽管中药现在还不能作为主流的药物进入世界医药市场，但是天士力正是从这种差距中捕捉到中药在国际上的生长空间。中药在非洲和东南亚等发展中国家和地区有广大需求，广泛使用传统医药（补充或替代医学）的原因归结为可获得性和可负担性，尤其是对贫困的患者可以显著降低治疗费用。

以非洲地区为例，由于生活方式和生活环境等因素的影响，南部非洲地区身体肥胖者较多，高血压、糖尿病等疾病的发病率较高，而且当地有应用草药的悠久历史。针对这种市场状况，天士力采取了直销为主的营销模式，以"体验+培训"为具体策略，为患者有针对性地提供免费服务，体验复方丹参滴丸等现代中药产品，同时针对当地社区缺医少药的状况，积极参与基层医生的培训，以此带动市场开发和药品的营销。

为了让消费者亲身感受到现代中药的有效性，利用微循环测试仪的现场检测，推广复方丹参滴丸"使血管更年轻"的新切入点，让疗效显现化、指标化。2002 年以来，已有数百万人次的消费者亲身体验了复方丹参滴丸等现代中药产品。甚至一些消费者在服用后，不仅得到满意的治疗，而且加入了专卖店体系，开设天士力中药专卖店，由消费者变成了经销商，变成了中药的推广者。

天士力在南非的宣传不局限于普通消费者，对经销商和医生的培训也十分重视。2006 年 3 月，天士力南非公司被南非天然医药专业委员会接纳为会员，2006 年 5 月该委员会与天士力合作，对天士力的经销商进行专业的医学培训，以加强南非当地的基础医疗水平，而且以天士力集团总裁闫希军的名义设立"闫希军天然医药奖学金"，资助优秀经销商在南非著名的天然健康学院参加为期 10 个月的专业医学培训，毕业的学员都将成为南非国家认可的社区卫生工作者。

天士力在非洲不仅大力开展面向基层医生和消费者的教育培训，面向政府管理部门及学术机构的高层次交流也开展起来。2007 年 6 月，天士力集团联合南非约翰内斯堡公共卫生安全厅、南非天然医药专业委员会成功举办了"首届中医药走进非洲"研讨会，共同打造一个高水平现代中医药研发、培训和国际交流平台，成为中国与南部非洲地区推进中医药交流与合作的一个通道。

为了使更多的中药产品走进非洲，天士力积极开展针对获得性免疫缺陷综合征市场的教育及培训工作。非洲是获得性免疫缺陷综合征的重灾区，为加强获得性免疫缺陷综合征的健康知识教育，天士力南非公司还专程邀请国内著名获得性免疫缺陷综合征专家学者到南非进行获得性免疫缺陷综合征免费义诊和健康知识培训。同时，天士力南非公司还赞助了南非的专业获得性免疫缺

NOTE

陷综合征网站，联合进行针对获得性免疫缺陷综合征的健康知识教育宣传，通过网络向南非患者推介具有提高免疫力功能的中药产品。天士力经营的提高免疫力功能的中药产品，已列入约翰内斯堡公务员获得性免疫缺陷综合征防治计划中。2006 年 8 月，天士力的复方丹参滴丸等 7 种产品赢得了约翰内斯堡市政府免疫力增强计划的招标，天士力南非公司正式成为约翰内斯堡市政府的首家中药保健品产品供应商，中药保健品也将尽快推广到南非 27 个地方政府。

从 2002 年在南非设立分公司，天士力已经设立了南非、斯威士兰、东伦敦、德班、博茨瓦纳、纳米比亚、莫桑比克等 7 个分公司、20 家办事处、200 家专卖店，形成了多层次的营销组织体系。

天士力在南非及南部非洲地区的教育培训及市场开拓已取得初步成效，积累了宝贵经验，下一步将加大力度拓展在非洲区域的其他市场，以形成良性互动循环。2007 年以来已相继在东非肯尼亚、西非尼日利亚、北非埃及等国家和地区设立了分公司和办事处。天士力计划再用 3~4 年的时间全面占领整个非洲市场，努力实现销售额每年翻一番的业绩，全力推动中国现代中药乃至大健康产业走向现代化，走向非洲。

天士力集团从现代中药的研发、生产和营销起步发展，以产品创新奠定产品组合的基础，围绕消费者价值构筑产品组合的核心，以标准化产业链承托中药产品群，以科技创新塑造产品的差异化，实现了从单一产品向多元产品的转型，形成在心脑血管系统用药和滴丸剂型等方面的优势地位。

对天士力营销案例的剖析还表明，随着医药市场形势的变化，以及企业实力的增强，企业的营销渠道、促销策略也处于不断转型之中。天士力在渠道策略上的最主要特点是从单一渠道向多元化渠道的转化，具体表现为早期的自建直营渠道，向多功能、广覆盖的渠道转型，通过功能扩展、新建机构、向农村进军等方式，扩充了营销网络的兼容性。在促销策略上的主要特点，就是从单一的学术推广走向整合营销。

天士力集团所进行的中药国际营销富有特色。按照"基础市场在国内，目标市场在国际"的总战略，天士力构筑了中药国际分销和中药国际直销两条渠道。从基本动因来看，天士力的中药国际营销有三个目的，即寻求更大的发展空间，强化企业的可持续竞争优势，促进中医药为全人类的生命健康服务。以现代中药复方丹参滴丸的美国 FDA 认证为契机，天士力针对重点产品和重点市场，实行了以认证注册为高端带动、以出口贸易为基础的分销渠道策略。而在非洲和东南亚，针对当地病患人群的消费特点，开展了以"体验培训"为主要策略的国际直销。

天士力从国内市场起步、发展，到向国际化扩张，是一个不断积累经验、稳步发展的过程。建立国际化的天士力品牌，成为中药产业界的跨国企业集团则是天士力的长远目标之一。

第一节　国际市场分销渠道概述

一、国际市场分销渠道的定义

美国著名的市场营销学权威菲利普·科特勒认为：分销渠道是指某种货物或劳务从生产者向消费者转移时，取得这种货物或劳务的所有权或帮助转移其所有权的所有企业或个人。因此，一条分销渠道主要包括取得所有权的中间商和帮助转移所有权的中间商。此外，它还包括作为分销渠道的起点和终点的生产者和消费者，但是，它不包括供应商、辅助商等。

国际市场营销渠道是指产品由一个国家的生产者向国外最终消费者和用户转移的过程，是企业国际市场营销整体策略的一个重要组成部分。而分销过程包括产品的运输、配送、所有权的转移，以及制造商、中间商和顾客之间的买卖全过程。

二、国际市场分销渠道结构

国际市场分销渠道是由参与完成商品从生产企业向消费者转移过程的组织或个人构成的。当企业采取不同的分销策略，将自己的产品或服务从生产企业向国际市场消费者转移，就形成了不同类型的国际市场分销渠道模式。在一般的国际市场分销结构中通常包括生产商、中间商和最终消费者三个基本因素。

在国际市场分销渠道结构中生产者和消费者分别居于分销系统的起点和终点。当生产企业以出口的方式进入国际市场时，产品不仅要经过国内的分销渠道，还要经过进口国的分销渠道，才能将产品或服务转移到目标市场国家的消费者和用户手中。

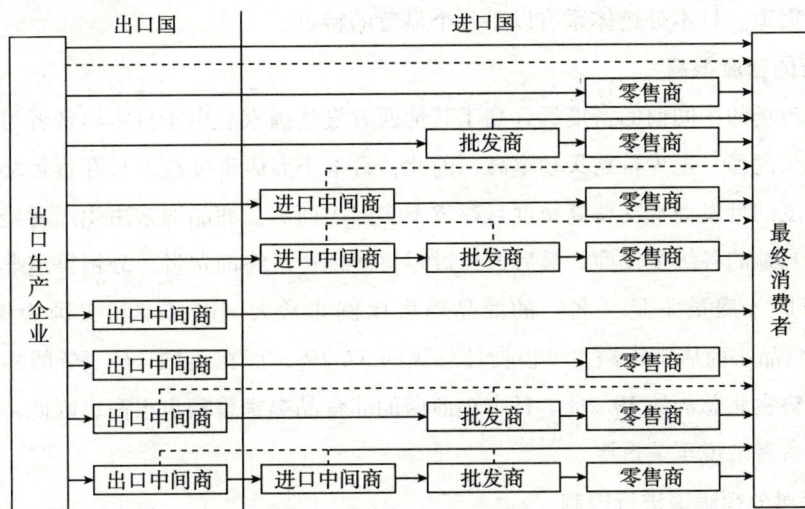

图 10-1-1　出口分销系统结构

当国际化中医药经营企业选择在国外设厂生产、销售时，则不需要经过母公司所在国的国内中间商，相对出口的方式，其产品和服务的分销所需经过的过程和环节则要相对简单一些。而产品必须通过出口中间商、进口中间商、批发商、零售商等多个层次的中间商才能完成商品所有权的转移的模式，是最长的国际市场分销结构（图 10-1-1）。

在制定国际市场战略，确定分销渠道结构模式时，生产企业需要充分分析企业自身的资源及其所在行业的特点、竞争者的渠道策略、目标市场特征、目标市场国家的法律环境，以及消费者的生活方式和购买习惯等因素，选择适合自身的分销渠道结构模式。

三、不同国家分销渠道比较

进行国际市场营销的企业，可以通过建立新的分销渠道来销售产品，也可以利用目标国家市场现有的分销渠道。由于各国的销售渠道是随着经济发展长期演变而来的，符合目标国家市场各自的特点，所以企业必须对目标国家市场现有的分销渠道进行分析，决定是否利用这些渠

NOTE

道或采取其他可行的方案，以便有效地进入国际目标市场。

（一）欧美的分销渠道

美国是市场经济高度发达的国家，基本上形成了有秩序的市场。进入美国的产品一般要经过本国进口商，再转卖给批发商，有的还要经过代理商，由批发商或代理商转卖给零售商，零售商再将产品卖给最终消费者。

西欧国家进口商的业务通常限定一定的产品类别，代理商规模通常也比较小，但西欧国家的零售商主体，如百货公司、连锁商店、超级市场的规模都很大，且经常从国外直接进口。大型零售商的销售网络遍布全国，我国企业若把产品销往西欧各国，可直接将产品出售给这些大型零售商，节省许多中间商费用，并利用它们的销售网络扩大市场占有率。

（二）日本的分销渠道

日本也是高度发达的市场经济国家，但它的渠道结构却不同于欧美各国。日本的销售渠道被称为是世界上最长、最复杂的销售渠道。其基本模式是：生产者+总批发商+行业批发商+专业批发商+区域性批发商+地方批发商+零售商+最终消费者。日本的分销系统一直被看作是阻止外国商品进入日本市场的最有效的非关税壁垒。任何想要进入日本市场的企业都必须仔细研究其市场分销渠道。日本分销体系有以下几个显著的特点：

1. 中间商的密度很高

日本国内市场的中间商的密度远远高于其他西方发达国家。由于日本消费者习惯于到附近的小商店去购买商品，量少且购买频率高，因此，日本小商店密度高，且存货量小，其结果就是需要同样密度的批发商来支持高密度且存货不多的小商店。商品通常由生产者经过一级、二级、区域性和当地的各级批发商，最后再经过零售商到达最终消费者，分销渠道非常长，而且日本小零售商店（雇员不足 9 名）的商品销售比例非常大。以日本和美国为例，在日本，91.5% 的零售食品小商店销售额占零售食品总额的 57.7%，而在美国，67.8% 的零售食品小商店销售额占零售食品总额的 19.2%。日本小商店的非食品类销售额也很高，因此，高密度的小商店对日本消费者来说至关重要。

2. 生产者对分销渠道进行控制

生产者依赖批发商为分销渠道上的其他成员提供多种服务，如提供融资、货物运输、库存、促销及收款等服务。生产者通过为中间商设计的一系列激励措施与批发商及其他中间商紧密地联系在一起，批发商通常起着代理商的作用，通过分销渠道把生产者的控制一直延伸到零售商。

生产者控制分销渠道的措施主要有：①为中间商解决存货资金。②提供折扣，生产者每年为中间商提供折扣的种类繁多，如大宗购买、迅速付款、提供服务、参与促销、维持规定的库存水平、坚持生产者的价格政策等都会获得生产者的折扣。③退货，中间商所有没销售完的商品都可以退还给生产者。④促销支持，生产者为中间商提供一系列的商品展览、销售广告设计等支持，以加强生产者与中间商的联系。

3. 独特的经营哲学

贸易习惯和日本较长的分销渠道产生了生产者与中间商之间紧密的经济联系和相互依赖性，从而形成了日本独特的经营哲学，即强调忠诚、和谐、友谊。这种价值体系维系着销售商和供应商之间长期的关系，只要双方觉得有利可图，这种关系就难以改变。由于这种独特经营哲学的存在，致使日本市场普遍缺少价格竞争，使日本消费品价格居世界最高行列，如 96 片一瓶的阿司匹林售价 20 美元，日本的玩具价格是其他国家的 4 倍，进口到美国的日本产品比在日本便宜等。

4.《大规模零售商店法》对小零售商进行保护

为了保护小零售商不受大商场竞争的侵害，日本制定了《大规模零售商店法》。该法规定营业面积超过 5382 平方英尺（约 500 平方米）的大型商店，只有经过市一级政府批准，才可建造、扩大、延长开门时间或改变歇业日期。所有建立"大"商场的计划必须首先经过国际贸易工业省的审批和零售商的一致同意，如果得不到市一级的批准及当地小零售商的全体同意，计划就会被发回重新修改，几年甚至 10 年以后再报批。该法限制了国内公司与国外公司在日本的发展。除了《大规模零售商店法》以外，还有许多许可条件也对零售商店的开设进行限制，日本和美国的商人都把日本的分销体系看作是非关税壁垒。

5. 日本分销体系的改变

20 世纪 60 年代以来，由于在美日结构性障碍倡议谈判中，日美两国达成的协议对日本的分销系统产生了深远的影响，最终导致日本撤销对零售业的管制，强化有关垄断商业惯例的法规。零售法对零售店的设立条件有所放宽，如允许不经事先批准建立 1000 平方米的新零售店，对开业时间和日期的限制也被取消。日本的分销体系发生了明显的变化，传统的零售业正在失去地盘，让位给专门商店、超级市场和廉价商店。日本分销体系的改变也有利于外国产品进入日本市场。

四、国际市场分销渠道中间商的类型

（一）出口中间商

出口中间商是指与生产企业居于同一国家内，在本国面向境内企业提供国际营销服务的组织或个人。当企业规模较小或进入国际市场初期，企业国际市场营销经验不足或者没有实力直接进入国际市场时，选择本国中间商进入国际市场能够较好地规避风险，操作也较为简便。

根据国内中间商是否拥有商品的所有权可以将出口中间商分为出口经销商和出口代理商。

1. 出口经销商

凡对出口商品拥有所有权的，称为出口经销商。出口经销商是以自己的名义在本国市场上购买商品，然后再以自己的名义组织出口，将产品卖给国外买主的贸易企业。它自己决定买卖商品的花色品种和价格，自己筹集经营的资金，自己备有仓库，从而自己承担经营的风险。出口经销商经营出口业务有两种形式：一种是"先买后卖"，即先在国内市场采购商品，然后再转售给国外买主；另一种是"先卖后买"，即先接受外国买主的订货，然后再根据订货向国内企业购买。常见的出口经销商主要有以下三种类型：

（1）出口行　有的国家称之为国际贸易公司，有的国家称之为综合商社（如日本、韩国），我国则一般称之为对外贸易公司或进出口公司。出口行实质是在国外市场上从事经济活动的国内批发商。它们在国外有自己的销售人员、代理商，并往往设有分公司。由于出口行熟悉出口业务，与国外的客户联系广泛，拥有较多的国际市场信息，一般在国际市场上享有较高的声誉，而且拥有大批精通国际商务、外语和法律的专业人才，因此对一些初次进入国际市场的企业来说，使用出口行往往是比较理想的选择。对国外买主来说，由于出口行提供花色品种齐全的商品，他们也愿意与出口行打交道。日本的综合商社是出口行的典型形式，是日本在世界各地经营进出口业务的主要企业，业务活动涉及面广，包括工业、商业、进出口贸易、进出口融资、技术服务、咨询服务等。

（2）采购行　采购（订货）行主要依据从国外收到的订单向国内生产企业进行采购，或者向国外买主指定的生产企业进行订货。他们拥有货物所有权，但并不大量、长期持有存货，在收购数量达到订单数量时，就直接运交国外买主。因采购（订货）行是先找到买主，而后才向生产企业进行采购，而且也不大量储备货物，所以其风险较低，资金周转快，成本较低。

（3）互补市场营销　互补市场营销又称猪驮式出口，或合作出口，或附带式出口，它是一种将自己与其他企业的互补产品搭配出售的出口营销形式。

它指的是这样一种出口情况：一个生产企业 A 叫"负重者"，另一个生产企业 B 叫"乘坐者"。"负重者"利用自己已经建立起来的海外分销渠道，将"乘坐者"和自己的产品一起进行销售。在进行这种经营时，通常有两种做法：①"负重者"将"乘坐者"的产品全部买下，然后再以较好的价格转卖出去，起到出口经销商的作用。②"负重者"在佣金基础上为"乘坐者"销售产品而起到代理人的作用。互补出口对于那些没力量进行直接出口的小企业来说，是一种简单易行、风险小的出口经营方式。而对于"负重者"来说，由于增加了产品的范围，填补季节性短缺，从而增加利润。

2. 出口代理商

出口代理商是接受出口企业的委托，代理出口业务的中间商。出口代理商并不拥有货物所有权，不以自己的名义向国外买主出口商品，而是接受国内卖主的委托，按照委托协议向国外客商销售商品，收取佣金，风险由委托人承担。在国际市场上，出口代理商常见的类型有以下几种：

（1）综合出口经理商　如果企业海外销售额占企业总销售额的比重不大，或者企业不愿设立外销部门处理国外市场业务时，选择综合出口经理商是一种理想的渠道。综合出口经理商为企业提供全面的出口管理服务，如海外广告、接洽客户、拟订销售计划、提供商业情报等，它以生产企业的名义从事业务活动，甚至使用生产企业的信笺，实际上起到生产企业出口部的作用。它们一般负责资金融通和单证的处理，有时还要承担信用风险。综合出口经理商一般同时接受几个委托人的委托业务，其获得的报酬形式一般是收取销售佣金，此外每年还收取一定的服务费用。

（2）制造商出口代理商　这是一种专业化程度较高的出口代理商，又称为制造商出口代表。它们也相当于执行着生产企业的出口部的职能。它们接受生产企业的委托，为其代理出口业务，以佣金形式获得报酬。制造商出口代理商是以自己的名义而非制造商的名义做买卖，它所提供的服务一般要少于综合代理商，通常不负责出口资金、信贷风险、运输、出口单证等方面的业务。而且由于制造商出口代理商同时接受许多生产企业的委托，其销售费用可以在不同厂家的产品上分摊，因此收取的佣金率也较低，制造商对其有较大的控制权。如在美国，凡数量大、已有销路的产品，它们只收取销售额的 2% 作为佣金。

（3）出口经营公司　出口经营公司行使类似制造商出口部的功能，它提供服务的范围很广，包括寻找客户、促销、市场调研、货物运输等。它还可以为制造商讨债和寻求担保业务。不过，其最主要的职能是和国外的客户保持接触，并进行信贷磋商。选择出口经营公司渠道的优点是厂商可以以最小的投资将产品投放到国际市场，并可借此检验产品在国外市场的可接受程度，而制造商本身却无须介入。其缺点是这种分销渠道极不稳固，出口经营公司为了自己的利益不会为销售产品做长期努力，一旦产品在短期内难以盈利或是销量下降，将很可能被出口经营公司所抛弃。

（4）出口经纪人　这种代理商只负责给买卖双方牵线搭桥，既不拥有商品所有权，也不实际持有商品和代办货物运输工作，在双方达成交易后收取佣金。佣金率一般不超过2%。出口经纪人与买卖双方一般没有长期、固定的关系，出口经纪人一般专营一种或几种产品，多数经纪人经营的对象是笨重货物或季节性产品，如机械、矿山、大宗农产品等。

（二）进口中间商

1. 进口商

进口商又称进口行。它是以自己的名义从国外进口货物向国内市场销售，获取商业利润的贸易企业。它拥有货物所有权，因而须承担买卖风险。进口商既可以"先买后卖"（先从国外买进商品，然后再卖给国内用户、批发商、零售商），也可以"先卖后买"（先根据样品与买主成交，然后再从国外买进商品）。按其业务范围，一般可分为三种：①专业进口商；②特定地区进口商；③从国际市场广泛选购商品的进口商。进口商熟悉所经营的产品和目标国际市场，并掌握一套商品的挑选、分级、包装等处理技术和销售技巧，因此国内中间商很难取代进口商的作用。

2. 进口代理商

进口代理商是接受出口国卖主的委托，代办进口，收取佣金的贸易服务企业。它们一般不承担信用、汇兑、市场风险，不拥有进口商品的所有权。进口代理商主要有以下几种类型：

（1）经纪人　经纪人是对提供低价代理服务的各种中间商的统称。它们主要经营大宗商品和粮食制品的交易。在大多数国家，经纪人为数不多。但由于其主要经营大宗商品，再加上在某些国家，经纪人组建了联营公司，它们熟悉当地市场，往往与客户建立了良好持久的关系，故常常是初级产品市场上最重要的中间商。其工作是把买卖双方汇集在一起，不进行具体促销，中介服务，佣金较低。它没有存货，但需要参与融资和承担风险，如信息中介。

（2）融资经纪商　这是近年来迅速发展的一种代理中间商。这种代理中间商除具有一般经纪商的全部职能外，还可以为销售、制造商生产的各个阶段提供融资，为买主或卖主分担风险。

（3）制造商代理人　这是指凡接受出口制造商的委托，签订代理合同，为推销产品收取佣金的进口国的中间商。制造商代理人有很多不同的名称，如销售代理人、国外常驻销售代理人、独家代理人、佣金代理人、订购代理人等。制造商代理人可以对一个城市、一个地区、一个国家或是相邻几个国家出口企业的产品负责。它们不承担信用、汇兑、市场风险，不负责安排运输、装卸，不实际占有货物。它们忠实履行销售代理人的责任，为委托人提供市场信息并为出口企业开拓市场提供良好的服务。当出口企业无力向进口国派驻自己的销售机构，但希望对出口业务予以控制时，利用适当的制造商代理人是一种明智的选择。

（4）经营代理商　经营代理商在亚洲及非洲较为普遍，在某些地区也称作买办。它们根据同产品制造国的供应商签订的独家代理合同，在某一国境内开展业务。有时也对业务进行投资，报酬通常是所用成本加母公司利润的一定百分比。

NOTE

第二节　国际市场分销渠道的选择

一、国际市场分销渠道的长度和宽度

（一）国际市场分销渠道的长度

国际市场分销渠道的长度就是指产品从生产者到消费者所经过的渠道层次数。在整个产品由生产者向消费者转移的过程中涉及的中间商就是渠道层次，没有中间商的分销渠道是最短的，而包括所有类型中间商的分销渠道是最长的。

直接分销渠道是指产品从生产者流向国外最终消费者过程中，不经过任何中间商，仅涉及两个层次的分销形式，是最短的分销渠道。

间接分销渠道是指产品经由国外中间商销售给国际市场最终消费者的分销形式。间接分销渠道涉及三个或三个以上的渠道层次，较为典型的模式是生产商→出口中间商→进口中间商→经销商→最终消费者。

产品从生产商向国际市场消费者转移的过程中，所涉及的中间商越多，则渠道层次越多，分销渠道越长；涉的中间商越少，渠道层次越少，分销渠道越短。从加快产品流通速度、降低费用角度考虑，应采用短渠道策略，但从产品的生产周期及生产商与国际目标市场消费者的时间和空间上的不一致等差异考虑，使用中间商过少的短渠道策略，可能会使产品难以顺利通过，从而造成渠道受阻，费用增大。所以，对分销渠道的选择，生产企业应综合考虑进口条件、国际目标市场容量、中间商的销售能力、产品特点、国际目标市场消费者的购买要求及其他相关因素。

（二）国际市场分销渠道的宽度

分销渠道的宽度是指渠道的各个层次中所涉及的中间商的数目，中间商的数目越多则渠道宽度越宽。制造商在同一层次选择较多的同类中间商分销其产品的模式，称为宽渠道策略；反之，则称为窄渠道策略。一般国际市场营销企业在选择分销渠道宽窄时，经常使用以下三种策略：

1. 广泛分销策略

广泛分销策略是指国际市场营销企业尽可能多地选择中间商分销其商品，企业对每一个中间商负责的地区范围不做明确规定，对其资格条件也不做严格的要求。这种策略主要是使产品在目标市场能让消费者更为便利购买，广泛占领目标市场。广泛分销策略多用于消费品领域中。采用广泛分销策略，由于选择较多的中间商，企业可能很难控制渠道行为，同时，广泛分销策略一般需要大量的广告宣传，这些都是广泛分销策略将会给企业带来的不利之处。

2. 选择分销策略

选择分销策略是国际市场营销企业在本国及目标市场国家选择一些条件好的中间商分销自己产品的策略。与广泛分销策略相比，其能较好地使用资源，相对节省费用，并能较好地控制渠道行为，但其市场渗透力要低于广泛分销策略。一些企业在最初为了能快速进入国际市场，往往先选用广泛分销策略，经过一段时间之后，则逐步淘汰一些作用小、效率低的中间商，转而选用选择分销策略。

3. 独家分销策略

独家分销策略是指国际市场营销企业在特定的目标市场区域内，只选择一家中间商分销自己产品的策略。通常双方会签订书面合同，规定该中间商不能经营其他竞争性产品，而生产商在该区域内也不能使用其他中间商或直销自己的产品。一般如汽车、计算机、照相器材等产品的生产企业都选用这种策略分销自己的产品。采用独家分销策略可使国际市场营销企业较为容易地控制渠道行为，但是，只选择一个中间商，由于中间商的自身条件和地理因素限制，企业可能会因此失去一部分消费者。另外，如果独家中间商选择不当，如其经营作风不正、资信条件不好、效率差，可能会给企业带来更大的风险。

二、影响企业选择国际市场分销渠道的因素

企业在选择国际市场分销渠道时一般要考虑六个因素：成本（cost）、资金（capital）、控制（control）、覆盖（coverage）、特性（character）和连续性（continuity）。这六个因素被称为分销渠道的六个"C"。

（一）成本

这里的成本包括开发渠道的投资成本和维持渠道的持续成本。在这两种成本中，维持成本是主要的、经常的。它包括维持企业自身销售队伍的直接开支，支付给中间商的佣金，物流中发生的运输、仓储、装卸费用，各种单据和文书的费用，提供给中间商的信用、广告、促销等方面的维持费用，以及业务洽谈、通讯等费用。支付渠道成本是任何企业都不可避免的，营销决策者必须在成本与效益间做出权衡和选择。如果增加的效益能够补偿增加的成本，渠道策略的选择在经济上就是合理的。较高的渠道成本常常是企业开拓目标市场的重要障碍。评价渠道成本的基本原则是能否用最少的成本达到预测的销售目标，或能否用一定的费用最大限度地扩展其他五个"C"的利益。

（二）资金

这是指建立分销渠道的资本要求。如果制造商要建立自己的国际市场分销渠道，使用自己的销售队伍，通常需要大量的投资。如果使用独家中间商，虽可减少现金投资，但有时却需要向中间商提供财务上的支持。通常情况下，资本不是渠道设计中的关键因素，除非企业的业务正处在不断扩展阶段，或者建立自己投资的国际市场分销渠道，而其他几个因素才是左右渠道设计的关键。

（三）控制

企业自己投资建立国际市场分销渠道，将最有利于渠道的控制，但相应增加了分销渠道成本。如果使用中间商，企业对渠道的控制将会相对减弱，而且会受各中间商愿意接受控制的程度的影响。一般来说，渠道越长、越宽，企业对价格、促销、顾客服务等的控制就越弱。渠道控制与产品性质有一定的关系。对于工业品来说，由于使用它的客户相对比较少，分销渠道较短，中间商较依赖制造商对产品的服务，所以制造商对分销渠道进行控制的能力较强。而就消费品来说，由于消费者人数多，市场分散，分销渠道也较长、较宽，制造商对分销渠道的控制能力较弱。

（四）覆盖

渠道的市场覆盖面是指企业通过一定的分销渠道所能达到或影响的市场。营销者在考虑市

NOTE

场覆盖时要注意三个要素：一是渠道所覆盖的每个市场能否获取最大可能的销售额；二是这一市场覆盖能否确保合理的市场占有率；三是这一市场覆盖能否取得满意的市场渗透率。市场覆盖面并非越广越好，主要看其是否合理、有效，能否给企业带来好的效益。国外不少大企业在选择分销渠道时，并不是以尽可能地拓展市场的地理区域为目标，而是集中力量在核心市场中进行尽可能的渗透。如在日本，60%的人口集中在东京、名古屋、大阪这三个连成一体的城市区域。企业若能在这种市场区域中成功渗透，即使市场覆盖的地域范围不广，也可以以较少的分销成本获得满意的销售额。从事国际市场营销者在进行国际市场分销渠道设计时，必须考虑自身的企业特性、产品特性及营销的企业的性质，即在考虑市场覆盖时还必须考虑各类、各个中间商的市场覆盖能力。对于大中间商来说，尽管数量不多，但市场覆盖面却非常大；中小中间商虽然为数众多，但单个中间商的市场覆盖面却非常有限。

（五）特性

营销者在进行国际市场分销渠道设计时，必须考虑自身的企业特性、产品特性，以及东道国的市场特性、环境特性等因素。

1. 企业特性

企业特性涉及企业的规模、财务状况、产品组合、营销政策等。一般来说，企业的规模越大，越容易取得中间商的合作，因此，可选择的渠道方案也越多；如果企业的财务状况好、资金实力强，可自设销售机构，少用中间商，反之，主要借助中间商进入国际市场；企业的产品组合中种类多、差异大，一般要使用较多的中间商，如果产品组合中产品线少而深，则使用独家分销比较适宜；企业的营销政策也对分销渠道的选择产生影响，如果企业奉行的是快速交货的客户政策，就需要选择尽可能短的分销渠道。

2. 产品特性

产品的特性如标准化程度、易腐性、体积、服务要求等对渠道战略决策和设计具有重要影响。如对鲜活、易腐产品等，应尽量使用较短的分销渠道；单位价值较低的产品、标准化的产品，分销渠道可相应长一些；技术要求高，需要提供较多客户服务的产品，如汽车、机电产品等，较宜采用直销的方式；原材料、初级产品一般宜于直接销售给进口国的制造商。

3. 市场特性

各国的市场各有其自身的特性。这些特性主要包括市场特征、顾客特性、竞争特性、中间商特性等。市场特征，这里主要分析市场集中程度，即市场与顾客在地理上的集中或分散程度。如果市场集中，可采用短渠道或直销渠道。反之，则采用间接渠道或长渠道。如果顾客多、市场容量大且分布地区广，可采用较长的渠道。顾客特性对分销渠道的设计有重要影响。因为各国顾客的收入、购买习惯及购买频率等千差万别，因此要求采取不同的分销渠道。从顾客的购买习惯和购买频率来看，日用品一般是就近购买，可采用较广泛的分销渠道。对于特殊品，顾客一般是向专业商店购买，则不宜采用广泛的分销渠道。如果市场中顾客购买某种商品的次数频繁，但每次购买数量不多，宜采用中间商。如果顾客一次购买批量大，可采用直销渠道。

在国际市场营销中，必须认真研究东道国的分销体系并与本国和其他国反复比较，选择适宜的销售中介。日本的分销渠道是世界上最长、最复杂的，并且零售商总是期望退货可以被完全接受，以及需大量融资和定期送货上门服务。竞争者的分销渠道是渠道决策需考虑的另一重要因素。国际市场营销者对付竞争者的分销一般采取两种策略：第一是建立能与竞争对手相抗衡的分销渠道体系。日立公司拥有 1000 个特许零售商和一支与几百家商店有业务联系的设备销售队伍。为与其竞争，IBM 公司在公司系统外招聘了 60 多个中间商来为其销售产品。第二是采取与竞争对手不同的分销方式，以获得竞争优势。

4. 环境特性

就法律环境而言，东道国的法律和政府规定可能限制某些销售渠道，如美国的《克莱顿法》禁止实质上减少竞争或造成垄断的渠道安排。如一些发展中国家规定某些进出口业务必须由特许的企业经办。有些国家或地区规定要对代理商征收代销税。就经济环境而言，当一国经济衰退时，一般可能采用短渠道，以低价格将产品尽快销售给最终消费者。

（六）连续性

保持渠道的连续性是营销者的一项重要任务。中间商是谋求自身利益最大化的组织，在确保产品能在市场站稳脚跟之前，一般不会介入。它们从生产厂商那里挑选市场需要的品牌，而不会为推销产品做任何努力。并且一旦无利可图，即使是一时出现短期困难，制造商也可能被它们放弃。分销渠道的连续性会受到三个方面力量的冲击：第一是中间商的终止，中间商本身存在一个寿命问题。由于某些中间商机构的领导人及原业务人员的更迭而变更经营范围，甚至由于企业经营不善而倒闭等引起寿命缩短。第二是激烈的市场竞争。当竞争激烈及商品销路不佳，或者利润较低时，原来的渠道成员可能会退出。第三是随着现代技术尤其是信息技术的不断变革，以及营销上的不断创新，一些新的分销渠道模式可能会出现，而传统的模式因此而失去其竞争力。

企业必须维护分销渠道的连续性。为此，一是慎重地选择中间商，并采取有效的措施提供支持和服务，同时在用户或消费者中树立品牌信誉，培养中间商的忠诚度；二是对已加入本企业分销系统的中间商，只要它们愿意继续经营本企业的产品，而且符合本企业要求，则不宜轻易更换，应努力与之建立良好的长期关系；三是对那些可能不再经营本企业产品的中间商，企业应预先做出估计，提前安排好潜在的接替者，以保持分销渠道的连续性；四是时刻关注竞争者渠道策略、现代技术及消费者购买习惯与购买模式的变化，以保证分销渠道的不断优化。

第三节　国际市场分销渠道设计与管理

企业在进入国际市场时，国际市场分销渠道的设计起着至关重要的作用，在分销渠道确定之后，生产企业就与一个或多个中间商形成了固定的合作关系，生产企业就需要对选择的分销渠道进行管理，从而使国际市场分销渠道的效率最大化。

一、国际市场分销渠道设计原则

（一）畅销高效

设计国际市场分销渠道时，首先应考虑缩短商品流通时间，缩减不需要的中间环节，将商品尽快尽早地送到目标国际市场，从而降低分销成本，提高分销效率。

（二）成本最小化

在考虑国际市场分销渠道成本时，应主要考虑渠道开发的投资资本和保持渠道畅通的维护成本。尽量减少不必要的成本支出，达到成本最小化。

NOTE

（三） 与企业目标相吻合

国际市场分销渠道的设计应该与生产企业的形象、产品的市场覆盖程度、产品的档次、企业对分销渠道的控制意愿相吻合，不应盲目地选择规模较大但不适合企业自身的分销渠道。

（四） 与市场特性相吻合

国际市场分销渠道的设计应与目标国际市场的消费者特性相吻合，应选择与目标国际市场环境更加适合的分销渠道，减少不必要的磨合和损失。

（五） 能持续运行

合理分配利益，减少冲突，是保障国际市场分销渠道持续运行的原则之一。由于企业入驻国际市场的建设期时间一般较长，花费也较大，应尽量避免轻易更换渠道成员或更改渠道模式，必要时可适当做出调整，保证分销渠道的正常运行。

（六） 覆盖适度

国际市场分销渠道的设计应考虑渠道所覆盖的每一个市场能否获取最佳的销售额；这一市场覆盖能否取得合理的市场占有率；这一市场覆盖能否获得满意的市场渗透率。

（七） 发挥优势

一个好的国际市场分销渠道设计有助于发挥企业和产品的优势。

（八） 控制适度

国际市场分销渠道的设计应该考虑生产企业对分销渠道所有中间环节的控制程度。适度的控制可以为企业减少分销成本；如果对分销渠道的各个中间环节失去了控制，会为企业带来巨大的风险。

二、国际市场分销渠道设计步骤

在设计国际市场分销渠道时，生产企业应综合考虑目标市场的进出口条件、目标市场容量、产品特点、中间商的运营能力、消费者购买要求及国际市场的法律和行业要求。具体设计步骤如下：

（一） 确定分销渠道的目标市场

在设计国际市场分销渠道时，首先应该确定生产企业产品的目标国际市场，对目标国际市场做出客观的分析，主要包括消费者的需求、市场的分散化程度、目标国家的法律、中间商的选择及能力评估等。

（二） 明确营销目标

以产品进入目标国际市场的销售量、市场份额和利润要求的形式明确生产企业的营销目标。

（三） 确定分销渠道的组织形式

确定目标国际市场，明确营销目标后，应根据生产企业的产品特性、目标市场基本情况等多个因素确定分销渠道的基本模式、宽度、长度等条件，选择合适的中间商，形成多个备选方案进行评估。

（四） 确定分销方案

通过对备选方案的经济性、控制性、适应性等评估后，最终形成完整的分销方案。

三、国际市场分销渠道的管理

生产企业选择了分销渠道方案后，必须对每个中间商加以选择、激励和评估，并随着时间的推移，调整其渠道方案以适应环境的变化，这就是国际市场分销渠道的管理过程。管理好坏直接关系渠道的分销效率。

（一）中间商的选择

国际市场分销渠道中有哪些中间商的参与是一个"双向选择"的过程。一些大型企业毫不费力就能找到条件较好的中间商，但企业又很难一开始就找到合适的中间商。不管发展中间商是难是易，必须确定选择中间商的标准，因为这直接关系到产品在国际市场上的销路、信誉、经济效益和发展潜力。选择的一般标准主要包括：①经济实力；②中间商的经营能力；③中间商的专业知识；④中间商的商业信誉；⑤中间商的合作态度；⑥人员、装备和设施；⑦未来销售增长潜力；⑧提供信息的能力。企业在选取合适的中间商前，首先必须吸引众多中间商前来"候选"，以上各项只是选择分销渠道中间商的一般标准。企业在选择时，应考虑自身的经营目标、产品、市场和竞争等具体情况，拟定更为详细的考察标准，选择真正合格的中间商作为渠道成员。

（二）对中间商的激励

给中间商以适当的激励，目的是促使双方友好合作，互惠互利，更进一步加强中间商的责任心，提高其积极性。生产企业可以通过降低价格、授予中间商独家经营权等提高中间商的经营积极性。不仅如此，生产企业还可以通过为中间商培训推销人员和服务人员、提供广告等促销活动费用经济支持、帮助中间商进行市场调研、提供经营咨询、给成绩突出的中间商一定的奖励等方式激励经销商。上述各种形式都能不同程度地激发国外中间商的经营积极性。企业在采用之前，要进行调查研究，比较其成本与收益，考察其可行性；同时，不同的中间商、同一中间商在不同时期，其需求是不同的，企业应具体分析，选择最能满足其需求的方式来激发其积极性。

在很多情况下，生产企业只注重利益的刺激，如销售利润、折扣、奖赏等。如果这些未能发生作用，往往改用惩罚的办法，甚至中止双方的合作关系。高报酬的刺激方法的代价很高又不见得有很大的成效。实际上，制造商应更多地保持与中间商的沟通与联系，努力与其建立长久的合作关系。

（三）对分销渠道的评估

对分销渠道的评估包括对中间商的评估和对整个分销渠道的评估。企业应使渠道所有中间商明确了解到中间商也处于一个优胜劣汰的竞争状态中。企业可以确立一些标准来加以对照衡量，如中间商是否接受配额、销售指标完成情况、是否努力完成既定目标、付款是否及时，以及市场覆盖面、促销工作的合作情况等。通过这些指标的分析来发现问题，进行诊断和改进。

对分销渠道的评估内容包括：分销渠道已取得的经济效益是否达到渠道设计时的预计经济效益；企业对渠道的控制力是否与设计时企业应对渠道的控制力相符；分销渠道的应变能力是否良好。企业对分销渠道进行评估，可以帮助企业在决定是否继续使用现有分销策略，还是废弃现有分销渠道，重新设计并建立新的分销渠道决策提供准确的依据。一般来说，完全废弃原有分销渠道的现象比较少见，更多的是改造和建立新的分销渠道。

NOTE

（四）调整分销渠道成员

国际市场分销渠道各成员之间既存在合作，又存在着矛盾和竞争，企业除了让各中间商了解企业本身的目标政策外，还应平衡各成员间的关系，彼此互相协调，共同受益。没有一条渠道能保证产品在市场上永远的竞争优势。当国外的中间商不能很好地贯彻企业的意图，或不能完成既定的销售额，消费者购买模式发生改变，新的分销渠道出现，市场扩大等情况出现时，更换渠道成员，修改渠道是必不可少的。

修改渠道可能发生在三个方面：增加或去掉某些渠道成员；增加或去掉某些市场渠道；在所有市场制定全新的渠道策略。对于第一层次的渠道修改，一方面是由于某些中间商不能很好地完成销售任务，违背了企业的经营意图；另一方面是企业变换进入市场方式，使得需要增减渠道成员。在国外的市场上更换或者增减中间商，往往要花费较高的代价，这是由于许多国家都对经销商或代理商进行法律保护，双方在解除代理或经销协议时，企业通常要付给中间商各种补偿费用，甚至今后几年的利润。企业做出增加或除掉某些市场渠道的决策，往往会影响整个系统。除掉某些市场渠道会减少销售量，使单位成本上升；一些人员和设备被闲置起来；竞争者会抢占这些市场的份额等。企业必须考虑所有这些影响因素。最困难的决策是对整个分销渠道的修改，如企业决定用自有的经销商代替独立的经销商等，这些决策可能在更大程度上改变企业的营销组合，需要渠道管理者更仔细地分析，以做出正确的决策。

第四节　国际市场分销渠道发展新趋势

一、渠道趋向扁平化

卖方市场向买方市场的转变使消费者拥有了自主权，消费者的目标成为企业交易的价值所在，因而现在营销的核心也已经由对产品功能的诉求转变为对消费者价值的诉求。这就要求生产企业与消费者有更直接、更便捷的沟通，而其他渠道成员产品推广功能的下降和经销利润空间的缩小、生产企业对渠道的辐射力和控制力的更高要求，使渠道只能越来越短。

渠道扁平化是以企业的利润最大化为目标，依据企业自身的条件，利用现代化的管理方法与高科技技术，最大限度地使生产者直接把商品出售给最终消费者以减少销售层级的分销渠道。

渠道扁平化作为一种销售模式，简化了销售过程，缩小了销售成本，使企业有较大的利润空间。扁平化并非是简单地减少哪一个销售环节，而是要对原有的供应链进行优化，剔除供应链中没有增值的环节，使供应链向价值链转变。因为渠道扁平化的实质是削减冗长无用的环节，提高渠道运作的效率，在厂、商、用户间构筑一个完整、有机、高效的网络体系，使成千上万的用户通过这个网络同厂家、商家进行信息的交流和互动。

随着世界经济的高速发展，现在的市场形势由卖方市场转向典型的买方市场，靠近最终买方的渠道成员在多数情况下与厂商竞争博弈时也居于优势地位，从而更有可能滥用权力，采取损害厂商利益来获得自身更大利益的竞争性策略。随着信息技术和传播手段的日益发展，新技术和新产品保持其新颖性和领先性的时间越来越短，直接的后果就是产品同质化严重，顾客因为拥有更多的选择导致忠诚度明显下降。为了在激烈的竞争中取得优势，越来越多的厂商趋向于采取品牌竞争的方式，这必然会导致专用性极高的投资——品牌权益。而在绝大多数情形下，品牌权益这种专用资产的建立需要下游渠道成员的通力配合，特别是那些需要为顾客提供售前、售中、售后服务来赢得顾客满意并为之做正面宣传的品牌产品，渠道职能的作用对厂商品牌权益更是有着至关重要的影响。此时厂商为了保护这一特定的专有资产，避免中间商的投机行为或恶意讹诈，就很有可能采取纵向一体化的策略。

二、多渠道组合更具活力

随着营销渠道的逐渐成熟，相对于单一的营销渠道，多渠道的组合则更具活力。

1. 渠道多元化可有效扩大国际市场份额

与单一渠道的市场狭窄相比，多渠道组合使得中小企业能最大限度地覆盖市场，覆盖到更多的消费者。

2. 渠道多元化有助于提高传递和共享国际市场信息的能力

渠道的多元化有助于企业更大范围地收集消费者信息，分析消费者需求，从而更好地应对不同目标国际市场环境，及时调整营销策略。

3. 渠道多元化有利于降低分销成本

从表面上看，建设多渠道系统的投入比单渠道系统绝对数额增加不少，但在实际运行过程中，单位产品的分销成本会下降。对于中小企业来说，以较小的成本增加额，较大幅度地提高市场份额是明智的选择。

4. 渠道多元化有助于加强企业的渠道控制力

中小企业过分依赖单一渠道，在与经销商的合作关系中将极其被动。多渠道策略为中小企业突破在渠道建设上的单一性提供有力武器。

三、网络营销渠道更加盛行

所谓网络营销是指商户在互联网络上开设自己的主页，在主页之上开设"虚拟商店"，用以陈列宣传商品，顾客通过任何一部网络终端设备都可以进入到虚拟商店，浏览、挑选、下订单、支付都在网上完成，商户接到订单后就送货上门的一种营销方式。

与传统的营销相比，网络营销主要有以下几个特点：

1. 网络营销是一种以消费者为导向、强调个性化的营销方式。网络营销的最大特点在于以消费者为主导，消费者将拥有比过去更大的选择自由。他们可根据自己的个性特点和需求在全球范围内寻找满足品，不受地域限制。由于互联网具有全球性、全时性的特点，网络渠道一方面拓展了分销渠道的范围，使之加大加宽，因为互联网打破了地域和国界的限制，因此基于互联网的网络经济使全球市场的整合成为现实，这样产品的销售渠道就扩展到了更广阔的全球市场。另一方面，网络渠道也不受时间的限制，可以每天 24 小时地实现在线服务。与传统渠道相比，大大延长了运行时间。

2. 网络营销具有极强的互动性，是实现全程营销的理想工具。传统的营销管理强调 4P（产品、价格、渠道和促销）组合，现代营销管理则追求 4C（顾客、成本、方便和沟通），然而无论哪一种观念都必须基于这样一个前提：企业必须实行全程营销，即必须从产品的设计阶

NOTE

段就开始充分考虑消费者的需求和意愿。遗憾的是，在实际操作中这一点往往难以做到。原因在于消费者与企业之间缺乏合适的沟通渠道或沟通成本过高。消费者一般只能针对现有产品提出建议或批评，对尚处于概念阶段的产品则难以涉足。而在网络环境下，这一状况将有所改观。即使是中小企业也可通过电子布告栏、线上讨论和电子邮件等方式，以极低成本在营销的全过程中对消费者进行及时的信息收集。网络营销渠道的应用大大减少了渠道中间商的数量，拉近了企业与消费者的距离；同时使企业建立直销渠道的难度大大降低。企业利用自己的或中间商的商务网站一方面发布企业和产品的信息，另一方面可以接受客户的访问和订购。

3. 网络营销能满足消费者对购物方便性的需求，提高消费者的购物效率。现代化的生活节奏已使消费者用于外出在商店、药店购物的时间越来越短。网络营销能简化购物环节，节省消费者的时间和精力，将购买过程中的麻烦减少。网络渠道以电子信息为工具，能够把企业价值链和供应链中的活动整合在一起。如当客户在网上购物时，下订单、支付、配送、售后服务等环节都可以利用 Internet 进行整合，除实物配送外，其他过程都可以在网上完成。

4. 网络营销能满足价格重视性和消费者的需求。网络营销能为企业节省用于促销的巨额流通费用，让产品成本和价格的降低成为可能。而消费者则可在全球范围内寻找最优惠的价格，甚至可绕过中间商直接向生产企业订货，因而能以更低的价格实现购买。

总之，网络分销渠道克服了传统分销渠道的缺点。网络中间商一方面通过互联网强大的信息传递功能，完全承担着信息传递的作用；另一方面，利用其在各地的分支机构承担着批发商和零售商的职能。这样提高了渠道效率又节约了成本，是对千百年来传统交易模式的一个根本性变革。

思考与讨论

1. 长渠道与宽渠道的含义是什么？它们的区别是什么？

2. 国外的分销渠道主要有哪些特点？

3. 选择国际市场分销渠道的影响因素有哪些？

4. 生产企业分销渠道管理有哪些内容？

5. 企业如何制定正确的网络营销战略？

第十一章　国际市场促销策略

学习要点

1. 国际市场促销手段与促销组合。
2. 国际广告决策。

案例导入

汇源收购案的公关危机

2008 年 9 月 3 日汇源果汁发布公告称，荷银将代表可口可乐公司全资附属公司 Atlantic Industries 以约 179.2 亿港元收购汇源果汁集团有限公司股本中的全部已发行股份及全部未行使可换股债券。如果此次交易完成，汇源果汁将成为 Atlantic Industries 的全资附属公司，可口可乐也将完成其历史上在本土市场以外的最大规模的一次收购。此举在社会上引起了轩然大波，之后短短的十几天时间，汇源事件又从一个普通的收购案升级成为引起整个社会大讨论的品牌危机。

"骑虎难下，进退两难"可以形容此后汇源的窘境。进，如果收购成功，可能再次激起广大消费者的抵抗情绪。面对一个普遍抵制、销量惨淡的市场，可口可乐恐怕也只有"弃子"这一步棋可走。退，即使商务部一纸公文取缔了这次兼并交易，形势恐怕也不会如朱新礼（汇源掌门人）想象得那般乐观，他起码要面对这样的双重危机：于外，"崇洋卖国"的标签已被牢牢地套在他和汇源的身上，想要恢复以前良好的民族品牌形象，仿佛天方夜谭；于内，由放弃企业和裁员所造成的人心浮动和不信任感，使得企业文化和凝聚力大大衰减。

从年初雪铁龙的广告，到万科被指责捐款不足九牛一毛的"捐款门"事件，再到如今可口可乐收购汇源事件中朱新礼一句"养儿卖猪"引来的网友口诛笔伐，虽然相关企业所属的行业、事件的危机性质或是解决危机的方式不尽相同，却都不谋而合地犯下了同一个错误：无端地伤害了消费者的情感，甚至伤害了广大国人日益强烈的民族、爱国之情，而这似乎也正是2008 年品牌危机的一大特征。品牌是在企业和消费者的不断交流中形成的，而危机则往往是由于交流不畅导致的。在这个情感充沛的时代，维系好企业与消费者的情感交流，自然是公关和品牌工作的重中之重。作为企业，要意识到企业行为在消费者的眼中早已被无形中放大了无数倍。即使是单纯的商业事件也有可能被消费者感性地上升到民族利益的层面。

第一节　国际市场促销概述

在现代国际市场营销活动中，企业不仅要拥有一流的产品、合理的价格、畅通的渠道，还

NOTE

需要与有力的促销手段相配合，国际市场促销已成为国际市场营销活动中一项必不可少的基本活动。

现代国际市场促销是企业运用各种方式与手段，向消费者传递企业和企业所提供的产品与服务的信息，使消费者对企业及其产品与服务产生兴趣、好感与信任，进而做出购买决策。

一、国际市场促销与整合营销

促销（promotion）是促进销售的简称，是指企业通过人员推销或非人员推销的方式，向目标顾客传递商品或劳务的存在及其性能、特征等信息，帮助消费者认识商品或劳务带给购买者的利益，从而引起消费者兴趣，激发消费者购买欲望并产生购买行为，实现企业销售的活动。促销手段包括公共关系、广告、销售促进和人员推销。

每种促销手段各具特点和功能，相互补充，相互联系。广告是让别人知道你，公共关系是让别人喜欢你，销售促进是让知道你和喜欢你的消费者购买你，人员推销则推动了最终的购买。在国际市场营销活动中，为了实现目标，企业往往整合多种促销手段，搭配和协调使用促销组合（promotion mix）。

（一）国际市场促销

国际市场促销（international promotion）是企业与国际客户之间的一种信息沟通行为，手段包括国际公共关系、国际广告、人员销售和销售促进。与普通市场营销一样，广告和销售促进是国际市场促销活动的重要手段。同时需要注意的是，在国际市场营销中，国际公共关系的作用格外重要，尤其当企业的国际化营销活动牵涉了政治因素、经济安全、文化意识、宗教信仰、情绪情感和价值观冲突等敏感问题时，其重要性更加凸显。

（二）整合营销

整合营销（integrated marketing communication，IMC）是以整合企业内外部所有资源为手段，重组再造企业的生产行为与市场行为，充分调动一切积极因素，以实现企业目标的全面的、一致化的营销。整合营销的基本主张是要将所有的沟通工具，如商标、广告、公关、直复营销（DM）、活动行销（EM）、CI等一一综合起来，使目标消费者处在多元化且目标一致的信息包围之中，即"多种工具，一个声音"，从而帮助消费者更好地识别和接受品牌和公司。整合营销不但突出了"沟通"（communication）在整个营销活动中的重要地位，而且强调通过促销手段和多元取向的促销工具的结合来整合和强化沟通攻势。

二、营销传播的过程

（一）营销传播模型

营销传播模型强调了传播的关键因素。发送者必须知道要把什么信息以什么媒体传播给什么样的受众（接收者），以及要得到什么反应（图11-1-1）。

（二）营销传播的步骤

营销传播是指企业将有关企业及其商品和品牌的信息传递给消费者的营销活动。现代营销不仅要求开发好的产品，制定有吸引力的价格，使其易于到达目标顾客，企业还必须与它们现实或潜在的购买者、利益相关者及一般公众进行沟通。开发有效的营销传播项目需要遵循以下八个步骤：①确定目标受众；②决定传播目标；③设计信息；④选择信息传播渠道；⑤编制营销传播预算；⑥确定营销传播组合；⑦评价结果。

NOTE

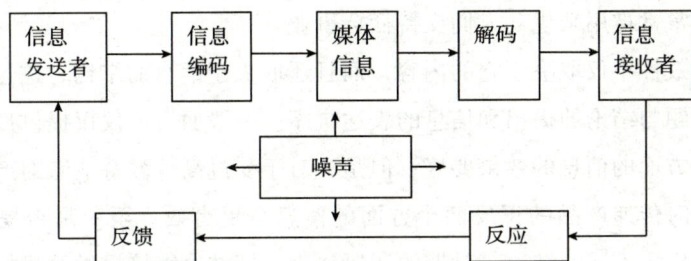

图 11-1-1　营销传播模型

1. 确定目标受众

开发有效的营销传播首先必须明确界定目标受众。目标受众可能是企业的现实顾客，也可能是潜在顾客；可能是购买者，也可能是决策者或影响者；可能是个人，也可能是团体；可能是特殊公众，也可能是一般公众。目标受众将会极大地影响企业的下列传播决策：准备说什么，怎么说，什么时候说，在什么地方说，向谁说。

受众分析主要是评价企业、企业的产品及竞争者在受众心目中的形象。人们对一个产品或服务的态度和行为在很大程度上会受到其形象的影响。在评价产品的形象时，营销者可以调查受众对产品的熟悉程度，然后请那些听说过该产品的人们描述他们对产品的看法。

2. 决定传播目标

营销传播者必须确定期望得到受众的何种反应，即营销人员应该明确要向消费者灌输哪些东西，以改变消费者的态度，或者是激励消费者采取某种行动。从消费者完整的购买决策过程来看，确定营销沟通目标就是确定如何把目标受众从他们目前所处的购买过程阶段推向更高层次的购买准备阶段。针对消费者反应阶段模式，有四种著名的消费者反应阶段模型，即 AIDA 模型、层次效果模型、创新采用模型和沟通模型（表 11-1-1）。四种模型均假设购买者都依次经过认知阶段、情感阶段和行为阶段。

表 11-1-1　四种消费者反应阶段模型

	认知阶段	情感阶段	行为阶段
AIDA 模型	注意	→ 兴趣 → 欲望	→ 行动
层次效果模型	知晓 → 认识	→ 喜爱 → 偏好 → 信任	→ 购买
创新采用模型	知晓	→ 兴趣 → 评价	→ 试用 → 采用
沟通模型	接触 → 沟通 → 认知反应	→ 态度 → 意图	→ 行动

3. 设计信息

营销传播目标确定之后，营销者就要进一步设计有效的传播信息。传播信息应当能够引起受众的注意，以激发他们的兴趣和欲望并促使他们完成购买行为。传播信息的设计需要确定信息内容、结构、形式和信息源。

在确定信息内容时，营销者需要确定传播诉求或者说核心卖点。一般而言，诉求分为理性诉求、感性诉求和道德诉求三类。理性诉求以目标受众的利益追求为出发点，表明产品能为他们带来哪些特定的利益，如产品价值、质量、性能和经济性等。感性诉求试图激发起消费者的某种否定或肯定的情绪以促使其采取购买行动。道德诉求用于引导目标受众意识到什么行为是正确的、恰当的，常常被用来规劝人们支持社会事业。

传播信息的有效性不仅取决于它的内容，而且还取决于信息的结构，这包括是否提供正反两方面的信息、问题与结论的提出和信息的表达次序。一般而言，仅仅提供产品的正面信息比同时提供正反两个方面的信息的效果要好；但是，对于受过高等教育或者对产品抱有抵触情绪的消费者来说，同时传递产品的正反两个方面的信息会更有效。至于是否提供关于产品的结论，不同的研究得出了不同的结论。早期的调研认为，把结论直接提供给目标受众要比让消费者自己寻求结论更有效；而近期的研究认为，最好的广告是提出问题，让消费者自己去得出结论。信息的表达次序同样也很重要。在提供单方面信息的情况下，开始就提出强有力的论点有助于吸引受众的注意和兴趣，这对于报纸和其他一些受众不太注意信息的全部内容的媒体来说尤为重要。但是，对于那些对相关信息比较感兴趣的受众来说，渐进的表述可能更为有效。在提供正负两方面信息的情况下，如果受众原来持反对意见，那么信息传播者就应该首先提出负面观点以赢得他们的认同，然后再对正面观点进行强有力的论证，这样会收到更好的效果。

信息传播者还必须为信息设计出有吸引力的形式。在印刷广告中，标题、文稿、插图和颜色要相得益彰；广播广告则需要仔细选择广告用语、音质和音调；而电视广告还需要考虑非语言的因素。

同样的信息由不同的信息源传播出去的效果是不一样的。信息由比较吸引人或者比较受欢迎的信息源进行传播时，往往能够取得更好的效果，这就是为什么广告主经常选择知名人士作为其产品代言人的原因。信息由可信度很高的信息源进行传播会更具有说服力，因此医药企业通常让医药卫生领域的权威机构来证明其产品的优点。信息源的可信度取决于信息源的专业性、可信性和可爱性。专业性要求传播者拥有支持其观点的专业知识，可信性则要求信息源具有客观性和公正性，可爱性是指信息源对受众的吸引力，滑稽和幽默会使信息源更令人喜爱。

4. 选择信息传播渠道

传播者还必须选择有效的信息传播渠道。一般而言，企业可以选择的信息传播渠道可以分为人员信息传播渠道和非人员信息传播渠道两类。

人员信息传播渠道涉及两个或两个以上的人相互之间通过面对面、电话或者电子邮件的方式进行直接的沟通。这些方式由于更有可能提供个性化的信息和获得及时的反馈，因而更有效率。

非人员信息传播渠道包括媒体、气氛和事件。媒体包括印刷媒体（报纸、杂志和直接邮寄）、广电媒体（广播和电视）、网络媒体（电话、电报、卫星和无线通信、网页）、电子媒体（录音带、录像带、光盘）和展示媒体（广告牌、显示屏和海报）等。气氛是"被包装的环境"，这些环境会引起或增强消费者购买或消费产品的欲望，如豪华的办公室会向消费者传递出更积极的信息。事件有时被用于向目标受众传递特别的信息，比如召开新闻发布会、开张或周年庆典活动、赞助社会活动等。

5. 编制营销传播预算

不同的行业和不同的企业在营销预算上差别很大。化妆品行业的促销费用可能达到销售额的30%~50%，而机器制造业可能不足10%，甚至更低。编制营销传播预算的主要方法有量入为出法、销售百分比法、竞争对等法和目标任务法。

（1）量入为出法　根据企业的实际承受能力确定营销预算。缺点是忽视了营销作为一种投资的作用及促销对销售额的影响。

（2）销售百分比法　以一定期间的销售额（销售量）或产品销售价的一定比率确定营销预算。优点是考虑了营销成本、销售价格和单位产品利润之间的关系，将商业循环中销售的变化和营销支出联系起来；缺点是将销售视为促销费用的决定因素而不是促销费用的结果，而且百分比的确定并没有相应的理论依据。

（3）竞争对等法　以主要竞争对手的营销费用支出为基准，确定足以与其抗衡的营销预算。由于不同企业在资源、经验、信誉、品牌知名度和经营目标方面相差悬殊，因此一个企业的营销预算很难成为另一个企业制定预算的依据。

（4）目标任务法　根据由营销计划制定的企业经营目标来确定达到这一目标必须完成的任务及估计为完成该任务所需的费用，以此来决定营销预算。目标任务法要求营销决策人员认真研究营销费用与暴露水平、使用率等之间的关系。

6. 确定营销传播组合

促销有广告、销售促进、公共关系和人员推销等多种工具，企业要决定如何在这些促销工具之间分配预算。不同企业的媒体和渠道选择差别很大，即使它们属于同一个行业。如雅芳主要进行人员销售，而 Cover Girl 则更多使用广告。企业在设计其营销传播组合时，必须考虑市场类型、顾客的购买意愿、产品生命周期阶段等因素。

7. 评价结果

促销计划实施后，企业必须评价其传播效果。比如目标受众是否能够识别和回忆起所传播的信息、他们多少次接触到传播信息、他们记住了哪些内容、他们对信息的感觉如何、他们对企业产品过去和现在的态度如何等。企业营销者还需要收集目标受众接触到传播信息后的行为数据，如有多少人购买了产品、多少人喜欢其产品或品牌，以及多少人谈论过该企业及其品牌或产品。

三、促销手段与促销组合

市场促销组合由多种促销手段组成，每种手段又有多种不同方法，不同行业经常根据其特点的不同采取不同的促销手段，即使同一行业也有差异。许多因素影响着国际市场营销人员对促销手段的组合。

（一）各种促销手段的特点

1. 广告

在各种促销手段中，广告是一种大众化的信息沟通方式，作为普及媒体，广告具有覆盖面广、渗透力强的特点，广告是与地理上大量分散的购买者接近的一种有效方式。但广告媒体众多，媒体成本差异也较大。如电视广告需要大量预算，而其他形式的广告，如报纸广告则可用较少的预算完成。

2. 人员推销

人员推销是购买过程后期最有效的一种促销手段，与广告相比，人员推销有三个方面的突出特性：一是人际接触，通过直接对话、双向沟通，使每一方都能觉察出对方的需要及特点并做出调整；二是培养关系，人员推销可将最初的买卖关系发展为深厚的友情关系，通过培养感情，可以建立起长期的业务关系；三是及时反应，这种促销方式可使顾客在听取推销陈述后及

NOTE

时进行信息反馈。人员推销尽管具有上述优势，但也是一种最昂贵的促销手段。

3. 公共关系

公共关系的吸引力在于它具有较高的可信度。一般来讲，新闻报道和宣传介绍看上去比广告更加真实可靠。尽管市场营销人员不把公关活动看作主要的促销手段，而仅仅是促销的补充形式，但与其他促销手段相配合的公关活动确实是十分有效的。

4. 营业推广

营业推广具有相当的广泛性。一般不属于上述三种形式的促销方法都可归为营业推广。它可通过奖券、竞赛和奖励等形式创造更强烈、更迅速的消费者反应。这种以明显的让利、引诱来诱导消费者立即进行交易的促销活动，可提高正在下降的销售额，但这一手段的作用效果常常是短期的，对建立产品的长期品牌偏好没有显著效果。

（二）制定促销组合需考虑的因素

各种促销手段不仅各具特点，而且它们相互之间还存在着密切的有机联系，表现为各种促销手段之间具有相互补充、相互替代的作用。所以，广告、营业推广、人员推销、公共关系四种促销方式也有先用与后用、重用与轻用、用与不用、单独运用与配合运用等相关联的问题。国际市场营销人员在制定促销组合策略时，应综合考虑各方面的因素，下面分别加以讨论。

1. 产品市场类型与促销组合

对于消费品市场和产业市场，各种促销手段的重要性是不同的，一般来讲，消费品尤其是那些购买人数众多且分散、产品技术性不高且价格较低的日用消费品，广告的作用较大，营业推广次之，人员推销和公共关系则往往是辅助性手段；对于产业用品而言，人员推销的作用较明显，营业推广也有较强的适应性，广告和公共关系常作为辅助性手段。可见，四种促销手段对消费品和产业用品实现促销目标的作用程度是不同的。比如统一润滑油的促销。2003 年统一润滑油作为第一家润滑油企业在中央电视台《新闻联播》后广告时段投放广告，短短几个月，统一润滑油销售成倍增长，一跃成为润滑油行业的领导品牌。当统一润滑油在中央电视台投放广告时，很多专家质疑其"以消费品的方式运作工业品，以大众产品的方式运作分众产品"。殊不知，统一已经完成了对润滑油的重新定位，因为统一发现，随着中国汽车行业的迅猛发展和非职业驾车族的增多，润滑油正在完成从工业品向消费品的转换，完成从分众产品向大众产品的转换。

但也有研究证明，广告在产业市场上的重要性同样不容忽视，在产业用品营销方面，广告和人员推销的结合使用比没有广告的情况要好得多；同样，在消费品营销中，人员推销有时也能够发挥较大的推动作用，所以，某一种促销手段适合某一类产品的情况也不是绝对的。2009年，康师傅绿茶曾将三位中国台湾著名青年演员囊括旗下，作为康师傅绿茶的产品代言人，而其电视广告则是三位新锐偶像的首次携手；此外，康师傅率先发起"再来一瓶"茶系列饮料推广措施，中奖率为 17%，超高的中奖率迅速点燃了消费者的消费热情。当年，康师傅茶饮料的销售异常火爆，市场一度出现"断货""兑奖难"等问题，"再来一瓶"更是成为网络热搜词。

2. 产品组合特征与促销组合

就营销产品整体而言，在不同的产品组合中，各种促销手段对企业向购买者传递信息的作用力度也不相同。广告只适合于比较简单的产品组合。而对于内部关系复杂的产品组合而言，短短十几秒或一定版面的广告难以描述全部营销产品。相对而言，营业推广则可以把整个产品组合陈列于营业场所之内，给消费者一个直观而形象的感觉。

3. 产品生命周期与促销组合

产品生命周期不同阶段的市场特征是不相同的，消费者对不同促销手段的反应也是有大有小的，从而使得不同生命周期阶段促销手段的成本效应也是不同的。因此，企业运用不同促销手段的重点也应随产品生命周期促销成本效应的演变而转移。当产品处于介绍期时，广告及公共关系具有很高的成本效应，其次是营业推广，因此，促销手段应以广告和宣传报道为主，以迅速提高产品的知名度。在成长期，需求会保持一种自然增长的势头，但应保持广告和宣传报道的相对优势，在内容和形式上以增强顾客兴趣和取得中间商的信任为重点。在成熟期阶段，营业推广比广告的成本效应更大，广告的成本效应又比人员推销大，所以应以营业推广为主，广告和人员推销为辅。产品进入衰退期后，营业推广的成本效应还会有所加强，但广告、公共关系及人员推销的成本效应却在下降，尤其是人员推销的成本效应极低，因而应通过强化营业推广手段来维持日益衰退的销售。

4. 购买准备阶段与促销组合

购买行为的发生是有一个过程的，在不同的购买准备阶段，促销手段的成本效应是不同的。广告在产品认知阶段是很重要的，比人员推销或营业推广会更有效，顾客对产品的了解也主要受广告及宣传报道的影响；顾客的信任则主要受人员推销的影响，而受广告和营业推广影响不大；买卖的成交主要受人员推销及营业推广的影响；再次购买还受到人员推销和营业推广的影响，但提示性广告也起一定作用。很明显，广告和公共关系在购买决策过程的初期最具成本效应，而人员推销及营业推广在后期的成本效应比较高。

5. 市场覆盖范围与促销组合

不同的促销手段具有不同的空间作用范围，这种差异正是企业选择利用不同手段并使之配合的依据。公共关系活动是企业与外界的全面联系，所有潜在顾客都是公关活动的作用对象；广告主要针对目标市场潜在的或原有的消费者；营业推广主要针对消费者、中间商、营销人员；人员推销则只涉及某些既定的消费者和客户。

6. "推"与"拉"的促销策略与促销组合

促销策略从总的方面来说，可分为推动策略与拉引策略。使用推动策略的企业主要是利用销售队伍及其他营业推广手段，目的在于劝诱中间商订货，把产品推向最终用户。拉引策略是针对最终用户的市场营销活动，通过促销活动拉动最终用户向中间商购买产品，进而促成中间商向生产企业订货。在推动策略中，主要的促销手段是人员推销，而在拉引策略中，则以广告宣传为主要促销手段。在促销实践中，大多数企业往往把两种策略结合起来运用，即一方面利用人员推销把产品推入分销渠道；另一方面又使用广告等手段吸引顾客，通过中间商求购本企业产品，推与拉相结合的促销策略会使促销效果更为明显。比如，农夫山泉倒着做渠道。农夫山泉在推广其 500mL 瓶装水时，首先是招收一批学生和下岗人员，对零售终端进行全面铺货，然后电视广告高空"轰炸"，当终端开始走货时，中间的经销商就不请自来，主动向农夫山泉要货，通路就这样给倒着做起来了。再如 GE 强调推式策略（数量折扣、购买回扣），这种策略以交易为目的；B&D 则强调拉式策略（广告、消费者折扣），这种策略瞄准的是消费者。又如美国英威达公司推拉结合的促销策略，它成功地把莱卡——一种专业性极强的化学纤维原料

NOTE

做成了时尚品牌，其成功的原因在于改变了产业链中上游产品只注重推式营销的模式，极力扩大品牌同消费者的接触面，通过"莱卡风尚颁奖大典""莱卡我型我 SHOW"等时尚活动大胆接近终端消费者，让消费者建立清晰的品牌联想："莱卡"就是"舒适、服帖、时尚、潮流"。当使用莱卡的下游产品在市场上走俏时，上游厂家求购莱卡的热情也开始高涨；英威达公司又积极推行传统推式营销，为下游厂商提供周到的技术服务和市场咨询，提升其使用莱卡的动力和信心。

传统理论认为，推式策略在产品生命周期早期或许更为有效，这时的消费者需要教育，而对已拥有大量了解产品种类，只需知道可替代品牌的消费者的较成熟的产品，则拉式策略可能更为有效。跨国公司在中国的渠道策略曾经历了一个由"以拉为主"变为"以推为主"的过程，即把经销商通路看得比最终消费者更重要，广泛采用以通路为中心的营销模式。这是因为中国特有的市场环境：中国市场的信息不对称；中国消费者选择的有限性；中国消费者的权益保护也比国外要差；等等。越到下面，消费者的选择权越小，谁掌控终端，谁的品牌就能够进入终端，谁的销量就大。终端等于销量，渠道就是一切，已成为很多跨国公司的共识。当然，伴随着中国市场经济的发展及消费者逐步走向成熟，消费者在跨国公司促销决策中的地位越来越重要。

（三） 促销效果评估

促销手段实施之后，沟通者必须衡量某种促销对目标顾客的影响。对促销效果的衡量与评估主要有两个方面：

1. 目标顾客对促销信息的感知程度，包括顾客是否可识别并回忆起该信息、接收该信息的次数是多少、能回忆起的信息内容有哪几点、对该信息的感觉如何、顾客以前及现在对企业及产品的态度怎样等。

2. 目标顾客对促销信息的行为反应，包括有多少人喜爱该产品、多少人购买了该产品、多少人与其他人谈及过该产品等。

对促销效果的评估是企业调整、改变促销策略的重要依据，对企业促销目标的实现有重要意义。比如某企业在对其两种产品——品牌 A 和品牌 B 开展促销活动之后，经过对促销结果的评估发现，对 A 品牌来讲，有 80% 的消费者都知道，且有 60% 的人试用过，试用者中只有 20% 的人感到满意，这表明 A 品牌的促销在创造品牌知晓度上是有成效的，但产品本身不能满足消费者的期望，需要在品质和质量方面切实改进。对 B 品牌来讲，只有 40% 的人知道它，其中 30% 的人已试用过该产品，试用者中有 80% 的人对它感到满意，这说明产品本身是没有问题的，但有必要修订促销计划，加大促销力度。

（四） 影响国际市场促销的特殊因素

国际市场营销涉及不同国家间的信息沟通，因此，在国际市场上进行有效的促销设计时应考虑一些特殊因素的影响，主要包括国家间的语言差异、社会文化差异和政府的管制。

1. 语言差异

在语言相同的国家，如美国和英国可以通过相同的信息进行沟通，从而节省成本。但对国际市场营销来说，大部分国家间存在着语言差异，信息在不同国家的投放必须根据所在国的特点进行翻译和调整，以使接收信息的群体产生亲切感，容易接受。如通用公司一种名叫"Vauxhall Nova"的机器，在西班牙语中的含义是"不工作"，可想而知，这种产品在西班牙直接销售效果肯定不佳。同样，百事可乐公司的一则广告语 "Come Alive with Pepsi"，意为 "喝百事，万事兴"，但原广告语的直译含义为 "喝百事，死而复活"。在百事可乐公司进军德国市场时，这句广告词被翻译为 "百事可乐，死而复活"，这样的翻译势必影响产品的销售。

2. 社会文化差异

社会文化包括宗教、态度、社会条件、教育等方面，不同国家间的文化和风俗习惯存在很大差异，这直接影响到沟通效果。如在我国孔雀是吉祥的象征，但在欧洲孔雀则被称为 "祸鸟"，因此所有带这种标志的商品都会被排斥。据国际电信联盟的统计数字，2007 年，非洲宽带覆盖率不到 1%，非洲各国间的互联网通信有 70% 要通过非洲以外的地区 "中转"，只有不到 4% 的非洲人能使用互联网。此外，非洲国家互联网使用费用极其昂贵，平均每月高达 250~300 美元。这些社会条件的差异势必影响信息的传播和沟通。

3. 政府的管制

各国政府对信息的许多方面都有限制，管理和法规也不尽相同。许多国家对信息内容、产品种类及信息费用都有限制。法国禁止抽奖销售，德国禁止使用折价券。一些国家还对广告内容、时间长短、版面和广告税有严格的管制。如法国禁止医院做广告；德国法律规定所有医药广告都必须清楚注明药品副作用及服用方法等相关要素，否则制药商和广告商就将受到严厉处罚，等等。

第二节　国际公共关系

一、公共关系与公共关系营销

（一）公共关系

公共关系（public relations）是指某一组织为改善与社会公众的关系，促进公众对组织的认识、理解及支持而发动的一系列促销活动。公共关系的职能包括争取对企业有利的宣传报道、帮助企业与有关各界公众建立和保持良好关系、树立和保持良好的企业形象，以及消除和处理对企业不利的谣言、传说和事件。

20 世纪 80 年代以来，随着经济全球化进程的加速，越来越多的企业参与到全球营销中，国际公共关系的价值和作用开始得到认同和重视。在世界范围内，公关费用的年平均增长率一度达到 20%，印度更是高达 200%。据中国国际公共关系协会（CIPRA）发布的 2006 年度中国公关行业调查报告显示，中国（不包括港、澳、台地区）公共关系营业额超过 80 亿元人民币，年增长率为 33.33%。随着全球经济转暖和我国经济快速增长，2010 年公共关系市场再次迎来了快速增长的发展势头，整个行业年营业额约为 210 亿元人民币，年增长率为 25% 左右。

（二）公共关系营销

公共关系营销（MPR）是企业用来影响大众对企业及其产品和政策的了解和认知，从而提高企业形象和促进销售的一种营销活动。公共关系营销的核心是妥善处理各种内外关系。公关营销不一定能立即带来企业产品销量的显著，但它能强化企业品牌和产品在社会公众中的形象，提高企业产品的知名度和美誉度，使企业长期受益。许多企业现在开始通过公共关系营销

NOTE

来直接支持企业产品宣传和形象建设。公共关系营销主要发挥如下作用：

1. 支持新产品的推出。

2. 支持成熟产品的重新定位。

3. 培养对产品的兴趣。

4. 影响特定目标群体。

5. 保护遭遇社会问题的产品，如强生公司的一种胶囊由于被污染而造成两起事故时，该企业主要通过公共关系营销避免了该胶囊被取缔的危险。

6. 通过有利于产品的方式建立企业形象。

随着大众广告的影响力逐渐减弱，营销者开始更多地通过公共关系营销建立品牌知名度。在公共关系营销中，企业不需要为获得媒体的时间和空间而支付昂贵的费用，它只需要承担撰写和传播新闻报道，以及管理特定事件的成本。新闻报道所产生的价值等价于耗资数百万元的广告，而且可能比广告更可信。

二、公共关系部门的职能

明智的企业会有计划地管理企业与利益相关者和社会公众之间的关系。公共关系部门一般需要完成如下 5 项职能：

1. 舆论关系

主要是从正面传播与组织相关的新闻和信息。

2. 宣传产品

正面宣传企业的产品或服务。

3. 企业沟通

通过内部或者外部的沟通增进员工、顾客、经销商和公众对企业的了解。

4. 游说

通过与立法者和政府部门沟通以推进或阻止与企业切身利益相关的法律和条款的制定或实施。

5. 咨询

为管理层提供公共关系问题、企业地位和形象等方面问题的咨询。

三、国际市场营销的公共关系策略

对于跨国企业来说，良好的公共关系有助于企业获得国际市场准入、赢得目标市场国政府的信任、取得政府采购订单，以及得到政府的政策、税收支持。2005 年，在中国总理温家宝和芬兰总理万哈宁（Matti Vanhanen）共同出席的签字仪式上，诺基亚获得了 2006 年度中国移动价值 58 亿元的 GSM/GPRS 网络设备采购订单，以及中邮普泰 2006 年度价值超过 150 亿元的移动终端产品采购订单。依据企业进入国际市场的阶段和公共关系活动的目的，国际公共关系活动可以分为以下 2 种类型：

（一）市场进入公关

在国际市场进入中，跨国企业往往会遇到各种各样的问题和障碍。取得当地民众的理解和支持，加强与政府机构或政府官员的沟通和联系，得到政府的信任与好感，赢得政府高层的认同非常重要。2005 年 8 月，中国第三大石油公司——中国海洋石油有限公司正式退出并购美国优尼科石油公司的竞争。不去追究"中海油以贯彻国家能源战略为己任"的"豪言"，与"美国众议院以 333 比 92 票的压倒优势，要求美国政府中止这一收购计划，并以 398 比 15 票的更大优势，要求美国政府对收购本身进行调查"两者之间的关联，中海油的结局就像媒体评论的一样——"出师未捷身先死"。

与中海油形成鲜明对照的是 2012 年 1 月宣布破产保护的柯达公司。20 世纪 90 年代，国际上吵翻了天的所谓的"中国威胁论"、中国国内高涨的民族主义、"引进外资会不会扼杀民族工业"的质疑和"狼来了"的恐惧，加大了柯达整合中国感光企业的难度。但是，柯达还是以积极促进两国间贸易关系进一步向前发展的承诺，进行积极、友善的公共关系活动，赢得了中国政府高层人士的支持，艰难地完成了对中国影像产业的"全行业合资计划"。中国感光材料行业"借助跨国公司促进行业改组改造，加快全行业结构调整"，柯达则用 12 亿美元换来了排他性的生产许可，即我们熟知的"98 协议"。

（二）关系维持公关

顺利地进入国际市场之后，维持与当地政府和公众之间业已建立的良好关系同样非常重要。在中国市场取得成功的跨国企业，有一个共同的口号"我们是中国公司"，像摩托罗拉的"以中国为家"、飞利浦电子的"我们是一个地地道道的中国公司"和柯达的"做中国的世界企业公民"等。

第三节　国际广告

广告（advertising）是以付费方式，通过大众媒体向目标顾客和公众进行信息沟通的一种促销手段，是一种非人员的促销活动。广告具有树立企业形象、沟通市场和商品信息、创造消费者需求及文化传播等职能。广告以其市场覆盖面广、渗透性强的特点，成为当今企业营销中的主要促销手段之一。

国际广告是以国际消费者为目标受众，在国际环境下开展的广告活动。据英国的 Zenithoptimedia 公司的数据统计和预测分析，2003 年全球广告支出为 358.86 亿美元，2005 年升至 403.984 亿美元，同比上一年度的年均增长率从 2003 年的 2.9% 到 2005 年的 4.7%，并将在 2006 年达到 5.8%。2008 年全球互联网广告开支将达到 342 亿美元，比 2005 年增长 84%。互联网广告开支与广播广告开支之间的差距正在缩小，到 2008 年，两者之间的差距将从 2005 年的 3.9% 缩小到 0.7%。从中长期来看，互联网广告收入将达到杂志广告的水平。2008 年互联网广告收入将占英国整个广告市场开支的 12.9%，占瑞典全部广告开支的 10.5%。这是互联网广告首次在全球的某个地方达到两位数的市场份额。

广告担负着传播和沟通信息的职能，广告本身又是一种文化行为。因此，在国际市场营销中，除了宏观环境的差异、消费者的复杂多样化以外，社会文化因素对广告的设计、推广和广告策略的制定和实施也有非常重要的影响。这也注定了国际广告决策远比国内市场营销中的广告决策更加复杂和艰难。

国际企业在制定广告促销策略时，通常需要考虑下述几方面内容：广告促销的目标是什么；可支配的广告费用是多少；广告应传递什么样的信息；广告应使用何种媒体；如何评价广告效果，即所谓的5M［任务（mission）、资金（money）、信息（message）、媒体（media）、衡量（measurement）］问题。

一、制定广告目标

广告促销方案的第一步是制定广告目标，而广告目标又与所做出的目标市场、市场定位及营销组合决策紧密相关。这些决策基本上决定了广告促销手段所要完成的任务，即在特定时期内对特定广告对象所要达到的沟通绩效水平。按沟通的直接目的可把广告目标分为提供信息、说服购买和提醒使用三种。

（一）告知性广告

此时的广告目标是建立初步需求，是企业在市场开拓阶段为迅速让消费者或用户了解产品的名称、性能、特点等而做的广告。目的是提高产品的知晓率，诱导早期购买。

（二）说服性广告

这是企业在产品生命周期的成长阶段所做的广告，目的在于介绍产品的实际使用效果，突出该产品的特色和用途，从而建立起对企业产品品牌的选择性需求。由于这种广告多在国际市场竞争激烈时使用，所以又称竞争性广告。说服性广告的目标是为特定的品牌培养选择性需求，因而某些说服性广告已变成比较性广告，即企业将其产品或服务与竞争者进行对比，通过与其他品牌的特定比较来突出自身的优势。比较性广告可分为直接比较广告和间接比较广告，前者是企业将自己的产品与某一竞争者进行对比；后者是将自己的产品与不指明的竞争者进行对比。尽管间接比较广告没有指名道姓，但通常人们也明白广告中所指的竞争者，比如百事可乐曾进行过可乐蒙眼品尝试验，并将结果在广告中广为宣传，虽然在广告中未指明试验中的竞争者，但一般人一看便知这是在与可口可乐进行对比。今天的比较广告已随处可见，诸如百事可乐对可口可乐、汉莎航空公司对美国航空公司、奥迪汽车对奔驰和马自达汽车的比较广告大战已经尽人皆知。在世界各国，政府对比较广告的态度也不尽一致，英国、奥地利、瑞士等国允许使用比较广告，而法国、比利时、意大利和荷兰等国则禁止使用比较广告，德国法律虽规定有条件地允许比较广告存在，但比较广告在德国却极少见到。

（三）提醒性广告

这种广告对成熟的产品或处于衰退期的产品非常重要，目的是提示消费者不要忘记他们曾经购买或消费过的产品，刺激他们继续购买，加深购买者对产品的印象。通常适用于历史悠久的老产品、已经销售多年并处于成熟或衰退阶段的产品、因竞争激烈已由紧俏转为滞销的产品，比如美国杜邦公司、壳牌石油公司经常通过提示广告，宣传老企业的传统产品，以减弱人们的遗忘程度。提醒性广告的另一种相关形式是强化性广告，目的是让买者相信他们已经做出了非常正确的选择。

总的来讲，广告目标应建立在对目前市场营销情况透彻分析的基础之上，广告所表达的思想应是一个循序渐进的深入过程，比如日本企业在中国市场的广告目标选择上，就采取了渐进式策略，在不同的市场阶段制定不同的广告目标，这一过程可分为四个阶段。

第一阶段，在产品还未进入中国市场时，就将广告推向中国市场，这一时期日本企业的广告基本上是宣传和介绍产品的名称、功能、规格、品种、用途等，让中国消费者知道并了解产品，提高产品的知名度。

第二阶段，当大多数潜在消费者已知道产品时，广告的重点就转向宣传介绍产品的特色、产品给消费者带来的利益、产品对特定消费者的适应性等。这时的广告带有刺激欲望、引导购买、指导消费的性质。因为这一阶段是达到广告目的的关键时期，所以日本企业不惜投入大量广告费用，耐心说服潜在消费者购买其产品。

第三阶段，当日本企业的产品已深入中国消费者心中，广告促销的目标已不再是产品，而是产品背后的企业形象，是企业的声誉、地位及知名度等消费者感兴趣的东西，目的是促使消费者对企业产生良好印象，进而对企业的产品产生偏爱和信任。

第四阶段，这一时期日本企业采用了提醒式或强化式广告，因为这时企业及其产品已为中国消费者所熟知，产品已进入成熟期，市场竞争也日趋激烈，这时的广告在媒体选择、构思创意、广告语言和色彩的运用方面更具特色。提醒式或强化式广告通常言简意赅，有时仅提示出企业名称，目的是让消费者不要忘记某企业的产品，强化消费者信心，刺激重复购买。

上述四个阶段并不是截然分开的，四个阶段的广告特征在市场上往往同时存在，因为一家日本企业在中国市场同时销售多种产品，各产品的生命周期也有所不同，在同一时期，不同的广告目标可能兼而有之，但总的来讲，日本企业的广告目标始终与产品和市场的发展同步。

二、确定广告预算

广告目标确定之后，企业接着要为每个产品做出广告预算。尽管企业愿意花钱达到促销目的，但有时却不知道花费多少才是适当的。广告支出太少，达不到促销的目的；若支出过大，则浪费了企业财力。在这个意义上，有人说："企业不做广告是在等死，做广告是在找死。"这说明巨额的广告费是一把双刃剑，它既可能打造一个优秀的品牌，也可能毁掉一个原本实力雄厚的企业。现在有一种批评意见，指责消费品广告做得过多过滥，而工业品广告明显不足。广告比较适合于消费品的促销，但现在许多大企业并没有对广告促销的实际效果予以切实把握，在缺少市场调查的情况下，把资金大量投放在广告上，销售效果并不明显，使企业花了冤枉钱。生产工业品的企业完全依赖自身的销售队伍，尽管人员推销比较适合此类产品，但广告促销对工业品也是必要的，适度的广告活动可提高工业品的知名度与市场覆盖范围，许多企业在这方面估计不足。

微观经济学认为，单个厂商做广告会使销售额和利润增加，但同行业多个厂商同时做广告，在市场总容量没有增长的情况下，效果会相互抵消。而且广告战引起价格战，结果是低廉的价格在国内引起全行业亏损，在国外引起反倾销。前面讨论过的确定促销预算的常用方法对广告这一促销手段同样适用，但在广告预算估算过程中，还应考虑以下几方面的因素：①产品生命周期。刚刚上市的新产品需要花费大量的广告预算以建立知名度；而处于成熟期的产品，品牌知名度已很高，以较低的广告预算维持现状即可。②市场份额。市场占有率较高的品牌，通常并不需要过高的广告支出，可按销售额的一定百分比提取适量的促销费用来维持目前的市场份额；相反，通过提高市场占有率以扩大市场份额，则需要大量的广告支出。③竞争干扰。在有众多竞争者且同类产品广告比较密集的市场上，某一品牌的广告活动只有战胜同类产品广告的干扰，才能引起人们的注意。④广告频率。在某一广告媒体上，某种品牌信息的重复次数也决定着广告预算。⑤市场特征。倘若目标市场消费者对某一广告信息很感兴趣，而且不在乎

NOTE

广告内容的重复出现，这时的高额广告费用就是必要的。总之，广告预算的多少必须与广告所起的作用联系起来考虑，费用与效益的比较是确定广告预算的基本依据。

三、广告信息决策

广告活动中的内容与形式有时比所花费的促销成本重要得多，广告只有引人入胜，才能有助于提高品牌的销售。

（一）广告内容

广告内容会因创意不同而有较大的差异，尽管广告内容都是要表达某品牌所具有的主要用途，但营销人员却可通过多种创意产生尽可能多的广告诉求。顾客、经销商、专家和竞争者都可作为寻求创意的主要来源，其中消费者是最重要的创意源泉，他们对现有产品的优点与不足的感觉为创意提供了重要线索。比如某发胶公司通过消费者对现有品牌及其特性的满意程度的调查，发现消费者需要一种对发型固定能力更强的发胶，这时公司就会立即着手改变产品配方并为此广而告之。

国际广告内容决策的难点是标准化与当地化的问题。标准化就是把同样的广告信息主题传播到各国不同的市场，既然人们对美的追求、对健康的向往是超越国界的，顾客的需求在许多方面就表现为一种一致性，标准化策略是可行的。标准化的优点在于企业只需要确定一个广告主题就可以在不同国家稍加改动后进行宣传，降低了成本；可以集中企业内部各种人才，集中使用广告费用，形成广告的竞争优势；可以将产品统一的形象传递给消费者，加深企业和产品在消费者心目中的印象，不仅有利于企业整体促销目标的制定、实施和控制，而且可以使公司总部的专业广告人员得到充分利用，所以，标准化策略可获得规模经济效益。比如美国的可口可乐公司和百事可乐公司，运用标准化广告策略在世界上100多个国家和地区从事营销活动，取得了很大的成功。标准化的缺点在于没有考虑各市场的特殊性，广告的针对性较差并可能影响广告效果。

当地化策略是指国际企业通过广告向不同国家和地区传递不同的信息。这一策略的依据是各国政治、经济、文化和法律等环境各不相同，顾客需求也千差万别，广告信息只有符合各国特点，才能收到好的效果。当地化的优点在于广告的针对性较强，广告宣传有不同的侧重点，能够适应不同文化背景的消费需求。其缺点在于成本较高，企业总部对各国市场的广告宣传难以控制，甚至各国宣传相互矛盾，进而影响企业形象。如西方某航空公司采取国际广告当地化策略，在某国的宣传为该公司的高档、豪华服务，而在另一国的广告宣传则为机票实惠，两者的冲突有损公司形象。但一般来说，尽管当地化策略的广告成本会比较高，但它可以提高销量，带来更大的促销效益。如嘉士伯啤酒在我国进行本土化宣传的广告就取得了巨大成功。画面是中国传统的两扇门，门上贴着门神，其中一个门神不见了，画面上只留下门神的刀，仔细一看，原来这个门神跑到另外一张画面上，正在和另一位门神干杯"嘉士伯"，人们在会心一笑之际，也牢牢记住了这个啤酒品牌。而可口可乐的广告本土化策略，首先体现在其广告与中国传统价值观的结合。其一系列的春节贺岁广告选择了典型的中国情境拍摄，运用对联、木偶、剪纸等中国传统艺术，通过贴春联、放烟花等民俗活动，来表现中国浓厚的乡土味和家庭观，这种形象确实达到了感染中国消费者的效果。

事实上，广告内容的绝对标准化或当地化的两种极端情况是不多见的，国际企业更多的是在两种情况之间选择偏向其中一端。这种选择要考虑以下几种因素：①环境因素。当各国市场与产品营销有关的环境因素差异不大时，企业可采用标准化策略；反之，则应采用当地化策略。②需求因素。各国目标市场如属于同质市场，可采用标准化策略；反之，异质市场的情况则应使用当地化策略。③产品性质与产品生命周期的因素。技术性较强的工业品，比较适宜于标准化策略；采用差异化产品设计的消费品更适宜于当地化策略。各国市场上产品生命周期大致处于同一阶段的产品，比较适合标准化策略；产品生命周期各不相同则适合当地化策略。④风俗习惯的相似与差异也是决定企业是采用标准化策略，还是当地化策略的一个重要因素。⑤广告机构的选择。若选择跨国广告机构，可以采用标准化策略；若选择当地广告机构，则可能被要求按当地消费者偏好采用当地化策略。⑥企业的要求若偏向方便控制和树立统一的产品形象，可以采用标准化策略；若公司不要求统一规划和形象无法讲求统一时，则可以采用当地化策略。

（二）广告形式

信息的效果不仅取决于其内容，而且取决于其表达形式，任何广告信息的表达都包括风格、语调、措辞、版面或画面等方面。

广告信息可以有不同的表达风格，主要表现为：①生活片断：再现一个或一群人在日常生活中使用某产品的情景。②生活方式：可强调某产品如何适合某种生活方式。③幻想：这是针对某产品及其用途制造一种幻想。④气氛或形象：这主要是借助某产品唤起某种气氛或形象。⑤音乐：以背景音乐展示某产品，或通过人来演唱有关本产品的歌曲。⑥拟人：赋予某产品以某种人格化特征。⑦技术经验：通过事实显示公司在制造某产品中的专业技术特长。⑧科学证据：展现本公司的某品牌产品比别的品牌更为优秀和更受欢迎的科学试验证据。⑨证人：通过具有很高威信、受人欢迎的明星或专家来认可产品。

以广播或电视为媒体的广告，还必须选择一种合适的语调。广告语言通常是一种肯定的口气，比如宝洁公司的广告在谈到其产品时，语调总是十分肯定。广告语调还应避免幽默感，以免转移人们对广告信息的注意力，但有时也不尽然，大众汽车公司的甲壳虫牌汽车广告就使用了幽默且自嘲的语调，即"丑陋的甲壳虫"。同样不走寻常路的还有恒源祥的一条语调奇特且表现手法贫乏的"2008 年贺岁广告（十二生肖篇）"，该广告在东方卫视一天之内播放 41 次，引来网友"恶评如潮"，但也使恒源祥是 2008 年北京奥运会赞助商这一事实变得"家喻户晓"。语气措辞作为一种广告表达形式，应该使人难忘且引人注意，比如日本企业在中国的广告语言很多是汉语的成语、俗语或名言。丰田汽车公司的广告"车到山前必有路，有路必有丰田车"；夏普打字机广告"不打不相识"；一通信器材公司的广告"决胜千里之外，运筹帷幄之中"；东芝公司则用"此时无霜胜有霜"来宣传自己的优质无霜电冰箱，可谓独具匠心。

广告的大小、色彩、插图等版面或画面因素对广告信息的表达也有很大影响。加大广告篇幅可引起人们更多的注意；以四色印刷的插图替代黑白插图，当然会增加广告效果；适当角度的摄影有时可表达出产品便于携带的性能。总之，可以通过设计、规划广告不同元素的相对优势来获得一种最佳广告形式表达方案。

四、广告媒体决策

国际企业在完成了广告信息决策之后，接着就要选择广告信息的载体。广告媒体众多且各具特点，选择正确与否不仅关系到促销效果，甚至很大程度上决定企业开拓国际市场的成败。

NOTE

广告媒体选择的步骤是：确定所期望的送达率、频率与效果；选择主要的媒体种类；决定媒体的使用时机及决定媒体的地域分配。

（一）　确定送达率、频率和效果

为了正确选择各种媒体或进行最佳媒体组合，国际企业首先应做出媒体的送达率、频率和效果决策。

1. 媒体送达率决策

此决策指企业在特定时间里，决定目标顾客群体接触广告的预期人数，如决定在第一年内让80%的目标顾客接触到广告。

2. 媒体频率决策

此决策指企业决定在一定时期内目标顾客触及信息的次数，比如决定让目标顾客一年内平均每人接触到3次广告。广告的展露频率要适度，重复次数过少是浪费，因为不会引起注意；过多则费用大，成本效益低。有学者研究证实，一条广告展露3次足矣。首次展露有独特的意义，给人带来"它是什么"的认知反应。再次展露会产生多种效果，一种是目标受众在首次展露时没太注意此信息，再次展露具有同首次展露同样的认知反应；更多的则是以"它有什么"的反应取代"它是什么"的反应。第三次展露可起到提醒的作用，提醒那些已做出购买决策但尚未行动的人。这里所指的3次广告展露是实际看过3次广告的人。

3. 媒体效果决策

此决策指通过特定媒体的展露所产生的影响力。各种媒体的影响力不同，其效果也就有所差异。不仅不同媒体的效果各有不同，就是同种媒体由于社会影响力有大有小，媒体效果也有所区别。在既定的广告预算条件下，什么是送达率、频率和效果的最佳成本效益组合呢？一般来讲，送达率越大，展露的频率与影响力就越大。当推广新品牌，非主要品牌、名牌，不常购买的品牌，或者进入不确定的目标市场时，送达率最为重要。当存在较多的竞争对手、广告内容不易被理解、消费者阻力较大或是展露频繁购买的品牌时，频率就是非常重要的。

（二）　选择主要的媒体种类

世界各国的广告媒体种类很多，而且随着现代科学技术的发展，新的媒体还在不断出现。一般来说，主要的广告媒体有以下几种：

1. 报纸

报纸广告读者广泛，传播迅速，制作灵活，尤其在本地市场覆盖面大，可信度高且费用较低；缺点是寿命短，复制质量差，浏览性读者多，而且每种报纸的覆盖面小，企业需要在多家报纸做广告致使费用增加。

2. 电视

电视广告把视、听两种功能综合起来，具有较强的感染力。传播范围广且形式丰富多彩，可吸引观众的注意力高度集中，因而送达率较高。但此类广告的绝对成本很高，观众选择性小，且易受其他节目的干扰，展露时间也较短，而且很多国家对电视广告的播出时间、广告内容和目标对象有诸多限制，如加拿大魁北克省法令规定严禁电视广告针对儿童，也禁止所有促使人们借款购物的商业广告。

3. 邮寄

邮寄广告是将样本、商品目录、商品说明书等印刷广告物直接寄送或当面交给买主，这种广告媒体地理选择性及针对性较好，灵活性也较大，而且同一媒体内无广告竞争；缺点是成本较高，可信度较差。

4. 广播

广播广告传播面广且迅速及时，地区和人口选择性强，成本较低，因而可大规模使用，但此种广告只有声音效果，吸引力低于电视广告，而且展露时间短。可是在一些广告预算有限制的国家和文盲率较高的国家，或电视普及率低的国家，广播仍为重要的广告媒体。在汽车比较普遍并且装有收音机的国家，人们往往利用驾车时间听广播。

5. 杂志

杂志广告地区和人口选择性强，可信度高且复制质量好，寿命也较长；缺点是出版周期长，发行量有限，尤其是专业性杂志，读者面较窄。许多杂志仅有本国文字的版本，无法在国外更广泛的市场发行。近些年来，针对这些矛盾，很多有影响力的杂志都在采取扩大海外版的策略，如法国时尚杂志 ELLE 在包含中国的 36 个国家发行出版，美国 VOGUE 已在 15 个国家发行，其他各大杂志也纷纷扩大发行范围，从而为跨国公司和当地的企业提供了更多选择机会。

6. 户外

户外广告形式多样，有招贴广告、广告牌、广告标语、建筑物外广告、霓虹灯广告、烟雾广告等，这类广告地理选择性好，灵活且持续时间长，成本较低，竞争者少；缺点是缺乏创意，信息内容少，表现形式有局限性，观众选择性差。

7. 互联网

互联网是一种新兴的广告载体，具有极大的潜力。目前，互联网正以每月增加 200 万以上用户的速度迅速发展，已经成为全球最重要的传播媒体之一。比较其他媒体，互联网不受印刷、运输和发行影响，信息传播速度快，信息容量大，全球联通，信息传递交互性使用户改变被动接受的状态，在心理上更易于接受，且较之电视等传统媒体，广告成本相对低廉，网络广告越来越被商家看好。2008 年我国网络广告整体市场规模增长至 119 亿元（不含搜索引擎关键字广告），较 2007 年增长 54.9%。这表明广告主对网络广告的接受程度有所提高，也同经济危机下，广告主把从昂贵的电视和平面媒体缩减下来的广告预算投向有替代性的网络视频有关。

8. 电影

在一些国家，由于电视普及率不高，电影广告也成为一种重要的形式，如印度。

上述媒体特点不同，优缺点兼有，国际企业应综合各方面因素选择最有利的广告媒体。

（三）广告媒体的运用

在国际市场营销中，不同国家的特点决定了所倾向媒体的不同，了解这点对更加有效地实行国际广告策略有重要的意义。

1. 广告媒体的分类

针对每个国家对媒体所花的费用的差别，可以把国际广告媒体的运用分为混合型广告、印刷型广告、电视电台型广告和其他类型广告。

（1）混合型广告　在信息传播业比较发达的国家，各种广告媒体的运用比较自由，政府的限制比较宽松，因此对各种媒体的运用不存在太大的偏向，比较平衡。采用混合型广告的国家和地区主要有美国、日本、英国、加拿大、荷兰、西班牙、巴西、委内瑞拉、阿根廷、利比里亚、印度、巴基斯坦、科威特、泰国、中国香港和中国台湾等。其中，美国、日本、英国、加拿大是世界上广告最发达的国家，它们的广告费用支出占全世界广告费用总额的 70%～80%。在这些国家和地区投放广告，企业可以不受太多限制，采取适合自己的媒体广告。

（2）印刷型广告　一些国家和地区受到国家政策的影响，采取以报纸为主的媒体形式。如挪威、瑞典政府基本禁止电视电台型广告，印刷型广告占 70% 以上。澳大利亚的报业十分发达，报纸型广告占 40% 以上。还有许多国家因为本国政府将电视电台的重点放在娱乐上，使广告主体不得不依赖报纸等印刷媒体。另外有些国家由于电视电台不是很普及，也以报纸等作为主要媒体方式。采用报纸型广告的主要有瑞典、挪威、澳大利亚、新西兰、南非、马来西亚、新加坡、埃及、斯里兰卡、牙买加、加纳等。一些国家由于传统的原因选择杂志为主要广告媒体，最典型的为德国和意大利，两国的杂志出版业十分发达。在这些国家投放广告考虑到广告影响力就应该选择报纸、杂志类印刷型广告为主要媒体广告方式。

（3）电视电台型广告　一些国家和地区的出版行业不太发达，印刷类广告所占的比重比较小，主要以电视电台型广告为主。采用电视电台型广告的主要有爱尔兰、希腊、哥伦比亚、墨西哥、巴拿马、哥斯达黎加、葡萄牙、菲律宾等。

（4）其他类型广告　一些国家由于本国国民性质和本国传播手段的限制更多地采用户外广告等其他类型，最典型的是法国和瑞士。法国比较推崇个性和独立，而瑞士比较注重环境，经常采取一些时尚的方式进行信息传播，如霓虹灯广告和街头广告等。还有一些国家的国民文盲较多，广告也主要采用直观的户外广告。其他类型广告发达的国家主要有法国、瑞士、奥地利、丹麦、秘鲁、黎巴嫩、叙利亚、印度尼西亚、尼日利亚等。在这些国家做广告，更多的要考虑目标受众的接受程度，选择该国消费者所喜爱的广告媒体。

2. 广告媒体的选择

广告媒体的选择一般需考虑以下因素：

（1）目标顾客的媒体习惯　目标市场的消费者有其特定的媒体习惯，国际企业进行广告宣传的目的就是将商品、劳务等有关信息及时、准确、有效地传递给目标消费对象，但如果企业所选择的传播媒体与消费者的媒体习惯不一致，这时的广告促销就收效甚微。因此，对消费者经常购买的商品应采用他们经常接触的广告媒体进行传播。比如男性用品的广告多刊登在体育杂志上或在电视的体育节目时间播放；技术性强的产品多刊登在专业杂志上；妇女儿童用品的宣传应以女性报刊或儿童杂志为理想的传播媒体。

（2）产品性质和特点　工业品，尤其是技术性能比较高的产品，宜采用报纸、样品目录、商品说明书等做广告，以便用户了解产品性能、特点及使用维修方法。消费品，尤其是日用消费品，可选择的广告媒体较多，但最理想的传播媒体还是广播和电视，因为这两种媒体在各国的普及率都很高，是消费者接收商品信息的重要渠道。

（3）媒体的传播数量、质量与可用性　媒体的传播数量是指报纸、杂志的发行量，电台、电视的覆盖面等，它关系到信息传播与影响的范围。媒体的覆盖范围与目标市场范围应是一致的，倘若出口商品的目标市场只是某一国家的局部地区，就不必选择覆盖全国的广告媒体。媒体传播的质量是指某一具体媒体在消费者心目中的声誉和威望，在某种程度上，它比媒体数量更直接影响到信息传播的效果。媒体可用性通常来自政府政策或法律方面的限制；同时也会受到一国经济、文化、社会等因素的制约。比如瑞典、挪威、丹麦等国政府规定禁止在电台和电视台做商业广告；南欧地区的居民对电视广告反感，而喜欢看杂志，故商业广告多刊登在杂志上。

（4）媒体费用　媒体费用不仅取决于媒体自身的声誉和影响力，还取决于信息播放的时间、频率和广告持续时间。在大多数国家，媒体费用是可以通过谈判来协商的，但一般来讲，电视广告费用最高，报纸杂志广告次之，邮寄广告的费用有时也很高，而广播广告则比较低廉。比如华歌尔在促销其新式内衣的过程中，面对众多的媒体及各自特性，决定在 20 个主要市场上给电视媒体分配 30 万美元，给女性杂志分配 200 万美元，而给当地的报纸分配 100 万美元。另外，在视听媒体的黄金时间和报纸杂志的重要版面播放或刊登广告时费用很高，企业应根据自己的财力和所要达到的传播效果正确选择适当的广告媒体。

（四）选择媒体的使用时机

广告媒体的使用时机有连续式、集中式、飞跃式和起伏式四种模式，企业在推出新产品时，需在几种不同模式间做出选择。

1. 连续式广告

这是指在一段时间内均衡地安排展露时间。如果某一产品处于成长期，销售额稳步上升，且目标市场类型又很明确，这一阶段可以采用连续式广告，但由于广告成本和市场需求的变化，这一策略往往难以持续。

2. 集中式广告

这是指在节假日或某种产品的销售旺季集中促销，在很短的时间内支出所有的广告费用。

3. 飞跃式广告

这是指在某段时间内通过连续播放广告来集中促销，然后有一个间歇期，间歇期过后再进行第二轮广告促销。这一策略比较适合广告经费不足、消费者购买持续时间长和商品季节性强的情况。

4. 起伏式广告

这种广告策略吸收了连续式广告和飞跃式广告的优点，强调在某一时间段保持低强度广告的态势，然后再以下一阶段的高强度广告加大促销力度。如市场调查证明，百威啤酒可在某一市场减缓广告活动一年半，且对销售额并不发生影响，一年半后公司再采用高强度的广告宣传来加强促销，巩固销售增长率。

选择媒体的使用时机模式还应考虑购买者流量、购买频率和遗忘率三个因素。购买者流量是新的购买者进入市场的速度，速度越高则广告连续性应越强。购买频率是现有顾客购买某产品的次数，频率越高，广告连续性也应越强。遗忘率反映了顾客对某一品牌的遗忘程度，遗忘率越高，广告越应具有连续性。

（五）确定媒体的地域分配

媒体选择不仅要考虑时间问题，而且要考虑地域问题。如果国际企业追求的是"全球性购买"，则应选择具有世界影响的广告媒体，进行全球性广告宣传，对于通用性强、潜在销量大、选择性小的商品多使用此类广告。如果企业追求的是"区域性购买"，则应选择相应的覆盖国际市场某一区域的媒体，如某国的国家级电视台和全国发行的杂志做广告。在国际市场营销中，中小企业及销量有限、选择性较强或刚刚进入国际市场的产品，多选用区域性广告。如果企业追求的是"地方性购买"，则应选择地方性媒体，如地区级电视台或杂志的地方版进行广

NOTE

告宣传，这类媒体传播的空间范围相对狭小，主要是为当地零售商和消费者或用户服务。

（六） 国际广告机构的选择

在国际市场营销中，考虑到国际环境的复杂性，广告一般由企业委托广告机构代理，由广告机构提供广告的设计、制作、代理服务等。国际广告机构可以为法人、经济组织或者个人。若要制作成功有效的国际广告，广告机构的选择十分重要。企业在国际促销中可以选择的广告机构一般有两种，即当地广告机构和跨国广告机构。

1. 当地广告机构

在不同的广告投放地区选择不同的广告机构，对广告的效果有很大帮助。当地的广告机构一般对本地的文化背景等比较熟悉，所制造的广告能更符合当地政府的要求，也便于当地消费者接受，因此能为公司产品树立很好的民族形象。如 IBM 公司在国外市场选用当地广告机构，树立了本公司为当地优秀公民的形象。较大型的国际公司在国外的分公司往往选用当地广告机构，总公司的这种做法可以提高分公司的自主权与积极性；使用当地广告机构可以使企业降低成本，获得更高利润；会增强广告的针对性，弥补技术和制作水平与跨国广告机构相比的劣势，有效地完成任务。

2. 跨国广告机构

有些企业在进行国际市场营销时，在不同的国家选择同一跨国广告机构的当地分支机构为自己提供广告的设计制作和提供代理服务。跨国广告机构因为多年的经营一般在各国有多方合作者，这对没有国外分销机构的企业来说是难得的资源。同时，跨国广告机构在广告设计制作技术上经验比较丰富，可以制作出高质量的理想广告。采用跨国广告机构可以兼顾企业和产品在世界范围内的统一形象。另外，企业同单一的广告机构交流比起与多家当地广告机构交流要容易控制。

五、衡量广告效果

规划和控制广告的关键是对广告效果的衡量。合理的广告促销应先在一个或几个城市开展小规模广告活动，评价其效果，然后再投入大笔费用在全国范围内铺开。广告效果衡量包括沟通效果衡量和销售效果衡量两个方面。

（一） 沟通效果衡量

这是指广告是否有效地将信息传递给了消费者。沟通效果的衡量可分为事前测试和事后评估。

1. 事前测试

①直接评分法，即由消费者观看本企业产品的各种备选广告，请他们给不同的广告打分，以此来测试广告效果。②组合测试法，请消费者看或听一组广告，不限制时间，然后请他们回忆广告内容，其结果可表明广告内容中突出的地方及易懂性、易记性。③实验室测试法，这是用仪器测量消费者对于广告内容的生理反应，但这类试验只能测量广告的吸引力，无法衡量消费者的信任、态度和意图。

2. 事后评估

事后评估是在广告发布后对消费者进行的测试。一种是回忆测试，即让接触过广告媒体的人回忆最近几次媒体展露的广告及其产品，其结果可说明广告为人注意和容易记忆的程度；另一种是识别测试，即让接触媒体者从若干广告中辨认哪个广告是他们过去曾经看过的，由此可说明广告在顾客头脑中留下的印象。

（二）　销售效果衡量

衡量沟通效果可以帮助企业了解广告传递信息的结果，但却无法揭示其对销售额的影响，那么销售效果衡量就是直接评估广告使销售额增加了多少。这比沟通效果的测量更为困难，因为销售额的增长不仅受制于广告，而且受到其他各种因素的影响，如产品、价格、收入、渠道等，衡量效果的难易取决于影响因素的多少。比如直销方式下销售效果比较容易衡量，而在运用品牌广告或企业形象广告时，销售效果就很难衡量。

对销售效果的衡量通常可采用历史分析法和实验分析法。

1. 历史分析法

此法基于现在或未来的考虑，利用先进的统计技术，找出过去各个时期销售额与广告支出间的相关性，以此作为分析目前和将来广告促销的依据。

2. 实验分析法

此法可用来评估销售效果。比如企业可以将整个销售区域划分为三个组成部分，在甲地追加较多的广告支出，在乙地追加较少的广告支出，在丙地维持原来的广告开支，经过一段时间后，企业再考虑各地区的销售增长情况，由此估算出广告费用增长对销售额的影响。但这种方法在国际市场营销活动中的运用也变得更为困难，各国市场相距遥远且差异很大，市场的异质性使得在一国得出的数据在另一国便失去其应用价值，各国市场缺乏可比性。这要求国际市场营销人员在对环境不同的各国市场的销售效果进行评估时，要保持更大的适应性与灵活性。

第四节　沟通发展新趋势

一、沟通渠道

信息沟通的有效性也取决于选择适当的沟通渠道。沟通渠道有人员和非人员两大类。

人员沟通是指企业派出推销员或通过他人向顾客推销产品，人员沟通渠道可进一步分为倡议者、专家和社会渠道。倡议者渠道由公司的推销人员组成，负责与顾客直接接触；专家渠道由向目标购买者做宣传的专家组成；社会渠道则由邻居、朋友、家庭成员及同事组成。人员沟通渠道在两种情况下易取得更好的促销效果，一是产品价格昂贵、风险性较大或购买频率较低，这时的购买者通常是大量信息搜寻者，对来自专家或社会渠道信息的重视要大于一般的大众媒体；二是产品暗示了使用者的品位和社会地位，如汽车、高级服装等有明显的品牌差别或隐含着表示使用者地位的产品，这时消费者往往更倾向于向专家或自己熟悉的人咨询。

非人员沟通渠道也称大众推销渠道，是指不通过人员接触或相互作用而向众多顾客传播信息，包括媒体、气氛及事件。传播媒体可由印刷媒体、广播媒体、电子媒体，以及广告牌、海报等陈列媒体组成。气氛是指为加强顾客对产品购买的认识而创造的有利于信息传播的配套环境，它将产生一种增强购买欲望的倾向，比如豪华饭店里华丽的枝形吊灯与大理石柱烘托出一种华贵的气氛，百货公司优美的音乐、鲜艳夺目的灯光效果创造出舒适的购物氛围。事件是为了将某种特别信息传递给目标顾客而设计的活动，如公关部门安排的记者招待会、新闻发布会、体育赞助等，以取得与某些目标顾客的特殊沟通效果。尽管人员沟通的效果比大众推销渠道更为有效，但非人员的大众媒体覆盖面广，扩散效应大，在市场范围广阔、目标市场较分散的情况下，大众促销渠道通常是既经济又有效的促销方式。

二、新时期营销沟通的发展趋势

（一）沟通的使命

沟通的使命从鼓励、吸引消费者购买，向使消费者安心并给消费者提供消费指导转变。

过去，对于大家熟知的产品，企业可通过强调差异性来突出自己的产品，从而达到促销的目的。然而，由于技术的快速变化，在今天，单纯地强调企业之间、产品之间的差异，对不熟悉产品的人、对不能真实准确了解自己需要的人来说并无多大意义，尤其是市场上推出的全新产品。因此，沟通的使命应是传授给消费者有关运用产品的知识，消除顾客的疑虑，并传递出能使消费者获得利益的信息，同时，也必须了解消费者。如何传播产品知识，在当前已被提到了一个极其重要的高度，一些企业对此采取了有益的尝试。

（二）沟通的方向

沟通的方向从单向分离式传播发展为现代双向互动多媒体式传播。传统的营销沟通方式都是由企业发布产品信息吸引消费者，而后导致购买行为发生。而在今天，由于存在着很大的市场不确定性，企业必须高度重视消费者的信息反馈，并在此基础上对产品做出及时调整，以更好地适应消费者。

因此，那种单纯地对消费者进行推或拉的信息传播方式将变得越来越不合时宜。传统的营销手段只能提供单向的信息输送，消费者常处于被动的地位，且信息传播模式是分离的，电视主要传播视频信息，电台传播音频信息，而报纸、杂志等传播的是文字信息。在网络环境下，实现了信息的双向交流和传播，企业可以借助网络的互动功能在短时间内与世界各地的用户进行交流，使用户对商品和企业的服务有更多的发言权，并对用户的要求和建议马上做出积极的回应。同时，互联网络被设计成可以传输多种媒体的信息，如文字、声音、图像等，使得营销传播方式更加丰富多彩，增强了传播效果。博客、微博营销的出现更是改变了高成本营销的状态，当大众传播的公信力受到挑战的时候，微博的出现，有可能将未来的营销变成熟人营销。

（三）沟通的对象

沟通的对象从大众传播向精准传播发展。

大众传播是一种"原子弹"轰炸式营销传播方式。广告策划人员设计独特的广告创意，利用占主导地位的大众化媒体对受众进行反复"轰炸"。由于市场竞争的加剧和顾客的分众化，顾客的需求个性化差异日趋明显。媒体越来越专，每个单一媒体面对的用户群越来越小，营销人员不得不同时借用多种媒介进行沟通，并有效协调日益增加的营销传播媒介。通过日益专业化的媒体，将不同的信息有效地传递给不同的消费者，因此出现了整合营销传播。

通过简单的媒体协同所实现的整合营销传播并没有展现出"革命性"的威力。传统的整合营销传播思想本身就有其固有的局限性。传统整合营销传播方式的局限起源于其对受众的细分方式并没有实现革命性的变化，同时传统的整合营销传播并没有注意到新兴个人媒体的出现及其强大作用。由于网络技术、通信技术在社会的迅速普及，个人邮件、短信、免费电话、移动网络等已经成为影响受众的重要媒介。业界开始采用精准营销（其采用的工具包括直复营销、数据库营销、分众传播）。

（四）　沟通的形式

沟通的形式由显性向隐性发展。

传统营销沟通的四个基本形式是广告、销售促进、公关宣传、人员推销。而在现代营销沟通中则还必须利用企业形象和有形展示等手段来达到目的。由于产品复杂，消费者知识很少，研究显示，企业的形象在影响顾客购买决策上起着越来越重要的作用，因为它能给人带来安全感。有形展示则是指将一些无形的要素，诸如技术的领先程度、产品和服务的质量等通过一些能让消费者觉察的方式体现出来，它在沟通中的作用也日益重要。之所以如此，是因为大多数顾客对于快速更新的、知识含量日增的产品间的微小技术差别并不了解，而且，有时顾客对此也确实不大关心。相反，他们更容易受有形化了的无形因素的影响。有形展示有助于消除人们的疑虑心理，使人们在未知时感到安全。

（五）　沟通的媒体

沟通的媒体由传统化商业传播发展到丰富化的社会传播。

传统的四大媒体（电视、广播、杂志、报纸）已日益不能满足企业营销沟通的需求。新媒体正被不断地开发出来，包括基于互联网或电信技术基础上的数字化媒体，如宽带互联网，手机上的 WAP 的网站，交互电视，公交、铁路、地铁、专线巴士、户外广告显示屏等。在过去，企业很少与消费者对话，这除了观念淡薄外，高昂的对话成本也是实施的一大障碍。新媒体大量涌现以后，对企业营销沟通方式方法产生质的变化。今天，网络的互动性、即时性的特点，完全可使企业以低成本实现与消费者及行业基础结构的沟通。此外，网络包含的信息内容大，可为消费者教育提供信息资源支持，这一点也是昂贵的传统媒体所无法比拟的。然而，网络也有缺点，如按照网络礼仪的规定，它只能用"拉"式而不能用"推"式沟通策略。这意味着传统媒体仍将发挥沟通作用，今后的沟通将是传统媒体、网络与其他新媒体的组合与融合。唯有如此，企业才真正拥有解决市场的不确定性和消费者忧虑心理的有效工具。

（六）　沟通的整合

沟通的整合从单一沟通发展到整合沟通。

整合营销传播，1993 年由美国舒尔茨教授在《整合营销传播（MIC）》中首先提出，并很快被众多的跨国公司所采用。即以消费者为核心重组企业行为和市场行为，综合协调地使用各种形式的传播方式，以统一的传播形象传递一致的产品信息，实现与消费者的双向沟通，迅速树立产品品牌在消费者心目中的地位，建立产品品牌与消费者长期密切的关系，更有效地达到广告传播和产品营销的目的。

（七）　沟通的功能

沟通的功能从单纯工具性沟通发展到情感沟通。

随着人们生活水平的提高，消费观念的更新，在消费过程中所流露出的感情色彩日渐浓厚，消费者越来越重视消费中的情感价值及其商品所能给自己带来的附加利益。这就需要企业

NOTE

针对消费者的心理、情感需求，转变营销思路，将情感这根主线贯穿于营销活动的全过程。情是打动人的基本点、核心点、黄金点，它可以产生无穷的动力，创造意想不到的成功。因而营销一定要在"情"上下工夫。情感沟通是所有营销服务中最重要、最有效的方式，它注重和顾客、消费者之间的感情互动。具有情感色彩的沟通方法使营销工作富于生活化，就能由原来的"硬"性推销变成具有现代魅力的"软"性推销。

思考与讨论

1. 简述营销传播模型。
2. 简述制定促销组合需考虑的因素。
3. 公共关系部门需要完成哪些职能？
4. 国际企业在制定广告促销策略时，通常需要考虑哪些方面的内容？
5. 新时期营销沟通的发展趋势有哪些？

第十二章 国际市场营销人员管理

案例导入

赛诺菲：企业大学成就人才管理之道

作为首家进入中国的跨国制药企业，赛诺菲制药有限公司在华飞速发展。根据医药行业的统计，赛诺菲已经成为在华增长最快的跨国医药企业之一。在创造"中国速度"的同时，赛诺菲的人才发展战略也成为其快速发展的引擎。赛诺菲根据每个员工的职位对培训需求进行评估，为员工提供专业、技术和管理方面的培训，旨在提高员工个人技能和工作业绩，以满足公司业务发展和员工个人职业发展的需要。

1. 企业的战略合作伙伴

在赛诺菲，人力资源培训与发展部门肩负着成为客户最信赖和尊重的合作伙伴，以及最专业的企业培训团队的使命。人力资源培训与发展部门与员工高效沟通，了解需求，为内部员工提供系统的优质培训项目和专业的辅导，并以绩效提升为最终目标。同时，人力资源培训与发展部门致力于成为公司各个部门的人才储备基地。

作为一家法国公司，赛诺菲是最早进入中国的外资医药企业之一。从 2006 年开始，赛诺菲一直领跑整个医药行业，在行业内处于快速增长的态势。过去几年，整个医药行业的增长速度大约为 25%，而赛诺菲的增长速度基本保持在 30%，曾经 9 个月连续增长 72%。现在，赛诺菲在整个中国的医药行业内排名第二。

在业务不断增长的情况下，人才成为企业增长的主要助动力，赛诺菲一直非常重视企业的人才发展战略。在中国，由于整个医药行业处于高速发展期，人员的流动不可避免，这也是赛诺菲人力资源部门所面临的最大挑战。为此，赛诺菲曾在 2010 年展开一个针对 600 个离职员工的访谈。在员工离开公司一段时间之后，人力资源部门对离职员工进行访谈，询问离开的原因及在他们心目中赛诺菲为其带来何种价值增值。调查结果表明，离职员工普遍认为，公司在人员的培训与发展上能为其带来最大的价值增值。此外，在赛诺菲最近进行的员工敬业度的调研中，5000 多人的销售团队认为赛诺菲的管理层给予了员工充分的空间去施展自己的才华。

NOTE

与此同时，人力资源培训与发展部门在制订培训与发展计划时，通过具体的人才培养与发展战略帮助企业不断实现战略目标。因此，企业的人才战略并非人力资源部门的任务，而是需要从整个企业业务的角度出发，真正发挥人力资源部门业务伙伴的角色与作用，帮助组织实现战略目标。

2. 赛诺菲大学助推人才梯队建设

在不断变化的市场竞争环境下，员工的培训和发展已成为公司成功的关键因素。在这种背景下，为了能给员工提供一个学习发展和自我知识技能提升的平台，2007 年 2 月，赛诺菲的内部培训机构——赛诺菲大学诞生，以此帮助企业培养和发展人才梯队，创造公开、公正、公平的工作环境，选拔并培养优秀的员工，鼓励员工进取，追求卓越。

目前，赛诺菲大学的培训和发展团队已达到 71 位员工，成为同行业内最大的培训团队。在赛诺菲大学，不同的学院涵盖不同的人群（图 12-0-1）：

商学院为一线员工（医药信息沟通专员、办公室员工）提供培训。

精英学院联手人才中心为高潜力人才和关键岗位继任者提供培训。

市场营销学院为市场部员工及管理层提供培训。

管理学院为所有的管理层提供培训。

网络学院则利用网络、电子邮件、短信、内刊等工具对员工进行教育前测试、员工培训与教育。

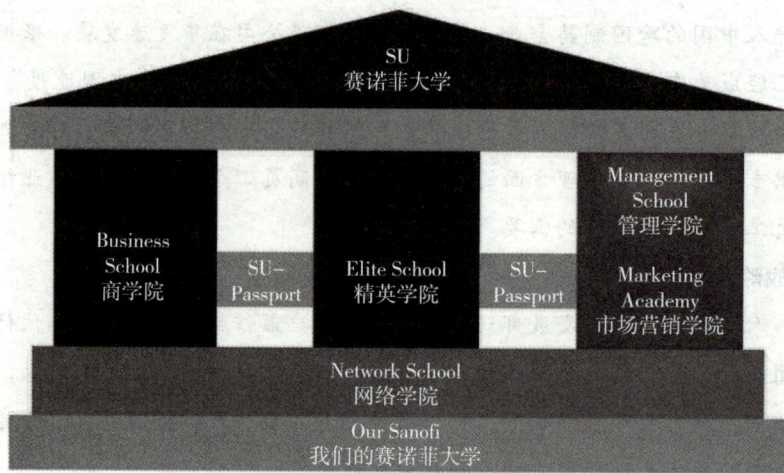

图 12-0-1　赛诺菲大学的组织结构

在发展过程中，赛诺菲大学在上海和广州拥有独立的培训教室和先进的培训设备，可同时容纳将近 300 人，为全公司包括医药信息沟通专员、地区经理、市场和商务、办公室员工、工厂员工等提供近 30 多门培训课程。2011 年，赛诺菲大学提出了"学以致用，引领卓越"的目标，并强化了 3I——Integration（整合）、Innovation（创新）、Improvement（发展）理念。

此外，赛诺菲在人才培养的过程中引入教练培训计划，在企业内部建立教练辅导的文化。在最初实施的过程中，由于员工业务繁忙，管理者也未重视这个计划，使得计划未达到预期效果。但是，随着业务的拓展及挑战的不断增多，员工开始意识到教练辅导的重要性，这项计划已经卓有成效。

在赛诺菲，企业高层非常关注人才的培养，非常重视构建人才梯队员工的能力素质模型，员工的绩效也不断提升。在建立能力模型的过程中，通过分析员工所在岗位的工作，获取员工所必备的能力。由此，公司建立了一套通用的管理能力模型，每一项能力都有详细的行为指标。公司开展一系列有效的发展活动，帮助员工建立新能力或提升现有能力，使员工的能力与岗位要求更加匹配。在绩效管理方面，把公司战略转化成为员工的努力目标，通过管理者与员工之间的沟通，为明确目标和实现方法达成共识，增强员工成功达到目标的能力，激励员工持续提升业绩，并帮助员工获得相应的回报。

在面对医药行业高流动率及高增长的情况下，赛诺菲大学针对入职6个月内的新员工提供相应的培训从而提升员工的专业技能。如新代表入职培训，这不仅仅是一个简单的入职培训，更是新员工在赛诺菲开始职业生涯的第一步，它将让新员工了解公司的各项规章制度和政策，熟悉企业文化。同时，这项培训给学员带来全面系统的疾病和产品知识，帮助其成为产品推广的专家，从而在今后的推广工作中获得最大的成功。在新员工入职培训面临大规模的人员增加时，在资源及成本不变的情况下，赛诺菲大学结合混合式的学习方式，将课堂培训、e-Learning、e-class相结合，为学员提供便捷、灵活及高效的培训方式。同时，赛诺菲大学还与一些享有盛誉的商业学校合作，为精英们提供一系列的管理课程。

3. 为员工量身定制职业发展规划

在赛诺菲，企业的高层管理者非常重视员工的职业发展规划。人力资源部门制定了《职业生涯规划指南》，从公开、透明的角度向员工提供公司内部的职位和职业发展机会。同时，通过评估与探索、确定职业选择、确定职业目标、计划/行动、检查进展、职业生涯规划的特别项目等步骤为员工量身定制职业发展规划。具体来看：

首先，针对一线专业医药推广团队的员工，赛诺菲为每位员工设计了激励及发展计划。

蓝天计划：以认可、激励及培养一线业务团队中高绩效人才为宗旨，为其提供具备市场竞争力的奖励机制、设计及实施培养发展计划。

龙计划：为了发现和发展一线业务团队中的潜力员工，制订并跟进发展计划，做好一线管理岗位的人才储备。

其次，针对管理人员，制定了不同的发展项目。

BiMBA：赛诺菲北大国际MBA领导力发展项目主要针对一线管理人员，从培养基础的管理理念开始，结合分项管理、综合管理，到提升整体的战略和视野，培养并发展具备扎实功底的一线职业经理人。

CEIBS（中欧商学院管理课程项目）：赛诺菲中欧领导力发展课程主要针对全公司各部门和业务实体的高级管理经理，从提升管理知识、发展专业能力和领导力技能、进一步拓展策略性思维等多方面来认可、激励和发展潜力员工。

Explore发展项目：为所有参与者的个人领导才能的开发提供了关键的第一步，同时帮助参与者拓宽视野并鼓励他们在自己的专业成长中采取积极进取的态度。

4. 营造高绩效企业文化，培育雇主品牌

赛诺菲推行、鼓励和营造创新的高绩效企业文化，为员工营造一种持续的挑战和冒险氛围，并引导各业务部门高度参与企业年度战略，通过有效的绩效管理体系促进业务战略的实现。创新的人力资源模式和实践，为公司达到持续保持9个月增长72%的商业奇迹提供了有效的保障和支持。

赛诺菲的培训与发展团队一直秉承着成为客户最信赖和尊重的合作伙伴，为员工提供优质

NOTE

的培训项目和专业的辅导，并以绩效提升为最终目标的理念。在过去3年中，在全国各地开展不同的项目，所有项目均与业务成果和人员能力提升相挂钩。通过人才发展战略及有效的短期和长期激励结合，不断提升员工的满意度与敬业度，也使得赛诺菲不断在激烈的市场竞争中成就了卓越的绩效。

以赛诺菲在内部设了南区星火项目为例，该项目的目标人群为负责Top 300医院的代表区域业务计划能力低于2.5分（满分5）。项目目标为全力提升负责Top300医院代表的综合业务能力，提高公司产品在主力市场的品牌知名度及处方客户覆盖率，确保Top300医院的业务目标实现，培养人才梯队。同时，配合人员辅导和能力提升计划，共同关注对代表绩效辅导的质量与频率。2010年12月底项目结束时代表区域业务计划能力评分由目前的2.5分提升至3.0分，同时带来绩效的提升。最终，星火代表的区域业务计划能力评分达3.3分，提升幅度比普通代表高40%。星火代表业务贡献率增长达37.5%。项目显示能力提升有助于业绩的提升，该项目达到预期目标。

在雇主品牌建设方面，赛诺菲鼓励员工恪守社会责任感。恪守社会责任感包含公司在发展的过程中如何回馈社会。在不同时期，赛诺菲采取不同的措施增强员工的社会责任感。在四川地震的赈灾活动中，赛诺菲捐助了大量资金，同时在当地也建造了医院，捐助医疗设备及各种医药帮助灾民渡过难关。同时，赛诺菲鼓励员工支持广西、安徽、陕西等地的贫困山区学校的孩子，组织大家亲自去到这些学校，为学生们上课，真正地实践企业的社会责任。

人才管理涉及集团、各分公司和各业务部门，是一个在集团整体范围内发现、发展和管理人才的体系。赛诺菲通过构建卓越的人才供应链，建立有效的人才激励机制及高绩效的企业文化，确保由合适的员工担任最合适的职位，帮助赛诺菲实现业务目标，并吸引、发展、激励和保留优秀人才。

第一节　国际市场营销人员的基本素养

国际市场营销人员是指具有国际市场营销管理职责与实地从事推销的人员，包括总公司人员、临时人员、海外营销经理和国外销售队伍。总公司人员包括直接对国际市场营销活动负有责任的人员，从事广告、包装、分销及产品开发的工作人员。临时人员是一支负责解决特殊问题和开辟新战场的别动队，哪里需要建立新点，哪个地方的驻外机构失去了关键人物或遇到了管理困难，总公司就派他们到那里去。海外营销经理及负责中间商事务的人，这些人可以是外国人，也可以是本国外派人员。国外销售队伍包括在国外工作的外派销售人员，在本国为一外国公司工作的外派销售人员，在本国为一外国公司工作的外籍销售人员，跨国销售人员（这是一些在不同国家工作的特殊的驻外人员）。

在经济全球化下，国际市场营销人员是企业跨国营销活动的主体，其综合素质与能力、主体形象与修养是否优良，将直接影响到企业的跨国营销成果和经济效益。因此，要努力培养高素养的专业国际市场营销人才，满足国际市场的广泛需求。

到底什么样的人才适合做国际市场营销工作呢？这是任何一家跨国企业的人力资源主管在选拔国际市场营销人员时都想知道的答案。较为理想的国际市场营销人员，主要应该具备以下基本素养：

一、知识素养

（一） 具备精湛的现代市场营销知识

作为一名优秀的国际市场营销人员，需要清晰地了解现代市场营销的发展方向。具体地说，营销理念的形成与发展，经历了从以公司为中心的生产理念、产品理念与推销理念，现阶段正沿着以客户为中心的营销理念、关系营销理念、社会营销理念方向发展。国际市场营销人员不但需要清晰地了解不同营销理念产生的背景与特点，更需要结合当地市场的具体情况来辨别当地所处的不同营销阶段。

（二） 具备一定的国际法律知识

在母国以外开展国际市场营销，可能要面对东道国迥异的法律环境。由于历史渊源不同，各国法律都有其自身的特点，尽管国际法及区域法律的发展正在逐步缩小各国法律间的差距，但距离使用全球统一的、标准化的法律制度来规范国际商务活动的目标还差得很远。因此，作为一名优秀的国际市场营销人员，必须了解东道国的法律制度，并与母国的法律制度进行比较分析，尽可能地运用法律武器，来达到"趋利避害"的目的。营销人员从事跨国营销活动时不仅要注意不同法系之间的不同，还要特别留意同一法系内不同国家法律之间的差别。在国际市场营销活动中，东道国法律规定在不同程度上会对产品、定价、渠道、促销这四个环节产生重要的影响，而且这种影响在各个国家又是不同的。各国法律都有其自身的特点，这就要求国际市场营销人员必须研究东道国的法律环境，了解不同法系的国家对法律现象解释的不同之处，了解东道国的法律环境对营销组合各个环节的影响，了解各国保护知识产权的法律、反倾销的法律及促进竞争的法律对国际市场营销的开展的重大影响等。

（三） 具备熟练的业务知识

对一名优秀的国际销售人员来说，售前掌握必需的业务知识是非常必要的。销售需要勇气，但绝不能理解为盲目行动。成功的销售基础是对客户的理解，因而事先需要进行调查和了解情况，掌握必要的知识。销售过程是对国际客户的说服与指导过程，只有掌握了必要的知识，才能进行有针对性的说服与指导。作为一个国际市场营销人员来说，所面对的不再是国内的简单市场，而是变化复杂的国际市场，因此外贸知识是基本的必备。

二、技能素养

（一） 事物观察与分析能力

在国际市场中营销人员需要与不同国籍的客户打交道，有政府官员，有世界精英，也有市井小贩，所以需要敏锐的观察能力，要能够察言观色，准确地把握交往对象要表达的想法。能够通过客户的外在表现，了解客户内心真实的想法，准确判断客户对产品的真实感觉，判断客户购买产品的可能性。市场信息瞬息万变，作为国际市场营销人员，非常重要的工作之一是向公司反映所负责的国际区域市场上的各种信息，这也要求国际市场营销人员需要有敏锐的观察能力，能够迅速地辨别与分析哪些信息是有价值的，哪些是无价值的。

（二） 学习能力

作为国际市场营销人员，所需要接触的知识甚为广泛，从营销知识到财务、管理、公共关系及相关行业知识等，可以说国际市场营销绝对是"综合素质"的竞争，面对如此多的知识和信息，没有极强的学习能力是无法参与竞争的。仅以国际销售技巧为例，从引导式销售到倾听式销售，继而提问式销售直至顾问式销售，技巧不断变化翻新，作为优秀的营销人员只有掌握各种销售技巧才能在竞争中胜出。当然国际市场营销人员需要学习的远不止销售技巧，并且还需要具有举一反三的能力，因此没有良好的学习能力，在迅速决定胜负、速度决定前途的今天势必会被淘汰。

（三）　沟通能力

良好的外语沟通能力对于国际市场营销人员来说十分重要。开展国际市场营销活动，需要与来自不同文化、亚文化的人对话，由于文化方面的差异，容易造成并加深误解，增加对话的难度。因此作为国际市场营销人员来说，需要掌握一定的国际沟通技巧，提升其国际沟通能力。如果从一个广义的角度来看待国际市场营销工作的话，其实就是一个沟通与反馈的过程。在开拓市场的初期，良好的沟通能力能够让国外代理商或者分销商快速了解企业，了解企业的产品，了解营销人员本身，从而帮助营销人员在最短的时间内打开国际市场；在厂家和国外代理商之间逐步建立了解和信任的过程中，良好的沟通能力能够让代理商或者分销商按照公司的战略意图和市场营销人员的想法来开拓海外市场，可以避免不必要的误解和冲突。

国际市场营销人员在开展国际市场营销活动时，不仅需要具备语言沟通能力，也需要掌握一定的非语言沟通能力，了解不同国家在身体动作、体态、语气语调、空间距离等方面存在不同，避免在国际市场营销活动中的一些误解与冲突。

此外，国际市场营销人员还要具备比较强的文字表达能力。国际市场营销人员需要向公司提交很多文字性的东西，比如地区性促销方案、促销总结、市场开拓方案、市场调查报告、市场问题处理总结、平时工作总结等。一个文字表达能力比较好的国际市场营销人员具有更强的文字沟通能力，更能够获得公司的认可，也会得到更多的市场支持。

（四）　策划能力

在企业对市场营销专业人才能力要求的调查中发现，企业关注营销人员应具备的能力中排在第一位的是策划能力。对于企业来说，营销策划是根据企业的营销目标，以满足消费者需求和欲望为核心，设计和规划企业产品、服务和创意、价格、渠道、促销，从而实现个人和组织的交换过程。而对于负责一个海外地区市场的营销人员来说，策划能力也是非常重要的，因为公司总部的营销策划人员的数量和精力是有限的，不可能把全球各地区的地区性市场营销推广工作都做完，对于本地区的营销促进工作只能靠接手该地区的营销人员的策划能力来实现。而且如果将策划的概念扩大推广的话，其实工作中的所有的事情都是需要策划的，一个优秀的策划创意可以化腐朽为神奇，只要花费非常少的资源就可以取得意想不到的结果。

（五）　组织能力

组织能力是指海外市场的营销领导者为了组织的利益和实现组织的目标，运用一定方法和技巧把来自不同地区、不同系统、不同职业、不同文明背景，以及民族、性别、年龄等均不相同的人组织在一个团结向上的集体之中，使大家朝着一个共同方向和目标去努力、去奋斗。这个组织能力的定义描述的主要是对人的控制和激励。其实组织能力还包括对物的有效使用。在资源有限或者相同的条件下，优秀的组织能力还可以得到更多的产出。国际市场营销人员经常需要协调、组织不同国家的分销商开展一些活动，优秀的组织能力可以使同样的投入达到更好的效果。

（六）　应变能力

国际市场营销人员应该逻辑缜密、思路清晰、适应能力强、反应速度快，善于应对和处理开拓海外市场中所遇到的各种困难与不利局面，具有变被动为主动的能力，能在山穷水尽时找到柳暗花明之路。国际市场营销人员虽然在开拓国际市场前，对其市场情况做过相当程度的调查与研究，做了充分的准备，制订了详细的营销方案，但由于实际营销活动中，尤其是国际推销活动，所面对的客户因文化不同，必然会出现一些意想不到的情况。对于这种突然的变化，国际市场营销人员要理智地分析和处理，遇事不惊，随机应变。

（七）　处理异议能力

国际市场营销人员始终是企业国际化活动的中心，应该掌握洽谈的主动权，创造适合营销交谈的氛围，按照营销进程的需要把握海外市场开拓进程。在国际客户对产品的质量、价格、样式等提出异议时，国际市场营销人员应掌握一定的处理异议的方法，在实践中展示处理异议的能力。

三、心理素养

心理素养是个体所能承受的不同环境下压力的能力，它渗透在个体活动中，影响着每个个体的行为方式和活动效能。国际市场营销人员要做的工作是要国际代理商或者分销商按照自己的意愿去开展工作，要说服别人同意自己的观点或者看法。但是面对的代理商、分销商或者是未来的代理商、分销商大都与自己文化不同，将面临文化冲突等挑战与压力，如果没有充足的理由和很好的利益前景驱动是很难被说服的。这就要求国际市场营销人员有良好的心理素质来应对这些挑战与压力。

（一）　充满自信心

作为心理素质好的国际市场营销人员，首先应该对自己有信心：不管遇到多大的困难，我都能解决和对付，都能完成任务。每次遇到压力与挑战时，都要鼓励自己，我是最优秀的！我是最棒的！信心会使你更有活力。同时，要相信公司，相信公司提供给国外消费者的是最优秀的产品，要相信自己所销售的产品是同类中最优秀的，并把这些熟记于心。要和对手竞争，就要有自己的优势，就要用一种必胜的信念去面对客户和消费者。自信源于丰富的阅历、工作经验的积累及学习总结。

作为国际市场营销人员，你不仅仅是在海外市场销售产品，也是在海外市场销售自己，国际客户接受了你，才会接受你的商品。如被称为汽车销售大王的世界吉尼斯纪录创造者乔·吉拉德，曾在一年中零售推销汽车1600多部，平均每天将近5部。他去应聘汽车推销员时，老板问他，你推销过汽车吗？他说，没有，但是我推销过日用品，推销过电器，我能够推销它们，说明我能够推销自己，当然也能推销汽车。知道没有力量，相信长有力量。乔·吉拉德之所以能够成功，是因为他有一种自信，相信自己可以做到。

（二）　具有乐观的心态

面对同一件事情，不同的心态就会得出不同的结论。在营销界都知道美国两个推销员向非洲土人推销鞋子的故事。在考察了市场后，一个公司的推销员回来向公司报告说，当地人一年四季光着脚不穿鞋子，因此，鞋子在当地没有市场。可另一个推销员却有着另外一种想法，他回来向公司汇报，说当地人虽然不穿鞋子，但如果向他们说明穿鞋子的好处，并加以演示、试

NOTE

穿，说不定鞋子的前景广阔，潜力巨大。可见，同一件事情，不同的眼光，不同的心态，其结果大相径庭。有一个关于美国总统罗斯福的故事。当罗斯福还是议员的时候，英姿焕发，英俊潇洒，才华横溢，深受人民爱戴。有一天，他在加勒比海度假，游泳时突感脚腿麻木，动弹不得，后来医生诊断，患了小儿麻痹症。医生对他说："你可能丧失行走的能力。"罗斯福回答说："我还要走路，我要走进白宫。"第一次竞选总统时，他对助选员说："你们布置一个大讲台，我要让所有选民看到我这个得小儿麻痹症的人，可以走到前面演讲，不需要任何拐杖。"当天，他穿着笔挺的西装，面容充满信心，从后台走向讲台。他的每次迈步声，都让每个美国人深深感受到他的意志和十足的信心。后来，罗斯福成为美国历史上唯一一位连任四届的伟大的美国总统。因此，很多事情的成功得益于不屈不挠的意志力和乐观积极的心态。

（三）热情包容的心态

热情是具有感染力的一种情感，能够带动周围的人去关注某些事情。当你很热情地去和客户交流时，你的客户也会"投桃报李"。当你在路上行走时，正好碰到你的客户，你伸出手，很热情地与对方寒暄，也许，他很久没有碰到这么看重他的人了，你的热情或许就促成了一笔新的交易。

作为国际市场营销人员，你会接触到各种各样的市场，各种各样的经销商，也会接触到各种各样的消费者。这个经销商有这样的爱好，那个消费者有那样的需求。营销人员是为客户提供服务的，满足客户需求的，这就要求营销人员学会包容，包容他人的不同喜好，包容别人的挑剔。你的同事也许与你也有不同的喜好，有不同的做事风格，你也应该去包容。水至清则无鱼，海纳百川有容乃大。在不同文化背景下开拓国际市场，营销人员更需要锻炼同理心、接纳差异、包容差异。

（四）主动的心态

主动是什么？主动就是"没有人告诉你而你正做着恰当的事情"。在竞争异常激烈的时代，被动就会挨打，主动就可以占据优势地位。我们的事业、我们的人生不是上天安排的，是我们主动去争取的。在企业里，有很多的事情也许没有人安排你去做，如果你主动地行动起来，你不但锻炼自己，同时也为自己积蓄了力量，但如果什么事情都需要别人来告诉你时，你已经很落后了。

主动是为了给自己增加机会，增加锻炼自己的机会，增加实现自己价值的机会。社会、企业只能给你提供道具、舞台，演出需要自己排练。有句话说：心有多大，舞台就有多宽！能演出什么精彩的节目，有什么样的收视率，决定权在你自己。

（五）外向的性格

一般来说，心理性格外向的人易于与他人接洽，也擅长辞令，易接受别人，也能较快地被别人接受，有利于向不同文化背景市场上的陌生客户开展营销工作。因此，外向性格的人比较适合从事国际市场营销工作。

四、品德素养

（一）良好的个性品格

约定俗成的礼仪规范是社会公德的主要内容，也是人们思想道德素质中最基本、最起码的要求。中国有着优良的道德传统，是注重"诚于中而行于外"的文明古国、礼仪之邦。国际市场营销活动是一项塑造国家形象、建立国家声誉的崇高事业。这就要求国际市场营销人员必须具有优秀的道德品质和高尚的革命情操，以及诚实严谨、恪尽职守的态度和廉洁奉公、公道正派的作风。在代表组织进行社会交往和协调关系中，不谋私利，不徇私情，为人正直，处事公道；在本职工作中，尽心尽责，恪尽职守，能充分履行自己的社会责任、经济责任和道德责任。那种玩忽职守、自由散漫、不学无术、损公肥私、投机钻营、趋炎附势、傲慢自大、争功夺利、嫉贤妒能的思想和行为，都是背离营销人员职业道德的。做到诚实、言行一致是国际市场营销人员优良品格的最基本要求。

（二）　超强的责任意识

国际市场营销活动是一种创造性的工作，同时是脑力和体力相融合的工作。营销人员的言行举止都代表着你的公司，如果你没有责任感，你的客户也会向你学习，这不但会影响你的销售量，也会影响公司的形象。无疑，这对市场会形成伤害。因此，要求国际市场营销人员具有强烈的事业心、高度的责任感及坚强的意志和毅力。

第二节　销售队伍设计

一、销售队伍设计的重要性

在日益激烈的国际竞争环境中，企业必须意识到建立完善的销售队伍、保持畅通高效的销售渠道，才能有力地配合整个国际市场营销活动，才能在国际竞争市场中取得胜利。

（一）　销售队伍的设计合理与否对实现企业目标有重要影响

销售队伍首先应该是一个市场管理组织。只有通过这个市场管理组织的良好运作，企业才能满足顾客需求；只有通过这个市场管理组织的良好运作，企业的销售目标才有可能完成。

（二）　销售队伍结构会影响到企业的运营成本

任何一个企业的组织结构都会对其运营成本产生重要影响，销售队伍组织也不例外。如果销售队伍设计不合理，机构臃肿，人员冗余，不仅会影响到整个部门的运行效率和最终的效果，而且企业还必须支持必要的管理费用和人员的费用，这对企业来讲无疑是增加了不必要的成本负担。因此销售队伍设计是否合理，对企业的运营成本和利润都会造成很大的影响。

（三）　销售队伍设计影响企业部门与部门之间的关系

企业的一些销售队伍为了维护自己的地位、获得职位升迁，采取不正当手段，如拉拢领导和下属等办法，试图得到领导的偏爱，而受到不公正待遇的员工心存抱怨或消极应付。这样整个销售队伍的资源和力量就不会朝向同一个目标。沟通难度加大容易导致对同一事情互相踢皮球，领导决策需要认真平衡各方利益，否则工作效率必然受到影响。

二、影响销售队伍设计的因素

（一）　市场类型

市场营销学根据购买者及其购买目的的不同，可以将市场分为两大类：消费者市场和组织市场。消费者市场是为了消费而购买的个人和家庭，其购买者数量大，购买规模小、品种多、

NOTE

频率高。而组织市场是指为生产、转卖或公共消费而购买产品的各种组织机构、制造商、中间商、政府等，其购买者数量小、购买规模较大，多为专家购买。企业的销售队伍可能面对不同的市场，而这意味着在不同市场上从事销售活动的销售人员需要扮演不同的角色。销售经理必须深刻理解这些市场的具体特征，只有这样，才能明确销售队伍在海外市场开拓中的重要作用，合理设计销售队伍。

（二） 销售类型

根据销售人员在销售过程中遇到问题的类型、数量、难度等，可以将销售工作分为开发型销售、支持型销售和维护型销售。开发型销售人员是企业销售收入的主要创造者，他们接收顾客订单，也创造顾客订单，面临的工作难度最大，必须向新顾客说明和展示企业的产品和服务，说服老顾客购买更多的企业产品，或者激励老顾客购买新产品。支持型销售人员为实际销售人员所进行的销售活动提供支持，他们所从事的主要工作包括进行促销及对客户进行培训和教育。在许多情况下，支持型销售人员是销售队伍中不可或缺的组成部分，虽然他们并不负责具体的销售。所有支持型销售人员工作的核心都是提供技术帮助和信息服务，并解决顾客所面临的问题，从而满足顾客需要，达到争取新顾客和维系老顾客的目的。维护型销售人员是对客户订单进行处理及负责产品运输等后勤服务与保障的人员。这三种类型的销售人员都是企业销售队伍的重要成员。在设计销售队伍时，需要考虑不同类型销售人员的规模及比例。

（三） 销售方式

从销售渠道环节和销售的组织形式来看，销售方式有直销、代销、经销和联营销售等。不同销售方式有其不同的特点，不同的销售方式和策略会直接影响企业的组织形式。因此，在设计销售队伍时，需要考虑不同销售方式销售人员的规模及比例。

（四） 产品销售范围

产品销售范围不同，对销售队伍也有很大影响。产品的销售区域小，其销售队伍相对简单些；产品销售范围大，其销售组织相对复杂些。海外区域销售队伍不是租一个办公室，招一个经理、一个主管、两三个业务员就够了。销售队伍的设计涉及销售区域如何划分、费用如何投入、人员如何安排等一系列问题。同时，销售队伍组建起来后，如何运作、如何管理、如何控制及如何达到组织目标等问题还需要进行周密思考。

三、销售队伍设计的原则

根据海外市场推进目标和企业销售管理的需要，在设计国际销售队伍时，必须遵循以下原则：

（一） 顾客导向原则

在设计国际销售队伍时，管理者必须首先关注所推进的海外市场，考虑满足当地市场需求，服务当地消费者，以此为基础，建立起一支面向当地市场的销售队伍。

（二） 精简与高效原则

精简与高效是手段和目的的关系。提高效率是国际销售队伍设计的目的，而要提高销售队伍的运行效率，又必须精简机构。具体而言，精简高效体现为三层含义：一是销售队伍应具备较高素质的人和合理的人才结构，使人力资源得到合理而又充分的利用；二是要因职设人而不是因人设职，销售队伍中不能有游手好闲之人；三是销售队伍结构应有利于形成团队合力，减少内耗。

（三） 管理幅度合理原则

管理幅度为直接向一个经理汇报的下属人数。管理幅度是否合理，取决于下属人员工作性质，以及经理人员和下属人员的工作能力。正常情况下，管理幅度应尽量小一些，一般而言6~8人为最佳。但随着企业组织结构的变革，出现了组织结构扁平化趋势，即要求管理层次少而管理幅度大。

（四） 稳定而有弹性原则

为增强企业的凝聚力、提高员工士气，应保持销售队伍的相对稳定。同时，组织又要有一定弹性，尤其是因经济的波动性或业务的季节性而需要保持销售队伍的流动性。

四、销售队伍设计的主要内容

销售队伍的设计主要包括五个方面的内容：销售目标设计、销售队伍战略设计、销售队伍结构设计、销售队伍规模设计和销售队伍报酬设计。

（一） 销售目标设计

在设计销售队伍时，首先要明确销售队伍的目标。传统企业与现代企业在目标设计上存在差异。传统企业的销售目标是"销售、销售、再销售"，没有一定的标准、规章和细则，只要销售人员能把产品售出，并收回货款，就是销售高手。而现代企业经常把销售目标定位在客户身上，将客户视为分享利润的"合伙人"，销售人员需要时刻关注如何进一步降低成本、提高销量，使企业更盈利。

（二） 销售队伍战略设计

企业在设计销售队伍战略时，要注意以下三个方面是否适当，即一般来说，销售人员应当在适当的时间，以适当的方式，访问适当的顾客。

1. 适当的时间，是指销售人员应当了解客户的生活习惯，了解客户在何时最容易接纳访问，以选择适当的时间。关于适当的时间，要注意以下内容：第一，通常来说，周一上午客户比较繁忙，建议不要访问。第二，对于正在加班的客户，最好不要拜访。但比较成功的企业家下班后仍在办公室，可视情况打电话到他的办公室，可能会因敬业、勤奋取得其好感。第三，深夜不要打扰客户。

2. 适当的方式，即销售人员应当考虑客户的喜好和习惯，选择适当的方式。通常来说，中国人不喜欢陌生人造访，最好的方式是通过朋友介绍、通过老客户的引荐去开发新客户。所以，初次拜访客户时，中间最好有介绍人。

3. 适当的顾客，即选择客户，要有所为有所不为，不是所有人都可以成为客户，要有目的、有选择地挑选客户。

企业在挑选、培育销售人员时，会遇到一种两难问题：善于销售、处理人际关系的人对专业技术不够精通；精通专业技术的人，却不善于与客户沟通。销售团队可以让企业更牢固地控制客户资源，还可以使销售人员的性格、技能、角色达到互补，以解决这种两难问题。

销售团队由以下三个角色构成，就可以很容易获得成功：第一，熟悉产品业务技术的产品经理；第二，善于和客户沟通、谈判的营销经理；第三，善于与客户处理人际关系的公关经理。

NOTE

（三）销售队伍结构设计

销售队伍结构的设计受到企业人力资源状况、财务状况、产品特性、消费者及竞争对手等因素的影响。企业应根据自身的实力及发展战略，选择适合自己的销售队伍形式，用最少的管理成本获得最大的运营效益。

1. 区域型销售组织

区域型销售组织是指在企业的销售组织中，各个销售人员被分派到不同地区，在该地区全权代表企业开展销售业务。

在该组织模式中，区域主管权力相对集中，决策速度快；地域集中，相对费用低；人员集中，易于管理。区域负责制提高了销售人员的积极性，激励他们去开发当地业务和培养人际关系。但销售人员要从事所有的销售活动，技术上可能不够专业，不适应种类多、技术含量高的产品。

销售区域可以按销售潜力相等或工作负荷相等的原则加以划定，但每种划分都会遇到利益和代价的两难处境。具有相等销售潜力的地区给每个销售人员提供了获得相同收入的机会，同时也给企业提供了一个衡量工作绩效的标准。如果各区销售额长期不同，则可判定为各销售人员能力或努力程度的不同所致。

2. 产品型销售组织

企业按产品分配销售人员，每个销售人员专门负责特定产品或产品线的销售业务。

销售人员对产品的理解非常重要，随着产品管理的发展，许多企业根据产品或产品线来建立销售组织。特别是当产品技术复杂，产品之间联系少或数量众多时，按产品专门化构建销售组织比较合适。例如，乐凯公司就为它的普通胶卷产品和工业用胶卷及医用胶卷配备了不同的销售队伍，普通胶卷销售队伍负责密集分销的简单产品，工业用和医用胶卷销售队伍则负责那些需了解一定技术的产业用品。

当企业的产品种类繁多时，不同的销售人员会面对同一顾客群。这样不仅使销售成本提高，而且也会引起顾客的反感，产品型销售组织显示出极大的不足。例如，庄臣公司设有几个产品分部，每个分部都有自己的销售队伍。很可能，在同一天，几个庄臣公司的销售人员到同一家医院去推销。如果只派一个销售人员到该医院推销公司所有的产品，可以省下许多费用。

3. 顾客型销售组织

企业也可以按市场或顾客类型来组建自己的销售队伍。例如一家计算机厂商，可以把它的客户按其所处的行业（金融、电信等）来加以划分。近年来，按市场来划分建立销售组织的企业逐渐增多，而产品专业化销售组织在某些行业已经减少了。这种趋势还在蔓延，因为市场专业化与顾客导向理念一致，都强调了营销观念，按市场划分组建销售组织的著名公司有施乐、IBM、NCR、惠普、通用食品和通用电气公司等。按市场组织销售队伍最明显的优点是每个销售人员都能了解到消费者的特定需要。有时还能降低销售人员费用，更能减少渠道摩擦，为新产品开发提供思路。但当主要顾客减少时，这种组织类型会给企业造成一定的威胁。

4. 复合型销售组织

前面几种销售组织建设的基础都是假设企业只按照一种基础划分销售组织，如按区域或产品或顾客。事实上，许多企业使用的是这几种结构的组合。例如，可以按产品和区域划分组织，也可以按顾客和区域来划分，还可以按产品和顾客来划分。如果企业在一个广阔的地域范围内向各种类型的消费者销售种类繁多的产品时，通常将以上几种结构方式混合使用。销售人员可以按区域-产品、产品-顾客、区域-顾客等方法加以组织，一个销售人员可能同时对一个或多个产品线经理和部门经理负责。

5. 大客户销售组织

企业的大部分销售额来自少数的大客户。这些交易量大的客户对企业显然非常重要，企业在设计销售组织时必须予以特别关注。大客户组织指以客户的规模和复杂性为划分依据的市场专业化销售组织，企业设专门的机构和人员来负责大客户的销售业务。

对大客户的销售业务管理，企业通常实行销售人员负责制。建立一支独立的大客户销售队伍，由专门的销售人员专门负责对大客户的销售和服务，给大客户提供一些特殊的关照。每位大客户销售人员通常负责一个或多个大客户，并且负责协调企业与大客户的关系。

6. 团队销售组织

未来销售发展的趋势是由个人销售发展为团队销售，企业团队销售组织的设计与建立成为必然。团队销售组织的设计应富于弹性，因企业性质的不同而不同，因销售性质的不同而不同，但基本上都是由销售人员和有关职能人员组成。销售团队近来发展的趋势是吸收来自客户公司的代表。一个企业在选择采用团队销售组织时，必须考虑很多的因素，诸如确定团队的规模和职能，以及团队整体和个人的报酬机制问题。这些决策在很大程度上取决于团队的战略目标。如果团队的主要任务是提供大量的售后服务，通常在团队中要包括支持人员，因为支持人员能更好地理解售后服务的需要，促进销售的完成。另外，随着销售团队规模的增长，个人有减少努力的倾向，因而有必要限制团队的规模。

很多企业的部门是按照功能和职能进行设置的，不同销售队伍相互隔离，不能互相支撑、共享客户资源，导致顾客导向性不明，给客户带来诸多不便，难免会出现各种严重问题。无论使用何种销售队伍结构，都要最大化地利用客户资源，并给客户最好的方便和服务。

（四）销售队伍规模设计

销售人员是企业生产效率最高也是成本最昂贵的资产。确定销售队伍规模的大小是设计销售队伍结构的基本条件。然而，确定销售人员数量却是一个两难的问题：随着销售队伍规模的扩大，一方面可以创造更多的销售额，另一方面又会增加销售成本。但是，销售量的增加和人员推销费用的增加并不成线性关系。在这两方面寻求平衡显得困难而且重要，因为它决定了销售利润水平。因此，科学合理地确定推销人员的数量，对提高企业的营销效率有直接的影响。对于企业销售人员数量的确定，不同企业可以有不同的确定方法，但常用的方法主要有以下几种：

1. 销售额法

销售额法指根据预期销售额的大小来确定销售人员数量的一种方法，它是相对简单的确定销售队伍规模的方法。使用这种方法确定销售人员数量时，首先要确定每位销售人员平均每年的销售额，并预测每年企业的销售额，然后计算所需的销售人员数量。

其计算公式为：销售人员数量＝企业年销售总额/个人的年平均销售额。在应用这种方法时，关键问题是如何合理制定每人每年的平均销售额指标。这一指标的确定，可根据企业推销人员前几年的工作情况，再考虑市场环境的变化对销售工作的影响。

这种方法虽简单，但存在缺陷。其基础是销售额决定所需销售人员的数量，本末倒置了，应该说销售人员的数量是决定销售额的重要因素。销售额应建立在既定的销售队伍规模的基础上，增加销售人员将增加销售预期，而减少销售人员会降低销售预期。

2. 边际利润法

这种方法的基本概念来自于经济学。其基本思想是根据销售人员创造的边际利润决定销售人员数量，即只要增加销售人员后增加的利润大于零。

3. 工作负荷量法

工作负荷量法是根据销售人员需要完成的工作量的大小来确定销售人员数量的一种方法。主要是利用拜访潜在顾客的次数，以相同工作量的原则来决定销售人员的数量。在实际应用中还是工作负荷量法的应用比较普遍。使用这种方法，首先确定总销售工作量，其次确定每位销售人员的年工作负荷，最后确定销售人员数量。

（五） 销售队伍报酬设计

企业的市场竞争优势不在于企业掌握多少物资资本，而在于企业能够获得多少人力资源，企业必须采取一切科学、合理的手段去获得人才，尤其是企业的销售人才。作为市场的积极参与者，销售人员的价值越来越受到企业管理者的重视。如何最大限度地激励销售人员发挥主观能动性，创造优秀的销售业绩，是目前摆在企业管理者面前的一个难题。一套行之有效的销售人员薪酬制度由很多因素构成。总的来说，销售人员的薪酬制度设计需要系统把握、专业构建，首先需要明确应对销售人员实行什么样的薪酬模式。

1. 纯薪金制

纯薪金制，即不管销售人员是否完成当期销售任务，对其实行固定工资制度。优点在于能使公司管理简单化，降低队伍流动性。纯薪金制与销售人员的销售业绩不存在联系，不能够有效调动销售人员主观能动性，且其平均式的分配方式会造成企业销售团队内部出现消极行为，不利于企业销售目标的顺利达成。

2. "底薪+奖金"制

"底薪+奖金"制指的是销售人员的薪酬收入由企业按期支付的基本工资和完成一定销售目标的奖金两部分构成。基本工资的获得是稳定的，奖金是指在销售人员完成期初制定的销售目标之后给予的激励奖赏。这种薪酬模式的优点是在确保销售人员有保障收入的基础上，通过奖金激励销售人员完成企业设定的一系列与企业发展相关的指标，引导其合理的销售行为，促进企业的和谐、持续发展。但由于该薪酬模式下销售人员的当期销售额与薪酬并不直接关联，会使销售人员对销售额的获得缺乏必要的动力。

3. "底薪+业务提成"制

"底薪+业务提成"制是指销售人员的工资收入由企业按期支付的基本工资和与其销售业绩直接挂钩的销售提成两部分构成。一般情况下，销售越是困难，销售业绩对销售人员主观能动性的依赖越大，则相应的销售业务提成比例就会相对越高。该薪酬模式在为销售人员生活提供基本保障的同时，对销售业绩良好的销售人员具有很大的激励性，是目前许多企业广泛采用的一种销售人员的薪酬模式。但是，该薪酬模式会引致销售人员时刻关注自身利益，而忽视了销售团队的凝聚力和企业的整体利益。

4. "底薪+业务提成+奖金"制

"底薪+业务提成+奖金"制是指销售人员的薪酬收入由企业按期支付的基本工资、按期根据销售业绩发放的业务提成及完成企业一定销售目标的奖金三部分构成。该薪酬模式同时综合了基本工资、业务提成和奖金三种报酬的优势，能充分发挥薪酬在调动销售人员主观能动性方面的激励性。但是该薪酬模式在无形中增加了企业的薪酬管理成本，增加了薪酬制度操作的专业性，并且销售额的核定，业务提成率、奖金发放率等方面的核定也存在较大的困难。

5. 纯业务提成制

纯业务提成制也叫佣金制，即按销售额（毛利、利润）的一定比例进行提成，作为销售报酬，销售人员没有任何固定工资，收入是完全变动式的。优点在于能够吸引更好的销售人员，减少督导，控制成本。

以上五种薪酬模式都各有其优劣势，在什么情况下采用何种薪酬模式，一般要考虑销售人员的素质和企业销售的产品。一般情况下，稳定收入较低而浮动收入较高的薪酬模式，比较适合具有丰富的销售经验、个人能力较强的销售人员；稳定收入较高而浮动收入较低的薪酬模式比较适合暂时经验不够，但有销售潜力的销售人员，并且对销售队伍的建设比较有利。

企业在对销售人员进行薪酬设计时，要注意以下几点：

①企业制定销售人员薪酬奖励制度时，要注意策略。薪酬是留住人才和激励士气的一个重要基础因素；薪酬是企业回馈的金钱和提供的服务、福利及发展机会。

②企业制定销售人员薪酬奖励制度时，要遵循一定的原则。互利双赢、简单明了、公平公正、多劳多得、激励作用。

③企业制定销售人员薪酬奖励制度时，要注意灵活运用不同形式。

第三节　销售人员的招聘与选拔

有效发挥销售在企业经营中的作用，其中关键一点就是让合适的人做合适的事，即找到合适的销售人员，让其发挥潜能为企业创造效益。作为一名优秀的销售经理，关键要做的一件事不是决定去哪里，而是决定哪些人来做，即建立一支合格的销售队伍。而建立一支合格的销售队伍需要从销售人员的招聘与选拔上着手。

一、招聘前的准备工作

销售经理招聘新的销售人员，对于销售团队来说是企业新陈代谢和成长的一个必经过程。为使招聘富有成效，销售经理应做好招聘前的准备工作。

（一）确定好销售人员需求计划

在企业进行招聘工作之前需要明确几个问题：谁负责招聘新销售人员的工作？需要多少销售人员？需要什么样的销售人员？将在什么时候需要他们？将从什么地方获得这些销售人员？将如何获得？需求计划就是要对上述问题做出解答。

（二）对招聘职位的工作进行分析

工作分析是对销售职位上的员工的职责、活动和行为的客观调查。当销售经理寻找候选人来填补空缺的销售职位时，应关注：招聘的销售人员是什么层次，要做的具体工作有哪些，所招聘的销售人员在销售队伍中的位置是怎样的，应该具备什么样的素质的人才能胜任等。

NOTE

（三）　撰写招聘工作说明书

做完一个全面的工作分析后，就要撰写所招聘职位的工作说明书。一个销售人员的工作说明书应该明确：①销售人员将要出售的产品和服务的性质；②客户类型及他们接受拜访的频率；③销售人员具体的任务和职责；④在销售队伍中销售人员和其他人员之间的关系；⑤采用的薪酬方式；⑥采取的招聘形式等。

以上问题确定后，销售部门就可以向企业的人力资源部门提交销售人员招聘的申请表，获得人力资源部门的协作，将进入招聘销售人员的第二个环节——搜寻和招聘应聘者。

二、搜寻和招聘应聘者

（一）　搜寻和招聘方法

寻找销售人员的方法有很多，常见的方法有：刊登广告、校园招聘、借助互联网、举行招聘会等，企业可以根据自己的实际情况灵活选择寻找销售人员的方法。

1. 传统媒体

在传统媒体上（如报纸、电视、广播电台、传单等）刊登招聘广告，等待应聘者上门即可的一种招聘形式。招聘广告中一般包括以下信息：招聘职位的名称、最低的工作资格条件、优先工作资格条件、销售区域地点、期望实地出差时间、薪酬、公司的核心价值、公司联系方式等。

2. 人才交流中心

目前，在全国各大中小城市，一般都会有人才交流服务机构。这些机构常年为企事业用人单位服务，他们一般都建有人才资料库，用人单位可以很方便地在资料库中查询条件基本符合的人员资料。通过人才交流中心选拔人员，其优点是针对性强、费用低廉。

3. 招聘会

人才交流中心或其他人才服务机构每年或定期都要举办很多场人才招聘洽谈会。在招聘会中，用人企业和应聘者可以直接进行洽谈和交流，节省了企业和应聘者的时间。随着人才交流市场的日益完善，招聘会呈现出向专业方向发展的趋势，很多地方针对不同的工作性质组织专场招聘会。对于销售部门的招聘来讲，营销类专场招聘是不错的选择。通过招聘会形式，招聘人员不仅可以了解当地的人力资源的素质和走向，还可以了解同行业其他企业的人事政策和人力资源需求情况。

4. 网上招聘

通过互联网进行招聘是最近新兴的一种招聘方式，它具有费用低、覆盖面广、广告周期长、联系快捷方便等特点。

5. 校园招聘

校园招聘是招收应届毕业生和暑期临时工的主要途径，用人单位可以有选择地去学校物色人才，派人到各个有关学校召开招聘洽谈会。此外，还可以在学校直接粘贴招聘广告，或者由学校毕业生就业指导中心进行推荐。

（二）　选择招聘途径

销售人员招聘的途径很多，从大的方面看，主要有内部招聘和外部招聘两种。

1. 内部招聘

内部招聘就是从企业内部人员选聘具有销售人员特质的人来充实销售队伍。当销售队伍需要补充人员时，可以通过一定的测评方式，把企业内部具有销售能力的人充实到销售队伍中。

内部招聘销售人员，具有以下优点：①内部应聘者中相当一部分人来自于生产一线，他们对产品的生产工艺流程、产品包装、产品规格等方面非常熟悉，应聘他们从事销售工作不需要对产品方面进行专门培训了。②内部招聘比外部招聘成本低。内部招聘可以使企业节省诸如广告费、会务费、代理费等直接用于招聘的开支。③内部招聘的成功率较高，风险较小。由于对企业员工的各种能力非常熟悉，且员工愿意从事这种工作，所以这种招聘形式比外部招聘的成功率要高。同时，有调查表明这种方法比其他方法招聘来的员工任职时间更长，员工更忠诚于企业。④内部招聘能树立企业提供长期保障的形象，有助于人员的稳定。内部招聘给企业员工传递了一个信息：企业会对每个员工负责，会把他们放到最适合自己的工作岗位上。

然而，内部招聘也存在一些缺陷：①内部招聘易于造成部门与部门之间的矛盾。应聘者在原来的岗位可能很出色，但他更爱销售工作，所以他才会应聘到销售部门来，但原部门会认为销售部门在挖他们的墙角，从而产生一些不必要的矛盾。②内部招聘容易出现近亲繁殖的弊端。员工在内部招聘时往往推荐与自己关系密切的人，时间久了，员工中可能会出现一些小团体，这样不利于销售工作的开展和企业文化的融合。③更换岗位的员工可能会有一个困难的适应期。销售工作是一项具有挑战性的工作，尽管有些销售人员在这方面的潜力很大，但一开始的工作表现可能不尽如人意，会受到本部门一些人员的非议，如果应聘者没有一个良好的心态，就会产生悲观情绪，从而影响目前的业绩。

2. 外部招聘

外部招聘就是企业以公开的形式，如推荐、招聘广告、招聘公司、教育机构、招聘会、贸易展览会及网上招聘等，通过全面考核来录用销售人员。当内部招聘无法满足企业在销售候选人的质量或数量方面的要求时，企业必须转向外部招聘以填补空缺的销售职位。外部招聘销售人员对企业好处很多，它可以利用外部候选人的能力与经验为企业补充新的生产力，而且能够给企业带来多元化的局面，可以避免近亲繁殖。

（三）　招聘文案的编写

1. 招聘广告的编写原则

真实、合法、简洁是招聘广告编写的首要原则，招聘企业必须保证广告内容客观、真实，并且要对虚假广告承担法律责任，对广告涉及的对录用人员的劳动合同、薪酬、福利等政策必须兑现。广告中出现的信息要符合国家法律和地方的法律、法规和规章。招聘广告的编写要简洁明了，重点突出招聘岗位名称、任职资格、工作职责、工作地点、薪资水平、社会保障、福利待遇、联系方式等内容。对企业的介绍要简明概要，不要喧宾夺主。

2. 招聘广告的内容

题目、简介、审批机关、岗位、政策、联系方式等。

3. 招聘广告刊出方式

表明式招聘和隐蔽式招聘。

三、招聘流程与控制

（一）　筛选应聘材料，初步淘汰应聘者

通过多种途径获得的销售候选人，通常比岗位所需要的人数要多，难免鱼龙混杂。为了防

NOTE

止明显不合格的人员继续参加以后各阶段的选拔，以节省时间、费用和提高招聘效率，要对应聘者进行初步淘汰。初步筛选可以有以下两种情况：

1. 直接在现场对应聘者进行筛选

对于直接到现场的应聘者，可以先由负责派发申请表的工作人员对明显不合适做销售工作的应聘者以婉言拒绝（不发申请表）。对初步印象（年龄、性别、第一印象、外貌等）合格的应聘者发申报表，让其如实填写，必要时请他们出示有关证件资料。负责招聘的人可以根据申请表的资料进行初步淘汰。在初步筛选环节，要防止因个人情感因素而导致的偏差。

2. 间接对应聘者进行初步筛选

通过发布招聘信息或者参加各种招聘活动，得到应聘者简历，根据销售岗位的需要进行认真筛选，初步确定符合条件者进入下一个程序。

（二）　对合格应聘者进行销售的心理测试

初步筛选环节结束后，接下来需要做的是对初步合格的应聘者进行心理测试，考察其人的性格特征，这也是检测应聘者是否符合做销售人员的一个好办法。常用的心理测试方法是给应聘者发放心理测试问卷（国内外最权威的心理测试问卷），要求应聘者在规定的时间里根据自己的真实情况回答问题。主要检测的是情商、推销能力、应变能力、心理承受能力等方面的素质。根据心理测试得分，筛选出哪些应聘者适合做销售工作，淘汰那些不适合做销售工作的应聘者。

（三）　面试

面试是招聘销售人员工作中非常重要的一环，也是企业能否招聘到较合适的销售人员的关键所在。通过面试，可以进一步核实申报表上资料的真实性，判断应聘者未来实际工作的效果，使应聘者加深对企业和应聘职位的了解。

根据不同标准和企业实际情况，面试可分为初步面试与诊断面试。初步面试类似于面谈，比较简单、随意，主要用来增进用人单位与应聘者的相互了解，起到初步筛选的作用。诊断面试是对经过初步筛选、心理测试合格的应聘者进行实际能力与潜力的测试。这种面试对应聘者能否被录用至关重要。

根据参与面试过程的人员构成，可以将面试分为一对一的个别面试、多对一的小组面试、多对多的集体面试。

根据面试组织形式及标准程度，可以将面试分为结构化面试、非结构化面试和半结构化面试。结构化面试是依据预先确定的内容、程序、分值结构进行面试的形式。非结构化面试也称开放式面试，没有固定的面谈程序，面试者提问的内容和顺序都取决于面试者的兴趣和被试者现场的回答。半结构化面试是介于开放式面试和结构化面试之间的一种形式。

不管采用何种面试形式，对于企业来说都是为了找出最理想的销售人员。这是整个销售人员招聘流程中最重要的一步，但大多数公司并未花时间来执行这个步骤。

在面试前，企业基本已经知道了应聘者所具备的能力，在面试阶段可以重点考察应聘者的其他东西，例如眼神接触、自我表达、自主性、握手力度、举止、魅力、真诚、温暖、智力等，以及当该候选人代表你的公司时，你会有何观感。因此，在设定面试问题前，公司最好询问与自己相关的问题，如"我公司的销售人员过去为什么会失败？""是什么让他们难以完成目标？""我们接触市场的方式是不是在哪里出错了，导致成功的难度加大了？""他们会遇到什么样的阻力？""如果他们要在我们公司取得成功，那么过去应当拥有什么样的成功经验？"

"我们对他们的要求有什么不同？""我们的价格更高吗？""我们的产品提供的价值是否更低？""人们是否需要且渴望拥有我们的产品？""他们能从管理层得到什么样的支持、监管和指导，又会向管理层承担什么样的责任？"。

事实上，在面试过程中，销售人员说的话反而是其次的，更重要的是观察他的身体语言，注意他谈话时的整个面部表情、手势、脚的摆放等，通过这些信息，面试官可以判断应聘者是不是诚实、是否在积极倾听等。

四、签约与试用

（一）签订劳动合同

经过面试，把具备销售人员素质的应聘者选拔出来，接下来的工作就是对录用的应聘者办理好各种入职手续并签订劳动合同。

（二）计划一周的工作

一旦一个候选人接受了这份工作，销售经理的职责就是转变为培养新员工对公司责任感及提升其在工作中获得成功的能力。为此销售经理的任务就是确保第一周尽可能让其录用的应聘者有成效或忙碌，让其理解公司文化，为新员工提供公司手册、产品清单、工作资料及其他与工作有关的产品等，让新销售人员了解他们自己正在做什么，帮助新员工度过工作的第一周，帮助他们调整自己的新工作。

（三）入职一周的观察

对一个企业而言，招聘到一个差的销售人员，会给企业带来巨大损失。其实，只要通过一周的培训就能判断一个人是否适合做销售。因为在这一周的工作日里，80%的本性都会暴露出来，这是观察的最佳时期。在日常的生活中，每个人的心态都表现出来，是否乐意帮助别人，是否有礼貌，做事是否主动积极，是否善于回答问题，是否尊重别人等，这些问题对销售人员来说非常重要。如果公司没有条件做心理测试、现场招聘，那么做好新销售员工一周的考察工作尤显重要。因为只要这样，招聘工作才会改善，才能选拔出顶尖的销售人员。

五、招聘和选拔效果的评估

因为招聘和选拔人才会消耗大量的公司资源和销售经理的时间，所以有必要对应聘者的来源进行评估调查。实际上，评估报告使得销售经理能够确定应聘者来源的效果。销售主管还可以利用从专业的管理工具中产生的信息来评估销售经理在选拔和招聘新的销售人员时展现的能力。

销售经理在进行招聘时，经常会犯一些错误：匆忙进行招聘；没有做适当的工作分析；没有吸引足够多的应聘者；没有足够的时间准备面试；没有实施综合性的面试；没有进行背景核查等。销售经理如果犯以上任何一个错误，都可能导致招聘到不合适的销售人员。

第四节　销售人员的培训与激励

在实际工作中，没有多少人是天生的国际销售员，所有优秀的条件也很难都体现在一个人身上。所以，公司就面临这样的选择：要么下力气培养一支精干而卓越的销售队伍；要么将一

NOTE

群蹩脚的销售人员推到顾客面前，任由他们败坏企业的名声。明智的管理者会毫不犹豫地选择前者。尽管看起来要多花一点钱，但这么做带来的成果是不容忽视的。对员工的训练是销售经理非常重要的工作。作为销售经理，要建设一个高效团结的销售部门，必须重视并能够培训好销售人员。

一、销售人员的培训

（一） 销售人员培训的重要性

销售业绩决定企业的成败。没有销售就没有企业，而要提高销售额，必须对销售员进行培训，以提高销售员的工作能力。但销售人员培训的具体目的并不仅限于提高销售额，还有以下的特殊作用：

1. 减少业务员的流动率

如果能给予充分而完整的培训，业务员既不用花很长的时间和很大的代价，又可学习发展得很快且具相当实力。好的培训使销售人员具备信心、知识、能力和热情，这样士气高昂，销量自然好，收入也就多，自然降低了人员的流动率。由此形成一个良性循环，保证销售队伍的稳定。

2. 满足员工需要

从员工的角度，培训可以满足销售人员的基本知识和销售技能的需要，为其发展奠定基础。只有经过严格及系统培训的销售人员才能很好地掌握销售的基本知识和技能，才能有效地开展销售业务，不断提升自己的销售业绩。

3. 企业自身发展的需要

从企业的角度，培训是企业长远战略发展的需要。可想而知，一个没有经过培训的销售队伍怎会领会管理层制定的销售战略与策略？怎会与整个企业的发展战略相衔接？

4. 适应环境需要

从适应环境的角度，培训有利于销售人员不断更新知识，不断提高销售技术，与不断变化的竞争环境相适应。即使对最有经验的、熟练的销售人员，培训也是很有必要的，因为市场环境在不断变化，新产品不断出现，顾客在不断变化。

5. 企业管理的需要

从管理的角度，很多时候销售员都是处在独立作战的环境中，所以很多销售员都有孤立无援的感觉。而培训就像精神的兴奋剂，缺乏培训将使销售员士气不振。培训是改变员工的工作态度和组织态度的重要方式。培训是提高员工销售技能的需要，更是让销售人员理解企业文化与价值的需要，从而改善销售人员对待工作的态度，增强企业的凝聚力。

（二） 销售人员培训的时机

通常在下列情况下，对销售员进行培训比较合适：

1. 新的销售人员刚刚招聘到本企业时。

2. 新的销售工作或销售团队刚刚成立时。

3. 旧工作将采用新方法、新技术来执行时。

4. 改进销售人员的工作状况时。

5. 顾客不满增加，当顾客抱怨员工对待他们的工作方式是明显错误的时候。

6. 使员工在接触不同的工作时，都能保持一定的工作水准。

7. 现有的销售人员以缺乏效率的方式执行目前的销售任务时。

8. 当公司推出新产品或改变营销策略时。

9. 销售队伍的整体士气低落、缺乏战斗力时。

10. 销售人员现有的能力不足以完成销售任务时：

（三） 销售人员培训的原则

在销售人员的培训过程中，要注意把握好如下原则：

1. 学以致用原则

企业的培训要有针对性，要根据企业的实际需要进行培训，一切从岗位的要求出发，既不能片面强调学历教育，又不能急功近利，盲目追求立竿见影。应该缺什么，补什么；学什么，用什么。

2. 尊重差异的原则

从普通的推销员到各级销售主管，他们的工作性质不同，创造的绩效不同，能力与达到的工作标准也不相同。在培训中应充分考虑他们各自的特点，做到因材施教。

3. 有效学习的原则

企业的员工都是成人，成人学习与未成年人不同，他们在培训中更知道有效地学习。有学习欲望时才能学习，没有学习欲望几乎不能学习；通过实践活动较易学习；联系过去的、现在的经验较易学习；联系未来情境，有指导意义的内容较易学习；在非正式的、无威胁的环境中学习，效果更佳。

4. 效果反馈与结果强化的原则

在培训过程中要注意对培训效果的反馈和结果的强化。反馈的信息越及时、准确，培训的效果就越好。对结果的强化，不仅在培训结束后马上进行，还应在培训后的工作中对培训的效果给予进一步强化。

5. 激励原则

培训也是一种激励，目的是让员工参与培训，感受到组织对他们的重视，提高他们对自我价值的认识，增加他们职业发展的机会。

（四） 销售人员培训的流程

对销售人员的培训，可以在公司由各级主管定期或随时进行，也可以让他们参加社会性及大专院校的培训学习，资金允许的话，最好委托专业培训机构完成，这样效果最好。

但很多时候，对于公司培训的效果评价并不好。主要原因是作为领导者没有真正重视培训，或培训仅是泛泛而论，不适合销售员的需要与水平，脱离实际工作。作为销售经理，是负有提升与锻炼销售员实力的责任的。所以，销售经理应了解掌握正确的培训流程及方法。

一般来讲，销售人员培训的全过程包括明确培训需求、制订培训计划、实施培训、培训反馈与评估四个部分（图12-4-1）。

1. 明确培训需求

需求分析的目的就是要确定员工是否真的需要培训，哪些人员需要培训，哪方面需要培训。要求和现实之间的差距可能是由很多种因素造成的，并非都是人的素质和能力问题。所以，要对产生差距的原因进行全面的分析，如果不是人的因素就要排除培训的意向。如果是人

NOTE

```
┌──────────────┐              ┌──────────────┐
│  明确培训需求  │─────────────→│  制订培训计划  │
└──────────────┘              └──────────────┘
       ↑                              │
       │                              ↓
┌──────────────┐              ┌──────────────┐
│  培训反馈与评估 │←─────────────│   实施培训    │
└──────────────┘              └──────────────┘
```

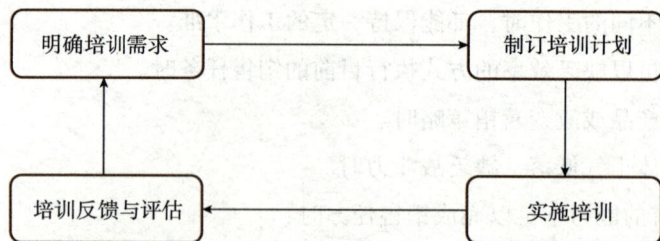

图 12-4-1　销售培训流程

为因素而产生的差距也要充分考虑现有人员是否具备销售工作的能力，培训教育费用的高低，或者在短时间内能否达到培训目标的要求。

销售经理在没有对培训需求做清楚界定的情况下，就确定了培训的具体内容，如课程、时间安排等，并以自己的经验和理解作为取舍的主要标准。这种过于浮躁的做法往往导致培训效果的不理想。

一般的销售培训从确定培训需求开始，销售经理要站在公司战略的角度审视销售，从公司发展找出销售人员未来面临的挑战，培训不仅是解决你的眼前问题，更是为了你的销售团队赢得未来竞争优势。对每一次销售培训，为了真正达到效果，在实施培训前，一定要先弄清楚如下几个问题：①这次培训你想让销售人员做些什么；②需要什么知识；③需要什么技巧；④需要销售人员采取什么态度。

做培训需求分析时，可以通过对销售员观察、面谈、问卷调查、自我诊断、调查等多种方式进行，以了解销售员在哪些方面需要通过培训加以提高。

2. 制订培训计划

有计划地培训是做好培训工作的重要环节，主要解决以下问题：谁来进行培训，何时培训，何地培训，培训什么内容，采用何种方式培训，等等。

销售人员培训计划是根据企业的近期、中期、远期的发展目标对企业销售人员培训的需求进行预测，并制订培训活动方案的过程。培训计划是一个系统工程，它包括确定培训目标、分析现阶段差距、确定培训范围、制定培训内容、选择培训方式、确认培训时间及培训计划的调整和组织管理等工作。

（1）**确定公司的销售培训目标**　一般而言，目标不能太笼统，应当针对具体任务。对销售人员培训目标的设计，往往定位于提高销售效率、增加销售额。但是，一个有效的培训计划的目标，还应包括其他内容，如降低离职率、提高士气、促进沟通、改善顾客关系等。

企业通过培训来提高销售效率，进而提高销售利润率。经过培训的销售人员可以提高人均销售额，也可以降低销售成本。

良好的培训计划可以降低离职率。培训有素的员工很少失败。设计良好的培训计划为受训者模拟真实的销售生活，包括销售早期可能遭遇的打击与失望。能解决这些问题的受训者失去信心和辞职的可能性很小。

离职率与士气密切相关。没有经过适当培训就进入商界的销售人员可能会遇到士气低落的困境。目标不明是士气低落的重要原因，因此，销售培训计划必须要让受训者明确他们在企业和社会的目标。

培训还能使销售人员明确为企业提供顾客和市场信息的重要性。他们应该了解企业是如何使用这些信息的及这些信息是如何影响企业销售业绩的。

良好的培训计划能帮助受训者明确建立与保持良好顾客关系的重要性。他们应该学会如何避免过度推销，如何确定顾客需要什么产品，如何解决顾客投诉。

管理层越来越关心员工如何利用时间，如何用有限的工作时间获得更多的销售。销售人员必须有效组织和分配时间以取得销售的成功。

（2）**选择培训讲师**　通常一位销售培训讲师应具备下列基本要求：丰富的市场及销售经验；有教学的欲望和热忱，这样学员容易受到影响和感染；通晓教学内容；通晓教学方法和技巧；了解如何学习，以便提高教学的有效性；适当的人格特质；沟通能力强；富有弹性和灵活性。

培训讲师在培训过程中具体承担培训的教学任务，是向受训者传授知识和技能的人。在培训中，培训讲师的选择非常关键，培训讲师的素质高低、意愿能力及教学方法都关系到培训的效果和培训的质量。面对不同的培训内容和培训对象，可供选择的销售培训讲师有以下几种：

①企业内部培训专家：很多企业拥有专职培训人员，他们负责管理和协调企业的销售管理部门及建立销售机构的培训与开发计划。他们是企业的培训专家，有的还是行业的资深讲师。使用内部培训专家的优势是他们在销售培训方面有专长，而且培训成本比较低。不足之处在于不像外部专家那样能满足销售人员的特殊需要。

②企业销售人员：企业的高级销售代表拥有多年的销售经验，可选择他们作为销售培训的讲师。当然，这类人员在绩效方面一定是最佳的，并且非常熟悉培训的主题。用企业销售人员作为培训讲师的优势是现身说法，具有较强的说服力，而且他们有些还是销售人员崇拜的对象。不足之处在于，由于他们不是培训专家或专门的培训教师，缺少培训经验，效果不一定理想，需要对他们进行主题控制。

③销售经理：由于销售经理特殊的位置，由他们来亲自培训下属，效果是最佳的，因为他了解销售人员的弱点并非常了解行业和产品特点。当然，销售经理从事培训的缺点主要是销售人员（尤其是新手）可能震慑于上司的权力而进行培训，难免有演戏的成分。而且，他们通常事情太多，难以尽全力开展培训。

④外部培训专家：来自企业外部的培训专家，可以是销售培训的专业顾问，也可以是著名商学院销售学科方面的资深讲师。使用外部培训专家的优势是这些培训专家专攻销售培训项目，可能被认为比企业内部人员更可信，缺点是培训成本较高。一般而言，企业大部分培训项目与内容都可以由企业内部自己解决，但涉及人员开发，诸如领导技能、团队建设、压力管理等培训项目应优先聘用外部培训专家。

（3）**确定培训的时间和地点**　培训时间可长可短并无定律。通常会从以下六个方面考虑确定：①产品的性质，产品性质复杂，培训时间也较长，反之则较短；②市场情况，主要考虑竞争的激烈程度和企业自身与竞争对手的力量对比；③销售人员素质状况；④要求的销售技巧，技巧复杂高深，则掌握它的时间相应要长；⑤管理的要求，一个要求严格的企业不会敷衍了事；⑥采取的培训方法。另外，视听教材及多媒体的运用可以在不长的时间里收到预想的结果。

培训地点的确定往往要和培训方法相结合。脱产式的培训要集中受训人员到指定的地点进行，这样显得更正规，培训工作的实施也更彻底；不脱产式的培训可以分散进行，销售人员一

NOTE

边受训一边工作，便于洞察实际市场情形和顾客需要。当培训地点确定后，要及时通知培训讲师和受训人员。

规模较大的公司，在培训人数较多的情况下，应该有适当的培训地点，有可与业务隔绝的教室，便于学员安心听课或研讨。国外有些著名的大公司还有自己的设施完善的培训基地。如美国的麦当劳公司有自己的大学，日本松下公司有自己的商学院。相反，有些企业在培训上是形式，把业务室作为课堂，学员们边听课边打电话或谈生意，进进出出，像个茶馆。大多数小企业没有良好的条件，甚至可能拿不出一个房间当教室，培训人数也少。这种情况下可以搞非正式培训，在办公室或销售现场进行，这种方式针对性强，也可以因人施教。

（4）选择培训形式

①课堂培训：课堂培训是应用广泛的一种培训方式，课堂培训本身能有效地传授一定类型的信息，特别是产品信息或行业知识。这种培训方法使企业能够以最直接的方式传授给受训者信息，并且在相对较短的时间内传授大量的知识。在课堂上还可以采用电子化教学等教学手段，帮助受训者理解培训内容。当然，这种方式也有很多不足。首先，由于是单项沟通，受训者容易产生厌倦。其次，受训者通常对听到的内容保持很少的记忆，影响培训效果。最后，讲授者无法顾及受训者的个体差异，不能进行因材施教。

②现场培训：现场培训就是让员工在工作现场边工作、边学习。这种方式省去了专门的培训场所和设备，受训者可以兼顾工作和学习。而且，有的培训必须在现场进行，由有经验的相关人员现身说法，所以这种方式被企业广泛采用。

现场培训的内容主要有以下几项：企业概况（包括企业历史和现状）、企业文化、企业行为规范、企业规章制度、产品知识、从事销售工作所应具备的专业技能、管理实务、思想道德等。现场培训的对象主要有以下几类：一是从学校毕业的新员工，这类人员具备系统的专业知识，但他们不具备具体的产品知识，也可能不具备相关技能，不熟悉相关管理实务；二是有相关经验的新聘人员，虽然他们从事过与销售有关的工作，但由于不同企业产品存在差异，仍需要先对产品进行熟悉；三是有工作经历，但原先从事的工作与销售工作完全不同的员工；四是需要改善销售绩效的员工，这时培训的前提是员工要改进的项目适合于现场培训。

③上岗培训：这是一种在工作岗位中对销售人员进行培训的方式。新招聘的销售人员在接受一定的课堂培训后，可安排其在工作岗位上由有经验的推销人员带几周，然后再让其独立工作。这种方法能够使受训者很快地熟悉业务，效果比较理想。但是这种方式一定要有实际经验的人员直接参与和指导，否则容易流于形式。

④会议培训：这种方式是由企业聘请专家针对某一专题进行演讲，演讲结束后专家与受训者进行自由讨论。在这种讨论会上，围绕着某一专题，主持人和受训人员进行双向沟通，达到交流思想、学识和经验的目的。这种方式适用于学习过基本理论、需要对某些问题进行深入研究的受训者。

⑤模拟培训：这是一种使受训者亲自参与并使之有一定实战感受的培训方式。模拟培训有很多种方法，有角色扮演法、业务模拟法、实例研究法等。这种方法比较直观，培训的内容易被受训者接受。

3. 实施培训

这是培训的中心环节，这个环节主要在企业培训管理部门的组织下，由专门的讲师实施培训，并由该培训项目的责任人组织考核和考评。从管理者的角度来看，培训工作的实施实际上就是管理与控制计划执行情况的过程。因此实施的人员是否尽职尽责、各尽所能直接关系到计划执行的效率与效果。在施教的过程中培训人员要灵活把握，随机应变，针对受训人员的情况开展教学工作。对参加培训的受训人员也有相应的要求：受训人对于所任工作富有兴趣并有完成任务的能力；受训人有学习的愿望，即其个人希望在受训过程中获得所需的知识与技能；受训人还应有学以致用的精神而不至于使培训努力付之东流。

　　培训的实施应遵循循序渐进的原则，使计划内容与受训人的需求相配合，重复或脱节都会使受训人员的兴趣锐减或引起知识的混淆。这一问题可以从三个方面给予注意：①新人的培训也可称之为最初培训，着重在使受训人员获得推销工作所需的基本知识与销售技巧。②在企业成长或产品线发生变更后，销售人员的知识有待更新，或推销员由一地调往另一地，需要了解新市场的情况，或者企业的生产程序及组织结构有了变化，依据上述情况展开"督导培训"。③在顾客投诉增加或销售人员一般效力下降时，应举办所谓的复习培训，使推销人员获得复习推销技巧或讨论的机会，即引导销售人员循着正当途径努力学习，并在发生严重问题时，立即矫正所有不符合期望的行为。

4. 培训反馈与评估

　　这是培训的最后一个环节。它是对培训进行控制的一种手段，通过它来对培训进行修正、完善和提高。具体来讲，培训反馈包括以下几个内容：培训讲师考评、培训组织管理的考评、应用反馈、培训总结、资料归档。

　　（1）销售培训的效果评估　作为销售经理，对销售员的培训效果必须要进行评估。评估通常在培训之后进行，可让学员填写培训评估表，对培训内容、培训讲师、培训管理及培训效果等做具体评价。在培训进行完一段时间内，销售经理可观察了解学员的实际工作技能是否有所改进和提高，针对个别人员可单独进行接触和辅导。

　　事实上，百分之百地准确评价一次培训的效果是不可能的，因为没有一个真正有效的标准。目前大家普遍采取的是由销售人员在培训结束时，给本次培训打分。有些评估表是有偏向性的，它只设了"不好""一般""较好""很好"四个选择，显然有过高评估的倾向。在每个评估项目上，都采用这四个顺序排列，这很容易让人产生惯性思维，如果你在第一个评估项目上选"很好"，第二个也选"很好"，第三个项目你就不会选择"不好"。

　　一般调查表使用7级评估，避免了那些"很好""很不好"之类的让受训者明显不易"下手"的选项。另外，每项的评分顺序不一样，避免惯性思维。

　　在销售培训评估的时间上，到底什么时间最适宜呢？一次销售培训的效果取决于销售人员在结束时的主观感受，如果销售人员当时感受就不好，那么他就很难对本次销售培训有过高的评价了。

　　另外，从销售培训作为公司销售管理的长期战略和持续行为来看，评估的意义在于不断吸取经验，形成一套行之有效的销售培训管理方法。销售经理必须为此付出精力，进行跟踪评估，这就是一个对销售培训效果评估的好办法。跟踪调查就是在培训结束，实际工作了一段时间后，再让销售人员谈该次培训后在实际工作中是否受益，跟踪调查可在3个月后进行。

　　（2）受训总结和改善行动方案　在一般的销售培训中，培训讲师会组织大家讨论，要求将传授的知识技能与自己的经验进行比照，让大家列出自己的成功之处和需改善之处，并提出

NOTE

具体的改善措施。但这仅是纸上谈兵，培训讲师离开公司后，就再也没有人过问，这就失去了一次利用培训督促销售人员提升技能的机会。

销售经理可以在培训结束后，利用当天晚上或第二天上午，组织销售人员对培训中的内容再进行讨论，要求他们写出个人的总结和具体改善措施，对采取的改善措施标明实施和达到目标的时间。应清楚地告诉他们，3个月后，还得就他们的培训总结，再做一次培训后的技能提升评估。

一些销售人员在培训时，对培训内容的确深有感触，但一到实际工作中，又会把这些指导抛之脑后。受训总结和改善行动方案能使他们把培训中的知识技能应用到销售中去，从而大大提高销售培训的投资收益。

二、销售人员的激励

一直以来，销售人员的激励是企业激励机制的一个重要部分。而提高销售人员的积极性，就要根据实际情况，从影响销售人员工作积极性的主要因素，即精神满足、目标实现、业绩评价与薪酬等方面进行激励。

（一）销售人员激励效果影响因素

虽然激励理论的发展已经比较成熟，但在企业销售部门的实际应用中对销售人员激励方案的设计却不太容易。这需要对影响销售人员激励效果的诸多因素进行分析，把握问题核心，才能实现激励目的。销售人员与其他企业人员相比，具有较大的特殊性，这些特性直接影响到激励效果的实现。具体来讲，对销售人员的激励效果与以下因素密切相关：

1. 精神满足

销售人员压力很大，通过精神激励，可以使压力得到释放，有利于取得更好的业绩。比如在企业的销售人员中开展销售王的竞赛评比活动，即让市场营销人员找到做"龙头"的感觉。

2. 目标实现

对于销售人员来讲，由于工作地域的分散性，进行直接管理难度很大。组织如果将对其分解的指标作为目标，进而授权，充分发挥其主观能动性和创造性，则可达到激励的目的。企业为销售人员制定的目标必须是有效的，这就要求企业根据销售人员的目标市场销售潜力（以市场调研为基础），结合上年度的情况，适度调整销售目标，这个目标必须是销售人员经过努力之后才可实现的。好的目标会让员工感觉到企业很关心自己的成长，自觉地将个人目标和企业目标统一起来。

3. 业绩评价

确立了有效目标之后，绩效考核就提上了议事日程，这是对销售人员实施激励的重要过程。对于销售人员业绩最具代表性的销售额自然是衡量销售人员优劣的标杆。但在业绩评价上却不能简单地依靠业绩考评，公司在不同的发展阶段有不同的市场策略和战略目标，而这种目标有时会以牺牲销售人员的业绩为代价，因此对销售人员的业绩考评必须与企业的市场策略和战略目标相一致，重点在业绩和市场贡献方面（新产品的推广、品牌贡献、新区域拓展、新人培养等）。

4. 薪酬激励

现代企业要求薪酬分配遵守效率和公平两大原则，能够根据"效率优先、兼顾公平、按劳付酬"的分配原则，用考核评价的结果公平合理地确定销售人员的工资报酬。企业要对销售人员的劳动结果进行计量和评定，按照考核结果决定工资报酬，根据绩效表现进行薪资分配和薪资调整。合理的薪酬不仅是对销售人员工作的认可，可以充分激励销售人员，调动销售人员的积极性，还可以起到约束作用，要求销售人员按照企业的规划和目标认真工作，否则就会受到相应的惩罚，这样通过薪酬的激励和约束又促进了销售人员绩效的提高。

（二）　销售人员激励方案的设计原则

前面分析了 4 种激励因素，每一种激励因素都对不同的激励主体有不同的激励作用。但一般情况下，激励作用的产生是多种因素共同作用的结果，这就需要设计出合理又切实可行的激励方案。

所谓激励方案设计是指组织为实现其目标，根据其成员的个人需要，制定适当的行为规范和分配制度，以实现人力资源的最优配置，达到组织利益和个人利益的一致。销售人员激励的有效性取决于激励机制完整的系统性、良性的过程性，以促使销售人员的行为与企业的目标保持一致。

激励方案设计应把握以下几个原则：①激励方案设计的出发点是满足员工个人需要；②激励方案设计的直接目的是为调动员工的积极性；③激励方案设计的核心是分配制度和行为规范；④激励方案设计的效率标准是使激励机制的运行富有效率；⑤激励方案运行的最佳效果是在较低成本的条件下达到激励相容，即同时实现了员工个人目标和组织目标，使员工个人利益和组织利益达到一致。在激励方案设计中，我们除了应把握上述原则之外，还要考虑到个体差异，还应当注意精神激励与物质激励、长期激励和短期激励的结合。

（三）　销售人员激励方案

了解了激励效果影响因素及激励方案设计原则之后，还需要根据这些激励因素制订出具体的激励方案，使激励因素在特定的形式下发挥激励作用。

1. 要建立有效的薪酬制度

薪资是指发给销售人员的薪水，是给销售人员的物质报酬。在必要支持的因素中，薪资是稳定销售人员的核心因素。如果销售人员的薪资不合理，销售人员的工作热情就不会很高；相反，合理的薪资就可以调动销售人员的工作积极性，激发员工的工作热情。

我国企业销售人员现行的薪酬形式一般是基本工资加提成，但如何对工资和提成进行组合，高工资低提成还是高提成低工资，这些将直接影响销售队伍的工作积极性和业绩。比较高工资低提成与低工资高提成这两种薪酬制度，不难看出，前者注重的是人员稳定性，但如果没有相应的考核控制措施，将导致员工惰性滋生；而后者一切以销售业绩为导向，最大限度地刺激销售员工提升业绩，但一旦市场出现"状况"，销售工作遇到瓶颈之时，销售队伍容易分崩离析。两种薪酬制度各有利弊，要根据企业的具体情况进行选择。知名度较高，管理体制趋于成熟，客户群相对稳定的企业，采用高工资低提成或年薪制，更有利于企业维护和巩固现有的市场渠道和客户关系，保持企业内部稳定，有利于企业平稳发展。反之，如果一个企业处于起步阶段，利用低工资高提成的薪酬制度更能刺激销售员工的工作积极性。

销售是一项极具挑战性的工作，销售员工在工作中相对要遇到更多的挫折，因此容易感到沮丧，并丧失信心。合理的薪酬奖励是激励他们克服困难，力创佳绩的法宝。多数贸易类企业对营销人员采取"底薪+提成+奖金"的薪酬结构，即每个月 800~1000 元基本工资；营业额依销售产品不同而不同，如销售员工的楼盘销售提成在 4% 内，服装销售提成在 2% 内。薪酬制度

NOTE

依其工作性质及公司制度而各不相同，维持一定的水准却是必要的。销售人员会通过比较，考虑在目前公司中的收入是否合理；同时也会与公司其他工作人员来比较，考虑自己的付出是否值得。因此当公司判定推销人员工资水准时，应考虑目前就业市场上的绝对工资及相对工资等因素，并根据员工本身的资历、经验能力及工作内容的差异，决定其工资水平。

2. 给销售人员提供良好的个人发展空间和职业机会

需求能否满足，影响着销售人员的忠诚度。公司给予销售人员的不应仅仅是他们对于物质的渴望，更应给予他们事业和精神上的追求。对于优秀的销售人员，他们的生存需求和关系需求已经基本得到满足，他们更看重成长的机会。如果企业不能很好地给销售人员一个成长发展的空间，那么优秀的销售人员就有可能离开，通过跳槽来实现晋升。有的甚至去比他原来的薪水还要低但有很大潜力和发展的好企业，因为优秀的销售人才非常重视个人成长的价值和发展机会。有些中小企业的销售主管、销售经理往往跳槽到国际大公司去做实习生，薪水比原来少很多，这就是他们看重大公司的成长机会。

3. 组建高效的销售团队

团队合作氛围对于销售人员工作积极性有很大的影响，个人和团队的荣誉感对销售人员也有很大的激励作用，尤其在以效率为导向的销售团队里，这种激励方式的作用更大。团队建设的本质是激励与沟通，尤其对于销售团队中的核心成员，销售经理要与他们沟通，了解他们的思想，关心他们的困难，目的是帮助团队成员和整个团队提升绩效，通常有销售竞赛、销售沟通等基本形式。此外，公司还要因势利导地辅以增进感情的社交活动、商品奖励、旅游奖励、象征性奖励，以及放假等非货币性团队建设工具，改变销售人员的行为，并将成功的团队建设经验文档化，做成模板，以利于其他团队复制。

4. 用企业文化激励销售人员

从心理学和行为学的角度看，任何附有激励性质的举措都存在一定的生命周期，其给目标受众带来的愉悦刺激及随之产生的行为冲动，会因时间的推移而呈现出递减效应。实际上，像IBM、惠普、联想等公司已通过组织商学院、开办高层管理培训等方式，将企业文化的因子不断向公司内部销售人员及渠道合作伙伴渗透，其带来的不仅是销售业绩的持续增长，身处前线的销售人员和渠道队伍也是品牌传播的重要载体。

（四）销售人员激励存在的主要问题

销售工作的绩效不仅取决于员工的工作能力，同时也取决于员工工作的积极性，而激励的核心职能就是如何提高员工的积极性。但在企业运用激励的过程中，由于各方面的原因，在实际管理中还是出现了很多问题。具体而言，主要表现在以下几个方面：

1. 对激励的认识不到位

有些企业对激励机制认识不足，不重视；管理者与销售人员之间缺乏沟通，没有形成对激励机制的共识；激励机制被看作是利益分配的依据和工具。如此种种现象都是由于对激励机制认识不到位造成的，结果直接导致激励机制在实践中理解和执行的偏差，激励机制难以发挥公正公平的效果。

2. 激励目标不明确

企业对通过激励机制解决什么问题、达成什么样的目标心中不明。企业的目标与企业战略密切相关，企业在科学调查分析市场状况上，制定适合自身生存发展的战略，科学规划企业发展目标。企业战略主要解决由于环境变化所带来的问题和有关企业内部组织与管理的问题。企业运用激励机制等手段进行管理，企业战略决定了激励机制的目标、标准、方法等。但是在实践中，许多企业的战略制定不严谨，完全凭领导意志决定企业发展方向，发展目标与实际不符，结果使员工盲目、被动地工作，难以产生优良的效果。

3. 激励机制运行不科学

完整的激励机制包括激励计划、绩效考核和评价、激励实施和管理、激励反馈和应用四个阶段，四个阶段是不断循环发展的。然而实际过程中，管理者往往孤立地对待激励机制，甚至将激励机制混同于绩效考核，没有将完整的管理体系运作起来，只看见了过去，却忽略了未来，只得到了结果，却没有合理应用。

总之，销售人员的激励计划是个复杂而重要的问题，在实际工作中很难做到一气呵成。同时，企业处于不同的行业、不同的生命周期、不同的市场条件及不同的内外环境，不可能有统一的实用计划。各企业应随时调整激励方案的组成部分和各部分的权重。

第五节　销售代表评估

对销售代表的评估是企业营销管理中不可缺少的重要一环。销售代表评估可定义为，在一定时期内企业对销售人员的销售工作状况进行评定与估价。其主要目的是对销售人员推销工作及业务完成效果进行分析，从中总结经验教训，为进一步改进和制订推销计划决策做铺垫。其结果有利于使销售人员的薪酬调整、奖金发放与他们实际的努力相匹配，这也是进行销售人员人事决策时重要的参考指标，可以使管理层发现销售人员在哪些方面需要加强培训，便于发现优秀的销售人员。要想实现销售人员的有效激励，首先就要树立正确的绩效评估思路，然后再进行具体绩效评估模式的设计。

一、确立销售人员评估思路

1. "绩效"不等于业绩，虽然业绩很容易量化，但是如果销售人员的绩效单纯以取得的销售业绩来衡量和付酬的话，那他们就会注重销量、销售利润、销售净回款等业绩指标，而不管商品对顾客的价值和企业的长期获利能力。因此，企业除了对销售业绩等结果类指标的考核外，还需要关注过程性的销售行动指标，如销售人员每天平均拜访客户的次数、每天销售访问的平均收入、每百次访问平均得到的订单数、一定时间内开发的新客户数、一定时间内失去的老客户数、客户满意度等。

另外，在选择何种业绩结果作为销售人员的绩效指标时，必须和公司的总目标与价值观保持一致。如一些公司以销售额为主，一些公司以毛利为主，还有一些公司以利润为主，关键看公司现在的发展阶段及市场竞争及发展的需要，一般新市场以销售额作为衡量指标，一些成熟市场可能会选择销售利润作为衡量业绩结果的指标。因此，企业需要根据自己的实际情况进行合理的指标选择。

2. 过程绩效评估所对应的物质激励与业绩结果评估所对应的物质激励之间的比重要根据销售人员层次的不同有所差别，否则会因为销售经理关注业绩，轻视过程管理，造成队伍建设

NOTE

和营销管理职责的不作为，队伍带不起来，销售经理亲手抓着客户源不放，为企业带来很大的风险。因此普通的销售人员与销售经理相比，普通销售人员和销售经理的考核指标在设置上是不同的。在绩效评估的方式上不同层次的销售人员是有差异的。普通的销售人员可采用通常的考核表形式，对于销售经理或总监则可以采用更具个性化的绩效合同的方式。在考核周期上对销售业务和工作性质相对稳定的销售人员可以进行例行性考核；如果销售工作的机动性强，则需要相应地提高考核频次，或者可以进行非例行的考核，尤其是当销售工作是基于项目进行的时候，考核周期就需要基于项目周期来设计。

3. 年终对销售人员能力和态度的评估为销售人员的年度晋升提供了依据。年度销售人员的职业晋升、淘汰与全年绩效成绩及能力和态度的评估有关。对销售人员还需要在其工作能力和工作态度方面进行评估。工作能力主要是考核销售人员的市场认知、产品认知、业务熟悉、基本业务素质能力，如：①对市场的调控能力；②对代理商的协调能力；③协调技术服务工作的能力；④对突发事件的处理能力；⑤对市场的分析和预测能力等。工作态度主要是考核工作的责任感、工作合作、信息收集及道德素质方面。对能力和态度的考核一般以年度为周期。

二、销售代表评估的方法

（一）360°综合考核

此方法也称为多个考核者考核或多视角考核，被考核者被其上级、下属、同级和客户共同考核，考核的主体很全面，通过考核形成定性和定量的结果，并且将结果反馈至相关部门和被考核者，以此达到改变被考核者行为，改善绩效的目的。

（二）基于 BSC 的绩效考核

Balanced score card，简称 BSC，称作平衡计分卡，是一种全新企业综合测评体系，它的一个最为突出的特点就是集测评、管理与交流功能于一体。它主要包括 4 个考核维度：内部运营、客户、学习和成长、财务。

（三）KPI 绩效考核

KPI（key performance indicators）是指关键绩效指标，而关键绩效指标是指对企业业绩产生关键影响力的那部分指标。界定绩效指标可以根据公司战略目标进行层层分解来得到。确定 KPI 有以下三种方法：成功关键分析法、标杆基准法和策略目标分解法。

（四）基于目标的绩效考核

这种考核模式主要是针对工作行为或成果难以量化的部分，它主要通过从设定绩效目标，到确定完成绩效目标的时间框架，再到分析实际绩效和目标绩效之间存在的差距，最终弥补差距，再设计新的绩效目标的这样一个过程用来达到目标管理循环。

三、销售代表评估的步骤

销售代表的绩效评估流程包括绩效评估前的准备、进行绩效评估、绩效评估结果的应用三个方面。

（一）绩效评估前的准备

1. 根据市场和产品情况，确定公司的销售策略

销售策略是绩效评估导向的保证，它为评估提供了"战略性"的指标。一般来说销售人

员的考核指标都来自于销售策略下的销售目标的分解。因此，首先要确定公司的销售策略。什么是公司的销售策略呢？就是公司想要依靠怎样有竞争力的手段来实现自己的营销目标。有效的销售策略是需要建立在专业的市场分析和产品分析基础上的。市场和产品变化了，公司的销售策略就要做出相应的调整，对销售人员的考核导向也要随之变化。

2. 根据区域的不同确定各个区域销售人员的绩效导向

即使是同一产品，企业在不同的区域，其市场销售环境还是存有差异的。比如对于成熟市场，产品已经建立了区域知名度，拥有一定的市场占有率，因此，对于成熟市场，销售人员的目标就是在维护客户资源的基础上拓展客户数量，其结果考核就以销售回款或销售利润为主要指标。而对于新市场，销售人员的目标则是开发客户资源，进行渠道建设，其结果考核就以销售额、新客户数量为主要指标。

3. 结合公司销售策略和区域差异，寻求短期绩效与长期绩效之间的平衡

对销售人员业绩的考核，往往关注的是企业短期的销售利益，属于短期绩效，常见的指标项目有销售费用、销售量、毛利、净回款、销售额。但是如果过分突出短期绩效就会使销售人员为了单纯完成销售任务，采取各种手段，甚至不惜损害企业的整体利益来满足自己的最大收益。比如，我们会看到销售部门的人员努力劝说公司负责价格制定的人员"把价格降低"，并提供许多似是而非的市场情报，如"竞争对手都降价了，我们如果不跟上就卖不动了"。其实促销手段很多，并不只有价格战一种办法。

（二）进行绩效评估

绩效指标经上下级沟通确定后，就进入了绩效评估的执行阶段。定期的绩效评估一般遵从如下程序：

1. 首先由销售人员提交评估资料，包括工作述职表、详细的工作总结与工作计划，以及评估需要的市场分析报告等，交由上级审核，同时根据自身工作表现进行绩效自评。

2. 上级参照下属提交的资料，并根据日常工作过程中对下属的工作观察，外部门提供的数据支持等进行资料的分析与论证，对下属的绩效进行评估。然后与下属约定面谈时间。

3. 上下级进行绩效面谈，由于销售人员的工作特点，对于不在家的销售人员，绩效面谈可以采用电话沟通的方式进行，对问题进行分析，提出改善建议，沟通下一周期的工作计划与需要的资源支持，并对本周期的绩效评估结果达成共识。

4. 将绩效考核结果上交人力资源部，由人力资源部统计绩效结果，上报公司绩效薪酬管理委员会，通过后进行绩效评估结果的应用。

（三）绩效评估结果的应用

对销售人员的绩效评估，不仅用在物质激励上，还可以应用在销售人员的职业生涯规划中。如有的企业对销售人员建立晋升通道，明确了销售人员的晋升路径；并通过晋升制度，确定了晋升的原则；依据销售人员的绩效表现与胜任能力评估结果实现了销售人员的职位变动。绩效评估有效引导了销售人员对绩效持续改进的关注，企业也因此构建了一支有力的销售团队，支持了销售目标的实现，支撑了企业战略目标的实现。

NOTE

四、销售代表评估的参与者

（一） 管理者

管理人员对其下属销售人员有着直接的管理、领导与监督的责任，对他们的销售实际情况熟悉了解，一般都能比较客观地进行考评。

（二） 被考评者本人

被考评者进行自我考评，这样的方式可以充分调动被考评者的积极性。但自我考评直接受到个人因素的影响，所以有一定的局限性。

（三） 被考评者的同事

同事通常与被考评者同处共事，联系密切，对其潜质、工作态度、工作能力非常熟悉，但在他们参与考核评价时，常会出现人际关系的影响。

（四） 企业外部人员

客户是企业考评的重要参与者，由于业务上的往来，他们熟悉销售人员的工作情况与工作能力，能够以局外人的身份，比较公正地评价其绩效。

思考与讨论

1. 一名优秀的国际市场营销人员应该具备哪些素养？
2. 如何设计销售队伍？
3. 如何甄选销售人员？
4. 组织和实施销售人员培训的目标是什么？
5. 激励销售人员的意义、原则和方法是什么？
6. 怎样评估销售代表？

第十三章　国际市场营销新趋势

案例导入

青蒿素为"媒"，中医药产业走向全球

屠呦呦教授2016年荣获诺贝尔奖，让人们将关注的目光聚焦于改写抗疟历史的青蒿素，而浙江的华立集团则是全球唯一掌握青蒿素全产业链生产的企业。

"如果没有屠呦呦教授荣获诺贝尔奖，可能大家对青蒿素了解比较少，其实，早在45年前，中国就开始组织研究了。"华立集团高级副总裁、华方医护董事长何勤说。青蒿素的发现，源于1967年的援越疟疾防治科研项目，如今，华立集团作为世界最大的青蒿素生产商，全球70%的青蒿素产自华立集团旗下的公司。

1. 青蒿素全产业化与"走出去"

中国的青蒿素被全球疟疾患者称为"救命药"，但从商业的角度看，它对企业利润贡献很低。

"哪怕不赚钱，我们也要做下去，因为这是能代表中国创造的药，也代表中国对人类疾病防治做出的贡献。"华立集团总裁汪力成表示，从一开始就没想在青蒿素产业上获取高利润。

2000年3月，在保持和发展原有产业的基础上，华立怀揣产业报国之心，确定以实现青蒿素产业化为重任和突破口，介入生物制药领域。

在充分利用西部地区特色资源——青蒿素的同时，华立强化青蒿素及其衍生物的产业化工作，打造了从青蒿种子培育、种植、加工提取、成药制造、科研开发、国际营销完整的青蒿素产业链。

华立对青蒿素产业的发展，不仅是践行者，更是推动者。10多年前，华立集团是最早将中国自主研发的青蒿素类抗疟药带到非洲大陆的中国医药企业。

为促成青蒿素类抗疟药作为WHO（世界卫生组织）推荐抗疟首选药，华立多次邀请WHO人员到中国考察，最终让其确信华立的青蒿种植原料能够满足全球需求（当时，全球需求标准为年产200吨）。在坚持不懈的努力下，自2001年起，全世界51个国家和地区（其中34个非洲国家）遵照WHO的建议，将青蒿素相关药物作为抗疟指定药品，替代奎宁和氯奎等已引起

NOTE

抗药性的传统抗疟药品。

2004 年 5 月，WHO 将青蒿素类药品由二线用药提升至一线用药，由此，用青蒿素产业为契机，带动了中国药品国际化的快速发展。

过去十几年中，青蒿素类抗疟药成为在东南亚、非洲疟疾流行区销售量最大的药品。截至目前，华立青蒿素类抗疟药已在非洲 40 余国注册、销售，在 10 多个国家建立销售机构，有医药代表、产品推广人员，并在坦桑尼亚设立制药工厂。

2. 青蒿素产业将带动更多中国医药"走出去"

多年来，华立集团青蒿素类抗疟药品成为中国"送给世界人民的礼物"。何勤介绍说，华立一直坚持以优质低价的原则向世界疟区人民提供药品，创造了无数的生命奇迹。不仅如此，华立还联合 CDC（中国疾病预防控制中心），在非洲国家通过义务学术交流、培训当地技术人员、科普教育、义务诊断、免费发放预防用品等方式，传播疟疾防治的方法。华立员工走进非洲，与非洲人民结下了深厚的友谊，也成为非洲国家了解中国、认识中国的民间大使。

2014 年，华立青蒿素产业完整移交给旗下昆药集团（前身昆明制药），在完整青蒿素产业链基础上，已成为全球最大的抗疟药原料药生产商、品种最全的抗疟药品供应商、最大的蒿甲醚生产基地，中国最大的青蒿素类药品出口企业，在非洲形成了完整的销售网络。目前，昆药集团拥有 7 个蒿甲醚系列产品品种，其中两个品种（蒿甲醚注射液、复方蒿甲醚片）被收入 WHO 的基本药物目录，成为国际知名药物。

在国家"一带一路"倡议的引领下，华立集团正积极加快"走出去"，位于乌兹别克斯坦的甘草项目基地、位于埃塞俄比亚的生产基地都在积极建设中。"青蒿素成了中国医药国际化的先导，使中医药获得海内外广泛的认可"，何勤希望，以青蒿素产业为切口，带动更多的传统中药走进国际市场，比如三七、天麻等，推动我国传统中医药国际化进程。未来，华立旗下昆药集团将以三七系列、青蒿系列、天麻系列、中药产业现代化为重点发展领域，把国药推向全球。

迈进 21 世纪，企业与企业之间的竞争更加激烈，企业的经营哲学及经营观念也必须随着环境的变化而不断地与时俱进。随着跨国公司的增加，国际市场的持续快速发展，再加上"知识革命""绿色革命""全球经济"等新思潮、新经济、新技术的影响和冲击，涌现出很多新的国际市场营销趋势。而跨国企业必须不断地了解这些新趋势并顺应时代的要求改变经营战略，才能在竞争中立于不败之地。

第一节　全球营销

一、全球营销的概念

现代跨国公司的发展战略不是一般的国际战略，而是全球战略，正如美国国际商用机器公司的一位董事长所说："跨国公司是这样一种企业，它的计划、组织和领导基于这样一个原则，即把整个世界看作是一个经济单位。"跨国公司的全球战略体现在国际营销方面，就是使国际营销进入全球营销的发展阶段。

全球营销是企业介入国际营销的最高阶段，处于该阶段的企业将包括本国市场在内的整个全球市场看作一个统一的市场体系，努力找出世界各地消费者行为和需求的共性，而且不断地挖掘新的共性，然后依据这种共性，发展和实施适合于各国市场的产品和服务，以及统一的营销策略，包括统一的产品、服务、公司形象、渠道方式、价格档次、广告等，来满足全球市场的需要，从而最大限度地支配和控制全球市场及在全球范围内实现跨国公司的规模经济。

在 1983 年美国哈佛大学商学院教授西奥多·莱维特首次提出"全球营销"的概念之前，像可口可乐、百事可乐、雀巢咖啡、宝洁清洁剂、麦当劳汉堡包、肯德基炸鸡等已经是"全球产品"了，有关的跨国公司也已经是全球营销企业了。

二、全球营销的问题

在进行具体的全球营销时，企业会遭遇到许多问题和风险。例如，不同的语言、风俗习惯，不同的计量单位，不同的贸易方式、支付方式，不同的法律、利率变化、汇率变化、政治风险，等等。简单归结起来，可以从目标顾客、营销环境和营销管理问题等三个方面加以简单论述。

（一）目标顾客的变化

全球营销将同时面对国内市场和国际市场，而各国消费者的消费行为、特性、爱好、需求状态是不同的。这种情况意味着营销者可以有更多的营销机会，但一致的产品可能无法同时满足大众迥异的需求。

（二）营销环境的不同

虽然营销环境的因素均是政治、经济、文化、技术、社会、法律等，但从构成这些因素的子因素来看却有很大的不同。例如法律环境，全球营销不仅要了解本国有关对外销售、出口管制等方面的法律，还需要了解外国的法律和国际法，并且要充分利用各国法律间的不同，在全球最大可能地实现企业的利益。

（三）营销管理问题的复杂化

由于目标顾客、营销环境的变化多而复杂，因此在全球营销中，可能产生的营销管理问题也将是多而复杂的。对营销者而言，他需要更多、更新的全球营销知识与技能，如语言问题、货币问题、信息问题、风险问题等，才能更好地制定出全球营销策略，实现企业的目的。

三、全球营销的策略

（一）标准化与适应化

艾林德（Elinder）于 1961 年提出在全欧洲范围内采用标准化广告，以迎合广泛欧洲消费者的需求，但一些学者从国际营销的适应化观点对此提出异议，由此拉开了国际营销标准化和适应化之争的大幕。莱维特于 1983 年在《市场的全球化》一文中进一步提出"世界市场逐渐同质化"，认为企业应该向各国消费者提供标准化的产品，以实现规模经济效应。莱维特的观点在世界范围内引起了强烈的反响，支持者云集，反对者也众多。后者认为标准化营销是营销观念的倒退，跨国公司必须采取灵活的适应化营销战略。标准化和适应化，一直是国际营销激烈争论的问题，说明这个问题是国际营销的一个基本问题。国际营销标准化的假设是全

NOTE

球市场同质化和规模经济。国际营销适应化的假设是全球市场异质化和与市场异质化有关的产品溢价。

标准化与适应化争论的焦点之一是国际营销过程。国际营销过程标准化是指营销计划、组织、执行和控制活动的全方位标准化。但霍夫斯坦德认为国与国之间影响营销决策过程的因素不同，营销过程很难标准化。奥尔鲍姆等认为国际市场当地的价值观、文化、风俗等对营销过程产生重要的影响，国际营销过程须根据当地情况进行权变处理，采用当地适应化的营销过程。

标准化与适应化争论的另一个焦点是营销内容。国际营销内容标准化包括产品、价格、渠道及促销组合等的标准化。标准化理论认为，产品、广告的标准化有利于实现规模经济，降低成本和扩大企业品牌在全球的影响。但适应化理论认为，由于国与国之间法律、文化、风俗习惯、营销基础设施等方面存在不同，国际营销不可能实行营销内容的全盘标准化。

（二）　全球化与当地化

国际营销的全球化与当地化的论争，随着著名营销学家莱维特1983年在《哈佛商业评论》上发表的题为《市场全球化》的论文达到高峰。20世纪90年代以来，为适应经济全球化趋势，国际营销企业应将全球化和当地化相结合，采取全球当地化营销战略。全球化强调的是标准化、统一性和规模经济，当地化强调的是差异化、适应性和范围经济，全球当地化营销战略是两者的结合。为了获取生产地最优秀的人才和最先进的技术，促进生产要素的合理配置，投资当地化成为许多全球企业的理想选择。投资当地化，包括生产的当地化、技术开发的当地化、零部件的当地化、管理人员的当地化等。企业通过培训当地人才，既可以充分利用本地员工了解本地法律规章制度、熟悉本地市场等优势，又可以避免大量任用母国管理人员所产生的高昂费用。而通过零部件的当地化工作，可以减少零部件的运输成本，还可以增加东道国的就业，从而建立起良好的社区关系，为企业获得战略回报奠定了坚实的基础。

例如，可口可乐提出将"品牌融合当地文化"，并成立专门机构研究中国民族和民俗。麦当劳宣称自己的目标是尽可能地成为地方文化的一部分，麦当劳的一位高管说："人们把我们叫作跨国公司，我喜欢把我们叫作多地公司。"麦当劳在中国奉行当地化的策略是：让跨国化和全球化的麦当劳地方化，烹调一种美国文化的中国版本。联合利华的高管说："联合利华在全球都必须履行一条原则，即以公司运营的所在地为家，成为一家真正当地化的跨国公司。"联合利华在中国的当地化经营哲学是：品牌中国化、资源中国化、员工和管理层中国化、产品和发展中国化，以及努力使公司成为现代中国社会的一员。然而，当地化只是企业的一种竞争手段而不是目的，全球化才是企业的目的。

第二节　网络营销

一、网络营销的概念

网络营销可以定义为通过有效利用计算机网络这一现代技术，最大限度地满足顾客需求，以开拓市场，增加盈利能力，实现企业市场目标的过程。网络营销的核心思想就是"营造网上经营环境"。所谓网上经营环境是指企业内部和外部与开展网上经营活动相关的环境，包括网站本身、顾客、网络服务商、合作伙伴、供应商、销售商、相关行业的网络环境等，网络营销的开展就是与这些环境建立关系的过程，这些关系处理好了，网络营销也就卓有成效了。

网上经营环境的营造主要通过建立一个以营销为主要目的的网站，并以此为基础，通过一些具体策略对网站进行推广，从而建立并扩大与其他网站之间，以及与用户之间的关系，其主要目的是为企业提升品牌形象、增进顾客关系、改善对顾客服务、开拓网上销售渠道并最终扩大销售。

二、网络营销的作用

网络营销是企业整体营销战略的一个组成部分，是为实现企业总体经营目标所进行的，以互联网为基本手段营造网上经营环境的各种活动。网络营销可以在八个方面发挥作用：网络品牌、网址推广、信息发布、销售促进、销售渠道、顾客服务、顾客关系、网上调研。这八种作用也就是网络营销的八大职能，网络营销策略的制定和各种网络营销手段的实施也以发挥这些职能为目的。

（1）网络品牌　网络营销的重要任务之一就是在互联网上建立并推广企业的品牌，知名企业的网下品牌可以在网上得以延伸，一般企业则可以通过互联网快速树立品牌形象，并提升企业整体形象。网络品牌建设是以企业网站建设为基础，通过一系列的推广措施，达到顾客和公众对企业的认知和认可。从一定程度上说，网络品牌的价值甚至高于通过网络获得的直接收益。

（2）网址推广　这是网络营销最基本的职能之一，在几年前，甚至认为网络营销就是网址推广。相对于其他功能来说，网址推广显得更为迫切和重要，网站所有功能的发挥都要以一定的访问量为基础，所以，网址推广是网络营销的核心工作。

（3）信息发布　网站是一种信息载体，通过网站发布信息是网络营销的主要方法之一，同时，信息发布也是网络营销的基本职能，所以也可以这样理解，无论哪种网络营销方式，结果都是将一定的信息传递给目标人群，包括顾客/潜在顾客、媒体、合作伙伴、竞争者等。

（4）销售促进　营销的基本目的是为增加销售提供帮助，网络营销也不例外，大部分网络营销方法都与直接或间接促进销售有关，但促进销售并不限于促进网上销售，事实上，网络营销在很多情况下对于促进网下销售十分有价值。

（5）销售渠道　一个具备网上交易功能的企业网站本身就是一个网上交易场所，网上销售是企业销售渠道在网上的延伸，网上销售渠道建设也不限于网站本身，还包括在综合电子商务平台上建立网上商店，以及与其他电子商务网站不同形式的合作等。

（6）顾客服务　互联网提供了更加方便的在线顾客服务手段，从形式最简单的FAQ（常见问题解答），到邮件列表，以及BBS、聊天室等各种即时信息服务，顾客服务质量对于网络营销效果具有重要影响。

（7）顾客关系　良好的顾客关系是网络营销取得成效的必要条件，通过网站的交互性、顾客参与等方式在开展顾客服务的同时，也增进了顾客关系。

（8）网上调研　通过在线调查表或者电子邮件等方式，可以完成网上市场调研。相对传统市场调研，网上调研具有高效率、低成本的特点，因此，网上调研成为网络营销的主要职能之一。

开展网络营销的意义就在于充分发挥各种职能，让网上经营的整体效益最大化，因此，仅仅由于某些方面效果欠佳就否认网络营销的作用是不合适的。网络营销的职能是通过各种网络营销方法来实现的，网络营销的各个职能之间并非是相互独立的，同一个职能可能需要多种网络营销方法的共同作用，而同一种网络营销方法也可能适用于多个网络营销职能。

三、网络营销与传统营销的关系

（一）无论传统企业还是网络企业都需要网络营销

随着纯网络公司由盲目转入理性发展，是否具有盈利能力已经成为判断一个网络公司价值的基本要素，网络公司纷纷增加"水泥"的含量，一些网上零售商甚至发展实体商店来拓展销售渠道，网络公司并购传统企业的事件也时有发生。另外，传统企业上网的热潮也日益高涨，除了提高企业互联网应用程度之外，注资或并购网络公司的案例也在不断增加，网络营销已经成为许多企业的重要营销策略，一些小企业对这种成本低廉的网上营销方式甚至比大中型企业表现出更大的热情。

网络企业与传统企业、网络营销与传统营销之间也在逐步相互融合。正如英特尔总裁葛洛夫所说："五年后将不再有网络公司，因为所有公司都将是网络公司。"其实，传统营销和网络营销之间也并没有严格的界限，网络营销理论也不可能脱离传统营销理论基础，营销理论本身也无所谓新旧之分，理论用以指导实践，只要是有效的就是正确的。

传统企业的网络营销大都从建立网站开始，现在，不必说国际知名的大型企业，国内的大多数大型企业也都建立了自己的网站，不过具有电子商务功能的网站还很少。由此可见，中国企业信息化的总体水平还不高，传统企业的网络营销水平还处于初级阶段。

（二）网络营销对于传统企业和网络企业的重要程度不同

尽管网络企业和传统企业同样需要网络营销，但由于在经营环境上的差异，网络营销的方法也有一定差别。相对来说，传统企业的网络营销方式简单一些，一些电子商务公司特有的营销手段在传统企业中可能并不适用。对于传统企业来说，彻底的网络化还需要一个过程，网络营销是一种辅助性的营销策略，也是一个全新的领域。建立网站、网址推广、利用网站宣传自己的产品和服务等都是网络营销的内容，网站为人们提供了一个了解企业的窗口。在初级阶段，网站的形象与企业形象之间可能并不完全一致，因为在企业网站建立之前，企业的供应商、合作伙伴、顾客等对于公司已经有了一定的认识，企业的品牌形象在建立企业网站之前就已经确立了。与传统企业不同，网站代表着纯网络公司的基本形象，人们认识一个网络公司通常是从网站开始的，因而网站的形象在一定程度上代表着企业形象，在许多人的心目中，网站就是一个网络公司的核心内容。因此，对于网络企业来说，网站的品牌形象对于企业经营远比传统企业的网站重要，网络营销也就显得更加重要。

第三节　绿色营销

一、绿色营销的概念

20 世纪 90 年代，资本主义经济经过几十年的高速增长，逐渐暴露出新的问题：资源短缺，生态环境恶化，严重影响了人类的生存和发展。人类要寻求新的发展道路，提出了可持续发展思路，寻求"生态与经济协调""人与自然和谐"，绿色营销观念就产生了。因此，绿色营销是可持续发展理论和循环经济理论与市场营销观念相结合的新营销观。

英国威尔士大学肯·毕提（Ken Peattie）教授在其所著的《绿色营销——化危机为商机的经营趋势》中指出："绿色营销是一种能辨识、预期及符合消费的社会需求，并且可带来利润及永续经营的管理过程。"我国学者也指出："所谓绿色营销，是指企业在营销中要重视保护地球资源环境，防治污染以保护生态，充分利用资源并回收再生资源以造福后代。"从本质内涵上看，所谓绿色营销是指企业在生产经营过程中，将企业自身利益、消费者利益和环境保护利益三者统一起来，以此为中心，对产品和服务进行构思、设计、制造和销售。

二、绿色营销的内容

（一）绿色产品的内涵和类型

1. 绿色产品的内涵

绿色产品（green product）或称为环境协调产品（environment conscious product，ECP），是指在产品生命周期全过程中，符合特定的环境保护要求，对生态环境无害或危害极小，资源利用率高，能源消耗低的产品。绿色产品的开发是保证企业实施绿色营销、塑造绿色企业形象的关键性及战略性问题。

2. 绿色产品的类型

（1）可回收利用型　如经过翻新的轮胎、回收的玻璃容器、再生纸、可复用的运输周转箱（袋）、可再生塑料和废橡胶生产的产品等。例如德国 BMW 汽车公司推出的全塑外壳轿车，报废时可 100% 回收处理；柯达公司生产的 86% 的零件能重复使用的"绿色相机"。

（2）低毒、低害物质　如低污染油漆和涂料、不含农药的室内驱虫剂、低污染灭火剂、不含汞和镉的锂电池等。例如松下电池工业公司生产的低汞、无汞"绿色电池"，含汞量已从百万分之二百五十降至百万分之一。

（3）低排放型　如低排放雾化燃烧炉、低污染节约型燃气炉等。例如通用汽车公司在汽车上安装的催化转换器，能减少 96% 的一氧化碳和 76% 的氧化物的排放。

（4）低噪声型　如低噪声割草机、低噪声摩托车、低噪声建筑机械等。

（5）节水型　如节水型清洗槽、节水型水流控制器、节水型清洗机等。

（6）节能型　如燃气多段锅炉和循环水锅炉、太阳能产品及机械表等。

（7）可生物降解型　如混合肥料、易生物降解的润滑油和润滑脂等。

（二）绿色产品的整体策略

绿色产品的整体策略包括：一是产品的整体概念。考虑产品的设计、产品形体及售后服务要节约资源及保护环境。二是企业在选择生产何种产品及应用何种技术时，必须考虑尽可能减少对环境的不利影响。三是在设计产品时，应使产品尽可能短小轻薄，节省材料；选用无毒、无害、易分解处理的材料；产品在使用过程中安全和节能。四是生产绿色产品要选择绿色资源（green resources），使用无公害、养护型的新能源和资源。五是产品在生产过程中要考虑安全性，进行完善的管理。六是生产中应采用少废、无废的工艺和高效的设备，物料应再循环使用。七是产品的包装应采用无毒害或无公害、易分解处理的材料，尽可能单纯化、简单化，降低原材料消耗，避免过度包装。在包装上还应做说明，增加消费者使用和处理包装物的知识。八是售后服务，应考虑产品的功能延伸和再利用、废弃物的回收和处理的便利性。此外，还应

NOTE

积极地诱导消费者自觉地进行绿色消费，增强普遍的环保意识，洁净自己的生存空间。

（三）绿色产品的价格策略

价格是市场的敏感因素，定价是市场营销的重要策略，实施绿色营销不能不研究绿色产品价格的制定。一般来说，绿色产品在市场的投入期，生产成本会高于同类传统产品，因为绿色产品成本中应计入产品环保的成本。但是，产品价格的上升只是暂时的，随着科学技术的发展和各种环保措施的完善，绿色产品的制造成本会逐步下降，趋向稳定。企业制定绿色产品价格，一方面当然应考虑上述因素；另一方面应注意到，随着人们环保意识的增强，消费者经济收入的增加，消费者对商品可接受的价格观念会逐步与消费观念相协调。所以，企业营销绿色产品不仅能使企业盈利，更能在同行竞争中取得优势。

绿色产品的定价方法主要也是成本导向法、需求导向法和竞争导向法，其定价策略也主要包括以下内容：

1. 心理定价策略

消费者对绿色产品的需求离不开两个方面：一是物质需求；二是精神需求。绿色产品及其价值往往在于满足消费者物质需求的同时还能满足其精神或心理需求，如保护环境、与自然和谐相处、安全、时尚和潮流等，这些都为绿色产品定价提供了心理依据。这种定价策略也是"高精神消费"价格策略的一种具体表现，有利于消费者的绿色意识，增强环保责任心和信心，对于社会精神文明建设具有一定的促进作用。

2. 认知价值定价策略

此定价策略指根据"绿色营销组合"策略中的非价格变量及其因素，在购买者心目中建立起来的（认知）价值来确定绿色产品的价格。这种定价策略，比较适合于绿色产品价格的确定。因为，绿色产品相当部分是深加工产品，这种定价方法能很好地适应绿色产品的定位思想，同时，给营销方带来最大限度的利润。

3. 目标定价策略

此定价策略指根据企业预期的目标利润，兼顾绿色产品成本费用及本绿色产品的市场需求量，综合确定绿色产品的价格。

4. 原产品新定价策略

此定价策略指一些传统性产品，本来就具有很多或一些绿色特性，但以前没有意识到绿色价值的存在，或没有发掘出来，现可通过强调其产品的绿色特性推出新的绿色产品价格。

（四）绿色产品的渠道策略

绿色营销渠道是指绿色产品从生产者转移到消费者所经过的通道。企业实施绿色营销必须建立稳定的绿色营销渠道，策略上可从以下几方面努力：启发和引导中间商的绿色意识，建立与中间商恰当的利益关系，不断发现和选择热心的营销伙伴，逐步建立稳定的营销网络。注重营销渠道有关环节的工作，从绿色交通工具的选择、绿色仓库的建立，到绿色装卸、运输、储存、管理办法的制定与实施，认真做好绿色营销渠道的一系列基础工作。无论是对原有一般营销渠道进行绿色化改造，还是重新选择或建立可控性高的新型绿色营销渠道，都应遵循经济合理性原则、可控性原则和适应性原则。

选择绿色营销渠道应注意的问题是：①选择那些关心环保、热心服务社会、在消费者心中具有良好绿色信誉的中间商。②根据绿色产品特点及企业自身情况，尽量缩短营销渠道的长度，降低传递成本。③使用绿色标志，建立绿色专柜，建立绿色产品专营网络。通过产生群体效应，方便消费者识别与购买。④简化或优化供应配送系统及环节。设置合理、有效的供应配送中心，使用既污染少又节能的运输工具。⑤建立有效、合理的绿色销售网络，不断提高市场占有率，增强绿色产品的市场辐射力。企业应尽可能建立自己的绿色分销系统，以最大限度地减少分销过程中的污染和社会资源的损失。⑥注意中间商所经营的非绿色产品与绿色产品之间的相互补充与排斥或竞争性，引导和激励中间商增强绿色意识，提高绿色责任心，自发、诚心地营销绿色产品。⑦重视绿色产品销售人员的绿色意识培训。只有热爱本职工作并具有绿色营销意识的员工，才能尽心去熟悉环保有关问题；只有对本企业绿色形象及绿色产品有较全面的了解，才能在传递绿色价值过程中尽心尽力。⑧重视有形绿色形象的展示，以吸引消费者。⑨积极开展网络绿色营销，顺应时代发展新趋势。

三、绿色营销的发展

实施绿色营销是国际公认的未来企业发展的方向，同时也是国际经济贸易活动的大势所趋。各发达国家非常重视环保产业，将其视为"朝阳工业"和最有希望的"输出产业"。现在，不少国家已做出明文规定，无环境标志的产品，进口时将受到数量和价格方面的限制。重视和取得绿色标志，树立企业良好的环保形象，将会成为企业追求的重要目标，环保产业将成为国际贸易竞争的新热点，绿色营销将是国际市场营销的重点。绿色营销对中国企业参与国际市场竞争及提高竞争能力有着重要意义。绿色营销概念包括了产品的设计、制造、使用到回收处置等全过程。要实现这一概念，企业就必须采用先进技术，进行技术改造，改变能耗大效益低的粗放经营形式，努力提高资源能源的利用率和劳动生产率，使生产经营活动不对环境造成破坏或尽量少破坏。因此，绿色营销过程也是企业实现技术升级和可持续发展的过程。

第四节　服务营销

一、服务营销的内涵

服务营销是企业在充分认识消费者需求的前提下，为充分满足消费者需要而在营销过程中所采取的一系列活动。

服务作为一种营销组合要素，真正引起人们的重视是在 20 世纪 80 年代后期。这一时期，由于科学技术的进步和社会生产力的显著提高，产业升级和生产的专业化发展日益加速，一方面使产品的服务含量，即产品的服务密集度日益增大；另一方面，随着劳动生产率的提高，市场转向买方市场，消费者随着收入水平提高，他们的消费需求也逐渐发生变化，需求层次也相应提高，并向多样化方向拓展。

同传统的营销方式相比较，服务营销是一种营销理念，企业营销的是服务；而传统的营销方式只是一种销售手段，企业营销的是具体的产品。在传统的营销方式下，消费者购买了产品意味着一桩买卖的完成，虽然它也有产品的售后服务，但那只是一种解决产品售后维修的职能。而从服务营销观念理解，消费者购买了产品仅仅意味着销售工作的开始而不是结束，企业

NOTE

关心的不仅是产品的成功售出，更注重的是消费者在享受企业通过产品所提供的服务的全过程的感受。这一点也可以从马斯洛的需求层次理论上理解：人最高的需求是尊重需求和自我实现需求，服务营销正是为消费者提供了这种需求，而传统的营销方式只是提供了简单的满足消费者在生理或安全方面的需求。随着社会的进步，人们收入的提高，消费者需要的不仅仅是一个产品，更需要的是这种产品带来的特定或个性化的服务，从而有一种被尊重和自我价值实现的感觉，而这种感觉所带来的就是顾客的忠诚度。服务营销不仅仅是某个行业发展的一种新趋势，更是社会进步的一种必然产物。

"服务"具有不同于有形产品的特点，显然，服务营销不应照搬有形产品的营销原理、原则和方法。同样，国际服务营销也不应照搬有形产品的国际营销原理、原则和方法。尽管国际服务市场发展迅速并且仍在不断成长，为国际服务营销提供了大量的机会，但国际服务市场营销中面临的各种障碍却是任何国际服务营销者都不容忽视的。要克服国际服务市场中的营销障碍并对机会加以充分利用，就必须制定有效的国际服务营销战略，综合地运用各种服务市场营销工具，为目标顾客提供高质量的满意的服务。

二、国际服务营销

（一）国际服务营销的概念

随着国际分工的深化、服务需求的增加、服务业竞争的加剧及进入壁垒的降低，服务业呈现出国际化的发展趋势。服务业在世界经济中的作用越来越重要，国家竞争优势不仅体现在能否形成竞争力强的制造业，还体现在能否形成竞争力强的服务业；国际经济地位的确立和提升不仅通过货物贸易，而且还通过服务贸易来实现。同时，在国内竞争加剧、国际市场吸引力增强和企业本身发展等因素的推动下，国际服务贸易克服了众多的障碍，有了很大的增长。国际服务营销是指跨越国界的服务营销活动，其目的是使服务产品更好地满足国际市场顾客的需求，使企业在国际市场上获得竞争优势。

（二）国际服务营销面临的机遇与挑战

1. 国际服务营销面临的机遇

（1）**国际服务业的迅速发展** 在许多国家，发展最快的产业是服务业。国际服务市场的成长，首先体现在世界各国服务业的迅速发展上。在发达国家，服务业在国民经济中占据着主导的地位，并且自第二次世界大战后以来服务业在国民经济中的地位一直在不断地加强。

（2）**国际服务贸易的迅速发展** 国际服务市场的成长，也体现在国际服务贸易的迅速发展上。近几年来，国际服务贸易发展势头良好，一些国家的服务贸易出口额在国民生产总值中越来越占据举足轻重的位置。目前，服务贸易出口额已占世界贸易出口总额的40%，大有追赶和接近有形商品贸易之势。

2. 国际服务营销面临的挑战

由于服务贸易能创造就业机会并在经济增长中扮演重要角色，因此所有的国家都希望能在增长的全球服务市场中争夺自己的份额，从而使全球服务市场的竞争不断加剧。企业要有效地进入和开拓国际服务市场，需要对国际服务问题和挑战做更多、更深入的了解。国际服务营销面临的挑战主要来自法律与文化两个方面。

（1）**国际服务营销的法律障碍** 由于服务的生产与营销同所服务的东道国市场紧密地联

系在一起，服务贸易中遇到的障碍往往比商品贸易中遇到的障碍更加难以跨越。在全球市场中的服务营销者所遇到的法律限制，有时是无法预料和想象的。国际服务营销的法律障碍通常可以分为过境限制、歧视性法律、补贴（对国内工人和产业给予政府补贴）、知识产权等四种主要类型。当然，除了这四种类型的障碍以外，还有许多其他类型的障碍。例如，会计服务的国际营销在不同的国家会遇到不同的法律障碍。在比利时，外国人要从事会计服务必须通过一项专门的考试；在阿根廷，审计必须在本地会计师的监督下才能进行；在巴西，会计师必须具有一所巴西大学的学位才能取得资格；在法国，会计服务机构必须由法国人控股。

（2）国际服务营销的文化障碍　在服务贸易中涉及人与人的直接接触，与商品贸易相比，文化在服务贸易中扮演着更重要的角色。许多国际服务营销的失败，其重要原因就是国际文化的差异及营销者对文化因素的忽视。如美国保健服务者在日本从事的生育服务营销就是一个例证。美国公司对日本市场所进行的初步经济与法律分析表明，日本是一个巨大的潜在市场。一位日本的潜在合资伙伴被精心挑选了出来，并向其提出了合资经营的建议，但日本人未做出任何反应。在东京进行了一年的争取活动，耗费 10 万美元之后，这家美国公司最后被迫放弃了。在这一例子中，营销失败的原因可能源自以下三种文化障碍之一：①消费者自身可能拒绝服务创新。在最初的研究中，没有一位日本妇女被直接接触。②日本的医疗和保健制度非常保守。③美方经理人员可能从来没有与他们的日本对手建立起亲密的个人关系，而这种关系在日本正是商业关系的基础。事实上，这三种文化障碍在经济上可行的合资经营项目中都可能起着重要的作用。

第五节　关系营销

一、关系营销的概念

关系营销（relationship marketing）理论是在传统营销理论不能很好适应环境的变化、顾客需求多样化的格局下产生的新的理论之一，是在 20 世纪 80 年代由西方国家营销学者提出并发展起来的。所谓的关系营销，是以系统的理论为指导思想，将企业置身于社会经济大环境之中来考察企业的市场营销活动，认为企业营销活动的实质是识别、建立、维护和巩固企业和顾客，以及如竞争者、供应商、分销商、政府机构和社会组织等相关利益主体的关系的活动。

传统营销理论强调的是过程性分析，只注重通过一次性交易、有限的顾客承诺来吸引更多的新顾客，提高销售额，实现企业的盈利目标。而关系营销不单纯注重一次性交易，更多是通过与顾客建立良好的合作关系来保留更多的顾客。它是对传统的营销理论的变革和进一步发展，是适应社会环境变化的一种新的营销理论，是 21 世纪的营销理论发展趋势。

二、关系营销的新趋势

（一）关系营销是企业经营哲学的变革

进入 21 世纪，企业与企业之间的竞争趋于白热化，企业的经营哲学及经营观念也必须随着环境的变化而改变。传统的营销只是着眼于一次性交易，追求的是企业短期利润最大化，这

NOTE

种营销观念在短缺经济条件下具有一定的合理性；而在供大于求的环境中，却成为制约企业发展的桎梏。关系营销着眼于企业的长期发展，通过与顾客建立良好的持久关系，实现企业及社会整体利益的最大化。

（二）　关系营销理论是电子信息技术革命的产物

21 世纪，随着电子通信设备的发展，计算机在企业的营销管理中被广泛应用，迫切需要企业建立一种大数据营销，所以我们说关系营销理论是电子信息技术革命的产物。大数据营销，就是企业通过收集和积累消费者的大量信息，经过计算机的处理后，预测消费者有多大可能去购买某种产品，以及利用这些信息给产品以精确定位，有针对性地制作有关消费者的营销信息，以达到与消费者沟通的目的。

（三）　顾客满意战略是企业关系营销理论的主要内容

顾客满意，就是要企业一切为顾客着想，尽管顾客的类型相当复杂，需求也千差万别，但企业应尽可能地满足顾客的需求。以顾客或消费者为导向，是关系营销的基本经营理念。传统的营销理论强调的是企业自身利润最大化；而关系营销理论强调的是企业，以及顾客和整个社会利益的最大化。

第六节　口碑营销与病毒式营销

一、口碑营销

（一）　口碑营销的概念

口碑（word of mouth）源于传播学，由于被市场营销广泛的应用，所以有了口碑营销。口碑是指公众对某企业或企业产品相关信息的认识、态度、评价在公众群体之间进行相互传播。传统的口碑营销是指企业通过朋友、亲戚的相互交流将自己的产品信息或者品牌传播开来。

口碑的内容包括 3 个层面：首先是体验层，即公众对企业或组织相关信息的认识、态度、评价；其次是传播层，即传播过程中的事例、传说、意见等传播素材；最后是公众对其的认可层面，即好恶。良好口碑的建立主要基于产品的质量、服务、环境等，而带给用户良好的使用体验。

现代口碑营销是企业有意识或无意识地生成、制作、发布口碑题材，并借助一定的渠道和途径进行口碑传播，以满足顾客需求、实现商品交易、赢得顾客满意和忠诚、提高企业和品牌形象为目的。这种由"用户告诉用户"的口碑营销和其他传统营销手段相比，具有成本小、产出大、效率高、风险低等特点。

（二）　口碑营销的要点

1. 以小搏大

在操作时要善于利用各种强大的势能来为己所用，可以借助自然规律、政策法规、突发事件，甚至是借助竞争对手的势能。例如美国一家小唱片公司因为侵犯了一家行业巨头的著作权，遭到控诉。而这家唱片公司发现，与行业巨头扯上关系对自己有利可图，于是，与这家行业领导企业对簿公堂并且大肆宣扬，虽然两次败诉，却依然坚持上诉，最终依然是以败诉告终，但是这次蚂蚁与大象的对决却吸引了很多人的关注，使一家名不见经传的小唱片公司成了美国家喻户晓的知名公司。

2. 利益

口碑营销必须将传播的内容以利益为纽带与目标受众直接或间接地联系起来，这一点尤为重要。比如，美国一家饼干制造企业为了打垮竞争对手，开展饼干的大量免费派送活动，竞争对手则指控其不正当竞争，工商部门开始介入调查。因为赠送饼干与消费者的利益相关，所以事件的发展引起了消费者广泛的关注，这家企业就发动消费者，博取同情与支持，此举果然见效，甚至有人以游行的方式支持该企业。虽最终赠送活动被叫停，但是该企业的知名度与美誉度显著提升，产品销量也大幅提升。

3. 新颖

口碑营销的核心内容就是能"感染"目标受众的病毒体——事件，病毒体威力的强弱则直接影响营销传播的效果。在今天这个信息爆炸、媒体泛滥的时代里，消费者对广告甚至新闻，都具有极强的免疫能力，只有制造新颖的口碑传播内容才能吸引大众的关注与议论。张瑞敏砸冰箱事件在当时是一个引起大众热议的话题，海尔由此获得了广泛的传播与极高的赞誉，可之后又传出其他企业类似的行为，就几乎没人再关注。因为大家只对新奇、偶发、第一次发生的事情感兴趣，所以，口碑营销的内容要新颖奇特。

4. 争议

具有争议性的话题很容易引起广泛的传播，但争议往往又都带有一些负面的内容，企业在口碑传播时要把握好争议的尺度，最好使争议在两个正面的意见中发展。某企业为了引起大众的关注，招聘时出怪招：不招生肖属狗的员工，果然，引起了公众广泛的关注与讨论，多家媒体纷纷报道，但事件却并没给企业带来正面的收益，大众纷纷指责该企业存在用人歧视、封建迷信等问题，给企业带来了极其严重的负面效果。

5. 秘密

世界上很多传播最广泛的事件曾经都是秘密，这是因为我们每个人都有探听私密的兴趣，越是私密的事物，越是能激发我们探知与议论的兴趣。秘密就像一只潘多拉的魔盒，不用刻意告诉别人打开，大家自己就会想方设法地主动去打开它。因此，涉及私密的内容是口碑营销传播方式中最有效也最有趣的一个手段，但是，制造私密事件时切忌故弄玄虚或给受众一种受到愚弄的感觉，这样就得不偿失了。

二、病毒式营销

（一）病毒式营销的概念

病毒式营销是在口碑营销的基础上发展而来的，又被称为喷嚏营销。赛斯·高丁，前雅虎营销副总裁，畅销书《许可营销》的作者，他在《病毒式营销》（*unleashing the idea virus*）一书中提出，传统的营销理念都可以统称为干扰式营销（marketing by interrupting people），"营销者是在花钱买广告去干扰那些不耐烦的客户"。在这种营销模式下，营销者总是试图控制、测量和操纵品牌信息的传播，找出目标受众，向其传递自己认为重要的或者自认为受众需要的信息，并致力于目标与过程的精准化。这已经不能适应新的形势发展需要，一方面，营销费用居高不下，控制程度越高，费用也相应越高，财力不足的企业根本无力支撑，即便是大企业，在日益激烈的市场竞争环境中，如何提高营销有效性也是个亟须解决的难题；另一方面，营销有效性日益低下，过度控制造成了受众的情绪抵触，在客户主导的市场环境中营销人员必须对客户表现出更大的尊重。

高丁提出一种称为"病毒式营销"的新营销模式：通过释放极具感染性的概念病毒，让客户之间相互交流品牌信息、相互营销，而营销人员退居幕后。病毒也是一种口碑，有自己的社会传播网络，但是与口碑营销不同，病毒式营销具有自我复制性和快速传播的特点。蓬勃发展的互联网技术更是为其提供了极大的推动。

（二） 病毒式营销的变量

概念病毒的效果取决于 8 个变量，或者说，可以通过调节 8 个变量来使产品或服务更具感染性。

1. 病毒能手

病毒携带者可以是强力型传播者，也可以是随意型传播者。业内专家属于前者，而保险业务员则属于后者。企业总是倾向于选择强力型传播者，因为他们的青睐将会给产品或服务品牌带来极大的促进，这也是传统广告大多聘用明星代言的原因。只是这里面有一个两难：强力型传播者高不可攀，同时一旦受众发现他们为某个厂商代言，其说服力也将大大缩水。高丁认为，概念病毒酷爱真空地带，如若能填补空白，退而求其次，选择那些次强型传播者也能起到同样的效果。

2. 族群

目标族群的选择直接决定了病毒营销的成败。目标市场可以进一步区分为若干个族群，其中某族群更容易感染并传播概念病毒，引爆流行潮。概念病毒也具有一定的适应性，往往只与某个族群的特征相匹配。高丁建议先选择族群，然后才构造概念，选取的族群必须具备足够的喷嚏能力、能够放大效应的网络、足够的沟通速率，以及最为重要的真空地带。

3. 导引者

概念病毒并不会在族群中"均匀而且精确地"传播，传播过程中总有一些人比其他人更为重要，发挥着引导病毒流向的作用。

4. 媒介

与口碑营销依靠客户之间口耳相传不同，病毒营销必须拥有促使目标族群能够相互迅速沟通的网络平台，为病毒的自我复制与快速传播提供条件，如网上社区。

5. 速率

病毒营销区别于口碑营销的最大特质之一在于它能快速传播。概念病毒必须在其效果衰减之前感染足够多的人、突破临界点、实现轰动效应、促进产品或服务的销售及品牌的提升。同时，也唯有快速传播才足以抢占市场空白，占据"第一"的位置。

6. 放大器

不只要加快速率，有时企业还需要放大已经形成的正面口碑，形成量上的几何级突变。

7. 流畅性

概念病毒本身除了迎合目标族群特点之外，还必须便于病毒的快速传播，具备流畅性。

8. 持久性

速率与流畅性固然促进了概念病毒的快速传播，但同时病毒本身的感染性必须足够持久，以至于能够传染给尽可能多的人，越过引爆点，进而累积成为一股热潮。

病毒式营销与引爆流行有颇多相似之处，甚或可以说成是引爆流行思想的一种延伸与拓展。高丁将引爆流行思想引入营销领域以解决传统干扰式营销所遭遇的困境，提出营销人员退居幕后，让客户相互营销的新营销模式。

思考与讨论

1. 什么是全球营销？企业在进行全球营销时应注意哪些问题？
2. 关系营销有哪些新的趋势？
3. 病毒式营销通过调节哪些变量来使产品或服务更具感染性？
4. 绿色营销的内涵是什么？其发展趋势如何？
5. 国际服务营销会受哪些因素的影响？

第十四章　"一带一路"战略下的中医药国际市场营销

学习要点

1. "一带一路"战略的内容。

2. 中医药发展现状。

3. 中医药国际市场营销现状。

4. 中医药国际市场营销环境。

5. 中医药国际市场营销策略。

案例导入

"京都念慈庵"对内地中药产业发展的启示

"京都念慈庵"的面世和继承相传着一个感动人心的母慈子孝的故事。清代年间,县令杨谨(又称杨孝廉)之母疾病缠身,肺弱、咳嗽、痰多,病情反复,虽遍寻名医,却迟迟未愈。杨谨不辞辛苦、千里躬求,得叶天士治病秘方,其母久咳痰多的疾病终得治愈。杨谨母亲84岁临终前交代杨谨及后人按叶氏配方广制蜜炼川贝枇杷膏,以报答叶氏恩泽,造福百姓健康。为纪念母亲和叶天士,杨氏后人将蜜炼川贝枇杷膏冠以"念慈庵"之名,又因设厂在北京,便加上"京都"二字,定名"京都念慈庵"。民国年间,由于日本侵略,"京都念慈庵"南迁广州。1946年,在中国香港成立京都念慈庵总厂有限公司。作为中药老字号的"京都念慈庵",其拳头产品——蜜炼川贝枇杷膏主要由川贝母、枇杷叶、南沙参、茯苓、化橘红、桔梗、法半夏、五味子、瓜蒌子、款冬花、远志、苦杏仁、生姜、甘草、杏仁水、薄荷脑等中药组成,辅料含蜂蜜、麦芽糖、糖浆,具有润肺、消痰、降火、镇咳、平喘的功效。其在内地止咳化痰类药物中的销量遥遥领先,在OTC药销售排行榜中也占有一席之地。京都念慈庵不仅在中国内地畅销,还远销东南亚、欧洲、美洲等20多个国家和地区,成为全球销量第一的中药产品。

(一)"京都念慈庵"对内地中成药研制开发的启示

1. 规范中药种植,培育道地药材

优质的中成药源自优质的中药材,"京都念慈庵"生产的蜜炼川贝枇杷膏的原药材来自青海、西藏、四川等地。于当地建立念慈庵中药材绿色种植基地,从源头控制中药材质量,特别是国际上比较关注的重金属含量、农药残留、微生物污染等问题,均可以得到较好的控制。国际环保组织对英、美等国使用的产自中国内地的中药材样品进行抽样检测,发现多家内地中药品牌都有农药残留现象。中国香港中成药注册将重金属检查、农药残留量、微生物检查列入法定检验标准;而除微生物检查外,内地中成药注册未将农药残留量和重金属含量列入法定检验标准。"京都念慈庵"取得骄人业绩的主要原因归结于过硬的产品品质,除选用优质的原料药材外,萃取、过滤、浓缩、混合、冷却、充填分装、成品乃至于包装等每一道工序均严格管理、规范操作,生产工艺达到国际水平,确保了产品品质始终如一。"京都念慈庵"不仅荣获中国香港优质产品标志局所颁发的优质港制中药称号,也得到了国际多家权威机构的认证认可,包括中国台湾、马来西亚等地的 GMP 认证证书,美国 FDA 颁发的 NDC 证书及加拿大卫生局颁发的 DIN 证书。中国香港有专门的中成药生产质量管理规范指引,而我国内地有最新颁布的《药品生产质量管理规范》(2010 版),相比以往版 GMP 标准有了较大提高,但与美国、欧盟等国际 GMP 标准相比仍有较大差距。我国内地注重生产硬件,美国、欧盟等地更关注生产软件,强调全面质量管理。我国内地的 GMP 应在符合中国制药国情的情况下逐步与国际先进水平接轨。循证医学研究是国际上权威评价药物安全性、有效性的方法。虽然以往多应用于西医药研究,但目前中医药研究也可引入循证医学的研究思路。如在《美国心脏病学会杂志》发表的中药芪苈强心胶囊治疗慢性心衰的循证医学研究成果,得到了国际上的认同,对中药迈出国际化步伐具有重要意义。

2. 转变研究理念,在传承的基础上创新

目前中成药注册依然处于低水平重复申报状态,但近年来仿制药审批数量呈明显下降趋势。中成药仿制必须在处方组成、药材基源、生产工艺(包括药材处理、提取分离、纯化等工艺参数)等方面与原研产品保持一致。若不能保证具体工艺参数、制剂处方等与被仿制药品一致,则应进行对比研究,以保证其与被仿制药品质量的一致性,并进行病例数不少于 100 对的临床试验或人体生物等效性研究。

由于中成药化学成分复杂,质量对比困难,且某些中成药制法保密,仿制药与原研药难以保持一致,故在中成药仿制立项前,必须搞清生产工艺,才能确保物质基础一致。10 多年来一直强调的"中药现代化"有异化为"中药西化"的倾向:按照化学药物的研发模式来研制中药,不断从中药中分离追踪有效单体,力求发现强效化合物。采用天然药物化学的手段研究药效物质基础很有必要,但十几年来成效不是特别显著,这可能与中医药成分复杂有密切关系。中医药发挥治疗作用是多成分、多靶点、多环节共同作用的一个过程。"京都念慈庵"蜜炼川贝枇杷膏并不是单一成分药物,也不是单味药,而是一个中药复方制剂。中国香港中成药注册分为"固有药""非固有药""新药"三个类别,其中"固有药"类别包含古方或古方加减,但改变处方原有剂型则按照"新药"类别处理。"京都念慈庵"坚持古方原有基础上,研制剂型新颖、工艺稳定、疗效确切、便利化的新制剂。"念慈庵"旗下产品种类多样,适应不同群体用药需求。因此,内地应加强古方的研究及名优中成药的二次开发,除了追踪药效物质基础外,还可加强古方加减及拆方研究,在建立稳定可靠的中成药质量控制方法上下工夫,在研制疗效可靠的现代制剂方面下工夫。

(二)"京都念慈庵"对内地中成药国际营销的启示

1. 积极对外文化交流,提升中医药文化国际影响力

中国香港中医药文化氛围浓重,认同中药治病理念,相信中药疗效,对中药的认可度基本上与内地相同,奠定了中医药传承和发展的文化基础。"京都念慈庵"远销 20 多个国家和地区，与念慈庵的"故事"和文化传播也密不可分。中成药要在国际舞台上得到认可，除了提升药物本身品质外，还需要积极对外文化交流，宣传中医药文化。中医药文化被认同后才能促进中成药产品的认同。在国家层面可以考虑在一些国家开办设立类似于"孔子学院"性质的推广中医药知识和传播中医药文化的交流机构"中医讲堂"，有助于中药走向世界。

2. 加强国际药品注册合作，推进中成药的药品身份认证

成都地奥集团的心血康在 2012 年完成了欧盟的注册，获得药品身份认证，更多的优秀中成药品种正在或准备申请国际注册认证。因此，应加强国际药品注册合作，支持专业化申报机构和团队建设，在国家层面成立国际药品注册专家指导组。由于我国企业在注册国无法直接递交资料进行注册申请，需与注册国或地区建立合作关系，走本土化申报路径，联手推进药品国际注册认证。

3. 选择一批名优品种，制定适合的国际营销策略

"京都念慈庵"是具有几百年药用历史的名优品种，其品牌享誉四海。"京都念慈庵"几十年来采用情感营销策略，从老产品中挖掘出新内涵、新卖点，满足市场需求。内地应加强名优中成药的二次开发，明确产品的定位，推动国际渠道建设，形成品牌效应。

4. 以中国港澳台市场为窗口，循序渐进地开拓国际市场

中国港澳台地区是中西方文化交融的中心，尤其是中国香港，由于历史原因与英国及欧盟在经济方面联系紧密。中国香港具有一批精通中英文且国际市场经验丰富的人才，可发挥开拓中成药国际市场的窗口和桥梁作用。中国香港中成药消费量实际并不大，输入中国香港的中成药大部分再转口出港。充分利用中国香港"中药港"国际贸易平台、高度的资本市场、现代化的市场管理开展中成药国际注册和营销，再逐步推进中成药在东南亚及欧美国家注册和营销。"京都念慈庵"除了蜜炼川贝枇杷膏外，还研制了人参枇杷膏、川贝罗汉果枇杷膏、枇杷糖、银翘散等一系列产品，形成了"念慈庵"品牌效应，广受欢迎。"京都念慈庵"的研制开发与国际推广的模式值得内地中成药企业学习和借鉴，在继承的基础上，利用现代科技手段，不断提升产品品质，确保中成药的安全有效、质量可控，培育知名品牌，积极推进国际化步伐。"中药梦"不是指让中药去替代化学药物，也不单纯是为了中药现代化和国际化，本质上还是治病救人。中药发展既需要用现代化科学手段去研究，又要保持原汁原味地传承下去，这样中药走向国际后才能长盛不衰。

第一节 "一带一路"战略与中医药发展

一、"一带一路"战略

"一带一路"是"丝绸之路经济带"和"21 世纪海上丝绸之路"的简称。"一带一路"的英文"One Belt and One Road"，英文缩写是 OBAOR 或 OBOR。2013 年 9 月 7 日，习近平主席在哈萨克斯坦纳扎尔巴耶夫大学发表重要演讲，首次提出了加强政策沟通、道路联通、贸易畅通、货币流通、民心相通，共同建设"丝绸之路经济带"的战略倡议；2013 年 10 月 3 日，习近平主席在印度尼西亚国会发表重要演讲时明确提出，中国致力于加强同东盟国家的互联互通建设，愿同东盟国家发展好海洋合作伙伴关系，共同建设"21世纪海上丝绸之路"。

继承古丝绸之路开放传统，吸纳东亚国家开放的区域主义，"一带一路"秉持开放包容精神，不会搞封闭、固定、排外的机制。"一带一路"不是从零开始，而是现有合作的延续和升级。有关各方可以将现有的、计划中的合作项目串接起来，形成一揽子合作，争取产生"一加一大于二"的整合效应。

"一带一路"战略的提出不仅是新形势下我国对外开放的重要战略布局，也是加快推进亚洲区域经济一体化进程，建立和加强沿线各国互联互通伙伴关系，合作互利共赢的重要举措。落实"一带一路"战略，是以政策相通、设施联通、贸易畅通、资金融通、民心相通为主要内容，将全面深化我国与沿线国家和地区的经济贸易联系。

二、中医药发展

（一）中医药发展取得的成就

"十二五"时期是中医药发展进程中极具历史意义的五年，中医药发展国家战略取得重大突破，中医药事业获得长足发展，基本形成中医药医疗、保健、科研、教育、产业、文化整体发展新格局，对增进和维护人民群众健康的作用更加突出，对促进经济社会发展的贡献明显提升。

1. 中医药战略地位显著提升

《中共中央关于全面深化改革若干重大问题的决定》明确要"完善中医药事业发展政策和机制"，《中医药法（草案）》经国务院常务会议审议通过并进入最后立法程序，国务院办公厅首次印发《中医药健康服务发展规划（2015—2020年）》《中药材保护和发展规划（2015—2020年）》等中医药发展领域的专项规划。中央财政投入力度大幅提升，为中医药创造了良好的发展与提高的物质条件。

2. 中医医疗服务体系不断健全

中医医疗资源快速增长，中医医院增加到3966所，每万人口中医医院实有床位数增加到6.0张。全面实施基层中医药服务能力提升工程，中医馆、国医堂在基层医疗卫生机构得到普遍建设，96.93%的社区卫生服务中心、92.97%的乡镇卫生院、80.97%的社区卫生服务站和60.28%的村卫生室能够提供中医药服务。深入实施中医治未病健康工程，中医药健康管理服务纳入国家基本公共卫生服务项目，2015年完成6531.5万65岁以上老年人、2777.7万0~36个月儿童的中医药健康管理任务，目标人群覆盖率分别达到41.87%和53.59%。中医药以较低的成本获得了较高的收益，放大了医改惠民的效果。

3. 中医药科研迈上新台阶

中国中医科学院屠呦呦研究员因发现青蒿素获得2015年诺贝尔生理学或医学奖，突显了中医药对人类健康的重大贡献。建立起以16个国家中医临床研究基地为重点平台的临床科研体系，中医药防治传染病和慢性病的临床科研网络得到完善。45项中医药成果获得国家科技奖励，科研成果转化为临床诊疗标准规范、关键技术和一批拥有自主知识产权的中药新药，取得了显著的社会效益和经济效益。

4. 符合中医药人才特点的教育模式得到加强

医教协同深化中医药教育改革初显成效，中医专业学位独立设置，评选出第二届国医大

NOTE

师、名老中医药专家、中医学术流派传承成效显著，建成国医大师传承工作室 60 个、全国名老中医药专家传承工作室 956 个、基层名老中医药专家传承工作室 200 个、中医学术流派传承工作室 64 个、中医药各层次培训基地 1140 个，多层次、多类型的中医药师承教育模式初步建立，继续教育覆盖率显著提高。

5. 中医药文化影响力进一步提升

深入开展"中医中药中国行——进乡村·进社区·进家庭"活动，科普宣传 4 万余场，现场受益群众 1700 余万人次。建设了 300 多个国家级、省级中医药文化宣传教育基地，组建了一支中医药文化科普专家队伍，开发了一批形式多样的文化科普作品。首次开展的中医健康素养普及率调查显示，公民中医养生保健素养不断提升，中医药作为中华优秀传统文化得到广泛传播。

（二）中医药海外发展开辟新空间

1. 中医药文化海外传播

目前，中医药已传播到 183 个国家和地区，我国与外国政府、地区和国际组织已签订 86 项中医药合作协议，建设了 10 个海外中医药中心，并在"一带一路"沿线国家建立了 10 所中医孔子学院。据世界卫生组织的统计，中医已先后在澳大利亚、加拿大、新加坡等 29 个国家和地区，以国家和地方政府的立法形式得到了承认。18 个国家和地区将中医药纳入了医疗保险。

2. 国际标准化组织发布中医药国际技术规范与《中药编码规则》

第 67 届世界卫生大会通过以我国联合马来西亚等国提出的传统医学决议。以中医药为代表的传统医学首次纳入世界卫生组织国际疾病分类代码（ICD-11）。中医药相继纳入中美战略经济对话框架、中英经济财经对话框架，《中国对非洲政策文件》明确支持"开展中非传统医药交流与合作"。国际标准化组织（ISO）TC249 正式定名为中医药技术委员会，并发布 5 项国际标准，ISO/TC215 发布 4 项中医药国际技术规范。

2016 年国际标准化组织（ISO）批准向全球发布并出版《中药编码规则》。任何中药材、中药饮片、中药配方颗粒，都将用一个分 10 层、长达 17 位的阿拉伯数字，分类表达品种来源、药用部位、品种类别及其规格、炮制方法等。设在上海中医药大学的 ISO 中医药技术委员会秘书处表示，这是世界上首个中医药编码国际标准，此项顶层设计正如莱布尼茨发明计算机二进制，是"互联网+"时代迈出中药数字化、标准化、信息化的第一步。

截至目前，这个技术委员会已正式独立发布 6 项中医药国际标准，包括一次性无菌使用针灸针、亚洲人参种子种苗、中药重金属检测方法、中药煎煮设备、艾灸器具等，实现了 ISO 领域中医药国际标准零的突破，为促进中医药产品和服务国际贸易带来深远影响。

标准竞争是最高形态的竞争。以我国为主制定的首个世界传统医药领域国际标准《无菌针灸针》为例。不仅中国，而且日、韩、德、越等国也制造针灸针，全球每年用量达 50 亿支。以针柄与针体连接的牢固度来说，中、日、韩三国标准就各不统一。我国针灸针较粗，日、韩则较细，如牢固度不合理，可造成难扎针、易断针。早在 2007 年，韩国就抢先一步筹备针灸针国际标准起草。至 2009 年，ISO 通过决议成立新的技术委员会，代号为 TC249，即中医药技术委员会，由上海中医药大学承担秘书处工作。最终，多国数十位专家历时 30 多个月对无菌针灸针反复验证，才确定统一标准。作为"技术领域联合国"，ISO 每一项国际标准制定，从立项到发布的程序通常需要 3~4 年，可说是各成员国专家经过一系列交锋、碰撞、摩擦、迸发而凝聚的智慧结晶。

《中药编码系统——第一部分：中药编码规则》（ISO18668-1），国内 43 家单位 77 名专家参与编制，TC249 及 TC215 两个技术委员会的美、加、澳、西、德、意、日、韩等成员国加入合作，历经 3 年多、7 个阶段，包括为期 3 个月之久的标准草案投票阶段，成为 2016 年 6 月以我国为主导率先完成的首项中医药 ISO 标准。这一编码系统建立突显了中医药标准的国际话语权。

TC249 秘书处在上海，而这张标准化网络涉及 36 个成员国。在 ISO 日内瓦总部领导下，由澳大利亚前药品管理局局长戴维·格雷汉姆博士任 TC249 主席，上海中医药大学中医药国际标准化研究所所长沈远东教授任秘书长。

3. 中医药世界联盟国际化平台

中医药世界联盟是由高等院校、科研机构和中药企业共同发起组织的，成立以来在中药国际化方面进行了有效的探索实践。成立中医药世界联盟的目的：一是希望相关各方利用联盟平台发出一些公益性的倡议，采取一些共同行动，如针对中药资源保护问题形成共识和措施。二是在中医药国际化进程中分享大家分别取得的经验。三是希望联盟成员经常性组织专题讨论和共同研究，从科研、产业等不同角度探究问题、解决问题。

联盟成立后每年召集会议，发布联盟倡议，注重将国外药政管理的政策、法规和相关规定，通过联盟介绍到国内。目前的一个重要思路，就是推进中药国际化"三步走"。第一步"走出去"，拿到批件。第二步"走进去"，希望美国社会在临床上用我们的产品，真正进入美国医疗保健体系。第三步"走上去"，就是在西医没有办法解决问题的疑难杂症方面，用中医药产品真正解决未满足的临床需求。

联盟下设有实体机构，可以为中药乃至生物药、化学药企业走向国际社会提供相关支持和服务。目前 9 个中药企业的 11 个品种依托联盟平台有序开展美国 FDA 临床研究。通过在美国的实践探索，大复方中药、中药注射剂都可为 FDA 所接受，获得安全批件。民族医药以药品形式进入国际市场也可以借助这一渠道。对整个中医药来说，这不仅是增加产品的销售，而是可以对中医药国际化形成良好大气候。

4. 中国政府推动中医药海外发展工程

（1）"一带一路"沿线中医药中心建设　与沿线国家政府合作，因地制宜建设 20~30 个集中医药医疗、保健、教育、科研、文化传播及产业等功能为一体的海外中医药中心，推动中医药"一带一路"建设向纵深发展。

（2）对外交流合作示范基地建设　依托各类中医药机构，在国内建设一批中医医疗保健、教育培训、科学研究、健康旅游、产业合作示范基地，开展中医药国际医疗保健、国际教育、健康旅游，承担中医药对外合作交流重大项目，发挥示范引领作用。

（3）中医药国际标准化体系建设　借助世界卫生组织和国际标准化组织等平台，以世界卫生组织国际疾病分类代码传统医学章节（ICTM）项目和国际标准化组织中医药技术委员会（ISO/TC249）为重点，建设中医药国际标准化体系，开展中医、中药材、中药产品、中医药医疗器械设备、中医药名词术语与信息学等领域国际标准制定工作。

（4）中医药文化国际传播建设　举办大型中医药文化展览、义诊、健康讲座和科普宣传

NOTE

活动，制作中医药国际宣传片，促进国际社会对中医药理论和医疗保健服务作用的了解与认同，为中医药医疗、保健、教育、科研、产业发展营造良好氛围与环境。

（三）　中医药发展的基本原则与目标

1. 基本原则

（1）坚持继承创新，增强发展实力　把继承创新贯穿中医药发展一切工作，正确把握继承和创新的关系，坚持中医药原创思维，充分利用现代科学技术和方法，推动中医药理论与实践不断发展。

（2）坚持统筹协调，凝聚发展力量　统筹中医药医疗、保健、科研、教育、产业、文化全面协调发展，注重城乡、区域、国内国际中医药协调发展，推动中西医协同发展，促进中医中药协调发展，不断增强中医药发展的整体性和系统性。

（3）坚持深化改革，增强发展动力　在构建中国特色基本医疗制度中充分发挥中医药独特作用，完善政策和机制，强化政府在提供基本中医医疗服务中的主导作用，调动社会力量，发挥市场在中医药健康服务资源配置中的决定性作用。

（4）坚持特色优势，提升发展质量　充分体现特色，全面继承发扬中医药理论、技术和方法。充分发挥优势，坚持在治未病中发挥主导作用、在重大疾病治疗中发挥协同作用、在疾病康复中发挥核心作用，不断拓展服务领域。

（5）坚持以人为本，共享发展成果　以满足人民群众中医药健康需求为出发点和落脚点，坚持中医药发展为了人民，中医药成果惠及人民，增进人民健康福祉，保证人民享有安全、有效、方便的中医药服务。

2. 目标

到2020年，实现人人基本享有中医药服务。中医药医疗、保健、科研、教育、产业、文化发展迈上新台阶，标准化、信息化、产业化、现代化水平不断提高。健康服务可得性、可及性明显改善，中医药防病治病能力和学术水平大幅提升，人才培养体系基本建立，中医药产业成为国民经济重要支柱之一，中医药对外交流合作更加广泛，符合中医药发展规律的法律体系、标准体系、监督体系和政策体系基本建立，中医药管理体制更加健全，为建设健康中国和全面建成小康社会做出新贡献。

（1）人民群众获得中医药健康服务的可及性显著增强　健全中医医疗服务体系，实现人人享有基本医疗服务。中医药健康服务质量明显提高，不断满足人民群众多层次多样化健康需求。中医药健康知识普及，公民中医健康文化素养提升。

（2）中医药发展支撑体系更加健全　科技创新体系更加完善，中医基础理论研究及重大疾病攻关取得明显进展。建立健全院校教育、毕业后教育、继续教育有机衔接及师承教育贯穿始终的中医药人才教育培养体系。中成药及中药饮片供应保障能力明显提升。中医药信息化水平显著提升。

（3）中医药健康产业快速发展　中医药健康服务新业态不断涌现，服务技术不断创新，产品种类更加丰富，品质更加优良，带动相关支撑产业发展。促进中药资源可持续发展和中药全产业链提质增效。

（4）中医药发展更加包容开放　中医药与文化产业融合发展，中医药文化进一步繁荣。中西医相互取长补短，建立长效可持续中西医协同发展机制。中医药与多学科的合作日益深入，国际交流与合作实现互利共赢。

（5）中医药治理体系和治理能力现代化快速推进 中医药法律和政策体系不断完善，管理体系更加健全，依法行政能力不断提升。标准体系基本建立，标准化水平大幅提高。行业组织作用得到充分发挥。

第二节 中医药国际市场营销现状及趋势

中药是我国传统的出口商品，有着鲜明的中国文化特色。中医药在国际的传播很早就形成了。以日本为例，早在公元 414 年，朝鲜医家德来远渡日本传授中国医学；公元 562 年吴人智聪携药臼、明堂图、四海类聚方等远渡日本，正式由中国医家传授中医。到了江户时期，逐渐形成了带有日本特色的"汉方医学"。此外，朝鲜的传统医学"东医学"同样起源于中医。随着"一带一路"战略的落实，我国与"一带一路"沿线国家的经贸交流与日俱增，经济融合不断加深，中医药服务贸易不断增加。

一、中医药国际服务贸易的模式与市场

作为中国国际服务贸易领域中一个独具特色的行业，中医药已经传播到许多国家和地区。中医药国际服务贸易是指一个国家或地区与另一个国家或地区进行的以中医药服务为内容的国际贸易。

（一）中医药国际服务贸易模式

根据《服务贸易总协定》（GATS）对服务贸易的界定，中医药国际服务贸易分为跨境交付、境外消费、商业存在和自然人移动等四种模式。目前，全球已有 194 个国家、地区有中医医疗机构。据不完全统计，当前国际上中医药从业人员为 30 万~50 万人，海外注册的中医机构至少超过 5 万家。发达国家至少使用过一次中医的人口比例：德国 80%、加拿大 70%、法国 49%、澳大利亚 48%、美国 42%。中医药教育培训事业在国际的发展取得了不小的进步。中医已在美国、英国、法国、日本、韩国、澳大利亚进入大学教育。每年来华留学人员近 5000 人，同时以每年 19% 的速度增长。

（二）中医药国际服务贸易市场

中医药国际服务贸易市场可划分为两级：一级市场和二级市场。一级市场即终端市场，是直接为终端客户提供服务的市场。终端市场包括中医药远程医疗、网上健康咨询和科普宣传（跨境交付）；在境外办学、办医、开诊所、开展科研外包服务，建立实体的药品、诊疗设备的流通服务（商业存在），或医生短期受邀外出从事医疗保健或承担教学任务（自然人流动）；吸引境外消费者来华学习、健康旅游、接受医疗保健服务（境外消费）等。

二级市场可称为中间市场，是对已经本地化的中医医疗、科研、教育、药品流通等专业机构和人员提供服务的市场，包括产品销售、信息服务、专业培训、学术交流、人员流动、成果推广、考试认证等。一、二级市场各有自己的服务对象，有着不同的服务需求，这也决定着不同的服务贸易模式。实际上，中国已经并正在广泛开展境外消费、跨境交付、商业存在、自然人移动等四种模式的中医药服务贸易。随着中医药远程医疗咨询和远程教育等行业的发展，海

NOTE

外相关机构和人员在境外接受中国提供中医药服务的数量和水平正在逐步上升。

二、中国发展中医药国际服务贸易的优势

中医药国际服务贸易是以中医药为主题的服务和服务产品的贸易活动，通过跨境交付、境外消费、商业存在和自然人流动四种提供方式实现。根据服务贸易的分类，中医药服务贸易在国际服务贸易分类表中包含了商务服务、教育服务、健康及社会服务、旅游及相关服务、文化娱乐体育服务及其他未包括的服务等。中医药是中国拥有自主知识产权、具有深厚的文化内涵的服务产品。发展中医药国际服务贸易，不仅可以调整国内中医药行业的产业结构，促进中医药产业结构优化，带动中医药经济的增长，而且有利于传播中医药文化，提高中医药的国际影响力。中国具备了深化中医药国际服务贸易的良好条件，中国发展中医药国际服务贸易有较强的科学价值、经济价值和比较优势。中国积累了开展中医药国际服务贸易的实践经验。

三、发展中医药国际服务贸易的益处

（一）中医药国际服务贸易打造中国文化软实力

中医药国际服务贸易不仅是出口中医药产品，提供中医医疗、保健和教育等服务，更重要的是在传播中华文化、中医药理论和医学知识，输出一种健康的养生理念、生活方式，倡导以人为本的医疗保健模式，强调平衡而非对抗的生活态度。从某种角度看，中医药国际服务贸易是在打造中国文化软实力，输出一种普世价值观。中医药服务还承载和表征着中华文化优势，具有推广价值。事实证明，中国中医药业经数千年考验，在诸多方面优于西医药。中医药数千年一直是中华民族唯一的医疗体系，中医药在预防及治疗某些慢性病、疑难病和老年病方面尤有所长，为西医药所不及。

（二）适应时代的要求

目前，在国际大范围内，老龄化的问题相继在各国出现，人类的疾病谱和健康观念、医疗模式也发生了很大的改变。中医药服务注重"简、便、验、廉"的理念，它的独特文化具有强大的吸引力，越来越受到各国政府的欢迎，西方国家也逐步认识到复方的优越性。

四、中药出口特征

（一）中药出口增速较快

中药出口经历了缓慢增长、快速增长的上升趋势。1989 年中国中药共出口 3.6 亿美元，2008 年达到 13.09 亿美元。近年来，中药产品出口一直呈平稳增长的趋势。中药产品出口额已从 2005 年的 8.3 亿美元，增长至 2013 年的 31.4 亿美元，同比增长 25.54%，创历史新高。

（二）中药市场以亚洲为主

2013 年，中药对亚洲国家和地区的出口额为 19.8 亿美元，同比增长 29.2%，占比达到 63.4%。前 10 市场中，亚洲占据 7 席。承认中药药品身份的国家和地区基本分布在亚洲，如新加坡、阿联酋、越南等，这些国家或地区的市场对中药的需求增长较快。另外，较为发达的德国、法国、美国等国家，主要是出于对植物药及中医药提取物的需求，则成为中药出口的传统市场，并且保持较高的增速。

（三） 中药出口商品结构

中药出口的商品分为：中药材及饮片、植物提取物、中成药、保健食品。在四大类产品中，中药材和中成药是中国传统出口产品。按照出口商品用途分，植物提取物属于原料性产品，中药材中也有相当部分是原料性产品，中成药和保健食品则属于制成品。

1. 中药提取物和中药材及饮片出口为主

长期以来，中国中药出口以中药提取物和中药材及饮片等低附加值产品为主。植物提取物继续领跑中药进出口。从世界植物药市场发展情况看，全球使用天然药物的人数约为 40 亿，占世界总人口的 80%。全球传统药物/天然药物每年的贸易额已高达 600 亿美元。全球传统药物/天然药物市场发展速度为 10%~20%。

近年来，随着回归自然潮流的涌现，天然药物国际市场形成，国际市场对天然药物的需求量日益增加，中国中药贸易总额基本上呈逐年上升的趋势，成为中药出口第一大类产品，年出口额高速增长，出口比重逐年增加。

2. 中药材及饮片出口拉动中药类产品出口增长

虽然中国中药材及饮片的附加值低，但市场规模大，中药材及饮片的价格保持了较大增幅。

3. 中成药出口继续低位徘徊

中成药在中药产品出口中所占比重一直很低且逐年下降。从中成药出口市场看，亚洲依然是中国中成药出口的主要市场。另外，东盟国家也是中成药出口的重要目的地。

4. 保健品进出口两旺，鱼油类产品是主流

从 2010 年起，保健食品出口额突破 1 亿美元，虽然在中药产品出口中所占比重最小，但每年都有小幅增长，发展势头良好。海关统计显示，有单独编码的保健品主要是鱼油、蜂花粉、蜂王浆、燕窝、卵磷脂等，以及维生素、矿物类制剂产品。进出口产品中占比最大的都是鱼油产品。美国和日本是中国保健品的主要出口市场，同时，这两个市场也是全球最重要的保健品消费市场。

（四） 出口企业技术创新滞后

中国加入 WTO 后，中药企业的规模不断扩大，企业的科研能力和技术水平不断增强。未来企业科技研发和产品营销将成为企业竞争实力的重要特征。北京同仁堂、天津天士力、湖南九芝堂、广州药业、深圳太太药业等上市药企都可能在未来的出口市场上占有一席之地。目前，中药产品出口企业结构呈现多元化趋势。然而中医药企业的产品生产工艺落后，中成药产品外观"粗、大、黑"，剂型大多还是"丸、散、丹、汤"。国内除同仁堂、太极集团等几家中医药企业外，大多数中医药生产企业规模偏小，产值低，难于形成规模效益，阻碍着企业的进一步发展。

第三节　中医药国际市场营销环境分析

由于东西方药政、法规、文化、认识方面存在客观差异，中药成分复杂，安全及有效性缺乏数据等原因，导致中医药的国际化进程并非坦途。

NOTE

一、国际医药市场环境

（一） 欧盟中医药市场环境

欧盟是全球经济最发达的地区之一，同时也是传统药物使用历史最悠久的地区之一，也是我国传统中药出口的主要目的地区。2004 年 3 月 31 日，欧洲议会及理事会发布《传统植物药品注册指令》（2004/24/EC），对《人用药品指令》（2001/83/EC）中的传统植物药品注册规定做出了修订，要求所有传统植物药品必须在 2011 年 4 月 30 日之前通过注册程序获得上市许可，否则不得以药品名义进行销售。2015 年，欧盟药物评审局发布其成员国传统植物药品注册汇总信息，共有 1319 个传统植物药品获得成员国上市许可，其中，单方制剂为 820 个，占总数的 62.2%，复方制剂为 499 个，占总数的 37.8%。

（二） 澳大利亚增设服务贸易壁垒

自 2012 年 7 月 1 日起，澳境内的中医师开始由澳大利亚全国统一注册管理。澳大利亚国家中医局虽然对境内的中医颁发许可证，但注册标准却严格地限制了中医行医范围和对象。例如，根据相关注册标准，英语为第二语言或未完成英语国家 5 年全日制大中专教育的中医师申请人，雅思考试每科必须达到 6 分方能给予注册；若通不过语言关，申请人即便满足其他标准，也只能成为"有条件注册"者，被迫接受种种严苛的行政管制，甚至丧失行医自由。据澳中医学会对其上千名会员所做的统计，目前通过注册者仅为 13%；有条件注册者为 87%，其中限制注册者为 25%。

（三） 加拿大 GMP 要求生产规范适用于所有的药物活性成分

2012 年加拿大发布《食品药品法规》修正提案。本法规修正提案扩展《食品药品法规》中规定的药品良好生产规范（GMP），要求使其适用于所有药物活性成分（AI）；扩展《食品药品法规》中规定的药品企业许可证（EL），要求使其适用于所有的药物活性成分（AI）制造商、包装商/贴标签商、测试商和进口商，并且创建新的记录保存要求，促进活性成分（AI）从原生产商到剂型药品生产商的可追溯性。根据修订的规章要求，除非药物的生产制造行为符合 GMP 要求，否则任何制造、包装/张贴标签、检测或储存药物的人都不允许销售该种药物。成品药剂制造商将被要求只在其药物中使用符合 GMP 要求的活性成分。此外，除非该药物符合 GMP，否则有识别号的分销商或成品药剂进口商将被禁止销售该种药物。为了提高可追溯性，每种药物活性成分的制造商、包装商/贴标签商、分销商、批发商和进口商都被要求在标签或其他药物附随说明上列明，内容包括：受监管方名称、具体联系方式和许可号（如适用）；是制造、包装/标记、分销、批发或进口中哪一方；操作日期；药物有效期或再测试；药品批号。

加拿大卫生部表示将 GMP 要求扩展到所有药物活性成分，将使加拿大的监管与国际上其他国家达到一致，允许该国建立与其他工业化国家关于活性成分的等效监管，尤其是那些与加拿大有互相认可协议的国家。在评估加拿大境外制造的活性成分的安全性时，加拿大卫生部就能利用可信任国际伙伴的 GMP 检测。药品中活性成分（AI）的质量对该药品的安全性和有效性有着直接的影响。劣质的生产和污染与负面的健康结果，包括过去几十年里的死亡、许多事故相关。在全球范围内，由于 AI 和剂型药品的生产已经越来越多地外包给发展中国家，所以人们越来越多地关注活性成分的质量。

二、中医药市场环境

（一） 重金属污染

土壤重金属污染是当今面积最广、危害最大的环境问题之一。重金属对药用植物的影响取决于其在药用植物不同部位的积累。众所周知，化学元素可以从植物的一个器官被输送到另一个器官，进行并参与生物活性物质的生物合成。重金属污染不仅影响中药材的产量和品质，并通过食物链危害人类的生命和健康。铅（Pb）、镉（Cd）、汞（Hg）和砷（As）是目前公认的对人体有害的重金属，其对中药材的污染，已成为不容忽视的、制约中医药发展的一个严峻的问题。

1999年美国加州卫生署公布了260种中成药的检测结果，其中，不合格的123个中成药中，中国内地有93个，中国香港17个，中国台湾2个，日本2个，泰国3个。不合格的中成药中，大多数所含的铅、镉、汞和砷等重金属大大超过了FDA规定的指标。据报道，川芎、黄芪、人参出口受阻也是重金属含量超标的结果；曾在德国风靡一时的普洱减肥茶已经被迫完全退出了德国市场，罪魁祸首与重金属超标问题有关。2006年，英国药物机构对中药的调查发现，复方芦荟胶囊含汞超过该国标准的11.7万倍，易导致肾衰竭，该药的批发商和药店已被英国药品与卫生制品监督署处以5000英镑的罚款。我国向新加坡出口的中国灵芝等24种中成药，由于被检测出含有西药成分或重金属（主要是砷和汞）超标，已遭新加坡卫生部禁售。

（二） 绿色中药兴起

绿色中药已日益被人们所关注，以绿色为标志的中药正逐渐赢得人们的信赖。所谓"绿色"，是指在生产过程中没有或较少对环境产生污染或药品本身没有被污染的药品，以及符合保护生态环境或社会环境要求的药品。《药用植物及制剂进出口绿色行业标准》限定，绿色中药的重金属总量不得超过20.0mg/kg，铅含量不超过5.0mg/kg，镉含量不超过0.3mg/kg，汞含量不超过0.2mg/kg，铜含量不超过20.0mg/kg，砷含量不超过2.0mg/kg。药用植物系指用于医疗、保健目的的植物。药用植物制剂系指经初步加工，以及提取纯化植物原料而成的制剂。绿色药用植物及制剂系指经检测符合特定标准的药用植物及其制剂。经专门机构认定，许可使用外经贸绿色行业标志。

（三） 中药不良反应问题

由于受药者体质差异，可能发生过敏反应，多见于过敏体质的患者；有的患者服用来源不明的偏方或盲目加大剂量，或随意改变服用方法；患者未按照医嘱煎服中药，造成用药失当。以上情况都可能导致与用药目的无关的有害反应。患者未按照医嘱正确煎煮中药，也可能引起药物不良反应，中药的煎煮方法很多，如"先煎""后下""烊化""另煎"等。服用中药应因人而异合理用药。要通过规范炮制、合理配伍、斟酌药量、改进用药方法等途径以减少药物的偏性，同时要掌握药物的禁忌。

（四） 中药初级品及中间品出口

中药初级产品包括中药材及饮片，为具有药用价值的植物整株或者部分，依据药物特性，可能会经过少量加工炮制，形态为有待加工或少量加工。中药中间产品是从以药用为主的植物性产品提取出来的粉末、浸膏、高纯度化合物或汁液等，需进一步加工。目前，我国中药初级产品价格波动剧烈、质量参差不齐、GAP推广遭遇瓶颈，加之检测监管缺失，中药种植及粗加

NOTE

工产业的发展困难重重。

三、中医药法律环境

WHO 制定的《传统医学研究和评价方法指导总则》中对"传统医学"的概念定义为：传统医学是在维护健康，以及预防、诊断、改善或治疗身心疾病方面，使用种种以不同文化所特有的无论可解释与否的理论、信仰和经验为基础的知识、技能和实践的总和。目前，从世界的范围来看，无论是在国际上还是在国内，"中医药"的称谓已经十分普及。例如中国香港在 1997 年通过的法案《中医药条例》，而 2000 年澳大利亚维多利亚州通过的世界上第一部中医注册法案则被命名为《中医注册条例》。泰国颁布了《中医合法化的执行条例》，使得中医合法化，让泰国人民有机会对那些具有确切疗效的治疗方法有权进行自由选择，以期更好地为自身的保健医疗服务。

（一）中医药国际法律环境

据 WHO 统计，世界上有 54 个国家制定了传统医学相关法案，92 个国家颁布了与草药相关的法案，42 个国家正在对传统医药进行立法管理。如早在 1970 年印度就出台了《印度医学中央理事会 1970 年法案》、1996 年 7 月缅甸出台《缅甸传统医药法》、2003 年韩国通过《韩国韩医药育成法》（法律第 6965 号）、2004 年 4 月 30 日欧盟公布《欧盟传统草药法》（编号为 2004/24/EC）、泰国制定《传统泰医药知识保护与促进法》（佛历 2542 年）、津巴布韦制定《传统医药行医法》、斯里兰卡制定《阿育吠陀法案》、尼泊尔制定《传统医药法》等。虽然大多数国家传统医药立法起步较晚，但由于其丰富的立法经验和较高的管理水平，其传统医药立法对于我国有借鉴意义。

2000 年 5 月 3 日，澳大利亚维多利亚州议会通过了一项法案：2000 年维多利亚州《中医注册条例》（*Chinese Medicine Resistration Act* 2000），这表明中医在澳大利亚被正式承认为一门科学，这是中医首次在西方国家得到法律上的认可，享有与西医同等的法律地位。维多利亚州的《中医注册条例》是上下两院通过的法律，不同于美国的当地政府对针灸师颁发执业证的行业管理法规，此立法标志着中医行医的合法地位从此获得与西医同样的法律保护，中医师同样被称为医生，并可以加入澳大利亚医疗保险体系。

（二）中医药国内法律环境

中医药学的历史与中国上下 5000 年的历史同样悠久，其伟大的历史作用和重要的现实意义是客观存在。党中央早在 20 世纪 50 年代就明确了中西医并重的发展方向，提出了中西医疗体系长期并存，共同发展的方针，并在 1982 年将发展传统医学写入《宪法》第 21 条。但是在具体的法律与政策、行政管理与国家投资、科研支持与医疗实践等各个方面，中医地位普遍低于西医。

现在中医药参照的法律都是按照西方医药模式制定的，不能体现中医药特点和规律，甚至阻碍了中医药发展。由于缺乏专门的法律规定和监管，中医药治疗及药品生产、流通各环节的标准和管理不够规范。目前，我国中药资源和产业管理实行的是分部门、分级别的监督管理体制。由于各职责部门从不同角度行使职能，缺乏统一规划、统筹协调，客观上造成了多头管理的局面。我国现行涉及中医药的法律法规在客观上制约了中医药的传承与发展。2015 年 12 月，十二届全国人大常委会第十八次会议开始首次审议《中医药法草案》，历时 30 多年的中医药法终

NOTE

于迈入正式立法程序。加快中医药立法进程，建立符合中医药特点的管理制度，促进中医药的传承发展十分必要和紧迫。

四、国际药品监管环境

（一）美国 FDA 对数据完整性和电子数据的监管要求

1991 年，FDA 开始制定了一项专门针对申报数据造假的政策，即《申请数据完整性指南》（AIP）。根据此项政策，如果申报材料中数据出现不完整、不一致、不真实的情况，FDA 将采取相应措施，直到数据完整真实为止。数据完整性是 FDA 检查中非常重要的部分，包含真实性、一致性和完整性等方面。FDA 有关法案严格要求企业必须有完整的体系，以保证计算机数据的完整性和原始性，具体到资料记录、拷贝、打印等细节，还要求所有的测验数据不能具有选择性，更不能有选择性的删除或者不报告，否则需要注明原因，这些数据需要随时准备妥当以备检查需要。FDA 还强调所有的设备必须有审计追踪系统，并且需要通过检查确定企业数据完整性是否存在问题。

数据完整性是一个持续的问题，贯穿从申报到生产的全过程。无论是中国还是国际上，包括美国很多企业同样存在，只是问题大小和多少有所不同，通常数据完整性出问题，不是某个员工的问题，更糟糕的可能是企业问题和来自上层压力的体系问题。中国企业很多实验和生产设备没有审计追踪系统，数据无法保留而出现不完整。缺乏原始数据支撑所形成的记录，所报告微生物数据与所见情况不一致，最常见、最容易犯错的问题是记录不及时，或者为了验证而人为延迟记录时间，更严重的是直接人为造假。

FDA 强烈建议企业邀请第三方机构进行审计、检查及解决问题，FDA 不太相信企业自身能够合规地完成这些要求，FDA 会对整个企业所有的计算机体系和产品进行全面评估，以便确定产品的风险程度。

（二）日本监管机构减少审批时间

2004 年，日本政府积极建立医药品与医疗器械局（PMDA），以确保能及时让安全有效的 NAS（新分子实体）进入该国市场，改善治疗，提高生活质量。随后 PMDA 组织进行了改变，并从外部交流中学习经验，使得药品上市的滞后减少，该机构也成了一家世界级的监管机构，批准时间上与美国 FDA 看齐。日本药品的上市时间比欧美大约要滞后 2.5 年，这是由于包括 NAS 在内药物开发时间长，以及审批时间长造成的。在预提交阶段，增加与公司的对话和给出科学性建议。从 2010 年到 2014 年，NAS 批准时间减半，药品上市滞后时间缩短了大约 1 年。在过去 10 年里，获批的 NAS 数量增加了大约 30%。

五、合作与竞争环境

（一）中国药典与美国药典相关产品标准制定

根据世界卫生组织（WHO）的统计，全世界共有 49 个药典。中国药典（CHP）与美国药典（USP）是最大的两个药典，收录标准在 6000 个标准左右，其影响力已经远远超出单一国家范围。美国药典在 140 多个国家的机构、药厂都可以使用。美国药典专家委员会是非政府组织，但是 FDA 有 100 多位科学联络官分布在每一个美国药典专家委员会，美国药典发展方向也是紧跟着 FDA 步伐的。

NOTE

中国药典专家委员会跟美国药典专家委员会有近 20 年合作历史，合作项目主要是在学术的交流、人员的交流和科学会议的召开。同时，还有很重要的一个方面，通过这个平台，有 37 位中国科学家、专家成为美国药典专家委员会的专家，帮助美国药典制定标准。过去中国科学家曾挑选 99 个中药品种标准推荐到美国药典专家委员会，最终以膳食补充剂和食品添加剂形式在美国药典体现出来，中药这条路并没有走通。但是美国药典标准并不是一成不变的，美国药典所有的标准、方法都是来自于工业界的，工业界可以不断地推动药典的发展，生物医药界已有成功案例。

（二）药物市场竞争

1. 印度尼西亚药品需求急增

印度尼西亚药厂分布比较集中，近 80% 的药厂位于首都雅加达及爪哇地区。药品生产以片剂、糖浆类、药膏、胶囊等类型为主。印度尼西亚大部分原料药都从国外进口，中国是其原料药重要的来源国。

跨国公司加大了对印度尼西亚医疗市场的投资，默沙东公司 2012 年在印度尼西亚东爪哇省岩望县 Pandaan 市兴建了包装厂；2013 年，德国仿制药生产企业 Fresenius Kabi 公司和印度尼西亚 PT Ethica Industri Farmasi 公司通过股份合作方式投资 6000 万美元在印度尼西亚当地建造工厂生产 6 种仿制药；葛兰素史克 2014 年以 4650 亿印尼盾（约合 4000 万美元）的价格收购了其印度尼西亚消费者健康护理子公司 Sarasvati Venture Capital 剩余的 30% 股权。同时印度尼西亚政府规定只有在本地生产的药品才予以注册，并把外国投资在印度尼西亚医药市场的份额限制在 75% 之内，外国公司要在印度尼西亚出售产品只能在当地建厂。

2. 印度医药贸易额持续超过中国

根据印度商业与工业部的声明，印度在医药出口方面持续领先中国，印度在包括美国、欧盟和非洲国家所有的主要市场里都领先中国。印度出口到美国的医药产品增长了 23.4%，从 38.4 亿美元增长到 47.4 亿美元，而同时中国出口到美国的医药产品从 11.6 亿美元增长到 13.4 亿美元。印度在欧盟和非洲国家也保持领先姿态，两个市场分别增长到 15 亿美元和 30.4 亿美元，中国向这两个市场的出口呈现下降趋势。

印度依然是低成本产品的中心，这反过来帮助了出口生产。Sun 制药公司、Cipla 公司、Reddy 博士的实验室公司、Lupin 公司、Zydus Cadila 公司和 Wockhardt 公司，这些占了该国出口总量的 33% 的公司已经成为四个领域低成本创新和生产的世界领先制药企业。这四个领域分别是活性药物成分（API）、合同研究和生产服务（CRAMS）、制剂、生物仿制药。

3. 技术性贸易措施

根据 2010 年 6 月 18 日关税同盟委员会颁布的《关于关税同盟技术调节》第 319 号决议，俄罗斯批准了《关于质检部门和实验室（中心）列入关税同盟认证的质检和实验室（中心）统一名录程序及名录制定和管理条例》《关于发放的质检合格证书和符合技术规范声明统一名录的制定和管理条例》《质检合格证书和符合技术规范声明统一格式》《关税同盟强制认证质量相符商品统一名录》等文件，俄白哈海关联盟对进口产品实施统一的技术标准和强制质量认证。从 2013 年 2 月 15 日起，凡属于俄白哈海关联盟（CU）管辖下的产品，必须申请 CU 认证。届时，三国将中止颁发原有各自独立的认证证书，包括俄罗斯的 GOST-R 证书。也就是说，俄罗斯必须于 2013 年 2 月 15 日完成 GOST-R 认证向 CU 认证的转换。

　　"十三五"时期，中医药发展处在能力提升推进期、健康服务拓展期、参与医改攻坚期和政策机制完善期，还面临一些新情况、新问题。中医药服务体系、模式和机制改革的任务十分艰巨。中医药资源总量仍然不足，基层发展薄弱，中医中药发展不协调。中医药继承不足、创新不够的问题没有得到根本解决，特色优势淡化，学术发展缓慢。高层次人才不足，基层人员短缺，中医药人员中医思维和人文素养尚需加强。中药产业集中度低，野生中药材资源破坏严重，部分中药材品质下降。中医药国际竞争力有待进一步提升。中医药治理能力和治理体系现代化水平亟待提高，迫切需要加强统筹规划。

第四节　中医药国际市场营销策略

　　除针灸外，中医药尚未进入国际主流医药体系，更多的只能以食品、保健品的身份出现。中医药要走向世界，实现国际化，必须符合世界的标准，让国际主流市场接受。中医药是我国具有自主知识产权、原始创新的民族健康产业，发展中医药服务贸易对我国服务贸易的发展和推动中华文化的传播具有重要的意义。

一、目前发展中医药服务贸易的主要任务

（一）　实施中医药服务贸易多元化战略

　　构建递次推进的中医药国际市场格局，巩固传统的亚洲市场，进一步开拓欧美市场，积极拓展中东、拉美市场，稳步扩大非洲市场。根据不同市场特点，逐步建立全方位、多层次的市场推进模式：在传统市场，多渠道全面推进，构建涵盖科研、培训、医疗、康复和养生的中医药服务产业链；在新兴市场，根据基础条件分步实施，逐步打开局面、扩大影响。

（二）　建设一批中医药服务贸易示范机构

　　统筹国际市场开拓行动，予以政策支持，鼓励有条件的中医药服务机构或企业集团以合资合作方式建设一批境外中医药服务贸易示范机构，推广中医药文化，吸引更多的境外消费者。

（三）　支持建设中医药物流配送中心

　　加快建立以国际市场需求为基础的中药供应保障体系，规范中药生产流通，发展中药现代物流和连锁经营，促进中药生产、流通企业的整合，支持在中医药基础条件较好的国家或地区建立若干物流配送中心，重点保障该地区的中医药服务贸易机构。

（四）　加强技术性贸易措施体系建设

　　加强中医药标准化和中西医结合标准化建设，健全中医药服务标准体系，强化中医药科研成果向标准转化，重点围绕中医药基础通用标准、中医药临床诊疗、中药资源等领域，加快标准制定/修订。逐步建立中医药服务认证体系，制定统一的服务认证标准和认证规则。加强对境外中医服务及中药产品相关技术壁垒的交涉，确保中医药服务贸易的顺利发展。

（五）　加快培养中医药服务贸易专业人才

　　根据国际市场需求，加快培养外向型中医药服务人才，提高中医药服务人才的外语水平，培养壮大中医药人才队伍。创新人才培养模式，提高人才培养质量。开展形式多样的医疗、养生、保健等中医药对外教学与培训，形成国际服务从业人员职业技能鉴定体系。

NOTE

（六） 发挥科技创新在推进中医药服务贸易中的作用

组织开展中医药防治疑难疾病的联合攻关，在中医和中西医结合研究、高技术研究等方面力求新的突破。进一步提高企业自主创新能力，加大中医药科研投入，整合优势中医药科研资源，以多种形式促进医、教、研、产合作，鼓励科研教育机构参与中医药服务贸易，进而提高中医药服务贸易的质量和附加值。

二、营造良好的中医药服务贸易发展环境

（一） 加强对中医药服务贸易发展的组织与管理

充分发挥国务院中医药工作部际联席会议和行业管理部门的作用，加强部门间的沟通，协调解决中医药服务贸易中的重大问题，督促有关政策措施的落实。国家中医药管理局作为行业主管部门配合商务部做好中医药服务贸易的规划和管理工作。地方政府要切实加强对中医药服务贸易的领导，及时研究解决中医药服务贸易中的问题。

（二） 通过政府多、双边谈判创造良好外部环境

结合不同市场特点，与条件较好的重点国家或地区在多、双边联（混）委会机制下成立中医药服务贸易工作组，推动我国中医药服务进入当地市场。将扩大中医药服务贸易列入我国多、双边自贸区谈判议题，利用多、双边合作机制扩大国外对中医药服务贸易的准入范围及降低其准入门槛，争取国外对中医药服务贸易开放市场。推动认可中医医师、中药的合法地位及将中医中药纳入当地医疗保障体系，扩大在境外提供中医药服务的范围。优先推动中国内地与中国香港、中国澳门《关于建立更紧密经贸关系的安排（CEPA）》项下中医药服务贸易合作。充分发挥中国香港、中国澳门开展国际服务贸易成熟的商业、物流、金融、保险、会展、旅游等方面的优势，拓宽中医药对外服务渠道，推动不同体制的衔接，积极开展与特区政府、商会、中医药机构的合作，实现优势互补、资源及成果共享，共同开发中医药服务贸易国际市场。

（三） 发挥中介机构和行业协会作用

营造规范、自律的市场环境。按照市场经济要求，加快培育社会化、市场化、专业化的中介组织和行业协会；支持中介组织和行业协会整合行业资源，加强对外宣传，提升行业整体形象，推进行业诚信建设，建立完善行业自律性管理约束机制，维护公平竞争的市场环境。

（四） 加强中国传统医药领域的知识产权创造、运用、保护和管理

深入研究境外相关领域知识产权保护法律法规，结合我国传统医药产业发展实际，积极参与相关领域的国际谈判，加强对我国传统医药的知识产权保护，不断创新保护措施和手段。积极探索国际合作中的惠益分享机制，建立健全传统医药生物遗传资源和传统知识的知识产权保护制度。

（五） 促进中医药文化的国际宣传和普及

挖掘中医药的文化内涵，开发中医药文化资源，推进中医药及相关领域音像、出版、演出等行业的发展，支持翻译出版中医古籍。相关媒体要开展中医药文化的公益性宣传。支持在境外组织中医药文化等宣传、培训活动，在海外中国文化中心及孔子学院传播中医药知识。支持相关广告、会展业的发展，扶持有一定规模的中医药国际展览，逐步形成国际知名展会。

三、促进中医药服务贸易发展的政策措施

（一） 鼓励中医药服务贸易企业"走出去"

鼓励中医药服务贸易企业以新设、参股控股、并购、租赁等方式到海外开办中医药服务机构，建立和完善境外营销网络，符合条件的企业享受国家"走出去"相关政策。制定中医药服务贸易出口骨干企业认定标准，逐渐培养一批国际市场开拓能力强的中医药服务企业或企业集团。

（二） 以对外援助方式促进中医药服务贸易出口

根据受援国需求，加大在受援国注册的中国品牌的中医药产品和服务的援助力度，开展中医药援外培训，在援外医疗队内增派中医医师。探索利用援外资金支持在具备条件的发展中国家合作开展中医药教育、合作办医院，提高国外对中医药的认知度。

（三） 继续鼓励外商投资中医药领域

逐步放宽中医药领域对外商投资的限制。结合国民经济产业结构优化调整，适时修订《外商投资产业指导目录》。

（四） 为中医药服务人员出入境提供便利

对于从事中医药服务贸易的人员因公出国，有关部门根据人员隶属关系按规定审批，简化程序，提高效率，依法为参与中医药服务贸易领域重大国际交流合作活动的中医药专业人员提供进出境通关便利。

（五） 打造高水平合作机制与平台

深化与世界卫生组织、国际标准化组织等国际组织的合作，积极参与国际规则、标准规范的研究与制定，构建中医药国际标准体系和认证体系。巩固和拓展双边合作机制，加强传统医学政策法规、人员资质、产品注册、市场准入、质量监管等方面的交流沟通和经验分享，为有条件的中医药机构"走出去"搭建平台，营造良好的政策发展环境。

思考与讨论

1. "一带一路"战略是在什么背景下提出的？
2. "一带一路"战略的主要内容是什么？
3. "一带一路"战略为中国中医药海外发展提供了哪些便利条件？
4. 试分析中医药国际市场营销现状。
5. 中成药国际化进展缓慢存在哪些原因？
6. 中医药国际市场营销策略有哪些？

主要参考文献

［1］张静中，许娟娟．国际市场营销［M］．北京：外语研究与教学出版社，2016．

［2］贾法．面向经济全球化的国际市场营销的策略分析［D］．大连：大连海事大学，2016，3（30）：67-73．

［3］阎雷震，陈波．我国国际市场营销现状与对策分析［J］．金卡工程，2008，12（8）：11．

［4］亚当·斯密．国富论［M］．郭大力，王亚南，译．北京：商务印书馆，2015．

［5］刘树成．现代经济词典［M］．南京：凤凰出版社，2005．

［6］彭赞文．浅析国际贸易与国际市场营销的关系［J］．中国商贸，2010，20：67-73．

［7］汤晓鸿．现代国际市场营销理论的沿革［J］．兰州学刊，2016，7（4）：51-60．

［8］何盛明，刘西乾，沈云．财经大辞典［M］．北京：中国财政经济出版社，1990．

［9］刘诗白，邹广严，向洪，等．新世纪企业家百科全书：第6卷［M］．北京：中国言实出版社，2000．

［10］科斯．论生产的制度结构［M］．上海：上海三联书店，1994．

［11］小岛清．对外贸易论［M］．天津：南开大学出版社，1987．

［12］吴开祺．现代国际投资学［M］．上海：立信会计出版社，1995．

［13］陈佳贵．企业管理学大辞典［M］．北京：经济科学出版社，2000．

［14］李亚雄．国际市场营销学［M］．杭州：浙江大学出版社，2012．

［15］逮宇铎．国际市场营销学［M］．2版．北京：机械工业出版社，2009．

［16］闫国庆．国际市场营销学［M］．2版．北京：清华大学出版社，2013．

［17］房红．国际贸易理论与实务［M］．南京：中国矿业大学出版社，2011．

［18］张荣来．中医药国际化发展战略：基于文化营销的研究［J］．现代商业，2012（2）：47．

［19］曾俊秀．国际化进程中中医药企业的文化营销策略论析：基于同仁堂集团的分析［J］．市场营销，2013（1）：55-56．

［20］李景东．论中医药产业发展中的文化传播［J］．中国商界，2009（176）：195．

［21］简超宗．浅析中国文化产业的国际竞争力：从波特钻石模型理论视角出发［J］．四川经济管理学院学报，2010，21（2）：76-80．

［22］林江．中医药的国际经营战略探析［J］．中国药业，2006，15（19）：4．

［23］李文陆．国际市场营销学［M］．杭州：浙江大学出版社，2011．

［24］王晓东．国际市场营销［M］．北京：中国人民大学出版社，2015．

［25］李爽．国际市场营销［M］．北京：人民邮电出版社，2015．

［26］董飞．国际市场营销学［M］．北京：北京大学出版社，2013．

［27］甘胜军，肖祥鸿．国际市场营销学教程［M］．广州：中山大学出版社，2016．

［28］甘碧群，曾伏娥．国际市场营销学［M］．北京：高等教育出版社，2014．

［29］迈克尔·钦科陶，伊卡·龙凯宁．国际市场营销学［M］．北京：中国人民大学出版社，2015.

［30］金文辉，袁定明．市场营销学［M］．北京：中国中医药出版社，2015.

［31］侯胜田．医药市场营销学［M］．北京：中国医药科技出版社，2009.

［32］傅书勇．医药营销管理［M］．北京：清华大学出版社，2014.

［33］菲利普·科特勒．营销管理［M］．上海：上海格致出版社，2009.

［34］安蓼葭．品牌战略与品牌管理［J］．企业改革与管理，2014（9）：64-65.

［35］孙莉．同仁堂：从中华老字号到国际化品牌［J］．商业文化月刊，2013（11）：55.

［36］林百鹏，臧旭恒．消费经济学大辞典［M］．北京：经济科学出版社，2000.

［37］兰晓华．品牌管理［M］．北京：北京大学出版社，2000.

［38］冯光明．国际市场营销学［M］．北京：经济管理出版社，2011.

［39］杨晓燕．国际市场营销教程［M］．北京：中国对外经济贸易出版社，2003.

［40］朱金生，张梅霞．国际市场营销学［M］．武汉：华中科技大学出版社，2008.

［41］吴迺峰．中国医药企业营销转型研究：以天津天士力集团为例［D］．南京：南京农业大学，2008.

［42］罗格·D·布莱克维尔．消费者行为学［M］．吴振阳，译．北京：机械工业出版社，2009.

［43］迈克尔·D·怀特．国际营销错误案例：公司原本不应犯的错误［M］．董俊英，译．北京：经济科学出版社，2003.

［44］莱弗拉·里卡德，基特·杰克逊．《金融时报》营销案例［M］．文红，译.2版．北京：中国人民大学出版社，2004.

［45］罗杰·贝内特，吉姆·布莱斯．国际营销［M］．刘勃，译.3版．北京：华夏出版社，2005.

［46］查尔斯·拉姆，小约瑟夫·海尔．市场营销学［M］．徐岚，译.3版．北京：机械工业出版社，2010.

［47］陈启杰．现代国际市场营销学［M］．上海：上海财经大学出版社，2008.

［48］邢伟，胡德华．国际市场营销［M］．杭州：浙江大学出版社，2004.

［49］周洲．国际市场营销［M］．重庆：重庆大学出版社，2012.

［50］刘永生，刘庭芳．中国国际医疗旅游服务相关宏观政策研究［J］．中国医院，2016，20（5）：7-12.

［51］黄洲萍，王一涛．以港澳为平台推进中药国际化发展［J］．中国现代中药，2007，9（7）：4-7.

［52］张京红．澳大利亚的中医药市场与法规概览［J］．环球中医药，2009，2（1）：80-81.

［53］吴颖雄．论《中医药法》构建的基本问题［J］．时珍国医国药，2015，26（3）：681-683.

［54］曾建武，蒋杰．香港"京都念慈庵"对内地中成药研制开发与国际营销的启示［J］．亚太传统医药，2014，10（18）：1-3.

［55］吕中杨．中医药国际化发展面临的问题及对策［J］．江苏中医药，2016，48（6）：68-70.

NOTE